U0098767

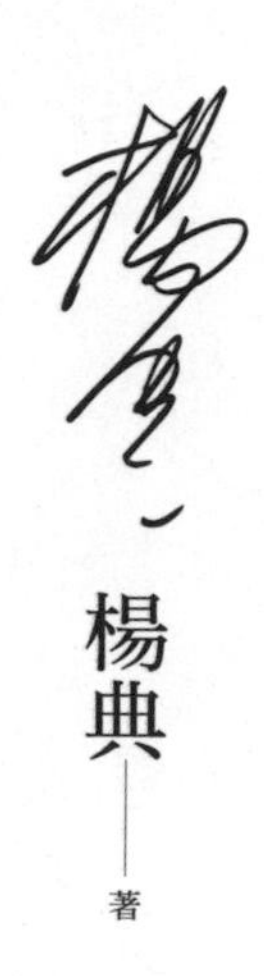

楊典——著

十七歲的獠牙

我的少年心史、人物誌與新浮生六記

目錄

十七歲的獠牙
——我的少年心史、人物誌與新浮生六記

卷一

卷二

卷三

卷四

卷五

自序

寫作如打坐，昏然冥想間，總讓人痴於各種東搖西照的奇異念頭。念頭招之即來，揮之即去，能留下的並不多，且即便留下，也會迅速化為「過去」。可以說，除了歷代那些罕見的、彗星一樣划過的天才，幾乎全部的文學都是為了描寫「過去」或昨日而存在的。沒有昨日，便沒有文學。今日常是文學的口號，明日或為文學之寓言，而昨日則是文學被遮蔽的血統與教義。一本翻得發黑的舊書，常比新書更有魅力。昨日是什麼？歷史嗎？經驗嗎？我以為非。歷史與經驗都是表面的，不足掛齒。一千年前是昨日，一個星期前是昨日，而一秒鐘以前也是昨日。昨日即往事、離別、缺失、遺憾、否定與羞愧，以及所有我們留戀、思索及賴以昇華的東西。老人有昨日，孩子也有昨日。時空兩頭皆無，中間也是轉瞬即逝，只有昨日算是純真的定海神針。今日充滿了貪婪，明日充滿了誘惑。彷彿唯昨日的我們才算是我們自己。我不相信

「覺今是而昨非」。我甚至也不相信什麼「當下即是」。因今之是或當下之是，不久皆會立刻變為昨日。從無沉澱過的「當下」其實也是從不存在的與荒謬的。

當然，昨日也不是什麼玄奧的心學，但比心更殘酷。過去在還是不在？芝諾如是懷疑，僧侶如是悲憫。昨日不是哈姆雷特或盧梭式的憂鬱，不是普魯斯特、蒲寧或納博科夫式的回憶，不是李義山、張陶庵、周知堂或王靜安式的懷念，不是從墨子、王陽明到曹霑以來的全部感情。昨日也不僅是工業革命下的蒸汽機、暴力少年手中的皮帶、民國的宴席、纏足史中的尖叫、太監制度、老照片、古琴、勞改犯、軍大衣、陰曆、長袍、軍閥與春節，也不僅是資產階級審慎的魅力，不是二戰的屍體、大飢荒的餓殍、武鬥時期街頭群毆者的血跡或八〇年代的一個被誇張的詩人……昨日不是任何人與任何事，卻是它們的總合。

歷史為何物？愛默生云：「凱薩的手，柏拉圖的腦筋。基督的心，莎士比亞的聲音。」這話太大了。萊辛曾吟：「昨日我愛。今天我受難。明日我死。但是今日與明日，我都要想一想，昨日。」這話又太玄了。太陽底下無新事，有哪個中國人，會不熟悉「棄我去者，昨日之日不可留」之慨嘆呢。但這些話說到底也皆太空了，不能落到實處。

一切往事，都像是一堆被記憶粉碎了的袖珍百科全書，需要我們用寫作去拼貼和修補。而昨日則是這本痛苦的辭典中最深刻的詞條，它滲透血液，長滿皮肉，爛入骨髓，讓我們再不敢回顧我們自己。所以人大多數寫作，都有所謂「選擇性記憶」，以逃避自己的難堪或傷疤。所以很多人都認為：回憶錄是不可讀的，因還不如小說來得真實。而且回憶錄太容易作假，就像古代的官修歷史，從來就是一堆「選擇性記憶」，而非真事。但選擇歸選擇，人又不得不時常去滿足回憶這個本能。

因文學之本質，說到底亦是為回憶本能做一點力所能及的注釋罷。

記得自十五歲開始寫作那年起，FS（此人對我早年深有影響，但我們之間曾約定互相一生都不要涉及任何文字，故在此處亦略去他的姓名）就曾警告過我說：「從此，你的一生就被毀了。」他當然說得沒錯。事實上人無論選擇做哪一行，他的一生都會被毀掉。即便什麼也不做，也是另一種毀滅形式。越是以最大的熱忱投入，便越會以遺憾作為全部代價。故三十三年後，我才真正讀懂紀德：「拿塔那埃勒，我要教你熱忱。」他說的其實是一句反話。所有事業都可以有某種邏輯自洽，就像一個拓撲空間。一開始貌似是你在控制它，但年深月久，浸淫忘我之後，你便會被它控制，不知不覺變成它的傀儡。寫作亦如是。

另，本書涉及太多家族往事，也算是一種文學意義上的「齊家」罷。因過往的很多家族人物，乃至童年圍繞在身邊的親友長輩，早已在歷史煙雲與歲月大化中星散了，再也無法相聚。我把他們都寫在書中，便算是一場最低限度的重返家園。

如今的我，每日寫作、繪畫或彈琴，但我知道我們這一代著述再豐，本質上於人生世界則毫無建樹，荒謬面前鬢生白髮，就只剩下鬼混了。偶爾用浮光掠影麻醉自己，也是不得已。一旦對照民國先賢們之山河成就，便立刻會自慚形穢，渺小地對著鏡子齜牙咧嘴，只能像畜牲一樣活下去。

但你真的敢照鏡子嗎？如這可怕的「昨日之鏡」，可不是黃帝威懾上古天下的「十二面銅鏡」，也不是波赫士詩中照耀著春日虎群的魔幻之鏡。昨日之鏡中沒有你的臉。只有一個恐怖的盲目兒童，在問你：你是誰？你已不是我，也不是你自己。天，哭泣吧。帶著你童年的骷髏與美的殘骸，去放聲痛哭。

雖然「一切書都是自傳」，但世事無情，非要待「芹溪淚盡而逝」了，或許書才會有些血肉罷。本書所收隨筆，一半皆為昨日而寫的，或寫的便是早已蕩然無存的過去。具體而言，即卷一～卷三涉及到我在巴蜀與重慶度過的少年時光、家庭、父母、舅舅，乃至曾祖父與祖母一代等之民國舊事；卷四～卷五則寫到了少年時代一些再也找不到的故友，或昔日見過的怪人、舊日同學之死、留日時期的札記、跋子帖木兒、鱸魚、錄像帶、鹽、讀書偶得或一些音樂家之軼聞等，皆來自對過去之饕餮。古云「巴蛇食象，三歲而出其骨」；又云「蜀葵觀花，其根可以入藥」。望帝春心，夔門橫舟，索句渝州，逝者如斯……幾十年來我雖都在異地生活，但我的性情其實卻從未離開過南山的秋燈夜語。全書的結構，似乎有點接近《史記》，即卷一～卷三是「本紀與世家」，卷四～卷五則是延續一些「人物列傳」或雜論，這也是對中國傳統史學形式的全景鏡像罷，就像是我一個人的史記。常言道「故鄉無先知」，我有時畏懼看到過去的生活。或許中國人大多會愧對現實，恐懼當下，又會習慣性地懷念老家的溫暖。於是，靠記憶過日子，便就成了一切規避苦惱的邏輯，因昨日往往是比較「安全」的。和很多人一樣，在無數次「語言的打坐」中，我自己一直在參的東西也並不是什麼神學，更不敢奢談愛或思想，只不過是懷念與追憶罷了。不過，這種無奈的文字，似乎真有點像知堂老人所謂「寄沉痛於幽閒」之黑色了呢，念之亦不禁苦笑。

往事正像在黑暗中背書，雖透澈明理，卻始終不見天日。

昨日尚在否？記憶恍若流沙墜簡、邊角廢料，我且暫收入卷中。因昨日都是殘缺的、遮蔽的、不可考的。或昨日還會是你偶爾窺視到的大街上一個少女的皮膚？也許吧。編輯本書期間的初夏，我還回了一趟巴蜀。我看到一些過去的朋友鬢角生白髮、手臂上亦有了老人斑和皺紋，不禁深深難過。你或會在四十歲的時候拚命鍛鍊、喝養生湯或減肥。在五十歲冬泳、六十歲打太極拳、七十歲時拒絕吃藥。你會怕冷、怕風、怕激情、怕喝酒。或會為一朵臘梅失魂落魄。你會想念起父母，儘管你始終在想他們，卻從沒如這樣想過。你會想起所有的朋友：兒時嬉戲的那個、中學意外死去的那個、最激烈爭吵過的那個、背叛過你的那個或最後在病床邊陪伴你的那個。你會重新愛上一切早已不愛的女人，因過去你忽略了她們身上太多細膩的、致命的東西。你開始不愛自己，如不愛冬天、醬油、關節炎或「祖國」。但你也會突然迷上一個你根本不瞭解的宗教，或某個過了氣的偶像。你會尊重閒者的無聊、匹夫的潦倒與敵人的憂愁。看，這就是昨日。詮釋昨日，是孔丘以來大多數士大夫之人文理想，也是從裴鉶、劉斧、韓愈、段成式、陶宗義、公安或桐城，乃至康、梁、胡、辜、林、二周與張、胡等人常哭於筆下之幽怨。沒有人會像寫作的人那樣酷愛昨日。因昨日已不存在了。有一座房屋，當年住時並不覺得好，一旦拆毀後又傷感無比。有一條老路，你走上去時，就是另外一個人。當然，也沒有人會像寫作的人那樣仇恨昨日、懂得昨日、毀滅昨日、為昨日而自暴自棄、而反抗、而倒下、而流血、乃至為它而死。且這世間，有很多人早已遍體鱗傷，苟延殘喘，卻也還是真不願死的，就因還有記憶的幻影在支撐。因昨日就是一個人最祕密的愛，最羞愧的魂。此外，或許我們從來就沒有什麼別的愛，也沒有什麼別的魂。

二〇〇六～二〇一一年

二〇二〇年修訂

卷一

十七歲的獠牙

混沌衣

山水探幽，心史索隱：這不一定是小說。今年花前，異端色鬼已逾不惑。可在人間骸骨、黑暗、火焰與渺茫大化的無盡虛無之中，誰還會記得第一次和自己拚命時的樣子？泰初有敗，不平則鳴，故色界中的每個人都曾有過和「我」之存在過不去的事。從一生下來——不，從還沒生下來之前便有。若說一個人的肉體即來自陰陽間一場意外的激情，那麼，當我們還是一尾狡黠的精子之時，就開始在拚命了。你看，全人類出生前都一樣，在父親的陰囊和母親的卵巢裡晃來晃去，如一個頹廢、荒謬而色情的有閒階級。無所事事，或吊兒郎當地眺望著遠方的一個什麼黑窟窿。後來，忽然你就被緊張地調往最前線，去參加一場誕生之戰。身邊都是和你長

得一模一樣的芸芸眾生，大約有幾億。你看見太空中飛血如雨。你本無面目，卻自以為充滿了形象。你恐懼了，又肆無忌憚地在為「無」而衝鋒。你集體無意識地和其他人一起衝向一座用肉建築的烏托邦裡，爭奪一團漂浮在羊水中的巨大宮殿：胎盤。

色鬼殺來殺去，渾身是血，像一頭最小的史前巨鯨或怪獸。

你身邊屍橫遍野，到處是其他怪獸的遺體。你就是個未來的暴君，一位正試圖奪權的惡之太子。而且，你幾乎是從千萬死人堆和骷髏殘骸裡爬出來，偶然登基的。

明代本草裡有云，胎盤可治療癲癇，臍帶可治療瘧疾，但並沒有描述它的樣子。胎盤在古時稱混沌衣、胞衣、紫河車等。而子宮（Hystera）在古希臘語裡與歇斯底里（Hysteria）是同一個詞，大概西方人曾認為精神病是由於子宮在母體裡漂移錯位造成的。這是荒謬的，因若真是如此，那麼這世界上只有女人才有資格發瘋。那之後，西醫之祖希波克拉底、蓋倫及後來達文西等人，都先後畫過筋肉結構複雜的「子宮解剖圖」。還有些跳脫的西方藝術天才自稱看見過子宮裡的景象，猶如「兩個煎蛋最後合成一個煎蛋」，甚至還有「色彩金黃」什麼的。可那不是靠解剖屍體中已死的子宮來注釋，就是些撒謊的鬼話。他們都根本沒去過活著的子宮。據說天才一般都不是人卵下的，所以我饒恕他們。我記得的活著的子宮，是符合中國古代道家對「胎息」之論述的。

我認為只有中國人才可能具備一些零星的子宮記憶。

子宮實際上是個屠宰場，類似民國北京的肉聯廠、七〇年代的巴蜀的養豬場或更荒謬一些

的勞改營。

對於胎盤的追憶歷來就不是自然就有的，而是依靠對「內視」的練習。而且，由此我還可以追憶到一種「一九七二年的我本生」之淵源。我覺得古代癲僧們說得也對，也不對：譬如說色鬼、我與世尊一樣，大約也曾經是一頭鹿、一隻鶴、一棵樹、一粒沙、一條蛇、一頭野獸，以至於還是一陣風、一場雨、一塊泥、一滴血、一星原子、一個細胞……最後我也還可以是一塊肉、是夢、是內分泌的殘渣、是被耽擱的靈感、是狂飆與糞便、是花與鬼火、是熄滅在夜雨秋燈下的灰燼——這所有元素本來在虛無的空中盲目地游移，散亂紛紜，渾然無知，卻在一九七一年的某一天突然雲集，碰到了一起，於是成為一個巨大的巧合，這就是我。但如果我不認可這一類說法呢？

所以我可以這樣敘述：我來自虛無之徑，誤入一個美人的肉體。我當時所在的子宮是紅的、彎的、辣的。無數血管盤旋圍繞著我的顛倒夢想，如同一個帝國密集的衚衕卑賤地圍繞著一座皇宮。萬古穹窿，道在是矣，子宮上空到處漂浮著水母一般的卵子。其中有一個姿勢幽美，長得就像我母親，她率領著無數的母血的義軍，前來消滅我。

據說父母是在「九一三事件」轟然從天而降之前不久懷上我的，恍若沉淪的預感。那一年，無數精子的屍體從空中掉下來，比副統帥死得還慘。只剩我一個還活著，並順利地降落在一根神經的尖端上，俯視天下的妊娠。這是七〇年代初，中國的環境就像惡露，到處是血汙。據說那十年內出生的人，都不同程度地受到了「紅輻射」，性格十分好鬥。曾經流行過一個很

有名的形容詞，即「文革之子」，我也算是比較典型的。記得當時在混沌衣內，我一個人和整個母血的軍隊交戰，殺得天昏地暗。那是個血肉攪拌的沙場。子宮內壁到處貼的是大字報式分泌物，紅細胞和白血球在大街上混戰。我聽見母親痛苦的哀號，呼叫。後來，我的軀體越來越大，猶如盤古。我還看見了大洪災：羊水的破裂。但我實在厭煩了殺戮，也厭倦了拯救。我看透了混沌這個模糊的祖國。我決定提前撕裂宇宙，和那個優美的卵子私奔。

這些至今心有餘悸的恐怖，都是色鬼後來通過「內視」回憶到的。

我早產了十幾天，不到九個月。一九七二年早春開天闢地，一滴水變成了人。一滴平庸的水變成了奇怪的人。狡黠的混沌在宮縮中陣痛。世界是一切壓迫與被壓迫之色界的總和。我聽見一個庸醫在說：「快，開燈，要有光。」於是就有了光。

我聽見我的「資產階級小姐」母親躺在一塊被臨時卸下的門板上被抬往醫院，並長時間的尖叫、哭喊和呻吟。

我聽見我的「右派黑五類」父親在人民醫院的走廊裡大笑：「生了吧？哈。」

我還聽見一些神祕的聲波在說：湖北發現了舊石器時代文物、馬王堆漢墓被挖掘、國民黨反動派蔣光頭第五次連任總統、而毛主席和美國鬼子尼克森吃了一頓飯、田中角榮來了、謝富治死了——不過這些與我都關係不大。據說我出生後聽見的第一件事情，學會的第一句話，是在醫院打針時，因疼痛便對醫生高喊：「批林批孔。」批判的元素是我們這一代肉眼凡胎者的基本粒子，因古代與當下都同時被打倒了。我出生時四斤八兩，瘦得只有一個鬼魂，像一隻滾

燙的耗子。我多發高燒、好哭、易怒、對月光與糧食急不可耐、害怕物體的陰影、最喜歡吃肉、一歲搞音樂、兩歲思考死亡，然後開始了一種既像野獸又像頭陀，超越暴徒與癲僧的邪惡生涯。三歲，我便開始隱身於煙景寒林之中，冒充人間，假爾形骸，只用一具軀殼去雲遊天下。

狗肉湯

山水索隱，心史探幽：這不一定是歷史，也不一定是虛構。因人的一生會同時處於許多種「境」中。如當下是一種境，記憶是一種境，被遺忘或忽略的也是一種境。再用語言去記錄，境與境的差異又全然被修辭所遮蔽了。遺忘、忽略與遮蔽，並不等於不存在。你看他，他看她，她再看另外一些人，每一個人的角度都是另一種境。境與境的不同構成了多面晶體，又合而為一。譬如，天下父母都是按出生年月日來推算孩子的妊娠時間，而不會按照人的情緒，或那一二精子在自身內分泌中的發源，來推衍生命存在的太初。精子的成熟期約為七十二天。也就是說，一切母親尚未懷孕時，胎兒作為「一尾渺小的隱形靈魂」，便已在父親的體內游弋、徘徊、打坐或橫衝直撞了。你其實誕生於更早一些的時空。你在哪兒呢？在雲間？在雨中？在舊渝州周邊陰森的山林裡，還是凜冽的江水裡？在某一塊你父母尚未吃進嘴裡的肉、蔬菜、茶水或是呼吸一口空氣時的野馬塵埃裡，還是在某座墳墓的枯骨中？

有一年，我讀到法國作家瑪格麗特．尤瑟娜在其自傳的扉頁上，竟也抄了溈山靈佑禪師那句著名話頭：「父母未生前，如何是本來面目？」

的確，這本來面目不一定是面目，也不一定是「無」。若是完全與語言無關的形象，那你又該如何表達？我昨日的面目並非我今天的面目，但無論古今，又皆不能互相證偽。譬如「我記得」前世（這是一種為了悖論的虛構）的某一天，我可能曾將手槍（這是另一種為了虛構的悖論）塞進嘴裡，我不認為我還能繼續活著。但扳機猛地一扣，槍竟然沒響。只是發出震動。我的嘴皮有點發麻，緊緊地閉了一下眼睛，感覺和死了一樣。我感到有一種東西堵住了我的嘴，但不是子彈。不知道是什麼。「手槍」是童年的暴力嗎？上顎有點麻，有點癢。彷彿有個奇怪的東西正從我的嘴角長出來。我伸出舌頭舔了舔槍口，鐵的味道有點鹹。

色鬼睜開眼——我出生了。甭管真的假的，反正這世界是新的了。儘管這世界只是一個與我出生之前所嚮往的南轅北轍的世界。

擬向即乖，轉頭皆空，歷史也可能就是一個拓撲空間而已。如據傳聞中的「黑匣子錄音解密資料」云，在我出生前，「接班人」當初以為飛機是在向南飛行，已快到廣州了。可掉下來之後，卻發現是在蒙古。萬象森然，感而遂通——在某個嚴重的時刻，每個在那時代前後出生的中國人也彷彿在「境」中看見無數三叉戟般的精子從空中墜落。一切元始的驚蟄已經過去。只剩一個還活著，並順利地墜落在一根神經的尖端上，俯視天下的妊娠。

墜落，成為每一個生命最初的形態。正如我第一次意識到自身的存在時，也是從一場墜落開始的——即按照我的記憶，那是一九七五年三月的第一次失足落水。

那天正是我的三周歲生日，我們一家三人到南溫泉去划船。山水、歡笑和父母當年說過什麼話，我早已忘卻了，我只記得在上岸時，不知為何，一腳踏在躉船上，而另一隻腳卻尚未離開所坐扁舟的船頭。大概因纜繩鬆了，兩艘漂浮船在我的腳下緩緩地分開。我感到我的雙腿越分越大。剎那之間，我便向下墜落，掉進寒冷徹骨的湖水裡。我母親幾乎在同一瞬間也跳進了水裡。母親不會水，但救孩子是本能。而我父親本是水性很好的人，他卻沒下去。他站在船上，讓艄公趕快用竹竿（或船槳）將我們拽上來。現在我還能想起的，便是墜落、湖面、嗆水、船舷、絕望、母親的臉、手腳緊張地亂撲騰，乃至岸邊人群驚慌的叫嚷，甚至還能隱約記得後來我們一起去到我父親的一位朋友家，借爐火烤乾了渾身濕漉漉的衣裳、褲子和鞋……唯獨想不起來的，便是我母親後來的回憶：「我當時就跟你一起跳入水裡，把你托起來。我都不知道我為什麼能在水中踩水浮起來。可你爸呢？他卻始終都很冷靜，好像沒事人一樣，在岸邊走來走去，然後一個勁地對幫忙打撈我們的人說：『大家別著急啊，慢慢來，不要慌嘛』。」而關於此事的記憶，我父親的說法則是：「哪有時間走來走去，從你們掉下水到救上來，時間只有短短的幾秒鐘。」

這件事究竟發生在一九七五年，還是一九七六年？也始終沒有定論。父親後來說：「我記得曾對那個借給我們爐火的朋友說過『我們十年沒見面了』，從這句話來看（也就是從四清運動往後數），應該是在一九七五年。那個朋友是我在四清時認識的，後來是南泉十中的物理老師，名字叫易承毓。」而我母親在年輕時，曾說這事發生在一九七四年，我二歲；到了晚年時，她又認為事情發生在一九七八年，我已六歲。後者顯然不太準確。因一九七八年我父親去了上海，當時根本不在重慶。而憑我的記憶，這次險些喪命的落水事件，也一定是在三歲前後發生的。我不知道他倆誰的話更真實。母親埋怨父親對我存在的冷漠，或許是一種誇張。可若說從墜落到救起來只有「幾秒鐘」，恐怕也是另一種誇張。

墜落是生命的形態。出生是，人本來就是頭朝下呱呱落地的，如「腳朝上，頭朝下，入地獄看花」；而有些生命，即便沒有機會來到人世間，也會是一場墜落，譬如墜胎。據說，我母親在生我之前，曾有兩次懷孕，因我父親那時不願要孩子，故兩次都被迫小產，且發現均是男嬰。第三次，我母親說：事不過三，無論如何也要保住我了。於是，我超越了前面兩次死亡，成為得以悻存的「第三個孩子」。但有時我又在想：我一定是我嗎？也可能我是中間那個孩子，甚或是第一個死去的兄弟。有可能是我母親記錯了，流產並不是連續兩次在前面，而是一前一後，或者全是生我之後的事。總之，我不一定是第一個我或最後一個我。我也不一定是現在這個我。

人的記憶是一系列錯覺與悖論的總和。

再譬如，我母親說：當時父親做了一鍋狗肉湯，端到醫院來給她吃。

而父親說：「不，我沒有做過狗肉。」

母親則說：「那時你父親買過一條很可愛的白色小乳狗，說是怕我獨自躺在醫院太寂寞，找個動物來陪我。他將小狗拴在了病床腳下。可第二天，忽然發現小狗不見了。到了中午，只見他端著一壺煲的湯來了。他說：『我想了一下，你剛生了孩子，也沒什麼精神陪小狗玩兒，還是身子重要。我煲了正宗的粵式狗肉湯，大補，香得很，你趁熱喝吧。』」

母親可說什麼也吃不下去。那小狗可憐巴巴的眼神還歷歷在目。

最後，狗肉湯只好讓父親自己消滅了。廣東俚語常云：「天上飛的，飛機不吃；四條腿的，桌子不吃。」我父親是粵人，言下之意，就是什麼都敢吃。

但這些只是母親的記憶。父親的記憶完全不同。他說：「吃狗肉？根本沒有的事。我只是借了一條小狗想在醫院陪她玩，後來就還給人家了。怎麼可能去殺借來的狗？」

誰的話是真的？或許兩個人都是，也都不是。

另如有一天，母親說曾帶著我正在大街上走，前方迎面遇到一個擦肩而過的老道士。四川道教昌盛，重慶周遭也有不少道觀。故即便是在七〇年代，大街上偶爾遇到一身藍色道袍的道士，也不算什麼稀奇。誰知此道見到我，又看看母親，忽然站住了。母親很詫異。

老道摸了一把我的額頭，問：「是妳的娃兒？」

母親答：「是。」

老道說：「這娃兒有意思，不成龍則成蟲。」說完便走了。母親都沒來得及問清他為何要說這句莫名其妙的話。但真的有這麼一個老道嗎？反正我一點都不記得了。這個荒謬的老道士是否為母親虛構的？龍和蟲與我何干？色鬼從未龍蟲並雕。再說，所有事背後都不止有一個答案。狗從來就不是狗肉湯。兒時，我吃起肉來如狼似虎，據說一次可吞掉一斤豬肉。問題是誰會給一個孩子一頓飯買一斤肉吃？童年是用記憶碎片來不斷裝卸的忒修斯之船，飄浮於渝州俚語的幽明之江，後舵在史前，甲板在未來，當下的船舷則此起彼伏，令人在時間的暗礁中眩暈。我只記得，我喜歡長久地注視火焰。我偶爾會尖叫。從一九七二年到一九七五年，色鬼在無色界哭泣，渾身披紅，腳踏惡露，狀若一個集權時代的哪吒，口吐三代人的憤怒。我的回憶總是折疊為三頭六臂，我只是我的眾多分身之一。

發報機

鬼才長吉詩云：「少年心事當拏雲，誰念幽寒坐嗚呃。」我從來就不一定是我，所以這也不一定是我的回憶錄或自傳。故以下的事「如有雷同，純屬不巧」。因我畢竟又不是那時人間流行的「超天才」。祖先與父母們亂七八糟的細胞、血與液體異化後變成的生物，更像是一種運行在人體「水經注」中的妖精。於是，我的出生當然也可以如知堂老人那樣去定義為「平常的誕生」。據說我由於早產衰弱，在人民醫院的嬰兒保險箱裡罩了三天。醫生開始很擔心我能否活下去，因為我太渺小了，太偶然了。後來他卻很放心，他對我母親說：「這孩子肯定能活下去，因為他太能吃了。」而我混戰時的那件混沌衣，當時就被醫院的人拿走（或買走）去吃掉了。中藥學裡的那東西據說很營養，可以補氣。在過去中國，還有些女人竟然會像產子的貓一樣吃掉胎衣，此事自兒時耳聞後便頗令我色飛骨驚。不僅胎盤是藥，一切人肉、臍帶、人血、骨頭、天靈蓋、毛髮、指甲乃至糞便等，都是中藥。吃什麼補什麼。誰說人不能吃人？

遺憾的是：究竟是誰吞噬了我最原始的戰袍？這是樁懸案。

我母親坐月子的時候，我父親對她很是體貼，不斷地用祖傳的粵菜廚藝來安慰我母親陣痛之後的虛弱。有時他做瘦肉皮蛋粥，有時他做蓮子羹，還有青椒牛柳、荷葉蒸排骨、老火鴨煲蘿蔔湯……我父親最拿手的是粵式紅燒肉，據說他很善於用冰糖和紅糖。其紅燒肉做出來晶瑩透明，每一塊肥肉看上去都像鑽石一樣光輝耀眼。那時重慶天氣還很冷，我父親帶著紅燒肉去醫院，害怕路上涼了，就將其放在一個七〇年代那種老式開水瓶裡。到了我母親病房，再當著她的面倒出來。我母親後來回憶道：「那真是每一粒肉都奪目閃亮，倒出來的時候像珍珠。」

而父親則說：「她記錯了，紅燒肉是你舅舅做的。我從來不做。」

記憶根本就是個卯榫結構的蟲洞，人是人自己的外太空。我記得的「宇宙」最早是在重慶七星崗歸元寺旁的一棟純木頭結構的樓上。這是我在人間生活的第一個地方。木樓分上下兩層，大約住著十幾戶人家。七星崗本在明末清初就是墓地，亂墳崗一直延續到民國。據說最初這裡是明末張獻忠屠四川、濫殺渝州眾生時，丟棄屍骨的一座野墳鬼崗。不過在描述屠戮細節最多的文獻，如法國人古洛東之《聖教入川記》中，並未提到七星崗。而渝州民間諺語所謂「通遠門，鑼鼓響，看埋死人」，即指此地。死亡多與隱者作伴，無常即以空門為家。同在一處，「歸元寺」即為明末清初的一座小廟，約有三百多年歷史，曾經香火繁盛。「歸元」二字，或是出自《楞嚴經》之「歸元無二路，方便有多門」。歸即歸家，元即元初。即若有不二之心，在任一地方、任一時刻，均可入其法門。但這座寺廟早在近代的大混亂中被磨滅了。民國陸沉前後，此廟正殿與廂房都住滿了人，變成了雜亂的民居。在屋檐角落邊，只隱約剩下一些斷牆殘垣，和一道風化了的「闕」——即舊時修在皇宮、寺院或建築兩邊的一種望樓，或稱石牌坊。有所謂宮闕、城闕、墓闕、廟闕。闕不是門，但又是門的象徵。因為它是對稱的兩個建築，中間留出一條道路，故闕與「缺」通，即具有大門之氣勢，又表示空與虛無。加在一起，便是「空門」之意了。

歸元寺是個不大不小的謎。其廢墟廟門上，曾刻有「覺路廣布」四個字。而在它的廟闕上，則刻著「嵩源和尚」四個字。誰是嵩源和尚？他幹過什麼？是建寺者，還是此廟的最後一代住持？歸元寺是屬於哪個宗的寺廟？一切都已不可考。

二〇一一年，當我帶著妻兒返渝，雨中前往七星崗故地，欲尋覓歸元寺前的舊樓，卻只見到一片剛被拆毀，被夷為平地的廢墟瓦礫，吊腳樓與舊屋瓦舍亦蕩然無存。鬼崗變成了一片連鬼都沒有的灰燼。

當初我的家很小，門也很窄。門梁上有時就懸掛著一塊比晚霞還紅的臘肉——那是我最美好的記憶。在七〇年代，歸元寺則是一塊住滿了庶民、市儈、保母與雞飛狗跳的空壩子。當然也從未聽說那裡有僧人出沒。我家中曾有一架舊立式鋼琴。搬運時，木頭樓的走廊也很狹窄，鋼琴搬不進去。於是，屋後的窗口被臨時砸開，擴大成了一扇凌空的門——就像宇宙空間站裡的艙門出口。幾個朋友用繩子將鋼琴吊起來，鋼琴「飛」了起來，從外面飄移到凌空的艙門上，最後再拉進屋子裡。但那窗口的牆因石灰竹篾製作麻煩，就不再復原了，於是它便永遠成了一扇懸崖般的、隨時可以跳下去自殺的門，讓我從小不敢靠近。門（窗）外是別人家的屋頂。

我出生後，母親取漢人王符〈潛夫論・贊學〉之言：「索物於夜室者，莫良於火；索道於當世者，莫良於典」，故名典（多年後，十五歲那年，舅舅還曾給我改名為「極」，但我從未用過此名，且大多數家人都不知道此事）。我從一兩歲便開始學小提琴和鋼琴。我的耳朵邊總是放著一個半導體收音機，向我不斷地灌輸音樂。在家裡，父親總能一心多用。他可以一邊做飯、作曲或抄總譜，一邊還監督著我練琴。我稍微有點音不準，姿勢不對，他便會立刻發覺並發怒。我對練空弦反感透了。窗外總有吸引我的東西：一隻麻雀、一片落葉、一個過路的人咳嗽或遠處操場上傳來的叫喊聲。我總是心不在焉。有時被父親訓得急了，我便一邊哭一邊拉，並看著自己的眼淚順著腮幫子落到琴面上，然後再流到小提琴的「f孔」裡去。有時眼淚打濕了弓弦，聲音便更刺耳了。鋼琴在那個年代也是一個怪物，基本代表敵人和資產階級修養。我家的鋼琴上放著兩個人的半身雕像：貝多芬和毛澤東。我父親經常晚上作曲，零碎的試奏琴聲遠遠地聽起來，竟然很像發報機的聲音。

早在一九七二年，便上映了一部反特務的朝鮮電影叫〈看不見的戰線〉。片子放完沒多久，我家就被某個神祕的鄰居揭發舉報了。有一天，地段派出所接到一封匿名信，信上說：

「歸元寺十三號住著一個歷史反革命，還藏有一臺進行特務活動的發報機。電臺就在他們家的鋼琴裡。」

於是街道與派出所立刻來了一個調查組，到我家中對鋼琴進行突擊政審。幾個戶籍警和幹部帶著手銬進來，先是斜著眼睛打量著我父親和我母親，在屋子裡來回地踱步。我舅舅不知道出了什麼事，只好在一邊看著。戶籍警是音盲，根本不知道鋼琴的琴板蓋子可以打開，以為只有琴鍵和琴身。他們圍著這個古怪的大木頭箱子轉圈，但又遲遲不敢動手。雞蛋沒縫嘛。帶頭的說：「你必須老實配合人民的監督。有人舉報你家藏有電臺。」

「沒有，這只是一架普通鋼琴，重慶樂器廠出的。」

「不對吧，為什麼它有這麼大一個『肚子』？同樣都是樂器，二胡也照樣響，怎麼那麼小？肯定裡面藏有機關。」

「真的沒有。」我母親急了，「不信我打開給你們看嘛。」說著，她突然走過去掀開了鋼琴上面的頂板，以及下面的腹板。於是無數密密麻麻的琴弦、內鍵、鋼絲和旋紐都暴露無遺。

「哦，原來裡面這麼複雜，差點被它的外表蒙蔽了。」戶籍警說。於是他們開始仔細檢查起來。他們總認為裡面那麼多弦和木板交叉，肯定可以藏東西。他們在裡面摸來摸去，還掰斷了幾根弦。一無所獲後，他們甚至還將本來放在琴上面的節拍器也拆開。最後，他們走到我身邊，拿起小提琴或半導體收音機，拉開天線，或向「f孔」中看看，說：「這些都有發報的可能嘛。」但是戶籍警終於還是沒有得到任何證據。幾乎把家裡有發報可能的金屬物品整個兒翻了一遍之後，他們才終於悻悻地走了。

鋼琴的存在給家裡帶來了音樂和歡樂，也帶來了恐懼。有一次，我母親不知因什麼事，突然說：「乾脆將這破鋼琴砍成柴，燒了算了。」說著，她便跑到走廊的廚房裡，拿來一把菜刀，猛地朝鋼琴橫板砍去。我的童年似乎就在對「特務的幻覺」與音樂的交叉中度過。將近三十八年之後，我回到重慶，在金剛塔巷新樓的角落裡再次看到那架老鋼琴。我母親一生搬家數次，但至今仍保留著它。那鋼琴幾乎所有的琴鍵早已啞了，弦也鏽死了，彷彿是一頭蹲伏的紅色怪獸的巨大殘骸，渾身發黑，悄無聲息。若使勁去敲打，發出的嘶啞聲，還真有些像是發報機了。那一道刀痕還留在琴板上，和無數其他後來搬運時碰傷、劃傷或脫落油漆之磨傷混為一體，難以分辨了，正宛如這怪獸被時間不斷地追殺、逃脫、再追殺時，因拚命掙扎而留在身上的無數疤痕。

水碼頭

我父系祖籍本為粵人，母系一脈則為江浙與楚人，故我與重慶其實並無任何「地理與傳統上的血緣關係」。我只是因父母家族雙方跨越半個世紀的遭遇、漂泊與偶逢，便極偶然地生在了重慶，並在重慶度過了少年時代。重慶是什麼地方？重慶是一個吊詭、複雜而怪癖的前現代城市，原始而殘暴的城市，叢林法則與毀滅性的城市。公元前十一世紀，它曾是周武王伐紂後，封給姬姓的一個小國，即巴子國。那時巴人是來自甘南的一個遠古部族。秦始皇統一中國後，在此設置巴郡。漢時稱江州，隋代叫渝水（渝州），宋朝時又叫恭州，因宋光宗曾先封為恭王，住在此地，後來他又於一一九〇年當了皇帝。他認為，先封王，後稱帝，是「雙重喜慶」，便將他的封地改名為「重慶」。蒙古第三代大汗蒙哥（Mongke，即元憲宗）曾率領鐵騎橫掃歐亞時，還曾試圖剿滅巴蜀，但打了數月都未進四川。最後蒙哥也在攻打合川時中箭陣亡，死在了重慶邊上的釣魚山。這場蒙漢戰爭後來竟延續了三十六年之久，直到宋末，重慶才向元朝投降。抗戰時，國民黨將重慶弄成了陪都，故這裡的一切一度便具有某種鮮明的政治象徵性，特務性與隱蔽性。那時重慶人口還不到一百萬。各種「特務們」就像珊瑚壩（重慶長江裡一片處在水中、與兩岸時斷時連的自然沙礫洲。珊瑚壩東西長一・二～一・八公里，南北寬約〇・六公里，葉草叢生，曾開闢為民國時重慶的第二座機場，據說汪精衛曾從這裡逃往南京，而五〇年代，那裡則是槍斃犯人的地方。我們兒時常去珊瑚壩上放風箏、也常聽說有人在那裡打群架），每年長江洪水來時，珊瑚壩便隱沒在水下，洪水退去後又再露出來。重慶通道艱險，道路荒蕪，有九門（九開八閉十七門）十八坎，全是坡道、階梯和洞穴構成。它是長江和嘉陵江的匯合口，漕運和船隻極多，而最初的盤山公路主要只有一兩條，蛇一樣盤繞著整個山。重慶氣候潮濕，尤其冬天，幾乎完全看不見太陽。當年張獻忠屠巴蜀、湖廣填四川、袍哥打游擊，重慶人的來源便魚龍混雜。他們性情暴躁、民風凶悍、愛吃海椒、花椒與烈日下的老灶火鍋，愛管閒事，也愛打架、喝酒、看熱鬧、擺龍門陣、冒皮皮（吹牛）和扯把子（扯蛋）。

今日重慶渝中區的八一路，綽號「好吃街」（我始終覺得這個詞的發明者正是我和一位小學同學李唯，因當時——大約一九七九年底——我們就曾這樣站在路邊大聲稱呼它）。從街這一邊到另一頭，曾布滿了無數小飯館，餐廳和各種賣小吃的攤：豇子麵、吳抄手、燒餅、糯米糰、滷豬尾巴、耳朵與肚子、老灶火鍋和不計其數的老式川菜。而解放碑本在過去是最高的建築，如今卻像個肚臍一樣淪陷在高樓群裡。對我來說：現在的重慶已是另外一個醜陋的城市，他把所有的本地人都變成了外地人。

由於重慶本身就是一座山，並連接著很多別的山。山城的主要公路只有一條盤山道，而縱橫在斜坡之間，交叉在懸崖側面的石頭梯坎，則崎嶇得跟發霉的土豆似的古怪嶙峋。所以當年日本人也沒有攻進來，只是派飛機連續轟炸，嚇唬耗子了事。而重慶人自己在防空洞裡擁擠、悶死和自相踐踏的倒是不少。這裡有蔣介石與美國人合作的政治研究所和監獄，所謂白公館、渣滓洞。在靠近監獄的歌樂山上，國民黨高官們修了很多別墅，風景幽雅，又有些神祕鬼氣，與當時死在這裡的烈士陰魂混在一起。整個城市建築在山上，於是鐵絲網與古樹交叉，仙人洞與陷阱爭輝。重慶的坡道多、梯坎多、巷道多、鬼多。臨江邊的吊腳樓參差不齊，風雨飄搖，藏汙納垢，也很容易藏人。這為當年很多地下黨在重慶活動創造了奇怪的地理條件。大人們常玩笑說，不能怪國民黨特務無能，主要也是這地形太複雜了，誰也抓不著誰。在臨江門、朝天門或十八梯的黑暗巷道裡，革命者、草民和渣滓混為一體，難以區分。一個剛才在喊口號、撒傳單的人，忽然一拐彎進入巷道，便成了一個正在路邊石頭坎子上做飯的人，莫辨真偽。

就在我出生前不久的六〇年代末，重慶的大人們在北碚、重鋼等地發生了奇怪的衝突。他們先是辯論哲學，然後卻動了拳頭。接著還砸車，並用鋼釺、鐵棍或匕首等殺人。不久，這種事澈底蔓延開了。重慶醫院、嘉陵機器廠都發生了暴力衝突。北碚的西南師範學院有數千人參戰。後來大人們又在紅岩柴油機廠發生衝突，死傷幾百人，而且終於還使用了槍彈——「打響了重慶第一槍」。因為重慶周圍都是兵工廠，拿武器很方便。大家開始使用小口徑步槍、衝鋒槍、輕機槍、重機槍、手榴彈等打仗。最後甚至還動用了裝甲車、高射炮、小艦艇，雖然有些只是放教練彈和空炮，但也很嚇人，也可以打死人。從巷戰、野戰到軍艦戰，規模越來越大，死的人越來越多……我聽說，當時重慶望江機器廠的人曾開出了三艘炮船，組成艦隊，沿長江炮打東風造船廠、紅港大樓和江上的無辜船隻（一說只是放空炮）。後來他們又在市中心的解放碑展開了激戰，燒毀很多建築。接著，在沙坪壩、歇馬場、楊家坪等地都相繼發生有幾千人參加的大規模衝突，街道被毀，死了幾百人。屍體有些來不及掩埋，就遺棄在大街上，當時又是夏天，一會兒就腐爛了，發出惡臭。那真是一個恐怖而絢麗的年代，花兒也散發毒粉的年代。

每天夜晚，重慶長江兩岸的炮火隔江對射，猶如密集的血紅的流星雨，漫天而下，子彈比我在子宮中見到的那些飛翔的精子還多。而那些沒有參加打仗的重慶人，平頭百姓和他們的孩子們，就坐在自己家的露臺或吊腳樓的走廊上，看兩岸的大人們「萬箭齊發」。火藥猶如血腥的禮花，似乎在慶祝什麼。子彈與炮彈的閃光倒映在江面上，跟獅子座流星雨似的，把這個尖銳的山城照如白晝。

可大人們為什麼一定要打仗，我們孩子完全搞不明白。尤其是他們在打仗時，兩邊衝鋒的人都說自己是「為了保衛毛主席」。那是怎樣的世界在「放射著異彩沉淪」呢？或如布萊希特之詩所言：「人們說起那一年，也會緘默不語。老人看著年輕人倒下，蠢人看著聰明人死去。土地不生產，只吞噬；天空不下雨，只下鐵。」

重慶便是我的誕生後看見的第二個子宮，鐵一樣的子宮。它是一個陰氣十足但滋養怪傑的地方：氣候潮濕、怪石嶙峋、人性多變、魚龍混雜——有很仗義的耿直英雄，也不乏惡俗猥瑣的江湖騙子。江邊上行走的是水性極好的混江龍，酒館裡坐的是三伏天還猛吃火鍋的乾燥崽兒。在七〇年代，大街上的人三句話不對頭，抬手就打架。一個老茶館裡的丘二也可以頭頭是道地亂吹天下大事。重慶還蚊子多、雨多、瘋子多、汙棒（騙子）多、美女多、隨地吐口水的人也多。川菜霸道，白酒武烈，中午熱死人，半夜常鬧鬼。一些閒著無聊去河邊釣魚的人，拿著幾個饅頭，一瓶子魚餌，在石頭縫裡一蹲就是一天。而很多重慶男孩剛十幾歲，就喜歡養八哥，或去人民公園遛鳥。他們會提著鳥籠子，穿著肥大的吊襠軍褲，叼著煙扯皮，跟前朝遺民似的和竹林、街頭與茶館裡的那些退休的老頭們鬼混。幾乎所有蒼蠅館裡的江津白酒都會兌水，但依然能讓人大醉。重慶人管蚯蚓叫「鋤鱔」，管蟑螂叫「偷油婆」，管蝙蝠叫「檐老鼠」，管美人叫「溝露」，管殺人放火的叫「天棒」；還有諸如稱蜻蜓為「叮叮貓」，蛤蟆為

「癩疙寶」，搶劫叫「打鼎」，偷窺叫「打望」，扒竊叫「閃殼殼」，懼內者為「耙耳朵」，相好的女子叫「堂客」（舊時此詞還泛指從老婆、小妾、情人、女客到娼妓等），街頭混的街娃叫「少幺爸」，不檢點的女子或女流氓叫「王大姐」，娃兒淘氣叫「千翻」，愛撒野的孩子一律叫「非時崽兒」；還有諸如打捶、洗白、鼓搗、牙刷、戳拐、Y貨、扯噗汗、敲沙罐、撇火藥、老騷棒、彎酸、落教、錠子、鴨兒、稀撇、錘子綿、蝦爬爬、亂劈材、飛起說、燈兒那個麻糖、日你仙人板板、仡佬子、媽賣皮等土話、髒話與渾話，可謂不計其數。下半城的洪水，上半城的惡棍，八〇年代後在臨江門被一架巨型的公用電梯鏈接起來。黃昏，在過江索道或纜車旁，到處飛舞著鴿子、斑鳩、蜻蜓、蝙蝠與麻雀的翅膀。這裡整個秋天都是大霧，整個冬天沒有太陽。偶爾會有一個看上去很壞的人，卻會為你兩肋插刀。但大多數看上去很像好人的人卻說話從不負責。你餓了，滿大街都是免費午餐。你煩了，永遠有人陪你打架葛孽。這便是童年的重慶：它有著典型的地方主義風骨、封閉和愚昧，可又與外界通航運，吸收了三教九流的亞文化，民國時就幫派林立，怪客成群。在白市驛、菜園壩或儲奇門，它孤絕奇異的地理，讓水陸空各方來的客商與盲流一樣都不少，狂狷而又狹隘。它又土又洋，時熱時冷，天王老子都從來不管。以兩江核心山頭方言為「原教旨主義」中的重慶，是古人常說的那種可以在特殊時期偏霸一方，又隨時都造反有理的水碼頭。

黑屋子

就在這奇怪的水碼頭邊，我兒時還曾被「檐老鼠」咬過。重慶河邊每到黃昏，便全是蝙蝠群，黑壓壓地在江畔上空盤旋，如一陣繚繞在晚清吊腳樓下的黑霧，估計有數千隻吧。蝙蝠古稱「天鼠」，白天全倒掛在屋檐下，天黑時便到處亂飛，江上更有足夠的蚊蠅來充當牠們的食物。有一次在河邊釣魚到很晚，見漫天蝙蝠發出吱吱聲，我便拿起魚竿來下意識地胡亂揮了幾下。我只是想碰個運氣。因蝙蝠的速度太過迅速敏捷，拐彎翻飛疾若閃電，魚竿怎能打得著？但牠們太密集了，竟然真的被我打下一隻來。牠栽倒在沙岸上，我以為牠死了，便撿起來看。誰知牠忽然反頭，猛地咬了我拇指一口。這之前，我一直以為「檐老鼠」的相貌大概與一般老鼠也差不多。這是第一次見到蝙蝠如此猙獰的面孔與獠牙，半透明的肉翼展開，狀若嗜血惡魔，嚇得我趕緊一甩手扔到了江水裡。也不知牠淹死了沒有。好在我反應迅速，沒被咬傷。但拇指上有了白色的齒痕和刺痛疼，亦讓我銘記至今。

蝙蝠咬我是十來歲之後的事，且有驚無險。其實真正第一次讓我感到「恐怖」的事，卻沒發生在重慶，而是在廣州。記得兩歲時，我父母先抱著我到了湖南湘潭韶山衝，去瞻仰毛主席故居。隱約記得那是個灰朦朦的土房子，到處是泥。到了偉大領袖當年出生的木床邊，木床已經被管理者用繩子隔離開來，嚴禁觸摸。但是我母親還是趁人不注意，牽著我的手去摸了一下，說：「沾點仙氣嘛。」可是我當時只感到手上除了一層灰，什麼也沒有。但如果「我不一定是我」，那這記憶也不一定是我的記憶。後來，他們又帶我經桂林、陽朔、柳州去了廣州。在那裡，我才第一次見到了信基督教的祖父與祖母。祖父（粵語稱阿爺）非常和藹，他們住在一棟借來的老樓裡，那地方叫恤孤院，原來也屬於基督教教會。因我的曾祖楊襄甫是晚清牧師，還是反滿的革命黨。樓有三層，是原來某人的別墅，後來住了好幾家人。祖父和祖母擠在二樓的一個小房間裡，而客廳歸幾家人公用。祖父自退休後，在三樓的大露臺上養了很多雞。他的樣子也很像瑞士作家迪倫馬特戲劇中的西羅馬最後一個皇帝：羅弗洛斯．奧古斯都（Flavius Romulus Augustus）。因那皇帝也整天養雞，幽默、可愛、喜歡獨立思考，認為「個人比祖國重要」。六〇年代後，他們不得不燒毀了大部分自己的歷史資料，照片、學歷、日記、筆記……以抹殺自己的記憶。到了一九七四年，激進的風暴才漸漸消退了一些，祖父的生活安靜一點了，卻仍然無事可幹。於是他開始在屋頂的大露臺上養雞。這也有點像晚年的陳立夫。祖父的雞棚圍成一個圈，每天早上，他就帶我上去撿雞蛋。這時，我平生第一次看到一隻雞下蛋，並第一次拿到了熱的生雞蛋，這對我後來理解天下四生——胎生、卵生、濕生、化生，對六道輪迴與混沌哲學，都起到了經驗性的作用。有時我也幫他給雞切飼料，還偶爾切到了手指，也讓我第一次有了鮮血淋漓的體驗。

祖父從來沒有對我進行過基督教神學洗腦，他甚至沒有給我一點啟示。

他唯一教我的是英文字母，一邊洗菜，一邊唱字母歌。但他在人生的最後一次見我時，卻因一個神學問題和我爭論了很久，當然那是後話。

祖母似乎並不太喜歡我，以為我極其沒有規矩。我在家裡到處亂跑，又吵又鬧，並十分厭惡一切宗教徒吃飯的儀式：如必須左手拿碗，右手拿筷。吃完後必須站起來，對大人鞠個躬，並說：「請你們慢慢吃。」尤其是廣東那邊飯前必須先喝湯。我一喝湯，就覺得飽了，什麼也不想吃了，連肉也不吃。於是，我和他們開始玩命爭執起來。為什麼一定要鞠躬？一定要慢慢吃？

結果是我被祖母關進了一間黑屋子。

所謂黑屋子，其實就是當時樓裡的一間小廁所。裡面光線很不好，所以一直被我稱為黑屋子。其實後來我再次去時，發現那地方挺亮的。儘管如此，可我記得當時的確看見了很多黑暗的東西：老虎、蝙蝠、京劇臉譜、妖怪、毛主席像和很多蒼蠅，尤其是廁所的臭味。簡直是到了一座古怪的地獄。我看見這些意象在空中互相穿梭，彷彿是夜叉駕駛的飛毯。一頭插翅虎的牙齒幾乎划過了我的臉。禁閉一直關了半個多小時。我放聲大哭，一直哭到我母親不得不進來將我帶走。儘管祖父祖母還帶我去吃了清蒸東湖魚，或去肇慶看鐘乳石，但我毫不領情。黑屋子是我那時對世界真相的第一判斷：即一個人若果不能融入人們已經界定的秩序（制度），便會被孤立。我後來對廣州人皆有一種排斥感，從很大程度上就來源於這次童年的黑屋子記憶。這黑屋子，宛如飛機掉下來時的黑匣子，似乎在今後的一生中都記載著我情緒波動的密碼。

我覺得現代中國也是一間明亮的黑屋子（並不全是魯迅所言之「鐵屋子」），一個巨大的「黑胎盤」，這之中總是孕育著一種妖魔性。大白天的，卻到處都是怪相。我感到惟有古籍、古畫或古琴中的中國才是幽雅和繾綣的。在歸元寺，兩歲前有個帶我的保姆叫「張媽」，據說在她家中時我就很害怕各種人的影子，座椅、門窗、瓶子或太陽下各種東西的影子。可「黑胎盤」比影子更可怕，因為牠的邪惡沒有形狀，鋪天蓋地，像一隻巨大而無臉的蝙蝠。《抱樸子》言：「千歲蝙蝠，色如白雪，集則倒懸，腦重故也。」《吳氏本草》甚至說蝙蝠可「治目冥，令人夜視有光。」但實際上我們並不能理解這種充滿悖論的文明。如果說崇拜大多來源於對莫名事物恐懼。這時，我算是第一次開始有些崇拜起「惡」來了罷。

魚肝油

人間飲食男女，都有輕微自虐的本能，如喜食辣、食臭豆腐、貪涼或飲酒以求暈眩之感等皆如是。南北朝時，有一道菜名「五辛盤」，梁人宗懍《荊楚歲時記》引晉人周處《風土記》注云，此即由大蒜、小蒜、韭菜、蕓薹與胡荽等五味合成一道。正月元日吃它，據說還可以「發五臟之氣」。其實發氣不重要，重要的恐怕還是虐待舌頭。此外，古人另一種輕微自虐便是喜食苦。茶自不必說了，且苦的不一定是菜，最典型的便是動輒愛吃藥。如葛洪《抱樸子》中用於避暑納涼之「玄冰丸」，或魏晉流行的「五石散」，其行散之事，想來也與發五臟之氣差不多吧。此傳統命硬，如後來《石頭記》起始第三回，鳳辣子一見黛玉便拉住了問：「妹妹幾歲了，可也上過學，現吃什麼藥？」而非問吃了什麼珍饈美食。而綿延至近代法場的「人血饅頭」，天朝吸鴉片之泛濫，乃至嗎啡、海洛因、搖頭丸等「嗑藥」之狂飆，若去掉其批判家們的歷史渲染，其本質也都是為了求得一種輕微自虐。

儘管溯本求源，早在〈周禮．天官冢宰〉中便有「食醫」。元明以後，盧和的《食物本草》、鮑山的《野菜博錄》、朱橚的《救荒本草》或高濂的《遵生八箋》等藥膳典籍，也皆源於此。但中醫也確有巫風，認為什麼都可做藥，如《本草綱目》末卷中便將人的一切精血皮骨毛髮糞便，都列為藥材，即便人尿也稱為「輪迴酒，還元湯」，且「童男者尤良」。李時珍注引陶弘景、宗奭及宋代《太平聖惠方》等之言云：

人初得頭痛，直飲人尿數升，亦多癒；合蔥，豉作湯服，彌佳。常見一老婦，年逾八十，貌似四十。詢其故，常有惡病，人教服人尿，四十餘年矣，且老健無他病。

男、婦怯證（即男子或女子不能行房者）：男用童女便，女用童男便，斬頭去尾，日進二次，乾燒餅壓之，月餘痊癒。

如此等等，恐怕真嘗試的人也不多，更多的是入祕戲文獻了。

古人吃藥是為求仙、為治病或富貴人家之為養生，姑且不必管他。藥與味覺記憶在漢統中一直有著奇妙的關係，這一點，即便現代人也如此。

如五〇年代到七〇年代出生的重慶孩子，大多有些「嗜藥」。嗜藥是因嗜糖。蓋因那時糖果少。兒童喜食甜，本天經地義。小兒多病，吃藥便成了一個絕佳的機會。

記得我兒時吃高粱飴糖，連表面上那一層糯米紙也是奉為神聖不可侵犯的。我父親一兩周才會給我一塊小小的花生糖。我拿著糖，獨自站在歌劇團的操場上，一邊仰頭對著天，一邊閉著眼睛慢慢咬著吃。糖的氣息會與陽光一起侵略我的舌頭，照亮我黑暗的喉嚨。紅糖、冰糖或奶糖則更是被嚴格控制的。而當我發燒時，我母親則往往會把藥片（四環素）碾碎成粉末，然後加上一勺白糖，與藥粉混在一起給我吃。在苦甜莫辨之間，也就勉強能下嚥了。發燒畢竟是臨時的，高粱飴與花生糖也不多，用來打蛔蟲的所謂「寶塔糖」，則成了我這代人的味覺符號之一。寶塔糖因狀若寶塔而得名，味微甜（也略帶苦），五顏六色皆有，糖身有螺旋紋，大小樣子有點像現在信佛的人常點的塔香，但更像是紫禁城宮殿建築上那種帶伊斯蘭教色彩的螺旋錐形柱。此藥據說是一九五二年前後，由前蘇聯引進的蛔蒿種子種植而得。種子數量之小而影響之大，也幾與革命初期從共產國際偷運來俄文原版書差不多。那時，小孩肚裡長寄生蟲是普遍現象，前蘇聯只給了中國人二十克製造「寶塔糖」的蛔蒿種子。此物在蘇聯可能三〇年代已有了，因我父親說他四〇年代在香港時便吃過，而大陸則要到五〇年代，它們才作為社會主義陣營之間的援助項目，被祕密地從西伯利亞帶到送到呼和浩特、大同、西安、濰坊等農場試種。待遍野種植成功，再製成寶塔糖後，就成為孩子們口中的一個理由最充分的甜頭，很多孩子即便肚中早已沒蟲可打了，也依然會為了那一絲渺小的苦中帶甜，而繼續偷吃寶塔糖解饞。

不過，一九七八年冬天，我雖曾親眼目睹四川鄉下小孩在打蟲時，蛔蟲會從他們的嘴裡吐出來，但我並不記得我自己打出過什麼蟲子。幾乎一次也沒有。據大人說，蟲子與蟲卵都排在糞便裡，打出來了也看不見。但我對寶塔糖（以及一種叫不出名字的、粉紅色的、奶油味的打蟲藥）實在是太熟悉不過了。因我外祖母就在醫院工作，近水樓臺先得月。時過境遷，一九八五年後，蛔蒿原料被淘汰，寶塔糖基本在中國消失了。

除了寶塔糖，我兒時記憶最深刻的藥，應該就是吃魚肝油了吧。

現在的孩子也吃魚肝油，但與當年已不同。我們之所以嗜好此物，並非僅僅因為集體營養缺失，還因舌頭對油有奇特的敏感。現在這種魚肝油也是一九五二年前後才發明的（即冰島鯊魚肝油膠囊），主要由鯊、鰩、鱸（大黃魚）、鮐及魨之肝臟油脂煉製，含維生素D豐富。但它淡而無味，即不辛辣，也不苦澀，更毫無任何甜味。父母對我說：魚肝油一次只能吃一粒，多吃就不好。可看著那些瓶裝的琉璃珠，每一粒金黃若蜜蠟，透明如瑪瑙，一咬即破，實在令孩子喜歡。故有時，我會趁大人不經意間，一口吞下一小把（大約有七、八粒）魚肝油——當油脂如決堤的大海溢滿味蕾時，你會頓覺滿口有牡丹花園綻開，凶猛的朝霞衝決了喉嚨焦渴的黑夜，渝州夏日的暴風雨浸入心田。

這感觸一直持續到八〇年代中期，因當時我常往返於北京與重慶之間，而我首次讀到了俄羅斯詩人曼傑利斯塔姆的詩〈列寧格勒〉（荀紅軍譯）中的片斷：

我回到我的城市，我熟悉這裡的每滴淚水，
每條街巷，我熟悉孩子們的血脈線路，

你回到這裡，快快吞下列寧格勒沿河
街燈的魚肝油。

很多人可能並不理解這句詩的意象究竟好在何處，它不像曼氏別的詩句那麼激烈、緊張或絢麗，且關鍵的一句奇短，好像只有半句。但對我來說，這簡直不是比喻，而是一句最精緻準確的「小回憶錄」。因曼傑利斯塔姆當初或許也跟我們一樣，正是在集權時代的窮巷街燈之光下，吞著魚肝油的祕密長大的孩子呀。當然，曼傑利斯塔姆此詩寫於一九三〇年十二月的列寧格勒，而他死於一九三八年的集中營。那時蘇聯的魚肝油，是否就是後來這種透明膠囊？我想應該不是，而是所謂的「鰵魚肝油」之類吧。

語言會撒謊，但舌頭卻不會。普魯斯特靠咀嚼蛋糕來追憶愛情。杜工部食魚，直言「無聲細下飛碎雪，有骨已剁嘴春蔥」（〈閿鄉姜七少府設膾，戲贈長歌〉）。往事不再，而味蕾會成為我們望梅止渴般的投影，無論在人生何時，每一念及兒時那些特殊的「藥」，仍都會有生津之感。我尤其喜歡丹波康賴撰了「醫心方」這個詞，以象徵中醫的本質。正如得了癆病的資產階級小姐黛玉的人參養榮丸，或無產階級小栓「趁熱吃下，什麼癆病都包好」的人血饅頭，其實都來自這同樣一個藥膳醫巫的傳承體系。醫心即治病。吃藥也是美食。味覺沒有意識型態。寶塔糖真的打出過蟲子嗎？魚肝油真的對孩子有用嗎？藥一定苦嗎？生病便一定很無趣嗎？當童年的一切煙消雲散，那尚能反芻的味道，及隨著味覺浮上心頭的歲月、故鄉的街道、樓閣與人群，其本身便已是「從深深的悲哀中起來反抗」的美學了。故我們舌頭的缺憾，也未嘗不是我們命運的口福呀。

訣怪話

大約因為食物的匱乏，會令舌頭憤怒，此物的第一種「反抗」便是吵架。自古以來，中國人大都喜歡吵架，從宮廷大內、街頭巷尾到每一戶人家最私密的後花園裡皆然。他們說的全是祖國語言的髒話，重慶叫「訣怪話」。

我家住的第二個地址，便是曾為原重慶公安局的重慶歌舞劇團（後更名為歌劇院）。我記得歌舞劇團裡的人很多都是怪物、瘋子和地痞。他們都喜歡訣怪話，而且很滑稽。重慶方言稱「寶器」，意思是指可笑而不自知的人。近朱者赤，近墨者黑，歌劇院裡寶器成堆。譬如我父親是黑五類分子，自然也會被他們稱為「寶器」。因他幹盡了所有可笑的的活兒：如拉板車、修鞋、修樂器、拉幕布、養豬或掃廁所……可大家同時又叫他「師傅」，因他又是全團最懂專業的音樂家。

當時，右派讓人避之惟恐不及。右邊，在那個年代的意思就是旁邊，下邊或靠邊。六〇年代有一句怪話，即大家都常對階級敵人說：你「靠邊站」。

歌劇團之地前身是公安局，因此，五、六〇年代後，那大院子裡仍還有很多曾拘留過犯人的小房間、閣樓和庫房。當時下屬省人民藝術劇院的重慶歌舞劇團位於八一路二八一號，所以俗稱「二八一巷」。二八一巷是個大雜院，歌劇工作不過是一小部分。我們家分了兩間獨立的小屋子，一間在三樓，一間在一樓，面積都小得可憐。我出生以後，事實上這裡和全國所有大單位一樣已經亂七八糟，裡面住著醫生、木匠、摘帽右派、音樂家、廚師、裁縫、畫家、詩人、混混兒、話劇演員、勞改犯、賊、官僚、「抄扁掛的」（嗜好散打武術的無業者）、孤寡老人、還有很多地方上的市儈等等。模樣形形色色，說話悲喜交加。不過這裡也住著很多奇人。譬如有一個叫文善元的，曾經是個亡命之徒，摩托車騎得好，打架鬥毆進過監獄，而且偷了財務室的東西還自己到處宣傳：「就是老子偷的，但是你們沒有證據。老子作案從來就是滴水不漏，派出所的人都是寶器，根本查不出來。」

文善元寫得一手好書法，我記得家裡曾掛著一張他的行書。

我曾親眼見他用手代替腳倒著騎自行車。歌劇院裡誰也不敢惹他。

過去的重慶歌舞劇團裡有好幾個傳聞打架比較厲害的大人，一個綽號「張飛」，一個姓杜，還有一個叫王進軍。他們的脾氣都著名地暴躁。尤其「張飛」，據說他打起人來總是一直不停，一直打到他自己力氣用完為止，而被打的那個早就躺著不動了。王進軍也喜歡打架，那時他每天早上五點鐘就起來鍛鍊（好像是學過七星拳之類的武術），就是為了能打架。有一次他和一個喝醉了酒的人在劇團門口足足打了一個多小時，直到他們都累趴下，各有勝負。我兒時還常看見一個姓羅的原造反派頭目，本來的專業是打擊樂，卻整天在劇團操場上戴著麻布手套猛打一棵樹，練散打。後來才知道，羅曾是第一個帶頭給我父親貼大字報的。

就我出生前的六〇年代，歌劇團與歌舞團分成了兩個單位。歌舞團搬到了江北，而歌劇團留在原地，就是現在的重慶歌劇院。當我二〇一一年再回到那裡看時，劇院也已夷為一塊平地，蕩然無存了。

自古巴蜀多異人。當年，在八一路路口便住著一個老中醫武術家呂紫劍，呂白鬍子白頭髮，每天在自己家門口教授一群徒弟，有耍刀槍棍棒的、有對練拳腳的。他家門口掛著一塊牌子，寫的是「中醫」。有人說他是高手，也有人說他是徒有虛名，其實剛在公園就被一個小伙子打了一頓。反正我小時候去十字路口打醬油，就總看見他拿著一把大蒲扇，在大街上逍遙地走著。他的樣子很像古書裡的那種長老之類，據說他那時已經快八十歲了，而最近我聽說他還活著。估計該一百多歲了。

重慶氣候十分潮濕，黑暗。重慶人的心理卻很火性，脾氣大，方言稱「乾燥」，大約是想用以比喻敢和大自然造反的魄力與境界。歌劇團就居住著一大幫乾燥的人，做了許多乾燥的事。其中最乾燥的莫過於吵架。我從小就聽夠了各種各樣的吵架和「訣怪話」（巴蜀俚語稱「罵」為「訣」，大概因古代之訣多具有咒語性質）。重慶的大人們吵架語言之豐富、之荒誕、之邪惡，可謂舉世罕有。我記得的最「霸道」的一次吵架，就發生在劇團內一個搞舞蹈的「陳大人」家裡：陳的皮膚很白，我小時侯就聽說他因好色而出名——據說他性欲特別強，大人們自己都叫他「騷棒」，而陳大人還總是猥褻來家裡跟他上課的小姑娘。這引起了他夫人極大的不滿。有一天半夜，大家聽見院子裡一聲喊叫，這便是陳大人的夫人在訣怪話：「姓陳的，你個狗日的，我月經來了，你龜兒還要日——。」

最後的那個字聲音拖得很長，好像在讚美太陽。

大約南方人之所以不說「操」而說「日」，是由於萬物都是太陽創造的。

陳大人後來也出來，跑到操場上和他的夫人對著訣怪話：「你難道不想日嗎？你那個麻屄巴不得別人拿砣兒（拳頭）去捅。」

他夫人也急了，便也繼續訣到：「你那個錘子呢？你恨不得別的女人用鉗子去夾。」

我相信那一夜，聽見過這次吵架的大人們都性欲勃發，熱血衝動。

在食堂、在大街、在公共汽車上，在校場口或上清寺，在烈士墓或解放碑，曾經是國民黨陪都的重慶，任何一個角落都能聽見男男女女在訣怪話。我記得「他那個屄樣兒還想日我」。這句話就出自一個擠車時的美人之口。甚至重慶人喝酒時的划拳的口令也被編成了色情段子，它至今流行在重慶的野茶館和孩子們中間。但是「屄」這個字在重慶話的發音中是「披」，所以究竟漢字說文、玉篇或「康熙字典」之異體字傳統裡是寫作「髲」還是「鈚」，我一直搞不清楚。記得在《石頭記》手抄本中曾經把男性生殖器寫作有「毛」字邊的「毿、巴」（薛蟠吟詩一段），那「毴」這個字看來似乎是有道理的了。字諧音，或可從毛。可我一直搞不清楚，為什麼重慶人在前面還非要加一個「麻」呢？太怪了。或許是因為那個器官看上去很麻煩、神祕而模糊地一團，就像巴蜀語稱老虎為「麻老虎」，稱騙人為「麻人」。也未可知。

儘管如此，一旦到了正式場合，重慶的語言就會發生優雅的變化。

譬如中國人都知道川菜中有一道很有名的湯叫牛鞭湯，即用公牛生殖器製作的。但另外還有一道在文革中失傳了的，用母牛生殖器製作的牛羞湯，則很少人知道。我第一次聽說「牛羞」這個詞，就很吃驚。「羞」字不但精練地說明了原料來源，而且富有異常的美感。羞澀是東方美學的核心，沒有羞澀就沒有傳統美學，包括意淫。牛羞湯的存在，是一個街頭擺攤賣蹄花湯的老頭告訴我的，可惜再也沒有人會此烹飪。在北京，既使是稱讚別人的時候也沒有這樣的典雅之語。大概由於牛是農業社會裡最大的動物，所以他們都直接說「牛屄」。

一切怪話，我們這些孩子從小就聽得麻木了。儘管全世界的民族都有罵人和吵架的習慣，但中國的確是吵架最厲害的一個國家。尤其在六、七〇年代，吵架幾乎是唯一的語言表達形式。愛、恨、陌生和親切，都可能被轉化為一句訣人的怪話。一九七六年，我四歲，也參加過遊行。我和大人一起舉著寫有標語的小紙旗，上街去訣一些根本就不認識的政治人物，而表情則像一個外星來的潑猴。我看見我父親和歌劇團裡的人都敲著鑼鼓上街，他皺著眉頭，手裡拿著一個木棍，無節奏地打著一面小銅鑼，隨著人流在街上亂走，一邊喊著什麼。

父親表情麻木，他這個粵人實在已厭煩了各種各樣的怪話。

一九七六年重慶又地震，又下雪，而整個中國的天空則在掉隕石。在古書上，天上掉石頭就是要死人了。冬天，我母親站在雪地裡洗衣服，她的一切正常的柔情都被視為小資產階級式的庸俗，民國大家族的一切早已煙消雲散，只有用家務事麻醉自己。那年地震時，我也躲在那架破舊的鋼琴下面訣怪話，憤怒成為我最原始的抒情操練。因為夏天時，據說我母親與父親經過體育館，看了一場重慶市的跳水比賽。當他們正看著一個人凌空倒衝進水裡時，岸上的喇叭忽然響了，廣播說：「我們偉大的領袖毛澤東主席逝世了。」我母親頓時覺得雙腿發軟，昏厥在我父親懷裡。那天，我還聽見大人們說：「毛主席都死了，不得了。以後我們啷個辦喲。」一而且說的人都在哭。大街上突然很蕭條，那一年冬天，重慶人似乎終於停止了訣怪話，看著大雪，陷入沉默。

入蜀記

除了訣怪話和吵架，孩子們最擅長惡作劇。而重慶本是一座製造過惡作劇的名城，因為，就像「帝國主義是資本主義的最高階段」一樣，大人們說怪話的最高形式往往就是惡作劇。

正如往事總是需要重新進入一樣，回顧那些童年的惡作劇，對我來說，也總想是一次次新的入蜀記。我記得歌劇團大操場壩子周圍有很多狹窄的過道、小徑、階梯和黑暗的角落，那便成了我們這些家屬孩子的洞天福地。孩子是最邪惡的，不但愛「欺負」孤寡老人，而且也互相欺負。而且孩子最喜歡製造謠言：譬如說垃圾站、灰樓那邊常常鬧鬼；或者大門口旁邊，有一條直通市中心解放碑的抗戰時期修的防空洞，裡面還住著一個瘋子之類。夏天，大家都睡在劇團中央的壩子裡，支起涼棍、涼板或涼席，穿著拖鞋擺龍門陣、講鬼故事和黃段子，喝酸梅湯、吃西瓜、或出門去吊車。這時，幾乎所有的孩子都出來了。入夜之前，大人們下棋、打牌、吹牛吵架。入夜後，就是孩子們的天下。我們有時會滅掉人家點的蚊香，有時會脫去熟睡者的褲子。整個操場上幾乎睡滿了人，沒有一百人也差不多。重慶是火爐城市，夏日的暴熱持續到子夜也不歇氣，有些大人就穿一條褲衩睡覺。睡著了不知道，早上醒來，卻發現自己是裸體。

我家後面靠近食堂倉庫處有一個廢棄的木工棚，便一直鬧鬼。我和幾個孩子常常到那裡去偵察，捉迷藏，但什麼也沒有發現。後來才明白，有一個右派和他的臨時工女友時常在那裡幽會。有一次他們正脫光了在行房，被比我們大一些的孩子看見，於是哄傳鬧鬼——那時我們不懂脫光了究竟能幹什麼。

裸體的形象只有與鬼魂的形象重疊，才是符合邏輯的。

色欲之事在六、七〇年代似乎是只有牛鬼蛇神才會幹的壞事。

我們小時候最普遍的玩具是蒼蠅、耗子和火柴。

有一陣子，我幾乎練就了徒手抓蒼蠅的絕世功夫，在陰溝、在窗臺、在階梯邊、在飯桌上，一招手就是一隻。待抓滿一瓶後，便拿去樹下餵螞蟻；耗子則澆上汽油，看牠痛得滿操場壩子亂竄；而火柴則將火藥全部用刀刮下來集中，然後製造微型「炸藥」，以驚駭老人。逢到過年，沖天鞭炮就更厲害了，被我們當做子彈，在大街上射擊行人與野貓。我還親眼看見一個叫鍾慶的孩子一腳將一隻烏龜踩得稀爛。不過這些虐待動物的行為，大都是「除四害」留下來的傳統，不過我們當時完全無意識。大千世界，弱肉強食，一個生命未必尊重另一個生命。

有一對姓劉的親兄弟和我關係不錯，我親眼看見過他們將田老太養的雞整死，方法是用小木棍從雞的肛門塞進去。田老太是個右派的母親，她一生經歷過幾代歌劇院家屬孩子的欺負。由於她的文化水準很低，年紀又大，所以可以說是受盡凌辱。她最著名的話是：「毛主席來了，我們好幸福哦，連生孩子都躺著生。不像舊社會，要蹲著生。」儘管住在市中區，但田老太的生活方式則完全是農村的。有一陣，她養了很多鴨子，但這種養殖將劇院裡的衛生環境一下就破壞了，天氣一熱，惡臭撲鼻。有一天，一個鄰居忍無可忍，先和她吵架。田老太一怒之下，將醬油潑在鄰居家的床上，鄰居更是勃然大怒，將她十幾隻鴨子的脖子全部擰斷，摔死，並將老太太家的罎罎罐罐砸了個粉碎。田老太痛不欲生，躺在鄰居家的床上大哭。後來經過調停，不得不在他們兩家之間用磚頭砌了一道世界上最短的柏林牆。

五〇、六〇和七〇年代出生的孩子，都相繼「欺負」過田老太，不是往她的湯鍋裡放煤球，就是往門鎖上插木棍，並編造了很多順口溜笑話她的愚昧。現在想起來，她在那些年代有著怎樣的承受力啊。她居然獨自度過了那麼多個被無故戲弄的夜晚和事件，簡直是奇蹟。她的家人後來也根本不管她，任其自生自滅。九〇年代初，她依靠歌劇院門口一個擺麵攤的老闆施捨的小麵而生存。老闆是個聾子，所以他的麵被稱為「聾子麵」。有一次，聾子很久不見她來吃麵，便叫人去找。撞開屋子，人們發現田老太倒在地上，已經死了很多天了。

當然在大院子裡受欺負的人遠不止田老太太一個。

我記得在劇團大門口，還掛著一塊生鏽的鐵片，以及一根鐵棍。這是一口簡易的集合鐘。吃飯、排練、開鬥爭大會等等，都依靠此鐘聲。由於敲它的那根專用小鐵棍從來就放在旁邊的牆縫裡，所以這破鐵片也成了我們這些孩子的玩物。我們總是趁全院最安靜的午睡時分，突然敲響鐘聲，然後溜之大吉。多少年後，我才知道，這塊鐵片來自朝鮮戰爭，是一個志願軍帶回來的美軍炮彈的彈片。於是它便被暗中稱為「彈片鐘」。

六、七〇年代，每次只要彈片鐘一響，便總有一兩個黑五類分子，會神經質地迅速跑到操場上，規規矩矩地站著。其中或許也包括我父親。他們左右看看，卻發現並沒有開會，於是才明白是孩子們的惡作劇。不過下次他們還是會出來，此法屢試不爽，是因為他們永遠不知道什麼時候突然就又要鬥他們了。有時他們發現了躲在牆後面看笑話的孩子，但也不敢怎樣發脾氣，更不敢過來抓我們。我們就這樣，靠著一塊美國炮彈的碎片，經常讓大人們緊急集合。

他們頂多會罵一句怪話：「幾個小狗日的雜皮。」然後悻悻地離開。

重慶是巴，成都是蜀。巴、蜀本是兩種文化，自古便總是互相踏血（擠兌）對方。蜀人崇文愛詩，而「下里巴人」則尚武。所以到六〇年代時，巴人與蜀人就打起來了。傳說六〇年代末，重慶「八一五」造反軍曾派出一百多個身手毒辣的打架高手，開著卡車去成都打了一圈，把成都人都打怕了，一提到重慶人要來，就像江東人提到張郃，令「小兒不敢夜啼」。而在整個巴蜀地區，由於民國時還珠樓主寫了神化「蜀山」的武俠志怪小說，影響很大，四川人都感到離那個充滿劍仙異術的準神話世界很近。我們從小就覺得「凌空殺人」完全可以是真的。我們甚至覺得北京在天上，否則為什麼大人們上北京要坐飛機？鬼神也肯定存在無疑，要不然院子裡為何有那麼多的「牛鬼蛇神」？毛主席就是神仙。有一個早年的朋友還對我說：「毛主席一定是住在天安門城樓上的，老人家白天出來揮揮手，晚上就進去睡覺。」

對於我這麼大的孩子來說，六〇年代就更是一部荒誕不經，殺人不見血的「紅色武俠世界」。那確實是一個神話時代，因為「神」還沒有死，而到處又都是神仙的故事。雖早已世無放翁，但氣象猶在。故我三十年後，還寫出了一首叫〈入蜀記〉的詩：

噫吁嚱，山是南方的最好
俠隱二字，其本意也就是起伏
另，植物為四川的蓑衣
號古木，最美不過花椒樹
我從小就在火鍋中游泳
愛一個女人就相當於武裝支瀘

記得一九九三年，我曾暗渡棧道
經張良廟、武侯祠、劍閣而進入腹地
我看到經濟把山水變成了推背圖

一隻麻雀夜襲川崖懸棺
愁空山下，船夫們滿足於吃火
每個人的心態都危乎高哉

挑夫如猿猴，在社會主義的華陽國誌中
閃跳騰挪。吊腳樓成為一個特務的美學終點
如今夾竹桃下，再不見蒲扇與袍哥

磨牙吮血，中國人的境界無非
通往三部典籍：吳船錄、入蜀記和越絕書
一個右派說他已四萬八千歲了

巴山夜雨，早年的朋友們都星散了
我又回到那家從未去過的茶館
痛飲老鷹茶，並聽一個老頭鞭策高樓

哦，人無癖不可與交
如林無蛇，夏無雨、江無鱘
如一冊孤本無下卷之注疏

我平生最恨之事有二：
一恨白干兑水，二恨峨眉多霧
但我卻懷著大遺憾一直活著

雖世無放翁，但古巴蜀之氣象猶在。所謂「武裝支瀘」，即指六〇年代末，重慶與成都因互相打仗，位於兩座城市之間的瀘州市，就成了武鬥重鎮。很多人從重慶趕往瀘州，去「支援和保衛毛主席」，並因此死了很多人。此事件地方史稱「武裝支瀘」。我父親曾參加過，很多重慶人也都參加過，並因此留下不少瘋子和病人。我記得八一路上就有一個乞丐居然敢吃樹葉捲玻璃，我至今不知道是不是假的；瘋子一般是女的，總衝著我們笑，而且穿得很漂亮，大概過去是有錢人家的閨秀，抄家後發瘋的。

歌劇團對面曾有一個兵站，編號不記得了，但與劇團大門正對著，中間是馬路。兵站有時放露天電影，附近的人都會去看。孩子們則坐在螢幕後面的柱子下看電影，於是影片裡的人物細節便都是反的：如用左手拿筷子，汽車左行，字幕都顛倒不認識了，而手錶則戴在右手上。兵站門前有一個大水池，約有一兩百平方公尺寬，陰森碧綠，長滿了青苔、螺螄和沙蟲。我們這些孩子自己養金魚，所以時常去撈沙蟲與線蟲餵魚。但兵站的軍人有時來驅趕我們，因為我們總是把水攪渾。他們在水池中養了草魚，是他們食堂的魚庫，所以他們害怕我們這些孩子將沙蟲撈得太多了，池裡的魚沒得吃。這遭到孩子們的公憤。於是我們用玻璃啤酒瓶子裝上生石灰，扔進水池裡。生石灰遇水就發生化學作用，起泡，甚至爆炸。幾天之後，魚死了不少，漂浮在水面上。到了過節，我們就用沖天炮對準兵站裡放，跟打槍一樣火花四濺。當兵的大多農民出身，兵站院裡的孩子們便和我們互相對射。一時間鞭炮聲喧囂，絢麗而壯烈，很多大人會想起幾年前武鬥時的樣子。

很多孩子因此類過度搗蛋而被家長痛打一頓。在重慶高低錯落的街頭巷尾、石梯坎邊或院壩角落，隨時都能聽見某扇窗戶內出來孩子們的各種慘叫聲，以及家長們滿是怪話的叫罵聲。孩子們互相之間熱衷於打架，大約也因都有被大人們打的「習慣」。一個熊孩子或許本來該打。但熊孩子是怎樣從孩子變成熊的？為此要先打他們家大人一頓才好。當年教訓孩子們「教具」太多了，我記得小時候鄰居家打孩子的各種恐怖武器：如皮帶、火鉤、火鉗、擀麵杖、竹掃帚、拖把、教鞭、尺子、板凳、鞋底、衣架、晾衣棍、樹枝、麻繩、酒瓶、菜刀背、鍋鏟、飯勺與筷子……家長們幾乎是順手操起什麼，就用什麼打。輕傷者鼻青臉腫，重傷者筋斷骨折。不計其數的日常生活用品隨時會突然變成折磨孩子們的一門絕技，更別提那些帶有侮辱性的耳光、戳臉、罰跪、罰站以及拳打腳踢等了。「黃荊棍下出孝子」的古訓深入人心，在此為古今歷代被打的孩子們一哭。在學校打架最厲害的孩子，往往在家裡都是最經常挨父母打的孩子。我們心中常有大恨，因我們從小也都受的是「仇恨教育」。當年名言曰：「對待壞人壞事要像秋風掃落葉一樣無情，對待敵人要像冬天一樣冷酷。」大人教育我們要恨：恨留級、恨地主、恨流氓、恨鬼子、恨國民黨反動派、恨小資產階級、恨翹課的同學、恨美帝國主義。對一切與我們不同的人，就沒什麼好交流的。恨就是交流。那個擦肩而過的傢伙為什麼膽敢看我一眼（重慶叫「打照眼」）？沒有原因，也找不到話說？那就揍他吧。大家打一次，分了強弱，就知道是為何打照眼了。而孩子們若不聽話，便迅速也變成了他們眼中的「壞人和敵人」。荒謬邏輯來自原始野性。暴力的教育只能帶來暴力的思維方式和表達方式。這座暴力之城，那疼痛的往昔與驚豔的血跡，是我們這一代以及歷代男孩們的共同記憶。以後還要繼續嗎？

除了殺生與打架，孩子們偶爾還「汙東西」，汙是重慶俚語，就是在路邊順手牽羊。當然並不是為了錢，完全是出於兒童惡作劇心理。

在八一路街道的兩頭，有兩個電影院，一個是解放軍電影院，一個叫勞動電影院。那時看電影混票很容易，尤其小孩，剪票人都懶得管。七〇年代末的中國人絕對不會因為任何事情排隊。進電影院也是，亂烘烘地就混進去了。我記得〈大渡河〉那電影我就看過七遍，因為那電影打仗多，死人多，而且紅軍都是從瀘定橋的鐵鍊上被機槍掃射後倒栽蔥到河裡死的，看著過癮。每天晚上，總有很多人出來看電影，因此，農民小攤販的生意也特別好。那時電影院門口的攤販很多，有賣花生的、賣滷鴨翅膀的、賣椒鹽瓜子的、賣水果的、賣麻辣串的、賣香煙的，亂七八糟。電影開始前，門口人特別多，大家拚命搶購零食。我們個子小，擠在人堆裡，從人群的褲襠裡伸手去拿那些農民攤販的東西，不過人小手小，也拿不了三瓜兩棗，很難被發現。我們拿到水果零食時通常自己也不吃，而是送給別人吃。主要就是圖一樂——即得手之後的仰天狂笑。

電影院裡時常有談戀愛的，並排坐在一起，有時我們能看見他們的手在對方身上摸來摸去，因為我們對同一部電影很熟悉，到了不好看的地方就鑽到座位底下去，拿前面觀眾放在旁邊的零食。有一次看見一男一女摸得正到好處，他們的呻吟聲很大，與螢幕上紅軍的打仗殺人聲融為一體，所以不被發覺。

可是他們為什麼要互相摸？我們不知道。

我們只知道一看到那種情景，自己的下身也會起反應。太怪了。

夏天，重慶暴熱滾燙，大街上的柏油路都被太陽曬得比地毯還軟，腳踩在上面像是踩棉花。苦蟬淩空尖叫，人民仍喝著江津白乾吃火鍋，渾身曬得脫皮，也只當是換了一件衣服。我小時候最愛的不是祖國，而是冰糕。因為我血熱。我時常覺得自己在燃燒，神祕的火焰烤著我的血肉，所以我那時很瘦，而且恨不得大口吃冰。八一路十字路口，有一個雜貨鋪，我常會去打醬油、買火柴、或用剩下的一分錢買一塊「坦克冰糖」。夏日時，路口每天還有一個老太婆在叫嚷：冰——糕。她那嘶啞、尖利、拖長且幾乎帶著鬼魅的吆喝聲，成為我永生難忘的呼嘯。以至於我每次想起重慶的大街，或每次若有一曲舊日的音樂響起，首先進入腦子的不是街道的景象，而是那一聲暴熱下的吆喝。三十多年後，當我再次重返八一路十字路口，我只看見當初的油鹽雜貨鋪，已變成了數碼電子商城。兵站與水池變成了公司寫字樓，而賣冰糕的人則變成了蝗蟲一般蜂擁的黃色計程車。這座城市除了經緯度還在，其他則像是另外長出來的一個東西，與我毫無關係。當然這是後話。記得當初吃火鍋的時候，我一個人也能吃一斤肉，家人總是詫異：「這孩子怎麼光吃肉，不長肉呢？」這原因就是由於我的身體拒絕熱量。我本身已經太熱了，不需要任何熱的補充。吃肉就是圖個嘴上痛快。在七〇年代的夏日，我們真正的需要是冰糕一樣的冷靜。

切菜機

關於我父親奇異而悲慘之遭遇，我要很多年以後才漸悟其中玄奧。我只是他生命中一個短暫的局部。五〇年代，父親因被劃為「右派」才誤打誤撞到了巴蜀，六〇年代末遇了更歷經近現代史之荒謬而摧殘的母親及其一家，故我才會意外生在重慶。更意外的是，我生來時我的父親已是一個傳聞中的「瘋子」。當年所謂的瘋，當然不會是米歇爾．傅柯式的文本與文明之瘋，而是真正街頭與日常生活之瘋。舊時，瘋子有兩種涵義：一個是指生理意義上的精神分裂症患者；另一個，則是指那種做著很多不被別人理解的事，說著不被別人理解的話，行為怪異，思維癲狂，可又有著正常生活的人。如癲僧、詩人、藝術家、學者、思想家、被迫害狂患者、陷入自瀆或自訟中的特立獨行者，或各種被世俗規避之執不同政見者等。就是在這些人堆裡，也有裝瘋的、半瘋的和被整瘋了的，不一而足。

我的瘋子父親只是一位被打入時代地獄的音樂家，亦曾擁有著一群群的崇拜者。記得在七〇年代，我家裡總是出入著很多陌生人。不僅是重慶的，整個四川的人，只要有心學琴的，都會慕名跑到家裡來找我父親。我記得當時有個四川南銅來的鄉下人，綽號劉三，就是我父親最徹底的「信徒」。他到重慶後，我父母也都對他特別好。而劉三雖然天賦一般，卻是我見過的最愛音樂的人之一。他跟我父親學琴，對我父親五體投地，言必稱「師父」。劉三對我也很好，屬於愛屋及烏。他總是有空就背著我上街，我要什麼，他就給我買什麼，從飛機、坦克、槍到糖果和冰棒，從無論價錢，百依百順。我父親很多瑣事也都是讓他去辦的。就連他要和誰談戀愛，也要先來請示我父母，說必須幫他鑑定一下女方是否合格。

有一天，我聽見有人說：你父親是個著名音樂家。

我說：著名？他怎麼會著名？連重慶人都不曉得他是誰，還著名。

我說這話時，是在一九七九年。那時我父親剛平反，便第一次在重慶的劇場開了一場個人小提琴獨奏音樂會。在音樂會上，有的人因無聊走了，有的人在鼓掌，還有的人則很麻木，說：「早知道是這麼個爛節目，我就不來看了。臺上又不換行頭，又不換人，還一把胡琴拉到底，好沒意思。」

但崇拜我父親的人卻是越來越多了。

雖然我父親在普通人眼裡，甚至在童年的我眼裡，一直就是個瘋子。他還有很多與瘋子相關的綽號：如神經病、精神病、黑五類、活寶、怪人、怪物等。但他在命運最低谷處也會有他祕密的摯友，譬如陳朵。其實在父親身邊的人裡，我對陳朵叔叔的感情，遠大於對別人。陳朵有一個女兒，從小給家裡做事，對誰都非常有禮貌，我們算是青梅竹馬。陳朵對我也有著非比尋常的愛（因他曾救過我父親的命（詳見《夔》））。到了夏天黃昏，我們便一起坐在她家的木地板上，聽她父親——那時我甚至也會叫陳朵為「爸爸」——講舊武俠中「大頭鬼王，夏侯商元」的故事。我父親很少為我講故事。孩子們只喜歡關心他們的人。

但我父親究竟有多瘋，為何瘋？說不清楚。總之，從我記事時起，便見他走路、吃飯、辦事或上街遊行時，都會一個人搖頭晃腦、哼哼唧唧、忽笑忽唱的，不知在想什麼。他似乎總在自言自語，聳肩、撓頭、甩手，而且還帶著一些奇怪的表情。他不修邊幅、不梳頭、褲腿也總是一高一低地挽著。灶上的水開了、我摔倒了、生病了或有人喊他了，他似乎都聽不見，看不到。桌上只要有吃的，不管是什麼來歷不明的食品，硬的、稀的或乾得啃不動的，他都會吃得一點不剩。就是過期了好幾天的飯、發霉的菜、怪味的湯，他也會全拿到鍋裡煮一通，美其名曰「高溫消毒」，然後便囫圇吞棗消滅之。他的視力是一．七，屬遠視眼，看書報的時候，恨不得拿著離自己的臉有一公尺遠，但他從不在乎周圍是否有人在看他。因他似乎看不見周圍的人。好像這世界全與他無關。他的耳朵好得可以聽出十幾個不協和和弦裡的任何音程，以及大樂隊排練時，判斷出誰的琴有一個音不準，或誰的腳不小心發出了擦地板的聲音。但他大多數時候還是自言自語。不知道的人以為他有幻聽症。只有熟悉他的人知道，那不是在作曲，就是在配器。

是的，他這人骨子裡就是一把琴，一碰就叮噹響。

但自五〇年代到七〇年代，我父親不被允許做音樂，他的主要工作被變成了完全與琴無關、或略微有關的幾件事：如養豬、切菜、拉板車、修芭蕾舞鞋、修樂器、種地和倒垃圾。他不能正常作曲，就偷偷作曲。但那些曲子又無法被記下來，於是就成了隨風飄走的哼唱了。關於這個世界，他會像喬治．歐威爾《一九八四》裡的溫斯頓那樣思考，所謂「我懂得方法，但我不懂得原因」嗎？還是也會「在心中尋思，自己到底是不是瘋子？也許瘋子就是個人少數派」？在六〇年代大饑荒時，他身上也不是帶筆或琴，而是隨時揣著一柄勺，走到哪兒便「吃」到哪兒，包括偷吃豬飼料。他在芭蕾舞木頭鞋上，用敲打琴弓來實驗節奏。他在閒暇的時候，還設計過實用的機器。如大躍進時期，他曾設計過一個半機械化切菜機，有馬槽大小，解構異常卻並不複雜。裡面裝有滾動合葉刀片、雙腳踩踏板、曲軸、斗、人坐凳、繩索、木槽、進出口等。瓜菜從上方的大開口扔進去，然後人騎在切菜機上面，就像騎自行車似的，不斷地踩踏用曲軸帶動的刀輪，被切碎的菜葉渣滓便從下方的出口嘩啦啦地掉出來。因他那時在重慶歌劇團的食堂裡幹糙活，每天要切幾十顆甚至上百顆白菜、瓜果、馬鈴薯或蘿蔔等，把手都切麻了、酸了甚至扭傷了。若一直切下去，他那雙手無疑肯定會被摧毀，永遠不可能再拉琴了。於是他發明製造了一架切菜機。這樣情況就不同了。再多的瓜菜蘿蔔倒下來，進入滾筒刀輪，都會自動化為零碎的菜葉。其偉大的現實意義，幾乎不亞於現代辦公室常用之碎紙機。領導說：「原來這瘋子一點都不瘋。」而巴蜀群眾說：「牛鬼蛇神硬是鬼得很。」

的確，我父親早年便懂一些機械學。據說五〇年代初，他曾和他的摯友，當代知名的核子物理學家冼鼎昌，一同約考大學。我父親報考的第一志願是物理，而冼鼎昌報考的第一志願是音樂。結果，兩人竟考了一個交叉。但冼鼎昌終其一生的西方音樂素養都特別好，正如我父親對物理也從未曾忘懷。

我記得少年時，父親就經常對我說：「學音樂得懂點物理學，學繪畫得懂點化學和幾何學。你搞文學，得懂點數學。因為它們都是相通的。」

是的，作曲有對位法、和聲學、配器。古典繪畫講對稱構圖、解剖學、製作顏料時也有很多綜合材料。雕塑有結構力學。舞蹈有運動力學。戲劇（或歌劇）有聲學。電影則更是光學、聲學和電學的綜合……但那時我並不理解，藝術的感性和理科之間到底有多大關係？

父親還說：「藝術創作就是做飯。你看，油鹽醬醋都是化學，如何調配就是物理學，只有火候和煎炒烹炸的時間等，才算是藝術。從某種意義上說，藝術不過就是對這個原子世界的解散與重新排列罷了。」

話雖如此，貌似有道理，但我當時不以為然。我從來以天賦為第一，經驗與學識次之，理性思考又再次之。我那時對人生還缺乏太多的瞭解。

後來，我看到十九世紀末法國詩人保羅．克洛岱爾有一句詩：「比瘋子走得更遠的，是理智的人。」我似乎有些被觸動了。

走得更遠？那麼，多遠算更遠？理智的魔力比感性更大嗎？

就算你是理性的，可如果這個世界已是瘋狂的呢，又該如何？

普魯斯特曾在《駁聖伯夫》一書開篇，就否定理智（智力）對於藝術的作用，認為「作家應該擺脫智力，才能在我們獲得種種印象時將事物真正抓住，真正達到事物本身，並取得藝術的唯一內容」。真的是如此嗎？我舊年也曾迷戀普魯斯特那幽雅的文筆，細膩的感知與驚豔的觸覺。但涉世日深，我卻越發感到，一個詞語的貴族對慣常的苦難是很容易便走向陌生敘述的。感情宣洩，對於藝術與人生來說都只能是一個狹窄的面。在創作中，更多的，我們需要的卻是克制，是理智而非感情。譬如我們要寫一部鴻篇巨製，那在其中細節與環節的設計上所下的功夫，恐怕要遠遠多於抒情。再譬如人生上，我父親是一個公認的瘋子。而在中國，瘋往往只是表象。尤其在那個最瘋狂的年代，在完全喪失理性的歲月和環境中，瘋子們靠什麼支撐自己，生活下去？不是靠瘋，而是靠智力。理智是人性的解壓器，它就像一架能隨時大量處理我們荒誕、傷痛和災難生涯的切菜機。我們每個人的內心都有一架切菜機。當那些生命中飛流直下的凌亂事物、歲月、愛、恐懼、麻煩、死亡、病苦與誤解等等，如雨點一樣泥沙俱下，打擊我們的靈魂時，只有理智才能夠找到消化與粉碎它們的方式。反之，如果你不用理智去消化這個世界，那麼你自己就會被它的瘋魔切成碎片。

如賀拉斯云：「在明智中做點傻事。」這便是一切藝術生活之悖論罷。

發高燒

一九七八年，我六歲，那是我最接近大自然山水的時期：我在川西會理縣鄉村的一所小學讀了半年，那裡位於金沙江斷裂層東側，黎溪區綠水鄉西北，海拔有二千一百公尺左右，是被下放到那裡外祖母（南方叫外婆、婆婆）當時的「家」。說是讀書，其實是玩兒。因為那裡是一片山脈和礦區（拉拉銅礦）。那裡的山林森林茂盛，有狼出沒。門前有小河，道路泥濘，學校很破，也沒什麼好學的，一群群農民的孩子每天在毛主席像下打架胡鬧。我唯一激動的是放學後可以滿山到處亂走，摘櫻桃、抓青蛙、吃酸草；山路上的草比我人還高，走進去就看不見；我第一次感到了雲遊天下的美妙。我身邊是蜜蜂的軍隊，花朵的樓房；到處是刺客一般的雲雀，小溪如巨流攔路，每棵樹後面都隱藏著什麼。我還吃過無數無名的野草，蟬或螞蚱，在懸崖上像瀑布一樣撒尿。

在重慶，乃至在整個四川，到處都是黃葛（桷）樹，還有夾竹桃。尤其黃葛樹本是重慶的市樹。很多地名就直接是用它命名，如黃桷嵐埡、黃桷坪等。用黃桷蘭泡上江津白酒，擦在身上，蚊蟲便不會叮咬。夏日時，整個重慶都能呼吸到黃桷蘭的香味。但是二〇一〇年後，這些樹大片地被砍掉了，栽上了很多並不適合重慶陰雨氣候的銀杏。黃葛樹的根都是抱著石頭生長，有些就直接長在沿街的石頭牆壁上，凌空橫掛，如空中樓閣。當年，每到下雨時，黃葛樹的根鬚便濕漉漉的，猶如川劇變臉的面孔在鬚髯戟張。我們從小就從未離開過植物、礁石與山麓密集的包圍。乃至很多年後，走在北京的大街上，雖也有樹，但因街太寬，一眼望去如戈壁，我們不得不歎息：「這裡一棵樹都看不到，日子怎麼過？」

當然，下雨的時候，四川鄉下是很糟糕了，整個山路上都是很厚的泥濘。孩子沒法走，只有家人來將我們背回家。

外祖母的家是由兩三幢平房構成的：外面有一個籬笆院子，院子中有一棵石榴樹，三株向日葵。外祖母有時直接從上面摘石榴和瓜子給我們吃。她對我們這些孩子沒有什麼要求，吃飯的時候只關心營養，不講究規矩，這都讓我感到：自由。她唯一的要求是：不許說「怪話」。但是我是從重慶來的，怪話太多了。

我要是學重慶人那樣罵起來，可以讓他們都聽不懂。

不過我一直憋著，直到有一天，我對欺負我的一個同學說：「錘子。」外祖母知道後，終於很捨不得地「打」了我一下。她的打，幾乎就是摸。但是我相信我的怪話，比起偉大祖國的各種怪話來，是小巫見大巫，一點也不怪。譬如在小學課堂裡，在破桌子和爛黑板的牆上，自然和全國小學一樣，掛著兩個領袖的畫像。而且有一句怪話作為標語，那就是全國人民都熟悉的：「你辦事，我放心。」那時我十分不理解，究竟要辦什麼事？那句話沒頭沒尾，很難猜測這兩個人到底是誰讓誰辦事？是好事還是壞事？——簡直太怪了。

下雨時，我還會常常開始發燒，且每次都趕在父親出差前後。

高燒一次比一次都厲害。我感到全世界都滾燙地燒了起來，我感到我不管接觸到什麼，都能立刻將那東西燒焦。我就是閃電。我的血管裡流動著火，皮膚上可以烤肉，前額上可以煮雞蛋。我感到我的身體變成了一根正在摩擦中的火柴，腦袋又大又紅，軀幹卻枯瘦如柴。甭跟我說什麼冠狀病毒，我覺得我自己就是個冠狀病毒——腦袋大身子乾瘦，蘑菇雲似的。我動輒燃燒。我的溫度可以迅速超越世界的溫度，達到四十度。於是，一切對於我來說，反而都是冷的。

我昏厥在家裡的床上，恍惚中覺得鋼琴上的兩座白瓷雕像（貝多芬與毛澤東）都變成了女的——因他倆其中一個頭髮長，而且都沒有鬍子。

我母親驚慌失措，因父親不在，她只好一個人帶著我去醫院。

從小，我母親就經常一個人帶著我去醫院，因為我經常發高燒，而且一燒就燒得昏厥、抽筋。我七歲時，母親已經抱不動我了。她有些急了，便下意識地跑到郵局去給我父親發電報。這樣的電報和信又耽擱了一段時間，我持續高燒，我的肋骨和胸腔猶如拜火教的道場，內臟在狂熱中幾乎被烤熟了。嘴唇發青，兩眼血紅。但只要父親沒有回音，我的高燒就不退，也不死。在母親的催逼下，我父親不得不急忙回家。可是往往等他一到家，我的高燒就突然好了。於是，我父親回到家後，看到的是一個活蹦亂跳的我。這時，他會勃然大怒。他將我從床上抓起來，一下扔到地上。

「媽的，我的好事都讓這個臭小子耽誤了。」他暴怒地說。

可誰讓我熱呢？我是火體。我生下來就是消耗事物的，是破壞性的。我走過一切猶如火走過了一切——似乎並不存在，只是一個「燒」的過程。

如怪傑一般多年叱吒與困境中的父親，會愛我嗎？不太清楚。他對我曾是無為而治的放羊式教育，同時也鑄就了我的任誕與不羈。七歲那年，有一次在歌劇團大門口溜旱冰，我不慎摔倒，左手肘關節摔傷脫臼，這可疼得我齜牙咧嘴。我記得父母抱著我去了醫院。回來時左手用繃帶掛在胸前，是父親一直抱著我。印象中，父親只抱過我兩次，還一次則是晚上睡著了，他要抱我去樓上。走到樓梯口時其實我已醒了，但仍佯裝在睡著。也許他抱過我很多次，無數次，但他從來不會回憶，因他的回憶太多了。

我的右派父親淤積了二十二年，等待了二十二年，被整了二十二年，批鬥了二十二年，行屍走肉了二十二年……現在，他終於有了一個新的開始。他以為生活立刻就要回來了，音樂就要回到他的生命中。卻沒想到一時疏忽，這生活與音樂會被自己的兒子一把火「燒」掉。他焉得不憤怒？不痛恨？我成了他的災星，他的妖魔。我的情緒也一直很低落，高興不起來。我不知道該怎麼辦，也不明白這種感覺是什麼。這時，我看到了舅舅買的橘子。我一頓猛吃，想以此消解胸中的煩悶。結果我澈底上火了，又發起高燒來了。

我記得那是我最後一次發高燒，後果是得了肺炎，打了半個月的針。

我的小學一到四年級，就讀於歌劇團對面的八一路小學。和所有重慶孩子一樣，我們從小受到過「渣滓洞、白公館和中美合作所是迫害過紅岩革命先烈之地」的教育，從小便崇拜那傳說、歌劇與電影中坐過老虎凳、灌過辣椒水，或從皮鞭、烙鐵、饑餓、竹籤子、地牢和強水池的折磨中走過來的江雪琴（竹筠）、許雲峰（許建業）、瘋老頭華子良甚至小蘿蔔頭等。紅莓花兒開，每年十一月二十七日，我們都要疊白花，去歌樂山下掃墓。但囚禁和反囚禁對人性究竟意味著什麼？這一點，即使是偉大的《死屋手記》或《規訓與懲罰》也不可能真正告訴你。民國陪都，古蜀山城，站在山頂上看，到處一派植物茂盛、兩江澎湃之景。山林、橋、陋巷、碼頭、陰天、挑夫與坡道的密集，令此地成為革命者的渦輪狀迷宮。八〇年代就有人調侃：「為什麼地下黨總那麼厲害，怎麼也抓不到？不是國民黨人太笨，也不是地下黨人太聰明，而是此山洞窟相連，重慶人又太喜歡玩貓捉耗子的恐怖遊戲。」儘管如此吹噓，但還是有很多人被抓住，投進了渣滓洞。而從小，我們就從未膽敢懷疑渣滓洞的歷史。歷史在中國，可不是用來探疑的，而是用來「信仰」的。懷疑歷史？簡直大逆不道。難道烈士之死不是為了讓我們今天有幸福生活嗎？老師指著水牢說：「看看強水池，除了頭髮，什麼都會被融化。不要生在福中不知福，你們都是在蜜罐裡泡大的。」

強水池即用硝酸或硫酸蓋的水牢。我們自然是看得瞠目結舌。

但無論如何，懷疑就像惡魔，遲早會來敲門。

本來，在歌劇團內，我們從小便在排練著〈白毛女〉、〈江姐〉或〈洪湖赤衛隊〉等排練場的樂池、走廊、濃妝豔抹的革命演員與後臺的地道中長大。這些歌劇的每個音符、臉譜和那時收音機裡誇張的聲音，全都一起長進了我的肉裡，想拔都拔不出來。但我還記得直到一九八〇年，學校突然搞文藝演出時，卻帶出了一股「洋躍進」的氣味。當時我們班在華主席的畫像下，表演集體詩朗誦。一幫重慶小崽兒嘴上說的是發音滑稽的普通話，臺詞是：「美國已經發射了三艘阿波羅飛船，我們也要前仆後繼，向著一九八四年騰飛。」說著，全班人還擺出了一個畫報上的造型——居然是忠字舞時代的衝鋒手，弓箭步。大概編舞的老師是大串聯上來的，儘管臺詞是想表現資本主義制度的一些優點，可她暫時也想不出什麼別的姿勢。當然那時的人更不知道「一九八四」這個奧威爾式文學符號的特殊涵義。而我一直想不通的是：既然中美合作所是舊社會的監獄，那為什麼我們現在還在為美國鬼子的飛船搞詩朗誦了？這些大人們硬是怪話多，怪得很。

當時在我們這些孩子們中間真正流行的遊戲，從來不是什麼集體詩朗誦，而是「打黑市」。所謂打黑市，就是讓一個孩子站在前面，背對著其他的孩子。然後，大家從後面全都伸出手，放在前面那孩子的頭頂。忽然，其中某一個孩子狠狠地出手搧他的後腦勺。極疼。這時前面被打的孩子轉身，要是他猜中了是誰打的他，那麼他就可以回到後面，而打他的孩子就得到前面去，等著大家再下黑手。不過猜中的機率很小。因有時是一個孩子突然抓著另一個孩子的手一起打的，這時候責任就模糊了。後面的人為了維護幫凶，往往還互相包庇。大家以此類推，輪番下手，可以將一個倒楣蛋一直永遠地打下去。中國人從小就會借刀殺人，借力打力。也從小就有不同的孩子王，有時是殘酷的傢伙，有時是理性的玩伴，有時則是與你沆瀣一氣的同窗。大家對下黑手打黑市的遊戲，歷來是樂此不疲，狂笑不止的。尤其是白打了別人，還不被發現的時候，你的手就會越來越癢。無端端的憤怒來自原始的暴力傾向。但這種威廉·高汀《蒼蠅王》式的邪惡的快樂，是大人們難以理解的——雖然他們在成人社會中也在幹著類似的事。如果誰不同流合汙，那一定反而會被看做不正常，或看做寶器。

江姐說過：「孩子是革命的後代，要讓他們經得起風浪。」

一九七九年初，世間風浪未起，我家出了一件大事。父親的某個學生成了不速之客。家庭正在逐漸崩潰。不知為什麼，父親還和劇院裡的一個同事換了房子，我們家搬到了食堂旁邊的一個大房間裡。一天我放學回家，卻發現所有的傢俱、櫃子、箱子、書架和鏡子等被排成了一排，如沙奔海立，楚河漢界，整齊地隔在房間中央。房間被一分為二，左邊我母親住，右邊我父親住，又如被擠壓過的陰陽魚圖一般對而不稱。誰使用什麼傢俱，那傢俱的門或抽屜就朝誰那邊放。

可他們為什麼不一起住了？我當時並不明白。我一問，結果父親就又對我訣了一句全新的，我聞所未聞的怪話：離婚。

井少女

在詭異、色欲與芳華並馳於中國人心史的一九八一年初秋，我第一次離開了父親，先是隨母親搬到了重慶上清寺的一個小院子裡。那座小院子很破舊，經過一段階梯，一排小樹，可一直走到深處，有一棟老木樓。我們的屋子很潮濕，不時有水從牆裡滲出來。屋子裡面有一個倉庫，裡面堆滿了舊木頭和舊家具，有很多老鼠和蟑螂。尤其是蟑螂，是一種大個的、有翅膀的、可以飛的黑色「偷油婆」。大概是因牠愛吃油吧，蟑螂喜歡在黑暗中行動，進入廚房、灶臺或碗櫃的縫隙裡。深夜，當我們睡著後，總能聽見其悉悉梭梭之聲，是牠們在爬。有時要上廁所，一開燈，牠們就會驚得一下子飛起來，撲向屋子的各個角落，如一隻隻邪惡的黑蝴蝶在進行夜叉巡海般的軍演。

院子裡住著三家人，一家是姓袁的老頭，記得他的樓上藏滿了古籍，平時總是坐在院子裡讀書，膝下有一個學齡前的小外孫女，即小雍。另一家姓關的，是對異鄉來的夫妻。然後便是我與母親兩人。意外的是：那小院子裡竟然有一口難得的水井。井口上蓋著一塊石板，但石板比較窄，並不能完全將井口封好，露出一道縫。下雨時，雨水就會漏進井裡去。不過，這算是一口非常傳統的水井，因每天都有附近的人到這裡來打水，他們也不管是否衛生，照喝不誤。在城市裡仍用井水生活，即便在重慶也不多見。

我和小雍第一次見面，便就是在這井邊上。

那時她穿著一件帶花邊的連衣裙。我最初完全不敢和她說話。小雍七歲，而我已快十歲了。她童年的光豔照耀著我童年的黑暗，令我自慚形穢，只配仰慕。我們住在一個那麼小的院子裡，抬頭不見低頭見，也不可能永遠不說話。於是，在兩家大人的撮合下，我們就在一起做作業，一起吃飯或一起玩了。有時，我們會一起趴到井沿邊，朝井裡面看。井水很深，黑咕隆咚的，隱約能看見我們倆的頭與影倒映在深水微瀾中。但漣漪泛起，頭與影又都並不像我們自己，而像是有什麼原始妖精或水怪在幽深的井底浮現。我們不禁恐懼。我們拿起一塊石頭扔進去，要等上一陣，才能聽見水花濺起的聲音。

我和小雍並不在一所學校。好在我們每天都能在同一個院落中生活，就像一家人。小雍的眼睛大如葡萄，眉黛與睫毛極長，留著一縷黝黑的劉海，兩隻消瘦的胳膊把她的姿勢襯托得像一棵小樹，一座水上的小屋。小雍在家裡還養著一匹黃色小狗和一隻黑色小貓。後來我們則一起餵養牠們，廢寢忘食。狗名小虎，有一天她家人要賣掉小虎，我們都難過緊張不已，我竟然哭了一兩天。小雍幫著求情，她家人才因此作罷。

但我和小雍之間，卻也曾爆發了一場殘酷危機。當時究竟是為了爭奪一個寫字本，一支筆，或者是我在她的書上畫了什麼，我已記不清了。總之我們是吵架了。她吵一句，我爭一句。最後索性她推一下，我推一下。我急了，順手拿起院子邊的一根晾衣竹竿子打了過去。當時我什麼也沒想。我腦子裡完全是空白。竹竿掃到她的胳膊上，僅此一下，立刻出現一道血印。接著，血印變成了淤血，青如一個鬼臉。我自己也完全傻眼了。沒想到打一下，就會這麼重。但小雍沒有哭。只是從她眼裡，我看到了一種難以言說的傷心。我一生中從未再見過那樣的幽怨的目光。接著，是我們長達幾個星期的沉默，及一次不短不長的離別。

我的家庭散了。一九八二年，我因故又必須隨父親坐五天的輪船，沿長江而下，過三峽到了上海，棲居於汾陽路上海音樂學院圖書館下面的一間只有四平方公尺的斗室裡，並借讀於嘉善中學（此中學現已無存）。屋子只能放一個上下床和一張桌子，小得彷彿在睡覺時也可以伸手開門。在這屋子裡，我第一次讀了《水滸》，並背下了其中所有暴徒的綽號；也第一次在收音機裡聽袁闊成講《三國》，可惜他只講到「華容道」便結束了。我的心奇癢難忍。我第一個崇拜的人即「收音機裡的關羽」。在我居住的斗室外有一塊草坪，一排柚子樹。閒暇時，我便拿著一根棍子四處亂打，踐踏花草與植物。童年的厭倦與漂泊的煩躁讓每棵樹都成了我奇異的敵人，我的華雄，顏良或文醜。不過，每次我一揮舞棍子，就會忽然想起小雍那消瘦的胳膊來。我一個人躺在草地上，望著上海的夜空，就像是在看院子裡的那口井。我知道上海的月亮也會倒映在重慶的井中，而小雍大概也正在望那井裡看吧。

半年後，我隨父回重慶，中途還順道去了湖北武漢博物館。這是因為一九七八年在湖北隨縣出土了一架樂器：即曾侯乙墓戰國編鐘。這時正在舉行用它的複製品演奏的音樂會。父親不僅帶我去看了編鐘音樂會，還帶我到博物館去看了出土的戰國編鐘實物：那是一個用絢麗奢侈的銅架子支撐，掛著六十四個大小不一的雕花銅鐘，音域可以跨越五個八度，十二半音齊備，要用六十六根木槌敲打演奏，重量達二噸半，有著二千四百多年歷史的龐大樂器。隨之出土的還有戰國編磬等一百二十多種上古樂器。但編鐘再大，意義遠遠小於我對小雍的愧疚與思念。

回渝後我便迫不及待地去了上清寺院子，立刻跑到袁家去敲窗戶。那時還是清晨六點來鐘。天還沒太亮。我靜靜地等。袁家玻璃窗上出現了三張臉：第一張是小雍的，她看見我回來，衝我高興地大笑起來。半年不見，她好像長大了。另外兩張臉是小虎與黑貓的。小虎馬上叫起來，把一個院子的人全叫醒了。小雍從屋子裡衝出來，一下抓住了我的手，抱住了我。她的熱情更讓我汗顏。可她似乎早把那事忘得一乾二淨了。童年小雍的善、美與純潔的清歡，始終在「折磨」我。從此，我們又在一起趴在井邊看破碎的倒影、打水、吃飯、讀書和餵貓養狗了。我們相處了大概有兩三年，幾乎每天都在一起。我後來還反覆仔細地去檢查過她胳膊上的傷。青色的淤血早已消失，宛如雲遮月。但我心裡仍舊難過，這難過一直持續到後來，持續到現在。持續到我們的長大、離別與淡忘。我差點想不起來她的樣子。只是對那淤血的恐懼和難過，後來也轉移到了我自己身上。我似乎從未能因那一次對她的失手而釋懷。後來很多年，每次我自己若有碰傷，壓傷或打架受了傷，甚至看見陌生人的傷，或皮肉間產生了青色淤血時，無論其形狀、輕重和大小如何，我的第一反應都會想起小雍胳膊上的那道傷來。我第一次感到暴力是如此醜陋，為此應該羞愧不已。只是此事我至今未有機會去對她說。因遷居北京後，一眨眼三十多年過去了，我再未見到過小雍。她現在也該人到中年了吧，而她的倒影仍始終是一位停在那黑暗窟窿中「井少女」。

至於那條叫小虎的狗：牠四蹄雪白，黃毛，如站在雪中的狐狸。牠總是舔我的右手，坐在我的右邊。我和小雍在那院子裡最孤寂的時光，都是小虎陪我們度過的。遺憾的是，八〇年代城裡的狗突然多起來了，有些地方又成立了「打狗隊」。打狗行為在大陸後發生過好幾次：土改打狗，因為狗咬土改宣傳隊；災荒年打狗，因為大家要吃肉；四清打狗，因為狗咬四清調查組的人；文革打狗，因為狗咬紅衛兵；現在又打狗，不過僅僅因為牠太多了。有一天我們上學去了，小雍家裡人也沒注意，小虎獨自跑到上清寺大街上去玩兒，結果就被「打狗隊」的人抓住，亂棍打死，或是抓去吃了。總之是失蹤了。我把牠也寫在本書中，就算是讓牠也能永伴我們的齠齔韶光罷。

褲襠刀

時光的閃電猶如皮鞭，凌空將童年的幽蘭擊碎。家，從過去的一個點，變成了一連串的散點和線。空花泡影，吉光片羽，那在歌劇團大院壩子中圍繞著的夾竹桃、籃球場、涼棍、電影院、防空洞、怪話與歡笑聲，都隨著七〇年代末的國與家的動盪而煙消雲散。過去我每天生活的地方，不久之後便成了只能路過的街道，以至於我覺得走到哪裡，都像另外一個人。而在重慶、上海與北京這三叉戟般的生涯中，從小學到中學十一年間，我隨家庭漂泊，共轉過七次學，搬過九次家。一九八三年夏天，我上了重慶六中，一個更加以少年暴力與教師的暴力而聞名全城的學校。

重慶六中本由美國基督教「MEM會」於晚清（一八九一年）創辦，原名叫求精中學。一九五二年，重慶市政府接管後，命名為重慶市第六中學，一九九八年後又恢復原名。八〇年代，我們的班主任老師姓S，名「海燕」，據說是大串聯的時候上來的。她幾乎沒什麼文化，屬於典型的「中學畢業教中學」那一代人。在六中時她教語文，但卻時常讀錯別字，還喜歡自圓其說。後來也教煩了，她就乾脆整堂課讀報紙。S老師是個獨居的女人，丈夫常年在外。這個老師最多的動作就是挖鼻孔。無論在操場、在教室課堂上、在辦公室還是她學校附近的家裡，她總是一邊用一塊手絹包著手指，然後不斷地清理鼻孔裡的汙垢，一邊用怪話教訓我們，看得我們直倒胃……後來我才在心理學的書中讀到，這是潛意識中對性欲壓抑的一種釋放。S老師最喜歡開家長會，動員家長們用體罰教育孩子，有一次還直接對我母親說：「黃金棍下出好人，這句話是真理。孩子怎麼能不打呢？」

的確，她就是一個體罰的高手，我們那時唯一的「女暴君」。

整個班上沒有一個人喜歡S老師，包括那些最規矩的女學生。

因為舒老師要是整起誰來，簡直是下毒手。她是直接動手打的，有時搧耳光，有時揪頭髮，有時用皮鞋踢，或者用教具亂打……至於罰站、罰餓、罰抄寫、罰晚回家等等更是家常便飯。再叛逆怪異，調皮搗蛋的孩子，一到了她的手下，都被制得服服貼貼。中學是禁止學生留長頭髮，禁止穿高跟鞋，禁止化妝的。S老師將這些禁忌貫徹得很澈底。我印象中最深的她的兩次行為：一是居然用鐵鉗子去拔一個膽敢留長髮的男同學的鬢角，那同學在慘叫聲中滿教室瘋跑；還有一次是揪著一個膽敢化妝的女生的頭髮，用教室做衛生的髒抹布去抹她臉上的胭脂與口紅，女生花容失色，頓時變得像京劇花臉，號啕大哭。

很奇怪的是，居然沒有一個學生家長找過她論理。

除了語文，我們上別的課時都很鬧，其他的老師根本管不住。但只要有一個同學突然說：「S老師來了。」整個課堂立刻鴉雀無聲。長此以往，S老師似乎抓不住我們的辮子了。於是，每次上別的課時，她就悄悄地從辦公室走到我們的教室外面，躡手躡腳，透過門縫窺視我們之中有誰在暗中說話，在看小說，或者在睡覺。下課後，她會將那些人單獨叫出來，一陣「嚴打」。最巧的是，S老師的名字因與高爾基的隨筆〈海燕〉同名，而這篇隨筆又正巧收入到語文課本中。於是，有時上語文課，S老師便讓我們全班集體大聲朗誦〈海燕〉。這朗誦是一種撕破了喉嚨掙紅了脖子的叫喊。從「在蒼茫的大海上，狂風捲集著烏雲。在烏雲和大海之間，海燕像黑色的閃電，在高傲的飛翔……」一直讀到「讓暴風雨來得更猛烈些吧。」為止。我們都能看見S老師坐在講臺上，眯縫著眼睛，似乎完全陶醉在對她名字的激越盲目之讚美中了。而當四十幾個學生費勁力氣，終於齊聲朗誦完文章後，她還會輕輕地、冷靜地環視著課堂，然後吐出幾個字：「嗯，很好，再讀一遍。」

S老師如果現在還活著，該有六十多歲了吧，是老太婆了。不知她如今對當年自己的「教學方式」是否有過一點懺悔或反省。我記得，畢業前夕，全班同學很多都買了筆記本，互相留言道別。但就這麼一點小小的情誼，在S老師看來也是不可允許，不可理解，不可原諒的。

她沒收了幾個本子，並大發雷霆。在我看來，她不僅是那個時代教育制度的標本，應該冷藏、解剖和研究。我雖然從來就敢冒犯老師，但也忌憚S老師，從不敢正面看她。而對其他膽敢無端「教育」我的人，譬如教英語課的郎老師，我甚至還曾動手一把將她推到地上。而S老師似乎是人性在面對「別人的青春和美好」時的一種典型的「性壓抑」（那時大多數人還不敢說這個詞）或心理變態者，這也是後來才逐漸懂得的。因八〇年代內地的中學教育制度，完全是大無賴管小流氓，土得掉渣。到處是暴力、集體主義與喊叫，如當年她若沒收到某個男同學給女同學寫的情書或紙條，那更會暴怒。她先會將情書或紙條當眾朗讀一遍，然後突然吼道：「啥子愛，你們曉得啥子叫愛？你們嫩得黃瓜都還沒起蒂子，不要臉。」如果有誰給她寫了檢討書，承認自己的錯誤，她也會當眾朗讀那篇檢討書，讓當事人在全班集體面前羞臊得無地自容。那時，沒有一個老師真正理解少年少女的心理。好吧，既然不允許愛，那我們就不要愛了。為了「學習下去」，我們本能地只會感到自己必須也變得「殘暴」些，我們只有走向恨，似乎才能適應這個殘暴的世界。這時，我就又想起了古代傳說中的的那些恐怖故事。

那時的重慶少年仍然是六〇年代的「遺風」猶存，尤其在穿衣上。當時最流行的是舊軍服、軍帽與「吊襠」軍褲。所謂吊襠，就是褲襠特別的大，走起路來隨風飄擺，好像古代的燈籠褲。不知為什麼，當時的重慶崽兒都覺得那是一種美。但真正穿過吊襠的人都知道，那不僅為了好看，還有一個很大的作用：藏凶器。重慶是一個打群架有名的地方，很多少年都喜歡帶一種牛角刀。所謂牛角刀，並非牛角製，而是刀口形狀像牛角，可折疊，刀頭上有一個小鐵環，分大號、中號和小號的刀子。大號的將近一尺長。為防止老師突然搜身，我們就將牛角刀的小鐵環與褲襠尿口上的扣子繫在一起，然後吊在襠裡面。這樣，一般都可以順利的地躲過搜查：因為如S老師那樣的女老師，雖然敢動輒鞭打學生，但無論如何，她也不會輕易地就敢去摸男孩的褲襠。

我也曾有過一把中號的牛角刀，鋒利，尖銳，猶如我的個性。

那時，我們的武器與我們的陰莖就這樣長期為伍，在大腿間晃來晃去。

不過我並不是班上最凶猛的少年，還有好幾個整天打架的「壞同學」。但我十分欽佩他們，覺得他們都是「霸道崽兒」。六中還有很多小美人，也讓我陶醉。那些姑娘當時都只有十三、四歲，情竇初開，乳房微隆，也穿著舊軍服，挎著軍書包，如一朵朵解放後失落的桃花，為我展現著性的神祕與妖冶。我在六中還遇到很多事情，但這之間有一個間斷——上北京。因為我父親突然獲得了調去中央音樂學院的機會。這是他夢寐以求的事情。他自然決定馬上就走，而我也只好穿著吊襠軍褲，帶著牛角刀，閃電一樣地去到了那只在課本上見過的首都。

橋頭堡

正巧是在一九八四年底，在一個喬治・歐威爾式的冬天，父親與我都準確地記得是在十一月三十一日夜裡八九點鐘，我們坐火車第一次來到了北京。父親的兩個老同學去接我們，用一輛黑色的轎車將我們從北京站送到了中央音樂學院。途中，轎車經過前門箭樓時，我還以為那就是天安門。當時已經是晚上，外面漆黑、冰冷，像一塊生鏽的鐵。我坐在後坐上，朝後窗外看去，絲毫不聽父親和他的老同學在聊什麼。這是我第一次看到北京廣場的華燈，第一次吹到北方的冷風。我的眼睛從來沒有領教過如此刺目的寒流，透過莫名其妙的眼淚，只見前門與箭樓如兩個巨型的古中華帝國怪獸，尖銳的飛簷雕梁彷彿是國家利維坦的犄角，而城門洞好像是它們的血盆大口，它們從車窗外大步走了過去。箭樓的頂上，只有無數的蝙蝠和烏鴉在漫天盤旋，遮蔽了前朝的夜幕。大街上隱約飄浮著烤羊肉的孜然氣味，而月亮像是被煙熏過的青銅。我帶著重慶少年的匪氣和尖銳，定睛注視著：這就是那個囚禁過靖康二帝、居住過韃靼人、魏忠賢、三寶太監與錦衣衛、活剮過袁崇煥、浪費過姚廣孝、李卓吾、崇禎、袁世凱與譚嗣同、雲集過義和團恐怖的火焰、八國聯軍的刺刀與六〇年代的紅旗海、製造過無數領袖和混混兒的千年帝國城邦嗎？

但我什麼也看不見。忽然，車就進了音樂學院，可我的感覺則是進了一個腐朽陰森的古代宮殿。座落在北京西城鮑家街四十三號的中央音樂學院，的確是一個「舊宮殿」：因它是原清朝的醇親王府，即光緒帝愛新覺羅．載湉的出生地。光緒登基後，這裡便成了龍地（舊稱「潛龍邸」），禁止別人入住。而光緒皇帝三十八歲就被毒死了，後來醇親王府兩度分為三處（什剎海、紫光閣），於是太平湖這邊的舊府後來很蕭條荒涼。音樂學院的院子裡有一些古樹、一對石獅子，保留了很少一部分醇親王府的建築和舊院子，修了幾棟紅磚樓。比起環境來，央音與上音差遠了。但這裡卻有著晚清與民國那種幽微的暮氣，而且圖書館收藏著中國幾乎所有最珍貴，最難得的音樂資料、磁帶錄音和音樂圖書典籍。這對於長年生活於重慶的封閉中的父親，無疑具有無法抗拒的誘惑力。

他太饑渴了，太著急了。儘管北京生活極其枯燥，但他毫無感覺。

轉過年來，一九八五年正是北京文藝史上「八五新潮」的時期。我雖然看到了很多從未見識過的現象，但平時仍借讀於音樂學院旁邊的鐵路一中，也就是後來的鐵路師範學校。至於在一中的學習，還是那句話：一堆垃圾。不久後，我又進了音樂學院附中。接著，我北京住一年，重慶住一年。我因不斷地轉學，幾乎每過一兩年就會當一次插班生。央音附中是個袖珍的「洋涇浜」，大多數同學雖都來自全國各地，但又都奇怪地崇洋。這可與那些崇拜暴力的重慶崽兒大相徑庭。而我則披著重慶少年的軍大衣，在院子裡橫衝直撞，一直被看作是不速之客和異類。儘管如此，附中也有不少詭異的現象，也有暴力、酗酒的事件，還有因早孕而被開除的。有些男同學為了與女生幽會，甚至可以半夜從高牆外的宿舍窗戶凌空爬過去。而脾氣暴躁的「蒙古班」男生，則會對一些人進行「夜審」，用耳光確定到底是誰和誰在談戀愛，或者誰冒犯了誰的尊嚴。只是這些離我似乎都很遙遠。因我是一個怪異的插班生，沒有人招惹我，我也對別人不感興趣。再加上轉學帶來的陌生感，整個少年時代我在附中始終是個特拉克爾式的「異鄉人」。

殘酷青春的叢林法則就是惡的夏天，它的火焰始終在身後追逐我，如芒在背，無論我走到哪裡，都有一隻滾燙的手在推著我前行。隔了一年，我因中考必須回渝，便又回到了六中。此時六中情況又是一變。

早在一九八六年時，重慶歌劇團過去的大院子就全拆了，過去公安局的那些牢房也不見了。修了新樓房，密集而缺乏空間。大操場變成了一個過道。童年的記憶煙消雲散，只剩了一些熟人。每天晚上，我九點就睡覺，早上五點起床，因為歌劇團離六中很遠，要坐三一五路汽車越過大半個市區才能到。當時的三一五路汽車像蝸牛爬一樣，路程需要一個小時。我每天早上都擠車——中國的一大風景：黑壓壓密集的人群在汽車還沒有進站時，就飛身吊了上去，擁擠的力量幾乎與打架無異。七、八〇年代中國人全部的愚昧，都可以表現在對擠汽車座位的那一份莫名其妙的狂熱上，至今如此。不知為什麼，他們必須坐到一個座位。他們擁擠拚鬥，用胳膊，用身體，爭得面紅耳赤，氣勢洶洶，情況與集體鬥毆打群架差不多，只是為了搶一個座位。彷彿不坐就立刻會死去。

我也擠車，因為不擠就上不去。不過經常擠得我直想吐。

傳說，重慶車上時常有很多「打手銃」的色情狂，因為在很擁擠時，往往能看到一些男的故意使勁往女人身邊擠，然後不斷地扭動身體。有被發現的，於是當場被抓住，被毆打；也有得手的：有些女孩下車後，竟然發現自己衣服上有類似「口痰」之類的東西，卻不知道是在哪裡蹭的，也不知道是什麼，只覺得一陣反胃。

青春的血都異常激進。中學生暴力事件在重慶日益增多，六中成了一個特殊的據點，因為上清寺處在重慶嘉陵江大橋邊，對面是江北。市中區的孩子十分瞧不起江北的孩子，江北中學的孩子大多是農民子弟，也對市中區的孩子充滿階級仇恨。兩邊中學生有時在大橋下面的河灘上打架，出了不少事。記得有一次，我和同學去河邊洗澡，就看見過一個可能是淹死，也可能是被打死的少年，躺在鵝卵石中間。水邊的屍體，重慶話叫「水大棒」。當時員警還沒有來，一根繩子拴著他泡得浮腫的身體。他的褲子全部被水泡裂了，赤裸著下身，可以確定他年紀還很小，因為他甚至還沒有長陰毛。

在六中的門口，每天中午和下午，也雲集著一群邪惡少年。這些少年不是正式學生，而是輟學的，年齡都在十六歲左右。為首的有兩個，都姓胡：一個叫胡楊，一個叫胡波。他們並不是兄弟，但他們之間自稱兄弟（俚語為「弟兒」）。胡楊臉色瘦黑，走路像隻疾馳的怪貓，在那一帶尤其有名，做派也很「大套」（重慶方言，即指言行舉止肆無忌憚）。因為據說他用刀打架十分亡命，是一個出手極其殘酷的暴力少年。他這個人就像他的名字一樣蠻荒野性，性格如巴蜀袍哥的後裔一樣蠻不講理。在他們手下，聚集著一群典型的「壞孩子」，每天打架、吵架，穿著吊襠褲滿大街亂混。他們有一個最糟糕的準犯罪行為：搜錢。所謂搜錢，並不是真正的搶劫，而是每天堵在學校門口，專門搜來上學的男生兜裡的錢，無論兩毛，還是二十塊。誰不給就打。

這一行為六中的老師是知道的，但誰也不管。因為老師知道：他們有刀。

被搜的男生大多數是老老實實地交出自己的錢。我也遇到了。那是九月的一天，胡波帶著一個叫何二娃的同學正在搜錢。二娃看見了我，於是走過來，抓著我的衣服要搜。我當時兜裡只有五塊錢，是買飯票的，因為中午我都在學校食堂吃飯。二娃很瘦，長得像猴子，我心中本來因早上擠車而厭煩透頂，看見他執意要搜我，於是反手抓住他大罵，並且動手和他打起來。

胡波、胡楊等人自搜錢以來，從未遇到過反抗者，看見我反抗，反倒覺得奇怪。胡楊尤其興奮，大喊：莫打了，莫打了。他走過來，問我的名字，我說了之後，他卻出其不意地對其他人說：看到沒有，敢反抗的才是「乾燥崽兒」。我們就是太缺這種人了。我現在宣布：他是我的兄弟夥了。

胡楊對我的意外態度在當時混亂的六中，等於一頂保護傘。

儘管他的怪話讓我覺得極端奇怪，但從此再也沒有人敢惹我。

於是我的身分開始詭異起來。不久，我也有了一種殘暴之惡名。過去欺負過我的同學，突然說話變得很小心。凡是敢背後說我閒話的，哪怕是過去和我吵過架的，全部被胡楊等人一一警告：以後老實點。有不服的，當時就被胡波等人在操場上毆打。輕則一耳光，重則劈頭蓋臉，拳打腳踢。最關鍵的是，所有的事情我都是事後才知道，且都不用親自出手，也不用發言。只要他們發現我對誰不滿，或者知道誰對我不滿，必定是大打一通。在此，我必須向那些因我而受到過毆打的同學懺悔：我至今猶感到慚愧。

但這也是我第一次發現反抗、暴力與青春所帶來的三角函數般的魔力。

從那之後，我也每天跟著胡楊等人到處去亂玩：翹課、溜冰、下河洗澡、喝酒、抽煙、打架、訣各種更怪的怪話。據說西語中學校（school、école）一詞之詞根，最早在希臘語裡便是「閒暇」之意。自己給自己放假還不簡單？我們便像是響應了上山下鄉時代的號召，開始了一場城市裡的「後知青主義」實驗。我們還自製凶器。當時流行的自製凶器有很多種，按長度排列名稱為：指揮、軍刺、尺子、匕首等。其中指揮最長，約三尺，手掌寬，一般用生鐵做。我們都陶醉於這些凶器的閃光帶來的迷幻，陽光照在刀刃上，放射出讓我眩暈的奪目光輝，猶如一個殘忍的海市蜃樓。我覺得真的放學了，自由了，再也不用去聽語文老師和歷史老師的鬼話了……我認為成了一個能征服「壞孩子」、並與他們融為一體的特立獨行者，同時自己也渴望成為一個能征慣戰的「邪惡的少年」。

四川多水，而重慶是兩江匯合口，古代就有很多橋。如今更多，從大吊橋到小石橋，翻山越嶺，大大小小的超過了兩千餘座，曾被稱為「橋都」。在上清寺轉盤下的嘉陵江大橋橋頭，豎立著兩根高約二、三十公尺的大水泥柱子，這是大橋的起點，俗稱「橋頭堡」。這裡曾經是六〇年代末混亂時期的第一制高點，下面就是二輕局大門，即當年「打響了重慶第一槍」的單位。因為有這段歷史，橋頭堡這個符號便具有暴力至上的象徵。橋頭堡的柱子連接著兩邊的山，山上種滿夾竹桃、黃葛樹。幾乎每天，我都和一些關係好的同學從兩邊下到橋頭堡柱子的頂端，在那裡用彈弓打麻雀、並用火烤麻雀吃。就是在這裡，我用搜集的白鐵，打磨了一把自製的刺刀，並抽著煙嘲笑老師的愚蠢，議論女生的乳房。有人說：最近有一個崽兒用火藥槍裝了糯米，到梁子家尋仇，結果仇沒報成，人家的家長一開門，他就放槍了。他之所以打糯米而不打鐵砂，是因為糯米燃燒後嵌進肉裡就化了，到醫院也取不出來。我們聽後不禁哈哈大笑——我們幻想著，彷彿已看到那家長的臉成了麻子。

那是一個夾竹桃花、麻雀、尖刀與香煙的時代。也不知道吃了什麼藥，我就白癡一般地迷上了這暴力之美。

不過，這時我並不懂得什麼是真正的暴力。

所有這一切不過是青春少年激素翻湧，血脈賁張的一種意象。

記得一九八六年秋天，一個昏暗的上午，我很早就到學校。這時六中寂靜，猶如鐵幕中一片被密封的山水。老師和學生還沒來幾個，只有胡楊與胡波等十來個人在操場上玩一種讓硬幣蹦上階梯的遊戲。他們將一個五分的硬幣用力投擲在六中教學樓的石梯子上，硬幣彈起很高。然後看是國徽一面著地，還是價值一面著地。蹦得高者得勝。

就在大家無聊透頂時，學校門口突然出現了七、八個江北來的中學生。

江北學生的形象一看就知道，因為他們很髒。其中一個領頭的，忽然指著胡楊，說要他的手錶。顯然他們並不認識胡楊。另外幾個人迅速過來將胡楊圍在了核心。胡楊個性如火，聽說居然是要搶他的手錶，當即勃然大怒。他立刻滿臉青筋暴起，脖子通紅，破口大罵，上手就先給人一耳光，說：「你狗日找不到話說，敢搜老子的東西，找捶呀。」

江北人也不示弱，隨即還手打了胡楊一耳光。

胡楊哪裡受過這種侮辱，頓時如瘋了一般，摔手和他們打起來。但他寡不敵眾。當時我們製作的凶器全部藏在學校化學樓底下的一個洞裡。我們所有人身上都沒有東西。江北學生身上卻帶了牛角刀。見一動手，他們迅速從褲襠裡將刀取出來。胡楊的另一個兄弟上手幫忙，有四、五個人打在了一起。

胡波看見胡楊被圍攻，知道今天不打架不行了，一般他們不敢在學校內用刀。但這時顧不了這許多了。胡波對二娃等人喊：「走走，快跟我去拿東西。」然後便有十幾個人一窩蜂跟胡波向化學樓跑去。暫時把胡楊丟下了。

於是，我看到了有生以來最純粹的一場少年暴力事件，而且是俯視。

約半分鐘後，我就看見胡波等人從化學樓跑了出來。他們每個人都背著一隻手，將凶器從衣服下面插在背後，這樣跑出來的時候，別人看不見他們到底想幹什麼，也不知道他們拿了什麼。然後，出奇冷靜的胡波，以箭一樣的速度跑向已經被打得眼角出血的胡楊，忽然從背後扯出兩把黑鐵指揮，將其中一把凌空扔給胡楊，說：「莫要手軟。」說著，另一隻手順手就朝一個江北人砍去。

胡波一出手，十幾個人全部從身後扯出凶器，朝江北人蜂擁而去。

江北學生看見忽然出來這麼多拿刀的，於是嚇得一哄而散。

而胡楊一拿到指揮刀，我看見他立刻露出一種狂喜。他立刻用雙手握住，朝著一個已經驚恐萬分，轉身猛跑的江北學生追去。胡楊跑的速度很快，像一隻凶猛發狂的豹子。快要追到時，他挺身猛地一揮，但卻沒砍實在，只劃到了那江北學生腰部，而胡楊自己卻因用力過猛摔了個大跟斗。被砍的江北人雖然傷得不厲害，也摔倒了。其他的人則被胡波等沿著學校門口，像趕鴨子上架，趕豬進圈一樣追了出去。

於是，這個滑倒的江北學生便成了六中少年們的眾矢之的。我們一下圍攏上去，將他按在地上。他被抓住了。此時，到學校的老師和學生越來越多起來，但一看見胡楊手中拿著一把還帶血的「指揮」，誰都不敢管。於是胡楊等勒令那江北人將上衣脫下來，跪在大門口一個角落裡。臉色發黑的胡楊暴怒地舉著刀對他說：「給老子跪倒。你跪不跪，不跪我就砍了喲。」

下跪——這是當時重慶打群架最帶侮辱性質的一種懲罰。一般下跪過的人在圈裡圈外都永遠抬不起頭來，重慶話叫「臊皮」——即丟人，羞恥。學生一下圍了近一百多人，男女都有。有一個青年老師說：「你們這是幹什麼？不要亂打人。」胡楊則說：「哪裡是我們打人，是他們幾個狗日的跑到六中來搶劫，還要搶老子的手錶。」那老師一聽，一時也不知該說什麼了。接著，胡波等人回來了，說把其他的江北人打散了，有一個的大腿被他狠狠砍了一刀，據說註定會成瘸子。我看見胡波刀上確實有血。

跪在人群當中的江北人，此時渾身是泥，臉色鐵青。我看見他腰部有一個兩吋來長的刀口，不深，但在流血（此時，當年小雍胳膊上的傷口在我腦中一閃，但又迅速被現場緊張的氣氛抑制了）。胡楊讓所有人上去輪流打他，先是何二娃，然後是胡波，一個接一個。江北人被亂拳打得鼻青臉腫，眼睛冒血。而胡楊仍像瘋了一樣撲到他身上，拳打腳踢，耳光不斷，還朝他吐口水，並不斷打一下喊一句：「小雜皮，老子怎麼打你都不解恨，不解恨……不，解，恨。」

這樣折磨了大約半個小時，江北人終於支持不住，被打昏在校門口。

是的，我也上去打了，不打都不行。色鬼駕馭著奇怪暴力在心史中遙控了我。我第一次（亦或是最後一次）打人，肉體以他人之疼痛與宣洩使我不再像我自己。我真的不一定是我自己嗎？一種莫名其妙的憤怒，無端端的攻擊欲和對血的興奮，這人性中最偏激的東西像鴉片一樣讓我眩暈，讓我變得如此醜陋，永遠都無法面對自己。可以說，這是我第一次主動攻擊他人的身體：我知道，從此我便不再是「純善」之人了。暴力之罪，將我的童年和少年分開成了兩個時代。那心史中的色鬼，已用他的武器把我的元初與我的萬世從中間劈開。

當時，所有的人，包括老師，誰也沒去制止我們，直到紛紛散去。

我們都不知道那個暈倒的江北孩子，後來是如何自己爬回去的。或許是被人最後抬去醫院的？總之此事不了了之。

這就是我的一九八六年，我的十四歲。關於對這段惡史的追憶與詮釋我一向都很謹慎。我不可能像阿蘭．巴迪歐那樣簡單地去總結說：「惡是存在的嗎？如果它存在的話，那就是真理的力量發生作用的難以控制的結果。」什麼叫難以控制？這只是人性之外的哲學修辭。我只能說，我曾確切地體驗到：每一個人人性中隱藏的惡，有著無限的可能性。尤其在少年身上，暴力幾乎就是一種幻覺，是血的加熱，像性欲一樣不可抑制。不久，我離開重慶去了北京。待我暑假再回到重慶時，便聽說胡楊等人大多都因暴力傷害罪而被捕入獄，成了少年犯。於是我們之間也就永遠失去了聯繫。三十年後，當我再次走在上清寺大街上，穿過向陽電影院（如今已變為民革博物館），路過老六中的大門時，看到今天那些重慶少年——他們的青春與我們是多麼地類似，又是多麼地迥異呀。如今的求精中學已安上了鐵柵欄門，而橋頭堡那邊也爬滿了常春藤、爬山虎和黃葛樹根鬚。新修的輕軌越過嘉陵江橋下邊的「紗帽石」（一塊巨大的岸邊礁石，因形如古人之烏紗帽而得名），那裡再也找不到任何當年的影子。胡楊成了一個依稀的幻影。也許他早就知道有這一天，所以總是從不讓我用刀？他不想讓我和他們一樣。那麼他當時為什麼非要拉我一起玩呢？大概是他極端厭惡一切沒有勇氣的人。所有「好學生」對搜錢的順從，讓他覺得毫無興奮點，甚至很反感。突然在我身上，他偶然看到了某種「反抗」的希望。我至今仍然能清晰地回憶起少年胡楊冷酷表情，他那略微有點小翳鬚的、焦躁詭譎的嘴角，以及他揮刀砍人時的激動和冷笑。他的確是異常「惡」的一個。但我也感到：在這種重慶少年血性中還有一種天賦與元氣，卻是這個世界上很多好人們所不具備的——這就是沒有奴性。無論他們本身是否是暴徒、惡棍還是「壞孩子」。

當然，他們的確浪費了很多時間，而且傷害過很多人。但是他們並不偽善。他們以「惡」的方式表達了自己對這個世界的憤怒。但他們畢竟是憤怒了。他們不像某些好學生那樣，政治考第一，生活中卻懦弱窩囊無比。憤怒有罪，但沉默的罪往往大於一切憤怒的罪。若換在六〇年代的資本主義國家，他們倒像是服膺於西方「自由大學運動」之濫觴者：如普羅、宣言派、全學聯、法國五月風暴、社會－民主學生或「三M主義者」……而在八〇年代糟糕透頂的教育制度下，他們則只能算是沒有屈服於某種平庸的一種少年罷。他們好像都是些在精子時代就開始拚命的傢伙，於是就始終是些「小暴君」。而這些往事，也總是在後來我最虛弱的時刻，會突然甦醒，支持我，不讓我那顆懦弱的心倒下。皮膚黝黑的少年胡楊在渝州夏日陽光下的前額，那迷惘和無端端便激怒「重慶乾燥崽兒」之目光，都讓我想起這故鄉「原教旨主義」般的氣息，甚至還讓我想起聖奧古斯丁的話：「故鄉為我是一種刑罰，家庭是一片難言的淒涼。過去，我和他共有的一切，這時都變成一種可怕的痛苦。我的眼睛到處找他，但到處找不到他。我憎恨一切，因為一切沒有他。再也不能像他生前小別回來時，一切在對我說：瞧，他回來了。我為我自身成了一個不解之謎：我問我的靈魂，你為何如此悲傷，為何如此擾亂我？我的靈魂也不知道怎樣答覆我。」

色與詩

三界橫眠時，色鬼在八〇年代的生涯幾乎就是一個少年的「惡德生涯」。我一共上過四個中學，精神上什麼也沒學到，唯幾何還可以。小時候很喜歡幾何課，主要就是因為那堂課可以「畫畫」。儘管都是用直尺和圓規在上面胡亂塗鴉。我的幾何書上全是畫的陰影、怪物、嘴、眼睛、人頭、龍，或者在某些小人書上看到的古人、戰爭、馬與武將……為此，我父親後來常和我開玩笑，說我活得很「曹操」，一天到晚「對酒當歌，人生幾何」。其實從七〇年代末開始，我便斷斷續續地在學繪畫。因我對重複父親的行為和天才有一種恐懼，恐懼產生叛逆。我母親因寫小說，所以相對來說比較理解為何少年們總是喜歡不想變得和別人一樣，從而走向反抗。但少年們不知道，這種反抗其本質往往又是——大家都這樣。反抗其實已不是反抗，而是個傳統行為。在與父母的幾度「談判」後，母親同意了我暫時不學音樂，轉而開始學繪畫。整個八〇年代中期，我先隨父去了上海半年，不過洋涇浜的日子只是一場荒謬的記憶，但這荒謬性要持續到二十年後我在那裡開琴館時才釋放出來。那已是後話。大多數時間，我徘徊於重慶和北京之間，過著一種「雙城記」式的生活。轉學到音樂學院附中後，父親為我在醇親王府牆外的筆管胡同附近租了一間屋子，潛心繪畫。那是個大雜院，一個陳舊的老四合院。院子的主人只有一家，是典型的市儈。有幾個房客，其中一個是房東的親戚，兩口子，另外還有一個行動不便的老頭。他們一家就靠出租院子裡的房間生活。而我的房間牆皮脫落，潮濕發霉，但能夠離開父親的視線，對我來說就意味著自由。

從一九八四年底到一九八七年後，我隨父親便徹底定居北京。而我則像當時中國所有的繪畫少年一樣，無端端地中了「梵谷之毒」。那時，我與一個叫呂京山的同學約好一起到中央工藝美院上繪畫考前班。整個冬天，我們每天早上五點半就起床，頂著刺骨冷風和黑暗的曙光，在西便門城樓下坐一個小時的公共汽車到大北窯，下車後只吃一個烤紅薯，然後就去上課。北京的暴風雪與天寒地凍經常讓我們的手指凍得拿不住畫筆。那時與其說追求繪畫，不如說是在追求繪畫的所謂「神聖性」。自六〇年代以後的中國人對「神聖」一詞的理解便很片面，認為神聖的就一定是苦的。這種思維方式部分來自古代各宗教殉教徒和苦行僧的傳說，部分則來自「一不怕苦，二不怕死」的革命傳統。人在不自覺中便會心甘情願地走向自討苦吃，並引以為榮。那時，我畫過很多草圖、素描、水粉與油畫，大都是抽象的：房屋、山水、人、花、魚、燈以及大海等等，但全部都被扭曲紛亂的色點攪拌在一起，筆觸技巧在本質上並沒有超出狹義印象派繪畫的刻板訓練，思想上也沒有超出「八五新潮」與立體派的影響。我們當時看到畢卡索十五歲的畫〈科學與博愛〉，認為那除了技巧外也沒什麼了不起。那時我也十五歲了。我還不懂得杜象的話：「重要的是選擇。」我的畫大都是抽象的房屋、山水、人、花、魚、燈以及大海等，但全部都被扭曲紛亂的色點攪拌在一起，筆觸在本質上並沒有超出學院派的呆板訓練，思想上也沒有超出對一切野獸派、立體主義或「藍色時期」的盲目模仿。那時我留著長頭髮，披著一襲從重慶帶來的舊軍大衣，渾身是顏料的色點與油汙，覺得自己是某個被命運埋藏在帝國胡同裡的鬼才，從原始巴蜀的山林隧道裡鑽出了，然後大踏步走在北京的大街上。我當時認為：畫就是一種渲染，一團顏料，一聲喊叫。畫的本質即「圖像之無政府主義」。我覺得我將畫出讓所有人望塵莫及的大畫。不過我極端地厭惡素描課——因我幾乎畫過所有的石膏素描，從幾何體開始，到圓球、海盜、荷馬、大衛、伏爾泰、奴隸、手、腳、骷髏……除了拉奧孔的那個「大飛頭」。這些古代雕塑中的靈魂形象，被蘇俄畫派一夕傳入中國，又被學院內的美術教育體制搞得像一個個蒼白的僵屍。畫石膏只會讓所有熱愛繪畫的少年變得像行屍走肉，甚至乾脆就變成一塊石膏。當時藝術資訊閉塞，美術資料匱乏，我們最初崇拜的不過是弗里德里希與列維坦的那種風景畫，或者安德魯・魏斯那種有人文傾向的現實主義作品，還沒有關心過杜象、馬諦斯或克利，我們頂多會去對外行們侃幾句康丁斯基或夏卡爾，還不知道查拉、安迪沃荷、波洛克和博伊斯等藝術家的重要性，更沒有窺見宋元絹本山水、僧道人物、壁畫或牧溪、傅山、朱耷、董其昌、徐渭、黃慎、擔當等中國視覺傳統的祕密。那時，雖然如星星畫展、人體繪畫與照相寫實主義等事件，在社會上引起了一些波動，但我們的憤怒本質上還是「新古典主義的」。我們認為野獸派、晚明大寫意與格林威治村式的現代主義等，儘管絢麗，但都不能感染正在釋放惡與情緒的少年——我們在其中看不到魔力，只有暫時的麻醉。那時的繪畫不過是用色在反抗生活的蒼白。我也越來越渴望愛情的出現與「色情」的出現。色彩與色情，在色鬼心中已難以分辨。我的性情逐漸變得焦慮起來。

八〇年代是一個著急的年代。這時，我也開始慢慢寫點日記或筆記，但很不認真。每個人的寫作都有一個「原點」。要是仔細追憶一顆久遠的種子，找到一團最直接的蟲洞，那最早直接導致我寫第一行詩的，並不是某本書，而是一九八六年認識的重慶少年好友郭 X。郭比我大三歲，當時只是個學音樂的孩子。某日，不知為什麼，他忽然寫了一首詩給我看。我覺得意象很差。而且寫詩有何難？於是便馬上也寫了一首叫〈溺水者〉的詩拿給他看。那之後我便越寫越多了。詩與畫，嚴重分裂了我的定性，其對人完全不同的兩種震盪方式，就像重慶的暴力和北京的冷漠。郭後來考上了音樂學院作曲系，畢業後也一直在音樂學院任教。那之後他也再沒寫過什麼詩，而且也與我漸漸失去聯繫。彷彿他極端短暫的出現和消失，只是惡作劇般地為了把我推向一條抒情的歧途，一座語言的懸崖。因無論早晚，讀書對一個人寫作的影響其實都只是精神上的，先驗主義的。現實中，大概每個寫作者早期都會因一個很偶然的、很臨時的導火索，一個甚至完全與文學無關的機會，然後就開始走火入魔進入文學的囚籠，並對本來不屑一顧的事（譬如文學）開始信以為真。雖然十三歲時，我便早已亂七八糟地寫過一些很幼稚的玩意，包括「詩」，但從來不覺得自己非寫不可，也不知道那是什麼。十四歲那年讀的書也很多，可也僅僅是閱讀。真正點燃我寫作之火的，大概這件小事算是一個原點。當然，這個原點之本質，還在於當年我已開始了真正的、比顏料之色更亂的「色情生涯」。那時，少年們之間談的最多的便是色情。雖然我們還不瞭解什麼是女人。十五歲那一年，我回重慶時，住在郭X家裡。而郭X有兩個姐姐，小的一個姐姐尤其可愛，是一個典型的、潑辣而又面若桃花的重慶姑娘，在圖書館工作。我在郭家閒居了整整一個暑假，與她很談得來。我們整天在一起，幾乎形影不離。她性格尖銳，直截了當，總是說：「我就喜歡胭脂和錢，厭惡男人。」據說上中學時，她也經常和別人打架，那時她整天背著軍書包，裡面揣著一把刀，穿著布鞋，哪個男的要是敢惹她，她就立刻暴打。但我很難在她身上找到這種痕跡。她平時很柔和、端莊，看不出來有什麼暴力傾向。

她對我也非常好。晚上，我們就坐在她家放滿植物的飛簷小窗臺上，或者屋頂的大露臺上交談。那是一個無所事事的夏天，草長鶯飛，幽夢倩影，我們除了對著窗外山水胡說八道之外，幾乎看不到這個世界還有別的什麼。這是我第一次真正和女性接觸，我很陶醉、幸福，總覺得有說不完的廢話。但我們那時仍然是孩子的心態，本能地注意到異性的吸引和誘惑，卻又本能地排斥這種感情。一切人心中最美好、最傷感和細膩的東西，對於我們來說竟然是酸的，可笑的。重慶人都有一種變形英雄主義與暴力傾向，不自覺地排斥柔情，包括女孩子，以為排斥柔情才是「真性情」。所以，儘管我感到我越來越依戀她的存在，但她卻對我是無所謂的。

她可以說是我少年時代遇到的第一個真正的美人。我曾給她寫過許多信，也因她對我的忽略而獨自寫過一些傷感的詩。可惜，那些紙片早已蕩然無存。

回北京後，我則移情於一個叫小絨的少婦。小絨身上有一種奇特的氣息，豐腴，彎曲而紅潤的腰肢，好像是我幼年在山裡聞到過的某種「母獸」的氣息，像酒、像藥、又有點像胭脂。透過連衣裙，君臨肉體懸崖的少年色鬼，隱約看到她的乳房猶如晚霞中的兩隻迷途的羔羊，似乎正在等待著我的召喚。她是學聲樂的，長住北京，亦是重慶人。那時，我們整夜開著一盞昏黃的燈，不斷地說話，從音樂到繪畫，從香煙到愛情，從她卑賤的寂寞到她莫名的憤怒。我感到色鬼已深深地愛上了她，而我下身的快速變化卻因肉體之牆而無法表達。不是因她有家庭，而是因那時並不懂這激情的異端該走向何處。我與其說是為了和她說話，不如說是為了聞她身上的香水味兒，那是一種國產香皂、荷爾蒙與年輕女子皮膚混合的味道，八〇年代的味道，刺激著少年祕而不宣的情欲。

但是我們之間什麼也沒發生，儘管我們當時都有強烈的性傾向。

她成熟的肉體美讓色鬼連精神帶肉體都流連忘返，成就著我太初的矛盾。

另一個讓我著迷的女子，則是我父親一個同事的孩子：青兒。青兒幾乎與我同齡，彈箏的，才十六歲。父親似乎完全沒有考慮到我們已經是半大的少年少女了，他仍將青兒安排到我那屋子裡住。我們倆晚上甚至都睡在一起，但完全不敢真正發生什麼。音樂學院畢竟不是怡紅院。然而這時我們也都已情竇初開，似乎又隱約覺得「該發生些什麼」。青兒的肉體與小絨不同，純粹是少女的，薄如蟬翼的皮膚吹彈可破，汗毛下藍色的血管則有一種宗教般的緊張。神祕的午夜，月亮似乎都發紅，她就躺在我身邊，有著黝黑柔軟的長髮。她只穿著襯衣、短褲，少女消瘦的身姿在我斗室的單人床上，顯得豐腴而危險。我的手在她的內衣裡，感受到一場罕見的溫暖，如從未有過的嗜血狂的滾燙。我感到了她的顫抖，乳房宛若跳躍的小鹿，而大腿則像是小鹿即將躍過的小溪。

青兒的氣味也與小絨不同，是清淨的，淡泊的。色鬼的手在她的肉體中「雲遊」，則像一個出家的隱士在尋找洞穴。我知道她在出汗，我也在出汗。我們似乎躺在一座熱帶雨林裡，渾身濕透了，激切的喘息正如刮過大地的暴風——不過我們就到此為止，沒有更深的接觸。天很快就亮了。

在這段時間裡，我還接觸過很多女性，白皙的學生、滿心意淫的外地藝術家、或妖冶的、擦脂抹粉的少婦，當然基本上都是和音樂有關的。不過她們都不如小絨與青兒可愛。她們的存在讓我感到繪畫之「色」已經不足以表達我的情緒了。我開始喝酒。和小絨喝、青兒喝，也和所有到我這個小屋子裡來的同學或「八〇年代奇異的小蕩婦們」喝。雖然要在認識了翻譯家和酒鬼詩人林克之後，我才知道我這種喝酒完全不足掛齒，但當時也算天翻地覆。我屋子門口的酒瓶堆積如山，被我父親痛罵了數次。但我仍然不能抑制，每日和一幫莫名其妙的人縱情狂飲。激動時，便會把她們的名字、脾氣與倩影都寫在斗室的牆上。

那是一個讓我沉醉一生的時期，眩暈一生的時期。

我發現酒是如此之美，壯麗，雄渾，好像每一滴中都有一場壯麗的暴亂。喝了酒，我的畫筆似乎也狂放不羈，可以在畫布上像一個侵略者一樣四處挺進，消滅著一切純潔。酒的高壓電閃擊著少年，會讓我們青春的激素燃燒，陰莖勃起、自慰、憤怒，平時說不清楚的話，似乎一下子也都能說清楚了。我需要更多的顏色來塗抹、勾勒、修改、刪除、覆蓋和點綴這個世界——我也渴望說話。

但我還不知道什麼是真正的、嚴肅的說話。

也正是在一九八六年，第一次讀到的王佐良譯《英國詩選》中菲利普．拉金的詩〈讀書習慣〉（*A Study of Reading Habits*），其中「邪惡成了我的遊戲，我和我的黑大氅、亮刺刀，在黑暗中大幹一氣，多少女人擋不住我男性的猛勁，我把她們切開如蛋糕」這幾句，好像特別能象徵我和周圍友人們那時的情緒。也幾乎與此同時，我在父親床頭還發現了一本剛出版不久的書：即巴斯特納克的《齊瓦哥醫生》。除當時已流行的盜版馬奎斯《百年孤寂》外，《齊瓦哥醫生》與後來由詩人子午送給我的赫曼．赫塞《納爾齊斯與歌爾德蒙》，算是少年時代對我影響最大的兩本西方小說。當然，那時還不知道其實《齊瓦哥醫生》在結構上（譬如書中夾雜著主人公的詩和遺稿的），曾受到過後者《玻璃珠遊戲》的影響，因赫塞此書八〇年代尚未有漢譯本。

但是我少年的急躁和由於繪畫習慣養成的加速度性格，讓我一開始根本無法完整地看完《齊瓦哥醫生》這本厚厚的小說——細讀是在兩年之後。當時我只是翻閱了那書的一些段落，以及最後一章〈齊瓦哥的詩〉，但是僅僅這些當時就「足夠了」。後來，大約從十六歲到二十歲那四、五年間，我無論走到哪裡，都會在身邊帶著這本書，閒暇時隨便翻閱。有一次（應該是一九八八年放暑假時），在回重慶的硬臥火車上，我的對面竟然很意外地坐著一個美貌的洋人：一位金髮碧眼，年紀約在三十歲左右的外國女子。她基本不懂中文，我也不懂英文，於是我們就靠她自己手裡拿著的一本《漢英辭典》閒聊。她說她是來自的瑞典的記者。她早上起床，便在臥鋪床上拉了一根繩子，上面掛滿了她日常需要的毛巾、帽子或各種零碎；吃早餐時，也在火車那方極狹窄的小桌上，非常有秩序地、整齊地依次碼放好她的餅乾、火腿、雞蛋、麵包、咖啡、勺子，叉子和煙缸等物品。這在八〇年代混亂的中國臥鋪車廂內顯得很與眾不同。加上她是外國人，每次乘警路過時也會多看幾眼，那乘警的眼神令人覺得好像我也和她是一夥的。這個瑞典女記者叫什麼名字，我完全忘記了。我唯一記得的是，她是來中國采風的，要去四川和雲南，但看見我放在枕邊的《齊瓦哥醫生》（灕江版）時，便問我是什麼書，是中國人寫的什麼故事嗎？我只好把書遞給她。她翻到扉頁，剛看到作者的照片，便兩眼一亮，立刻以英文發音脫口而出道：「Oh……Pasternak。」可見，巴斯特納克的形象即便到了八〇年代，在西方一般讀者印象中也是非常深刻的，一眼便知。而更讓她有些意外的是，這本書在中國已經可以出版了。在遠東搖搖晃晃、充滿汗臭的綠皮火車上，有個瘦兮兮的少年正在讀這本曾被蘇聯乃至整個社會主義冷戰時期查禁的小說（她的原話我也記不得了，大意如此）。總而言之，她對此書的敬仰態度，也令這次（也是我唯一的一次）意外遭遇，讓我更加對此書另眼相看了。那些年我把此書翻得都快爛了，真如巴氏自己的詩所言：「一本書越是被翻得漆黑，便越顯示出它的魅力。」

至於《齊瓦哥醫生》本身，因語言不通，我也沒法跟她詳談。尤其對於其中的詩，我在少年時期的確非常持久地為其意象和壯美所沉醉。而且我一度曾固執地就覺得力岡譯本才是最好的，其他譯本的詩完全不能看。而巴的漢譯詩集《含淚的圓舞曲》很難買到，於是我便借朋友的書從頭抄了一遍。這個抄本我現在都還留著。卡爾維諾在談到俄羅斯那種重量級長篇小說與當代小說的差異時所言：「《齊瓦哥醫生》就像哈姆雷特父親的鬼魂，總會不時地回來打擾我們。」其實巴斯特納克的詩也如此——即它不一定寫得多好，但它在特殊時期足以把我們這一代掀翻在地。

我從不知道何為說話、怎樣說話。直到一九八七年夏天，我帶著《齊瓦哥醫生》回重慶過暑假，住在枇杷山、觀音岩金剛塔巷我舅舅家裡。一個陰鬱的雨夜，我終於決定了——我要寫詩。因詩最起碼或極有可能「幫我說話」。

父親知道後怒道：「你要寫詩？寫詩能當飯吃嗎？全國也只有五、六個職業作家，你以為你是誰？」由於我少年時代酗酒、抽煙上癮，一九八七年開始，我家人與我越來越疏遠。父親自然不能理解我究竟有什麼大不了的煩惱，非得喝酒。和他們的閱歷比起來，我對社會的憤怒自然完全是無病呻吟，是挨餓太少、挨打也太少，是一個少年青春中渺小的憂鬱，不值一提的花招。但不久，就像卡夫卡面對父親的威嚴一般，我則面對父親的「判決」而故意寫出了我少年時代（十六歲之前）的第一批意象密集的抒情詩，約幾十首。如其中一首〈辮子〉是寫性的長詩。辮子的意象就來源於我對青兒下身的窺視，我當時覺得它像一根辮子，完全是沒有性經驗的少年的妄想。不過，據說匈奴之王，有「上帝之鞭」之稱的阿提拉（Attila）在將要征服羅馬帝國的前夕，卻被一個羅馬派來的美人所誘惑，最後被毒死。傳說中那美人之所以讓阿提拉迷醉，就因為她的陰毛很長，長得可以編成辮子。

另一首〈天亮以前〉，則是我當時的一個「夢記」，清晨起床時記下的，現抄錄如下：

天亮以前，連續很多個早晨都是完全一樣的，
單剩下我沒有聲音，只是露出微笑，
風起過之時，便神志不清地轉身離開。

水退下去了，經過供滿靈位與祭器的道邊，

我似乎再也找不到藏身之處，
無動於衷的靜坐，猶如結石長在他方，
天然的遠郊裡也四下湧起紛落的梅林。

我不想沿著磷火奔走，也知道現在，
所有歌唱的深海中，正漫浮起黃爛的月琴，
傷感撲面而來，使人變得沒有特徵。

但願我再也不踏橋而去，
那邊的混亂中捲雜著清涼的背影，
他吹向白髮，吹向陰鬱的香案，
偏僻的山水上渲染著一片鮮豔的湖藍。

這也算是我那一年詩的殘骸了吧。因大部分手稿多散失了（剩下的一部分後收入《麻醉抄》一書中）。但這兩首詩中只有意象，別的什麼也沒有，所以都不算是詩。真正的詩，其中必須有一種思想，統率全部意象——就像君主統率著一個帝國的細節。可我還沒有找到我的「君主」，雖然已是細節氾濫。但是很多詩人集體的確是一群烏合之眾。我看到的詩歌界就像黑社會。詩人都是集體自投羅網。可是這時我已經完全走火入魔了。

我覺得渾身的細胞和原子都在意象中加速度飛翔。

十六歲那年夏天，我去了一趟海南島。當然不是為了去看紅色娘子軍，也不是去看吳瓊花們的監獄、飛騰的大腿、惡霸與鳳梨。我只是為了大海與友誼（見〈第一個詩人〉）。

天底下至今離人類社會的腐蝕性最遠的東西，就是海。海是獨立的，是地球的陰面。我們可以航海、潛水、測量海溝、捕鯨、打海洋戰爭，也可以有效地利用海鹽、錳結核和海底石油，但我們究竟沒有進入一種海的生活。我們是陸地的遺孤。至於海，那是另外一個球體，內向的反渦形穹隆。那是一個藍色的巨洞。海底原始微生物複雜密集，海洋的歷史是四十億年，而陸地才四億年。從低級生物到人類的誕生，造物者花了三十多億年的時間來琢磨。告別水的過程是漫長的。這三十多億年裡，陸地出現了，從海洋中將最偉大聰穎的生命奪走。但是海洋並沒有退化，相反，它更加成熟了。在中華帝國的歷史書、神話、古詩集和小說中，的確也有一些關於海的記載和美麗的描繪，但對於這個帝國的一萬八千多公里海岸線來說，無疑只是一些原始的點綴。對於海，這個遠東民族從來就是敬而遠之的，為什麼呢？

想想，海意味著什麼？波浪、鹽、魏格納大陸漂移說、世界新秩序、軍艦、核潛艇、漁業產量、資產階級彩傘下壯麗的海灘、肉湯裡的海帶、舶來品、企鵝、北極熊、衝浪比賽、《倭人誌》、打撈一艘明代的沉船、搶救一群自殺的藍鯨、坐讀海盜的可怕傳說、偶爾對著閩南漁民的淒慘的故事含淚、北歐航海家、「紅海從中間分開了」、敘利亞牧童在庫蘭山間發現了《死海古卷》、波塞冬神話、維京人海盜、美國水手、海底火山、中世紀製作精美的航海圖、秦始皇的「大魚」、徐福與魏武帝的感歎、哪吒、龍王與巡海夜叉、蓬萊仙境、鑑真東渡、陸秀夫蹈海、南明永曆皇帝在船上建立的海上小朝廷、《海國圖志》、鴉片戰爭、下南洋的粵商、偷渡香港或臺灣之流亡者、神風敢死隊盤旋著墜落、珍珠港事件、冰山理論、定海神針鐵、《太平廣記》中鎖在海底的猿妖無支祁、古鼉海龜、海怪、海蟹、大白鯊、神祕島、水母與巨形章魚、航空母艦戰鬥群、魯賓遜與星期五、契訶夫的《海鷗》、《奧德修紀》與《尤利西斯》重疊的隱喻、康拉德小說、《鯨史稿》、《潮騷》、《奔馬》、《約伯記》、《白鯨記》、《海上勞工》、張愛玲譯《老人與海》、《三寶太監下西洋記》、海市蜃樓、透納繪畫與浮世繪中的風暴，或那位只畫大海的十九世紀俄羅斯畫家艾瓦佐夫斯基（Ivan Konstantinovich Aivazovsky）……還有什麼？哦，打住吧，便是你盡情翻出來，也難以窮盡這從哥倫布、達爾文到凡爾納以來被過度的想像力和探險燒光了海岸線的風景；即便如《測圓海鏡》這樣的古代數學著作，也可令意象浮現，而從《山海經》的滿紙荒唐言、《海錯圖》中的絢美生物到「片帆不得下海」之禁海令，這些又到底給了我們多少感受和歷史呢？

當全世界都在為學會了利用海洋資源而得意的時候，只有這一個民族，保持著傳統的矜持、沉默和恐懼，這又是為什麼？

漢語中的「天」字很多意，說什麼重要的東西，就愛加上個「天」字，如天罡、天主、天朝、天時、天意、天子或天才之類。連人死於非命，都得叫天誅地滅。物質、時間和神性，都在這個字裡。天，是漢族的本土信仰。而海——古人便一直叫「天池」。它是造物主的浴缸，全部尊貴之水都在這裡儲存。但這個民族忌諱海。什麼，這是封閉和怯懦？不，避免涉及大海，是這個民族最後殘存的一種虔敬。這是一種生物體在億萬年中對母體與根源形成的虔敬。把虔敬者和怯懦者混為一談，只能使他為了顧全面子而變得暴戾，向藐視他勇氣的人復仇。海的信仰，就是對一切大陸文明的克制。

不過這可不是當時我想的。我當時還是個混蛋，什麼也不明白。我心中的海頂多只是重慶的江水，或如民國李劼人筆下的巴蜀湍流。當然，我也有我的符號。記得兒時，在嘉陵江那「紗帽石」邊，有一次我在釣魚，黃昏讓麻雀與蝙蝠滿天飛舞，幾乎遮蔽了天空。我曾看到過一個從對岸鳧水過來的陌生的重慶少年，突然從激流與漩渦下鑽出水面，縱身躍到一塊水邊的礁石上休息。當時烈日如火，把他滿是水珠的古銅色皮膚照耀得黝黑如緞。他消瘦敏捷，宛如一匹遨遊於子夜的古代海豹，只是偶然探頭，窺探一下宇宙。他渾身全裸，向山而坐良久，與整個重慶大江上的暮色融為一體。有時，他也會在我的記憶中與那個怪貓一般的暴力少年胡楊的黑影融為一體。他額頭與胳膊上滴淌著的河水與汗水，在夏天的夕陽中閃著詭異而尖銳的幽光。多少年過去了，這個在故鄉岸邊如銅雕般的黑少年之俊美形象，便成了我一生想像力的禁書與局限。

猛獁牙

最瘋狂的那一年我十七歲，
大步踐踏著花朵、鮮血與廣場；
我還看見過愛情與刺刀的閃光
那麼古老，又那麼奪目
猶如猛獁眼中的太陽。

寫詩的時間是很快的。轉眼色鬼就到了十七歲。

父親在一九八七年前後遇到了三件大事——也就是三個對他一生有決定性影響的人的去世。第一個是父親之師馬思聰先生在美國去世。他最後仍然沒有機會回到中國來，雖然「平反」了，但如對馬這樣的「大知識分子」的所謂「平反」，宣傳上也是很低調的。在央音，馬思聰的塑像至今放在大樓裡，而非院子裡（學院大門口作為「音樂家符號」的塑像放的仍是與學院無關的聶耳）。而且，平反也不過就是「恢復政治名譽」。在內部檔案裡，所有此類人仍然都屬於「有犯罪前科的人」。臨終前，馬先生托人帶話給我父親，希望他繼續從事小提琴民族樂派的研究。馬的去世讓我父親陷入一種告別歷史式的孤獨。第二個是父親的摯友與知己、小提琴世家司徒華城先生去世。我父親在他的墓前痛哭流涕，因他感到真正能理解他，甚至是多年來唯一懂得他音樂的知音走了。

第三個……還是先說說我吧：

為了對我的「狂妄」表示懲罰，我父親決定斷絕我的生活費：每月六十元錢。他按照毛時代的邏輯對我下了命令：「你必須去勞動。」他所說的「勞動」不是指正式工作，而是臨時工。於是我一度被他「趕到了街上去當童工」。就在十五與十六歲前後的寒暑假期間，我主要做過三種很荒謬的臨時工：如洗海參、賣魚和看服裝攤等，但都時間不長。最苦的要算洗海參。因當時是冬天，海參泡在冷水裡。我的工作是把幾百隻海參裡的沙子都掏出來，把肚子洗乾淨，然後集中在一個乾淨的鐵盆裡。儲藏海參的屋子又沒生火，海參散發出強烈刺鼻的腥臭味，不到一小時，人就會想吐。而我必須幹八小時以上才能幹完。當時我冷得渾身發抖，覺得手指全都消失了。我想：幸虧我不是拉琴的，否則豈不雙手全廢？寫詩不用揉弦。但我並沒有堅持下去。因我感到父親的「敵意」。我辭掉了一切臨工，並對他喊道：「從今以後，我再也不要你一分錢，你也不用管我。」

於是，從十七歲時開始，我真的就再也沒用過我父親一分錢，摸爬滾打也活過來了。我當時想，反正顧不了肚子，就先顧腦子：就拿寫詩當飯吃，又能如何？

八指頭陀詩云：「一十七年如電掣，西風吹鬢各蒼然。」

而茨維塔耶娃少女時代詩云：「你賜給我童年，美妙的童話；那就讓我死去吧——死在十七歲。」

然而我並沒有老，色鬼也沒有死。我與色鬼好像一直是兩個人。作為常人的十七歲，身邊老去或死去的，往往都是別人，尤其是長輩。就在我陶醉於對意象的饕餮時，我的祖父去世了。這對我父親又是一個沉重的打擊——一年之內連送走三個人。

到了十七歲——每個人都站在世界的中心。那是愛情的中心、肉體的中心、廣場上的肉醬、坦克、槍聲與革命的中心。每個人都渴望追憶，而又害怕追憶他自己的十七歲，因那是血液最滾燙的青春的核心。追憶會像一頭殘暴的獅子般將一個人的心靈咬得粉碎。而我的十七歲有的是氾濫的幻想，惡的宣洩與性的夢魘。而且我的十七歲是禁忌的一年，不允許表達。十七歲的人沒有宗教，沒有正義，其實更沒有什麼真正意義上的「過去」。而在一九八九年春日的一天，我突然就覺得長大了。或許那一年我像進入拓撲空間一樣進入了很多事：輟學、打架、惡作劇、惹是生非、酗酒、撒野、吐火、在十字路口扔石頭、在槍林彈雨的深夜街頭亂跑，我認識了無數的地頭蛇、惡女和怪人，去過很多散發著腐臭的鬼地方，放浪山水，長笑荒野，一副天不怕地不怕的惡少模樣。在夢中，我還孫子似的把一支槍塞到了自己嘴裡，假裝玩命。是的，我曾企圖去驗證那「真正唯一的哲學問題：自殺」。想看看生命距離死亡究竟有多少毫米。可其實這些都是鏡像。我和天底下所有慫蛋一樣，根本就不敢死。

異端色鬼放下了想像中的手槍，開始寫這篇偽「自傳」，並自以為發現了一個道理：人一旦老了，當腦袋便像個冠狀球菌耷拉下來，褲襠發霉時，就都他媽是一丘之貉。

不是嗎？我從小就和比我大很多的人在一起折騰，翻滾泥沙頻哮吼，就像是趕上了一趟五六〇年代的末班車。當他們激情四射時，我剛剛進入世界。可等我也長大成人時，他們又都已經散了。然後，大人們總喜歡拿一大堆道理來說事，什麼養生學、家庭或者寧靜之類的廢話，來搪塞生活的激情。其實說白了，他們就是身體衰退了，激素減少了，性衝動降低了而已。色鬼年近半百，色情也會幻滅。有什麼能和青春的血交戰？靠少年或少女燃燒的皮膚，就可以照亮整個人生的黑暗。這不需要什麼閱歷，文本意義上的性知識，或者昂著一顆冠冕堂皇的貞潔腦袋，卻在褲襠裡夾著一個發霉了的生殖器。

色界如此空洞，最終色空一體，如「超我」否定了本我。惡的光輝照耀著我們卑賤麻木的生活，就像放大鏡焦點下燃燒的蟻群。哪裡有超凡脫俗的激烈蕩子，放浪江山？唯少年銳氣與數代人的痛苦記憶，能使我們敢於去進攻荒謬的制度與自然的漩渦。壽則多辱，歲月如仇。那些年，在大海邊、在空山裡，在日、月、星光的眼皮下與文明的廢墟上，那個長久盤踞在我心史中的超級色鬼，身高數丈，名字叫做「無」，它不斷地駕馭著我的軀殼去認識了世界的卑鄙，以及飛禽走獸們血腥的優美；我還認識了峭壁的亢奮和流水的淫蕩，認識了乳房與墳墓的神祕類似，孔子與花朵的永恆之光；在漫山遍野的賤民堆裡，我看到過這個種族的妖精、群氓與子孫；在鋪天蓋地的，暴風雨般的幻想中，我曾寫下這一代人暴怒、色情與狡詐的詩。我看到那一年，在子宮般的廣場和產道一樣的大街上，無數精子般的草民紛紛墜落死去。我還看到太陽系也在宮縮，億萬精子正在死去、冷戰結束、菊花變成骷髏、外星人、吐火的學者、卍、東方紅、古琴、惡魔、白羊座、〇、六朝志怪、大屠殺、異端宗教神學體系、基本粒子裂變、猥褻的晚霞、飛禽走獸們壯麗無邊的集體交媾、原始森林裡的動物大遷徙。一種殘忍的心學在山水中因我而起義。一支古代的遠征軍侵略了色鬼的夢魘。

不，這些都不算什麼。青春猶如一架被擊中的轟炸機，總會冒著滾滾濃煙，帶著絢麗的烈焰衝進大海——它要與世界的敵意一起毀滅。

但是，大多數人又奇蹟般地活了下來……我竟然也是其中之一。

此刻，窗外竹林婆娑，我開始寫作。其實寫作也不能讓我理解，為什麼我竟然也活了下來，就好像當初在那血腥的胎盤中一樣。昨日，我曾把手槍伸到嘴裡，一扣扳機，撞針卻沒有動。是撞針沒動，還是我的手指沒動？也可能開槍的不過是別人，一部小說裡的人。現在我記不清了。總之我沒有自殺，也沒有如約和誰一起死去——這是個多麼大的笑話。

記得那一年，我還認識了一些致命的姑娘。不說也罷。

那一年我似乎等待的就是滅絕。我是一頭感情的猛獁（Mammoth）。

因就在那一年夏日的一天早上，色鬼起床照了照鏡子，便終於突然發現自己竟長出了獠牙：語言。也許正是這一對獠牙，為我堵住或擋開了槍口？

這不一定是小說，也未必是回憶錄。我不一定是我，也未必是非我。抒情的色鬼生前來自無人之境，故活著時也如入無人之境。人的一切悖論、反對與詭辯，都必然在這一輪順時針的人生山水中所向披靡。據說，猛獁生活的地質年代，是距今約一百六十萬年——一萬年。在地球這個石化的大睾丸裡，本來居住著億萬怪獸般的精子：有猛獁、駱駝、馬、獅子、巨型河狸、狼和熊……一切適應於寒冷氣候的動物。據說，猛獁全身有著厚厚的長毛和絨毛，門齒向上彎曲成巨大的獠牙，形態凶猛而內心熱忱。最後一頭猛獁直到三千七百年前才滅絕。那時的中國古人已經會寫詩了，還在地上畫了些圓圈、橫杠之類的符號，用來占卜。

猛獁即毛象，原為韃靼語「地下居住者」之意。色鬼即語言的地下居住者。

猛獁很熱，比我童年的高燒還熱，所以不怕任何寒冷——包括一切反世俗反道德反社會的，讓人高處不勝寒的東西。

你見過猛獁嗎？牠身高體壯，比大象還大很多倍，有粗壯的腿，腳生四趾，頭如磐石。牠的嘴部長出的那一對彎曲的大獠牙，足足有兩公尺長，可以挑翻全世界的敵人。

一頭成熟的猛獁，身長可達五公尺，高三公尺，體重可達五噸。牠身上披著黑色的細密長毛，皮很厚，具有極厚的脂肪層，厚度近九公分。牠具有極強的禦寒能力，生活在數萬年以前的北冰洋凍土地帶。大約在距今一到三萬年間，今天的黃海是完全裸露著的陸地。新露出的大陸成了猛獁活動的用武之地，因這裡有肥沃的草原，湖沼星羅棋布，雪山原馳蠟象，是狂野的動物理想的鬥獸場。大批猛獁從世襲的領地向南遷移，遼闊的黃海大平原經常出現牠們的足跡。在亞洲的天然大冷庫裡，有些猛獁的遺體至今猶存。七〇年代末，有人在西伯利亞發現了一頭雄性猛獁的「嬰兒」遺體。這幼獸身上的皮肉和長毛都十分完好地保存下來，是世界上迄今為止發現的最完整的猛獁屍體標本，為我們認識上古世界提供了一個肉身不滅的幻象。

然而，牠也給我們的當下世界提供了更具體的疑問——那就是，在地球上生活了五十萬年的猛獁為何會在一萬年前突然滅絕？這個回答不了的問題，就如青春期為何會在一秒鐘之前突然結束一樣。是由於某種災變引起的，還是猛獁自己缺少適應生存的條件而滅絕的呢？猛獁的滅絕、與「古代文明」的滅絕和那些奇怪的教主、皇帝、暴君與領袖們的忽然滅絕一樣，永遠都是個謎，誰也搞不清楚。但我想，我的身體也極熱，抗寒。而且我這一代人大多活得皮糙肉厚，沒心沒肺。每當想起那些惡的往事，我便如所有中國人那樣，對著鏡子齜牙咧嘴，但從不說話。能說的都是無關痛癢的。語言除了去反抗別人，常常缺乏咀嚼自己的功能。雖然那時我才十七歲，而時間已到了更黑色、血腥與迷惘的一九八九年春天。從大街到身邊，有那麼多人正在無端端地死去，但我卻覺得：也正因我有了「語言」這根獠牙的抵抗力，所以我永遠也不會滅絕。

二〇〇四～二〇一九年

卷二

夔（一）：帶魚

人為什麼要寫字？就是想說真話嗎？這只是答案之一。生活的確常常讓我們撒謊。寫字是為了彌補生活中語言的缺陷。如果不能說「真話」，那就什麼也不要寫——儘管何為真話，這本身又是個悖論。夔，是上古樂師，亦為上古神話中的一種山魈——半人半鬼，傳說他只有一隻腳，黃帝用牠的皮做了鼓，敲起來聲聞五百里，以威懾天下。這個怪物在《山海經》和《尚書》裡同時都有：一為人、一為鬼。我父親當右派時也叫「夔」[注]。說起來似乎有些可笑：一九七〇年冬天，他是作為那個年代的一種特殊的鬼——牛鬼蛇神，突然從被下放的農村羈押回重慶的，當時他還在地裡勞動。奉命來「逮捕」他的人，是與他同單位的梁詩人。梁詩人還帶著槍，一路上並沒說羈押他回重慶的原因。而夔剛抵達重慶單位院子裡，正想去上廁所的時候，一個多年同寢室的老友兼造反派頭目陳朵，突然慌慌張張地跑了過來。陳壓低嗓音對他說：糟了，你可能被打成現行反革命了。

這句話在當時基本就等於是宣判死刑。夔大驚失色。

難道只是上一趟廁所的工夫，他就再次從人變成了蟲？

究竟為什麼呀？我想死。夔說道。

就是你們「二．三〇集團」的事，說你是首犯，被點水了。我問你，究竟有沒有這回事？

沒有啊，哪裡來的什麼「集團」？

好，只要你說沒有，我就有辦法周旋。你先不要緊張。

陳朵說完，又慌慌張張地走掉了，他也怕引起別人懷疑。但他知道，他是整個事情唯一的希望。自他們認識以來，每次運動，夔都倒楣，而每次都是他來救這位不通世事的右派朋友。

夔此時一頭霧水，只感到一陣莫名的恐怖正朝他襲來。

接著，在那個帶槍詩人的指引下，他就住進了牛棚。

所謂牛棚，就是任何一個單位或院子裡都有的倉庫或者臨時不用的小屋子。它們遍布中國，是一代人的群島記憶。

臘月的一個雨天，淩晨四點過，重慶大陽溝菜市場裡賣帶魚的地方就排起了長龍。這座城的人太多，都習慣了通宵排隊買東西。因為發肉票不發魚票，好多人已不記得魚類的味道了。在黑壓壓的人群中，一個穿著花格線呢棉襖，梳著短辮的姑娘正擠在裡面，翹首期待。儘管天氣很陰冷，但她仍然被擠得滿臉通紅，渾身是汗。整整站了五個多小時，才輪到她。

這時，她的腳已經完全麻木了。

要文鬥不要武鬥……你要幾斤？賣帶魚的人問。

為人民服務……要三斤。那個姑娘說。

三斤？你口氣再大點嘛，開啥玩笑。一個人只准買一斤半。

我們兩個是一起的。

姑娘指了指身後和她一起排隊的一個中年男子。那男子長得很英武，但是身體卻瘦如乾柴，猶如皮影戲裡那種支在一根木棍上的人。

他們是兄妹。於是他們買了三斤冰凍帶魚。

然後，他們以最快的速度回到家、生火、清洗、拌料、油炸……自己卻一塊也捨不得吃。他們用一個竹編籃子將帶魚裝好。姑娘更是細心地把一塊塊的魚肉碼整齊。完成之後她匆匆地喝了一口白水，對那男子說：大哥，那我去了。還沒有等到大哥的回答，她便衝出木頭老樓，在重慶的大街上疾步而走，一邊走還一邊往帶魚中塞一張紙條。最後，她消失在重慶七星崗隧道（通遠門）拐角處。那隧道是左右兩個濕漉漉的石洞，大約有九十公尺深，如同兩隻巨大的骷髏眼窩浮現在大街上，吞沒了她的辮子、步伐和身體。

半小時後，這個姑娘來到該市歌劇團的一棟破磚房下面。

這歌劇團的位址曾經是重慶公安局，所以裡面還有許多類似監獄的屋子。五〇年代以後，這裡變成了文藝單位。

你找誰？守在磚房下面的一個拿皮帶的看押者問。

找現行反革命……夔。

幹什麼？

送飯。

他都判了死刑了，還吃錘子飯。

判了死刑也要吃了再死嘛。

那妳是他什麼人？

我們……我們是夫妻。

妳送的什麼？

帶魚。

那人仔細看了一下籃子，然後說：行，那妳把帶魚交給我嘛。妳可以走了，妳們不能見面。

那你一定要親手交給他。姑娘極其不放心地說。

曉得、曉得。那人晃著皮帶，不耐煩地說。

然而等姑娘走後，他卻自己先吃了面上的幾塊。

然後他來到磚房裡面，衝屋子裡的夔喊：狗日的，這麼反動，居然還有這麼好的口福。你老婆給你送帶魚來了。接著。

帶魚？……好，太好了。夔在裡面回答到。

這時，夔已經餓了兩天了。自從進了牛棚後，他還沒有吃飯。他幾乎已經決定一死了之。可帶魚一遞進來，還是被他狼吞虎嚥地一掃而光。實在有太久的時間沒有見過魚了。但是當他吃到最後時，忽然發現在一塊魚裡夾著一張油膩的紙。信？他立刻意識到。他急忙打開折成細卷的紙。

油膩的紙上沒有寫文字，而是兩行五線譜。

他於是跟著旋律自己哼了起來。

原來，這是他和妻子約好的通信方式：不要用文字，因為在那個年代，所有的文字都有可能被雞蛋裡挑骨頭。他們只用一段音樂，一段樂譜來表達各自的想念和愛情，表達所有要說的。辦法是這樣：用這些狀如蝌蚪的符號小節與一般的阿拉伯數字簡譜相對照，得出數位的順序，再用順序去對照英文的字母順序，最後得出的字母再用拼音讀出。

這樣，從以上的那段風格古怪，荒誕的樂譜中分析出來，夔所讀到的就是這樣一句不倫不類又充滿感情的話：

「相信毛主席，相信藝術，相信我。」

據姑娘後來說，是最後一個「相信」讓夔打消了自殺的念頭。

這時門口那個搖晃著皮帶的看押者，突然發現了屋子裡的異樣。他急忙衝進了屋裡大喊。

你龜兒好大的膽子，居然還敢寫反動傳單。

不是，這不是傳單。這是樂譜。

樂譜？狗屁……這肯定是密碼。你以為老子不認識？樂譜都是12345，哪裡有這種跟蝌蚪一樣的？你狗日的死得早。

我真的沒寫傳單。我是搞音樂的。這樂譜是我作的曲。

什麼？你還作曲？你都判了死刑了。

死刑？哪個說的？

你不要喊，有什麼話明天見了專案組再說。

我真的沒搞什麼傳單，這真的是樂譜。

你跟我說沒得用，個人好好睡一覺，死得清醒點。

我是冤枉的。我要給司令部寫信。

寫信，你寫給誰看啊？

那看守說完就走了，順便沒收了那張小得只有手掌大的油膩的樂譜。

這些傳奇一般歷史都是真的嗎？且慢，以上的回憶僅來自女方。而夔的回憶版本則完全不同。他後來在自己的《回憶錄》中寫道：

> 別樣的空氣。除夕，團裡給大家聚餐，普通人可以在食堂領幾個菜，我只能領到一份炸帶魚，還算是特別恩賜。這份帶魚炸得很透，吃起來脆蹦蹦的，很開胃，吃完了還不夠，還想

吃，沒有了。這時候，王發順走來說：「過年了你希望你家屬給你帶什麼吃的不？」我說：「炸帶魚。」過兩天，我收到他轉來我前妻送的、他大哥做的帶魚。當然很感謝，但是略微有點遺憾，因為不是食堂那種脆的，而是紅燒的。有傳聞說看守我的人偷吃了一部分，我看不見得，他們那些人過節「打牙祭」的東西還未吃完。還有人騙下一代說「帶魚裡面藏了一張紙條」，而且還把我「從精神崩潰想自殺的邊緣挽救過來了」——這更是杜撰，幾乎是把以前的講地下黨的小說故事給套進自己的事裡去了。

可見，相同的歷史完全帶來不同的回憶。唯一可以確信的，是在那一夜，夔第二次失眠了。第一次是他在十多年前當右派的時候。他說：一輩子只失眠過這兩次。

夔住的牛棚很破，床是板凳搭的，被子是軍大衣，睡覺時用的枕頭是一打用麻繩捆起來的，半尺厚的《參考消息》舊報紙。報紙最上面的那張有一幅毛主席開會的照片。作為「現行反革命首犯」肯定會被馬上槍斃的念頭，使他一夜難以入睡，他陷入澈底的絕望之中。若不是妻子那封信，那條帶魚，他崩潰了一大半的精神幾乎就要堅持不住了。他躺在板凳上，目光呆滯，望著天花板，似乎對整個世界充滿厭惡與憤怒。他下意識地、不斷地憑著記憶，把樂譜裡的旋律翻來反覆地唱，試圖還想發現一點什麼話。他不能太大聲，怕被發現。只能小聲地哼唱。他感到牛棚裡散發著刺鼻的霉味，彷彿連宇宙都已經腐爛了。就這樣，他不知道過了多久。他只覺得嗓子都哼啞了。空氣都乾了。

早晨，大約十點鐘，牛棚的門鎖突然響起來，一個專案組的人走進來，陰沉著臉說：站起來。你還睡得香嘛。看你還能橫行多久。跟你說，今天革命群眾要對你做最後的審判。起來，跟我們走。

專案組在哪裡？陳朵在哪裡？夔問。

你莫要著急，見了專案組慢慢說。該你活，自然有人來作證；該你死，神仙也救不了你。你跟我來。

於是夔跟著他走了出去。他們離開後，牛棚門口的那個看守才發現：被夔當枕頭的那整個一捆半尺厚的報紙，全都被整夜的眼淚浸透了，一碰就爛。而最上面那張報紙上，毛澤東的臉也因被淚水打濕而凸起來，宛如泡爛在水底的一朵花，用扭曲變形的微笑看著這個世界。

我說這些，你們不要懷疑。我說的都是歷史，包括歷史中自相矛盾的記憶，也是一種歷史形式。

而在一九七〇年底的隆冬臘月，夔被關的牛棚，就在重慶歌劇團的裡面，據說是一個狹窄的號房。他在等待批鬥和審判。那裡其實是一個倉庫，後來改成了職工宿舍，裡面堆滿了報紙和麻袋，空氣中一股酸腐的霉味。門口看押著他的有兩個人，所謂看押，也就是不准他亂說亂動。每次遇到運動時，陳朵都是唯一一個始終保護夔的人。所以他可以說是我們家的一個大恩人。說起陳朵和夔的認識，也很湊巧。陳朵本來是彈琵琶的，五〇年代末，他也剛到重慶工作，夔則是個剛下放到四川的右派。有一天，陳朵在劇團的院壩子裡練琴，而夔正在操場上掃地。夔遠遠地掃著、聽著，忽然走過去對陳朵說：你的琵琶二弦音不準。這句話讓陳朵大驚。一個劇團裡掃地的，耳朵都這麼厲害。後來一打聽，才知夔的淵源。於是他便經常主動去與這個右派聊天。有時怕避人耳目，兩人便約到朝天門河邊去聊。聊完後，再分開走，一前一後地回來，以免被人撞見。故陳朵與夔，在那個年代成了「兩個階級的莫逆之交」。儘管重恩不言謝，但如果沒有陳朵的各種冒死周旋、串供和並不斷地向各種人撒謊，按照我父親夔後來的話說——我早就死得連骨頭渣子都不知道到哪裡去數了。

因為連續幾天，他都在策劃自殺的方式。

關押夔的屋子裡幾乎沒有什麼硬的東西，沒有鐵器，沒有玻璃，更沒有繩子或鉤子。怎樣才能一死了之？這個念頭充滿了他的腦子。現行反革命是要被槍斃的。他想：與其被他們整死，不如自己死了乾淨。起碼還有以死謝天下，以死證明自己清白這一說。

就是在這個時候，忽然，他收到了送來的帶魚。在年代嗆人的血腥味中，如果空中忽然飄來一縷來自愛人的幽香，其刺激性往往是驚人的。除了送帶魚，我知道我母親後來還做過很多類似的事情。那段時間，她只要去看我父親，就會給夔買一些吃的，送一些內衣之類，饅頭、餅乾或者亂七八糟的食品。總之，其目的就是想獲得對方的一點消息。碰巧是陳朵在的話，他們還能倉促見上一面。要不然，就是對方托人帶出的一句話，或者一張紙條，只要能證明他還活著就行。他們一直用樂譜作為通信方式。

那麼，所謂「二・三〇兵團」究竟是怎麼來的呢？

它的來源與文革中眾多的冤案一樣荒唐可笑：一句玩笑。

據說，在六、七〇年代，全國每座大城市，都有很多文藝愛好者組織的地下聚會。北京是交換圖書、唱片、俄國畫冊等等。而在重慶，聚會最多的是一些音樂愛好者在一起拉提琴，唱歌。在夔經常參與聚會的一群音樂愛好者中，雲集著很大一批據說是家庭出身不好的單身漢。夔與送帶魚的姑娘也是在這樣的場合相識的。那時的姑娘們一聽誰是反屬，右派，或者四類分子，都避之惟恐不及，惶論戀愛結婚。於是在那些充滿音樂的夜晚，這些單身漢們就時常開玩笑說：我們都是要結婚的，婚禮日期是二月三十日。

他們的意思是永遠也無法結婚了。

因為二月只有二十八天。就是逢到閏年，也是只有二十九日沒有三十日的。

於是，「二·三〇」成了他們這些人的綽號，意思是「單身漢」。夔自然也是一個。單身漢裡，有個姓鍾的，據說有一天在公共汽車上和一個年輕姑娘搭訕，結果被姑娘告了，當場抓住，定成猥褻罪。鍾被公安局拘留。審訊期間，員警讓鍾某交代還有什麼罪行，鍾某經不起詐，於是開始亂咬人，說：我和一些人曾經還搞了一個二·三〇集團，有十幾個人，都是音樂愛好者。

二·三〇是什麼意思？公安局的人問。

就是二月三十號結婚的。

為首的是哪個？

是重慶歌劇團的……叫夔。

就這樣，我父親就變成了反革命組織二．三〇兵團的首犯。

後來他開始被勒令寫交代材料，檢查自己的錯誤和罪行。

看押他的人說：這次你被捲進去，不管參加沒參加，曉得不曉得，都是由於在社會上鬼混混出來的。完全不是什麼飛來橫禍。你要好好檢討。

可毛主席說：社會實踐及其效果是檢驗主觀願望與動機的表現。夔反駁道。

可毛主席還說：有些政治上反動的東西，也可能有某種藝術性。但因此它也就越毒害人民，越應該排斥。看押者云。

聽到這裡，夔也就不說話了。他知道，說什麼也沒用。

於是他又只好埋頭寫交代——一本長達三十頁的交代，約二萬字。稱為《綜合檢查》。每個人在那個年代，都寫過檢查。檢查是一面時間哈哈鏡，也是一部另類文學史。因為如果寫檢查的人今天再翻出來看，就一定會笑。

一九七〇年冬天，是很多中國人最痛苦和最恐怖的時期，世界沒有什麼希望，而愛情就成了很多人唯一的精神地窖。那一年，我母親頂著家庭與所有人的壓力和誤解，帶著一堆書，嫁給了一個很有可能明天就被槍斃的人。當然，夔最後並沒有死，陳朵依靠謊言和善意的「串供」救了他。又過了一年多，夔就成了我父親。如今想起來，過去的事情、冤案、荒誕的生活都早已煙消雲散了。當初讓他心裡獲得解放，不再擔心生死的事情還有很多。而我想說的是，人們都很重視對一個人肉體的救，卻都忽略了心與情感的救。因我相信，在那個特殊的時代，真正救贖夔心中恐懼與絕望的，不完全是冤情的大白或陳朵的幫助，不是任何人，只是那一條帶魚。無論魚肚子裡有沒有紙條、密碼或樂譜。

二〇〇三～二〇一九年

注：我父親「夔」本名楊寶智（一九三五～），生於香港，祖籍廣東番禺，弦樂藝術家、小提琴教育家，也是中國當代最早的先鋒實驗音樂作曲家。一九四一年底「珍珠港事變」爆發，父親童年就親歷了日軍飛機同時轟炸香港。太平洋戰爭後，父親隨祖父遷居到廣州讀書。一九五四年祖父祖母舉家北上，皆任職於中央音樂學院（當時在天津）。父親五歲時即曾在香港登臺表演鋼琴獨奏。十六歲時，以「對小提琴及鋼琴的熟練掌握和超人的音樂天賦」考入中央音樂學院附中，直到大學，始終師從央音第一任院長，著名作曲家、教育家、小提琴家馬思聰先生，並被其譽為「天才」。

一九五七年，父親畢業於中央音樂學院作曲系，同時被打成「右派」（祖父楊景循先生亦於次年被打成「右派」），並被批判，畢業後受到不公正待遇，分到四川省及重慶歌劇院工作及從事繁重體力勞動。文革中北京發生了聞名於世的「馬思聰叛國事件」。父親當然與此無關，但其右派身分依舊受到過迫害和排擠，關過「牛棚」，因革命時期的文藝演出曾捲入過四川派系鬥爭（武鬥），還險些被誣陷為「現反」判刑，同時期認識了我的母親並與之結婚。一九七九年改革開放後，父親曾在重慶開過一場個人「小提琴獨奏音樂會」，但那時他的音樂事業已被耽誤了二十多年了。

八、九〇年代，父親先後曾在上海音樂學院，中央音樂學院及四川音樂學院任作曲、視唱練耳與小提琴教授，培養過很多年輕的音樂家和小提琴家。因父母離異，我從小便跟隨父親四處漂泊，從重慶、上海到北京，也一起在北京親歷過「六四」那段歷史。一九九七年，父親從川音退休後返回香港定居。父親一生創作豐富，重要的音樂作品有：小提琴協奏曲〈川江〉，歌劇〈火把節〉，小提琴曲〈喜相逢〉、〈廣陵散〉、〈十面埋伏〉、〈王洛賓組曲〉、〈宋詞曲調二首〉、〈西皮散板與賦格（無伴奏）〉等；管弦樂作品有交響組曲〈大涼山印象〉；室內樂作品有為小提琴與三弦的二重奏〈引子與賦格〉、為二胡與大提琴寫的〈茉莉花與巴赫〉、為小提琴－大提琴（或薩克管）－鋼琴而寫的四個樂章的〈三重奏〉、弦樂四重奏〈雪域〉、鋼琴五重奏〈邊陲掠影〉及一大批小提琴二重奏等；另著有《林耀基小提琴教學法精要》、《弦樂藝術史》、《我的回憶錄》等。

夔（二）：飛蛾

一九五七年底，剛滿二十二歲便充滿人生幻滅感的父親夔，坐船到重慶時，已是江畔黃昏。他第一次看到無數舊渝州的「吊腳樓」犬牙交錯，布滿山間坡道，那種以一根根木頭支撐半空中的房屋高懸於夜色，令異鄉人頓覺稀奇。他心裡還想：「這種樓房遇到颱風怎麼辦？」後來才知，四川盆地只會悶若蒸籠，即便冬日也無大風。入夜時，從他所分配到的歌劇團來接他的人把他帶到一家叫「正東擔擔麵」的館子。他要了一碗擔擔麵，剛吃一口，就被巴蜀的花椒麻得懵了。很多年後他回憶道：「那次經驗實在難忘，知道什麼叫麻廣廣[注一]」（巴蜀俚語，一般指欺負或欺騙外地人）。當然，他尚不知真正的「麻廣廣」還在後頭。

重慶歌劇團與其他劇團不同，它要流動演出。就重慶而言，演出基地是在市中心的人民劇場，但遠不止在此。有時，會在近郊如楊家坪長江劇場，小龍坎工農劇場，還有南岸、江北等地的劇場和各個廠礦，如鋼鐵公司的鋼花影劇院之類；有時則要到遠郊，如南桐礦區，長壽縣化工廠、綦江縣齒輪廠、打通煤礦、巴縣魚洞溪等；甚至要到很遠的榮昌、隆昌、內江、自貢、宜賓等專縣。每次演出，大家都要背著背包鋪蓋卷下去，晚上睡在舞臺前後四周的房間裡，甚至就睡在舞臺上，一住就是幾天。

那時，重慶的長江與嘉陵江上尚無任何一座橋，過江全靠渡船與爬山。如果要到江北演出，就必須把道具與樂器箱子從臨江門、千廝門下無數的石梯坎上用人手抬，兩個人搬一個，一直搬到江邊上船。石梯坎通常有幾百乃至上千級，空手走也很累人。等渡船到了對岸，又要抬上無數的石梯坎，搬到公路上，再抬到汽車上。到南岸演出要好一點，因望龍門或儲奇門有一段斜坡纜車。但河對面上坡到公路邊，也還是有很多石梯坎。雖同單位的人都多多少少會幫著抬一點，但作為右派，這些苦差事是絕對不能偷懶的，主要苦力是他們。每次一轉換場地，父親就要隨著裝臺的工作隊先走一步，抬箱子。今天輕鬆過江的人，難以想像那種抬笨重箱子上下石梯坎之辛苦的，當年叫做「脫胎換骨的改造過程」。按父親的說法：「拉琴的手指就此僵硬了。」

一九五八年三月下旬，父親突然接到命令，要右派分子們連夜背上背包，先到文化局集中，第二日清早坐船到長壽縣，說是去「抗旱」。下船之後又走了一整天，傍晚才到一座湖畔，即長壽湖。但接下來十幾天，卻僅僅是做的平整土地的勞動，並非抗旱。他們十幾二十人，拉著一個大石碾子，學著一邊喊「川江號子」，一邊在泥土上滾來滾去。晚上則大家擁擠睡在一個通鋪上。只是所有人都有些奇怪，旱災在哪裡？幾個月後才知道，這場勞動不過是在為他們自己將要關押在此的一座「長壽湖勞教農場」打地基而已。這有點像自己給自己挖墳墓。而真正的原因則是二十多年後才明白：當時乃因領袖剛開完「成都會議」，將路過重慶，乘船過三峽到武漢。於是上頭指示：重慶地面的一切右派分子、歷史反革命及「有問題的人」等必須「肅靜迴避」。

第二次下放是在深秋，父親跟隨要在南桐礦區演出兩個多月的歌舞隊，到了萬盛公社公共食堂。記得晚上吃飯的時候，公社書記給大家講道：「共產主義是天堂，人民公社是橋梁，我們通過這一年高舉三面紅旗大躍進，以鋼為綱、為鋼而戰，正在跑步進入共產主義。同志們，什麼是共產主義呢？簡單說，共產主義就是四菜一湯。」大家鼓掌。那時每天早上六點鐘，都由一個嗓門洪亮的農民，在山上高喊大家吃早飯，然後一起出工。開頭一個階段，出工就是挖紅苕（番薯）。陰雨天的泥土都粘在鋤頭上，比平常要重好幾倍。父親不知道哪裡有紅苕，一鋤頭下去，挖的都是半截子。吃飯都在公共食堂，大家「敞開肚皮吃飯」，開頭還有點大米飯，有點蔬菜；以後每況愈下，主食是蒸紅苕，菜是炒紅苕片，或是紅苕片湯；再後來紅苕越來越少，水越來越多。四菜一湯，僅僅剩下了湯。

接著是給種下去的豌豆、胡豆（蠶豆）苗淋糞，先到茅坑把糞水舀上來，然後擔著兩桶糞水，用瓢沿著田坎一窩一窩淋下去。父親自幼在音樂家庭和學院內成長，從未幹過農活，挑著兩桶沉重的糞水，已經有些站不穩了。當然淋也淋不準。雖然彈鋼琴或拉小提琴時音準非常重要，但此準非彼準。老農們看見都搖頭說：「要對準淋『居居』注二（巴蜀俚語，指尖的、帶刺的東西），我看你們這些下放的同志不得行。」父親聽聞竟還有人叫他同志，心裡倒也高興。他和農民之間的友情維持到很久以後。

記得八〇年代初，我還曾隨父親最後一次去過他當初下放的地方探望，吃住都在他當年的屋子裡。農民會擺出一大桌子菜，葷腥不忌，廚藝粗糙，只管逼著你大魚大肉地吃。臨走時，一個當年的農友還挑著兩大筐從自家田裡新摘的青菜頭，沉甸甸的，走了很遠的山路，一直把我們送到長途汽車站。這種樸實的友誼，現在很難見了。至於當年下放後期的工作，則是打理小麥。那時因對農活一無所知，父親便很用心地去書店買了本種小麥的普及書來學習，準備「幹那行懂那行」，包括領袖提出的農業「八字憲法」，水、肥、土、種、密、保、工、管等。結果真上到麥田裡的事就很意外了。麥子已長了一半，公社卻報「畝產萬斤」，事實上每畝只能產幾百斤，怎麼辦？只有「移栽」。也就是把另外田的麥子拔起來，栽到「萬斤田」裡湊數。麥子密集得父親都可以坐在上面，這是全國都很有名的事了。但夏日雨季已過，泥土常是乾的。人家怎麼拔不知道，父親一拔，麥苗的根就斷在土裡了。至於移過去的麥子將來成活了沒有？他也不知道了。

這段時間，應算是父親所閱歷中最苦、勞動量最大的折磨：如一九五九年十月因過節的原因，右派和牛鬼蛇神都會被趕到郭家沱果園勞動改造。文化局系統的「壞人」們集中勞動了一個多月。那時早飯後八點到十二點及下午二點到六點，就在大壩子上勞動，前面幾個星期把幾公尺長的很重的圓木，從甲地扛到乙地，後面幾個星期又把圓木從乙地扛回甲地。晚飯後，還要到田裡再挖一小時土，才能回來休息。由於環境惡劣，父親得了阿米巴痢疾，但為了爭取早日「摘帽」，他必須咬牙堅持。

但沒想到，等轉年回重慶後，他們仍說父親改造得不好，要「加強改造」。首先成立「監督小組」，每周彙報思想。後來，所有右派就剩父親一人還在歌劇團裡。缺勞動力時，他就成了唯一人選，例如在炊事班洗碗、在勤雜班拉板板車之類，對他是常規性的了。在炊事班：當時食堂賣飯，是用瓦罐蒸飯，交三兩糧票的是大罐，交二兩糧票的是小罐。大家吃完，罐子往飯桌一扔就走了。以前是炊事班負責洗碗，現在有右派可利用，則令右派洗碗。大家吃完飯後，父親要負責把食堂的碗收到一個大木盆裡，然後炊事班的人提幾桶蒸飯的熱水，往盆裡一倒，把已經變硬的剩飯泡軟，然後父親拿個絲瓜瓤，往裡頭轉幾轉，把剩飯洗到水裡。幾百號人的碗，洗完澈底腰酸背痛，恨不得當場躺倒在地。但休息不了多久，就又該去排練了。後來，大約是因餓得受不了時，父親便在食堂收碗時，撿起人家吃剩丟在桌子上的紅苕吃，結果還不小心染上了輕度肺結核。這才是大時代的「麻廣廣」。

至於拉板板車，更是他由此熟悉重慶每一處高低坡道和角落的原因。五〇年代的重慶大街上沒什麼運輸工具，山城普遍靠人力拉板車。板車一般由兩三個人拉，拉中間的叫「中杠」，在旁邊的叫「飛蛾」。開始時候，一位總務科的老師傅拉「中杠」，父親拉「飛蛾」，先跟著學習。後來老師傅高血壓犯了，便主要由父親來拉「中杠」了。父親說過：「重慶上坡下坡的大街小巷，幾乎沒有哪一條路上沒有我的足跡。」我想，當年那個戴著破草帽，捲著褲腿在坡道上下飛奔或跋涉的父親，也真的像一隻在大時代邊緣與黑暗中到處亂撞的飛蛾，集體無意識地撲向那場火光，又隨時會被火光毀滅。

六〇年代初，四菜一湯久久沒能實現。相反，每人每月只有二十五斤糧票定量配給，根本吃不飽。有一次，父親要到南岸銅元局酒廠拉以前餵豬的酒糟，來作食堂的發酵粉用（即把酒糟加到發麵粉裡可令饅頭大些），上面令父親拉「中杠」，剛分來的一位四川音樂學院大提琴畢業生李懋績和彈琵琶的陳朵（後來都成為父親數十年的好友）則拉「飛蛾」。那時過長江沒有橋，需要把板車拖到長江邊上的菜園壩沙灘上，然後把裝酒糟的桶再抬到船上。坐船過酒廠，把熱騰騰的酒糟裝滿後，又再坐船回到菜園壩沙灘上，拉上坡，最後拉回到劇團食堂裡。重慶的坡道陡峭，急轉彎也多。等坐船晚歸時，父親與李二人都餓得不行了。饑不擇食，他們就把當時每日都隨身攜帶的一柄不鏽鋼勺拿出來，不管髒不髒，先舀起餵豬的酒糟來吃了幾勺。同船的人都很羨慕他們，還問：「從那裡搞來的？」

說到李懋績，我從小就叫他李叔叔，對他可謂記憶猶新。因他對我非常親切。童年時，我第一次吃到蹄花湯、蛇肉和板栗等此類那時不太易吃到的食物，就是在他家。他家就住在我家對面房屋的二樓上，常有很多往來。說得更深遠一些，即距當初父親和這位「飛蛾」一起坐在船上「吃豬食」的十多年後，一九七二年三月，我母親懷孕快臨產了，腹痛難忍，情急之下，父親便叫上李懋績、陳朵等幾人，一起找來了一塊門板（當時巴蜀很多木門的上下樞，為兩指粗細的活樞，即可以直接拆裝的門板），將我母親扶上去，然後像抬擔架，也像拉板車一般抬到了醫院。我是在一塊破舊斑駁的門板上飛行，並在「飛蛾」們的幫助下才來到人間的。

二〇一八年六月

注一：俚語「麻廣廣」大約出自清代，原意最初應指欺騙來四川經商的廣東廣西之人，後引申為一般的欺負、矇騙、麻痹之意。

注二：巴音方言之「居居」，原字或應為「且」，且之古音即為居，甲骨文最初指男性性器，取其尖銳之象形。後如祖、詛、組、俎、沮、阻等字，皆通義。故「居居」本字應為「且且」。

夔（三）：一九六八年父親小詞典

【按】**武裝支瀘**：是文革時期巴蜀地區的一個著名歷史事件。瀘州和宜賓，是川南兩座相鄰緊靠的城市。上世紀一九六七年文革武鬥期間，因瀘州地區「造反派」組織奪取各級黨、政、財、文大權。部分市委書記、領導人被關押、批鬥、迫害致死。市區兩派群眾組織使用鋼釺等進行大規模武鬥，傷亡多人。宜賓革命委員會籌備組組織武鬥人員，動用槍炮，支援瀘州另一派群眾組織，此事史稱「第一次武裝支瀘」。九月，四川省革命委員會籌備組負責人劉結挺、張西挺和宜賓地區的王茂聚、郭林川調集數萬名武鬥人員，發動了「第二次武裝支瀘」。王親臨指揮，武鬥雙方傷亡慘重，並殃及無辜居民。大規模武鬥造成工廠停產，交通斷絕，嚴重影響農業生產。

一九六八年，市區兩派群眾組織隔江對峙，相互炮擊。中央下發了解決四川問題的「三．一五」指示，又加劇了兩派對立情緒，武鬥升級。組織者曾調集數萬人，非法動用國家資金三億多元，糧食六千八百四十多萬斤，搞了「第三次武裝支瀘」。武裝支瀘影響波及巴蜀全境，成都與重慶地區也相繼派人參加。結果死亡二千多人，傷殘二萬四千餘人，並私設監獄關押幹部、群眾三萬多人。一九六九年，宜賓市革委組織「工人毛澤東思想宣傳隊」進駐學校。駐瀘部隊武裝遊行後，宣傳中共中央關於停止武鬥的「七．二三」布告，相繼派出宣傳隊一千八百八十六個，舉辦學習班，收繳槍炮子彈，拆除工事，遣返武鬥人員。中央發文指令瀘州兩派群眾組織負責人去北京辦學習班，解決武鬥中產生的問題。此後，隨著全國停火，瀘州宜賓地區武鬥才逐漸平息。一九六八年，父親當年所在的重慶歌劇團「造反軍宣傳隊」及其武鬥派別（當時所有的大陸中國人，都必須屬於一個派）也曾將父親單獨一人派出去，隨重慶另外二十幾人的「造反軍宣傳隊」一起，參加過宜賓地區「第三次武裝支瀘」（藝術演出），並深入到過武鬥的「前線」演出與創作當時的革命作品。因歷史太複雜曲折，在此難以詳述，僅編選一部分詞語注釋，暫名「詞典」，以便能管窺當時父親的閱歷全貌之一斑。

痲匪：現在的人已不知何為「痲匪」，這是一個上世紀中葉在巴蜀紅得發紫的詞語。「匪」的說法很久遠。如國稱共為「共匪」，共稱蔣為「蔣匪」，稱國軍為『蔣匪幫』。文革中造反派分裂後，亦沿用此稱呼，從而互罵為匪。重慶人為動員早期紅衛兵「保衛市委」，凡到重慶學田灣大禮堂開會的保守派，便每人都發一袋麻餅——即面上撒有一層芝麻的糖心餅。麻餅是吃了，但從此以後，造反派就把保守派稱為「麻子兵」了。後來全國分裂，較為激進的那派也把相對緩進的那派封為「麻派」。譬如瀘州群眾組織「紅聯站」，就被叫做「麻聯站」。

砸匪：六〇年代中期，重慶造反組織八·一五派認為，另一個組織「砸派」（因其口號為「砸爛一切」故名，後又改名為「反倒底派」）不好，便蔑稱其為「砸匪」。我後來還寫過一首叫〈砸派〉的短詩。我們七〇年代的巴蜀孩子，從小就聽說過「八一五，反到底」的說法，但要很久以後才知道具體什麼意思。父親所在的單位，即多屬於「反到底派」。

造反軍宣傳隊：「造反軍宣傳隊」的全名是「重慶無產階級革命工人造反軍總部，毛澤東思想宣傳隊」，一九六六年國慶日遊行後，正式打出「重慶工人無產階級革命造反軍」大旗。

扒總譜：一九六七年春，重慶市兩派鬧分裂，全市陷入半無政府狀態。但多年來脫離文藝，因而手癢嗓子癢的重慶歌舞劇團和京劇團中部分偏向「砸派」的人，組織起來準備演出八個樣板戲之一〈沙家浜〉，但找不到總譜，無法演出。因此類總譜在公開出版前都歸國家保管，一般不容易見到。此時，父親所在樂隊彈三弦和琵琶的年輕樂員、後來成為重慶歌劇團版〈沙家浜〉演出隊一號勤務員、也是父親多年的摯友陳朵找到父親，請他通過中央樣板團演出錄音帶，並根據目前重慶樂隊的編制趕寫出總譜。父親答應了。從錄音帶中直接扒總譜，這需要極其好的聽力，以及和聲與配器等作曲常識。父親就這樣記錄一場，樂隊排一場，日以繼夜地趕兩個來月，終於得以演出成功。父親還在演出隊裡拉小提琴。

血戰縱隊：武鬥時期全國的各類臨時「戰鬥組織」多如牛毛。如陳朵一九六七年成立的「血戰縱隊」，說是「縱隊」，最初其實就只有二、三個人。陳朵見父親廢寢忘食戰高溫、不計一切地「革命」，其精神堪當模範，故希望父親也加入。縱隊屬「反到底」一派，也就是「砸匪」。父親自幼受基督教影響和藝術家庭教育，對「暴力革命」本從無積極。但那個年代，任何人都會進入「集體無意識」。父親也曾跑到戰壕裡，在子彈中拉琴，似乎一顆心完全「紅了」。一九六七年前後，父親參加了歌劇團到各地的演出，拉手風琴，宣傳革命，當時叫「派性演出」，即以宣傳本派對毛的無限忠誠比別的任何派別更強烈為宗旨之演出。

紙坦克：據說為表示對革命的熱烈程度，「血戰縱隊」的人曾製作過一個巨大的紙糊坦克，開到舞臺上去表演。但父親後來說：「不記得有這件事了。」

光頭日記：文革開始時，所有的黑五類分子都會照慣例受到衝擊。父親當然也不例外。對此無須再展開敘述，我過去曾寫有一首短詩〈光頭日記〉，摘錄如下：

那年夏天，父親忽然要將樂譜全賣掉
樂譜包涵他從小到大所彈之曲
祖母所傳、師尊所贈之物
以及在音樂學院讀書以來全部收藏
包括交響樂、提琴、協奏曲譜
鋼琴、歌舞劇譜、琵琶、二胡譜
還有民歌本子及音樂理論著作
父親讓一個廢紙收購站的農民
到家裡來，將這些樂譜全部挑走「論斤賣」
當時廢紙價為七分到一毛五一斤
他總共賣了大約兩百多斤
約得十八元。但讓人緊張的不僅是樂譜
而是頭髮。因通知批鬥時會揪頭髮
或剃陰陽頭。趕在群眾來之前
父親索性到附近理髮館
先去剃了個光頭，免得受罪

誰知這下卻適得其反
大字報立刻出現：「蔣介石是光頭
赫魯雪夫也是光頭。」何其囂張？
光頭抬頭即是「趾高氣揚，翹尾巴」
光頭低頭則為「心懷不滿」
說話「就是放毒」；若不說呢
那就是在「以沉默相對抗」
他們要光頭交出窩藏的四舊
但樂譜已賣，只剩下了日記
「是我們幫你燒，還是自己燒？」
大家問。他當然選擇了後者
深夜，光頭獨自一人來到珊瑚壩
（即重慶長江中的一處淺灘，漲潮時會沒入水中）
他抱著一大堆日記本
（一九五七～一九六六約九年的日記）
找了一塊礁石坐下來發呆
他本來想燒，卻發現沒帶火柴

於是便一頁一頁地看
然後一頁一頁地撕。一邊撕
一邊扔進滾滾東逝水裡
據說他足足撕了三、四個小時才撕完
等光頭望著殘頁漂向太平洋時
浪花淘盡文字，天已經亮了

元頭：一九六八年四月，父親正在劇團的一個琴房鋼琴上，集中精神練習剛剛收到中央樂團的老同學洪威廉寄來的、殷承宗編寫油印的《鋼琴伴唱〈紅燈記〉》片段的樂譜之時，重慶文藝界反倒底延安公社的委員、團樂隊吹嗩吶的綽號「元頭」的劉元才，帶了一位穿工人服裝的、臉上有幾顆麻子的（人稱「塗麻子」）、血氣方剛的人來找到父親，嚴肅地說：「楊同志（父親這時已是『二等牛鬼蛇神』，聽到還有人能叫他「同志」，便特別高興），五一節『宜賓地區革命委員會』將要成立，『造反軍宣傳隊』準備代表重慶『反倒底』派去宜賓參加慶祝大會，但是缺少一個能奏多種樂器又能搞點音樂創作的人手，經過我們勤務組研究，認為你是完成這項任務的合適人選，現在派你代表『延安公社』參加他們宣傳隊，也可能去宜賓不久後還要去成都參加『四川省革命委員會』成立大會，全程大概二十天到一個月左右，你看你有什麼意見，如果你沒有意見，下個星期就開始排練。這位是宣傳隊隊長，一號勤務員塗安傑，具體任務由他和你聯繫。」這位「元頭」是一九六〇年從大學一年級招到劇團來當學員學嗩吶的，當時身體很好，練完嗩吶之餘，還經常在大壩子練舉重，後來結婚生了女兒後就住在我家對面，還生了一對雙胞胎。（可惜後來死時年紀並不大，是樂隊壽命最短的，而且一個兒子和女兒也都跟著去了。參閱〈二南〉一文）。一九六六年時，元頭與其他四人也成立過「十一戰鬥隊」，算是在劇團首先豎起「造反」之旗的人之一。後來他還和人一起偷偷搭火車到過北京去，不久拍電報回來說：「我們見到了毛主席。」

人造大芒果：芒果是熱帶水果。自一九六八年十月「毛主席向首都工人送芒果」之後，重慶每個單位進駐「工宣隊」時，都要行一個儀式：即找一隊根正苗紅之人，每人捧著聖物——一枚人造的「芒果」，在〈東方紅〉樂聲中，緩步從觀眾席走上主席臺。當時四川很少芒果，歌劇團裡除了父親，幾乎沒有人見過芒果為何物，便模仿報紙上的照片，用蠟做成個西瓜般大的模型芒果。父親想笑又不敢笑，當然更不能提出異議，也只能作罷。

失眠：一九六八年一月二號，父親從廣州坐火車回到重慶，剛剛進到歌舞劇團大門，在大壩子上赫然見到在醒目處有一張大字報，標題是：「把沒有改造好的右派分子夔揪出來，清除出公社。」落款是單位樂隊的「羅某」。父親頭都炸了。因這位羅某曾是五〇年代就對父親實行監管成員之一，當時父親每周要向他「彙報思想」，接受他批判。這份重磅大字報貼滿排練場的牆壁。早在一九六六年文革開始時，六月六號樂隊隊長老孟組織寫的、按批判『三家村』的調子系統批判父親的長篇大字報中，落款簽名的就有羅。父親一向睡眠品質很好。據說一九六六年那張大字報出籠的當晚，父親有生以來第二次失眠了。第一次失眠是一九五七年九月三日，即父親二十二歲時，在中央音樂學院大禮堂召開針對他批判會並打成「右派」的前夜。而一九六八年這次，父親預感又要掉進萬劫不復的深淵了，細思極恐。

突破口：「造反軍宣傳隊」四月十七號從重慶乘火車往宜賓出發，十九號到達東風礦區。這個礦區在宜賓地區的珙縣巡場鎮，是重要的產煤區。宜賓「文攻武衛指揮部」的汪司令介紹「當前鬥爭形勢」時說：「宜賓問題不僅僅是宜賓問題，而且是整個四川和大西南的問題，是兩條路線鬥爭的問題。宜賓，是毛主席親自選定和親自指揮打開的解決整個四川問題的『突破口』，但是階級敵人妄圖堵住這個『突破口』。自從『紅十條』下達以來，李（井泉）廖（志高）死黨又刮起一股右傾翻案妖風，挑動不明真相的受蒙蔽群眾，搞武裝翻案，北打永川、榮昌，南攻納溪、合江，現在正向宜賓方向殺奔而來，妄圖推翻新生的紅色政權。上頭說了，這『是國共兩黨鬥爭的繼續』，我們『文攻武衛指揮部』有許多忠於毛主席革命路線的戰士，正在階級敵人給我們擺下的三百里戰線上，為新生紅色政權站崗。希望你們去給他們演出，鼓舞他們的鬥志。」這便是父親他們那些宣傳隊的主要任務。父親對宜賓地區的情況原來一點也不瞭解，心想，回去重慶後會不會又說這是「煽動武鬥」呢？便問汪司令，汪嚴肅地對他說：

「這是正義的戰爭，是保衛新生的紅色政權的問題，是資產階級復辟和反復辟的鬥爭，階級敵人已經向我們進攻很久了，怎麼是你煽動的呢？」因這叫做「第三次武裝支瀘」，去年已經有兩次了。汪司令的隊伍番號是「瀘（州）、納（溪）、合（江）前線指揮部九八營」，後改為東風民兵團，代號『二〇六』。汪還建議宣傳隊的人「到前線去看看，那裡有很多感人的事蹟」。所謂前線，就是武鬥前線。於是父親與宣傳隊所有人都換上東風礦區礦工服，出發到基地，離戰線約五十公里的上馬場，邊看看，邊創作，邊排練。

武裝泅渡：早在五〇年代，父親為「體驗生活」，就參加過「武裝泅渡」的訓練。父親年輕時身體很好，游泳和跑步都是佼佼者，故在央音學生會時還當過類似「軍事體育部長」之類的大學主力運動員。有一年學校派他在寒假去學射擊和泅渡，那時央音還在天津，海河都結冰了，自然沒法進行武裝泅渡。到了一九六八年夏，父親去了宜賓，他所在的東風民兵團要在永寧河進行武裝泅渡訓練，父親自問游泳還可以，便參加了。宣傳隊發來四支七九式步槍，父親領了一把，和其他三人一起參加訓練。開始下水時，父親誤以為槍怕沾水，便下意識地老把槍背出水面上鳧遊，於是覺得槍出奇的重，游起來很費勁。槍桿隨著沉浮，還把後腦勺一下下地打得很痛，這疼到幾十年後他都還記得。後來才找到斜著背槍，讓槍和身體一起沉浮的辦法。槍浮起來時木質部還有一些浮力，可以幫助人體上浮，就不費傻勁了，也不打頭了。父親游到終點，也沒有落後於其他人。但並非所有人都如此幸運，如民兵團有個叫孔凡培的礦工，帶病都要參加武裝泅渡，卻游不過去，便「犧牲」在了水裡。

江瑞城：武裝支瀘時，某日黃昏，一個戴眼鏡學生模樣的小夥子敲開父親住旅館的房門，怯生生對他說：「楊老師，您可以教我拉琴嗎？」父親當即答應了他，並在晚飯後，到樓下給他上了第一課。此人叫江瑞成，參加過納溪中學生紅衛兵「四一六」造反隊，喜歡拉小提琴。當時父親是「混入群眾組織的牛鬼蛇神」，怎敢不老老實實與「造反派」交朋友呢？不過這朋友一交，就是四十五年。他們的師徒情誼一直保持到今天。

勸架：四川所謂「場」，北方叫「集」，廣東叫「墟」，原是農民隔三岔五交換買賣農產品的地方。上馬場本來很小，只有近百戶人家。現在人一多，就會發生矛盾。大家都是「造反派的脾氣」，稍有言語不合，兩邊就武裝衝突起來。一天下午，當地學生與前線武鬥人員發生了衝突，父親見一些五大三粗的魁梧大漢，去暴打那些文弱學生，便不顧自己安危，在密集、混亂的人叢中阻攔，並焦急大喊道：「不要打了，這些都是小娃娃呀。」當時，重慶宣傳隊不少人只在旁邊袖手看熱鬧。江瑞成也捲在打鬥中，幸未受傷。他當時對父親說：「楊老師，您很善良，難怪學生們都說您人好。」

巴蜀的義大利小提琴：上一世紀六〇年代，父親在重慶生活時，參加聚會或演出時用的小提琴，是一部相當好的義大利提琴。據他說，在G弦拉旋律時，「腮幫子都在震動，幾十年都未遇到過這樣的感覺。」這部琴的主人叫曾振東，原是朝鮮戰爭復員軍人，愛好小提琴，住在原稱民國路（後改為五一路）與新華路之間的一條小巷叫「道觀井」的老宅裡。曾先生因在五〇年代初赴朝鮮作戰時負傷，心臟二尖瓣旁曾有彈片的碎片尚未完全取出，故常年在家休養。琴的來歷不詳，但他很希望有人能拉出來。從一九六三年起，他通過歌劇團一位舞臺工作組的同事找到父親。然後，父親便開始隔個一兩個月就到他家裡拉琴過癮。文革以及「破四舊」時，父親把極少部分能夠來得及轉移的珍貴樂譜（如當時在重慶絕無僅有的美國版的巴赫的〈無伴奏小提琴奏鳴曲和古組曲〉之類），都放在曾先生那裡，故得以保存下來。一九六七年，無政府狀態之後，他們來往比較多。有一次父親在重慶大禮堂面對三、四千觀眾演奏時就是借用這把小提琴的。每次父親在朋友家裡聚會需要表演時，曾先生也會毫不吝惜地借給父親用。只是這把琴到底是義大利何人何年所造，不太清楚。曾振東先生死於一九七〇年，時年僅三十六歲，義大利琴後來亦不知所終。

絕命書：父親在東風礦區幾處演出，幾乎每天都有小提琴獨奏表演，但基本上只有固定兩首曲目：一首是根據樣板戲芭蕾舞劇〈白毛女〉選段（北風吹－楊白勞－紮紅頭繩）改編的獨奏曲；第二首是根據藏族民歌〈遠飛的大雁〉改編的〈想念毛主席〉，如再來一個，則奏根據毛主席語錄歌〈下定決心，不怕犧牲，排除萬難，去爭取勝利〉改編的短小提琴曲。碰巧重慶各個文藝團體聯合組織的京劇〈沙家浜〉演出隊，也到宜賓演出，這個演出隊從一九六七年四月成立起，父親就是在裡面，很熟。所以他在時間不衝突時，也常去「票」一場。熟人們都勸他不要介入這些「專縣的武鬥，危險。以後還說不清」的演出。而且中央最近又有「四．二七指示」，批評了「反到底派」。可父親在上馬場聽「武衛戰士」們講了些事蹟後，卻大受感動，他覺得一輩子很難得有這個「保衛毛主席革命路線」的好機會，哪怕是遇到危險，以致犧牲了，也是「死得其所」。而且每天在小提琴獨奏後，便能享受觀眾的雷鳴般的掌聲。這種機會回重慶就難了。所以，父親不願意走。但更重要的原因應該還是受到羅某那張大字報的刺激。父親想：你不是說我是「永遠是沒有改造好的右派分子」嗎，我當個左派給你看，以刷「右派」之冤。當時在宜賓，武鬥雙方戰火紛飛，郵路不暢，父親甚至還寫過一封信，托〈沙家浜〉演出隊的朋友帶回重慶，然後再郵寄給廣東的家裡人，信裡說：「如果三個月不見信來，我就是為『保衛毛主席革命路線、保衛新生的紅色政權』而犧牲了，我已經用實際行動改正了一九五七年的錯誤。」這就是父親曾寫過「絕命書」的來由。

文藝創作：一九六八年夏天前後，父親寫過不少文藝作品，大致記錄如下：

創作歌曲：

一、〈何志東〉（組歌）

二、〈紀念張顯堯〉
三、〈我守衛在金盤山上〉
四、〈粉碎右傾翻案風〉
五、〈語錄歌〉等注

表演歌舞：
一、〈夜行軍〉
二、〈毛主席來到安源山〉
三、〈毛主席送芒果給「工宣隊」〉

創作快板書：
一、〈「高機連」好人好事多〉
二、〈七連的群眾工作做的好〉

創作對口詞：
〈打到反動的資產階級的「多中心論」〉

宣傳過的口號：

一、「武裝支瀘」好得很

二、「武裝支瀘」亞克西

三、「武裝支瀘」大方向就是正確

四、「武裝支瀘」就是無產階級專政

五、「消滅國民黨，踏平麻聯站」

六、「不消滅麻匪不回家」

七、「誓向麻匪討血債」，……

小提琴演奏曲目：

一、〈想念毛主席〉（藏族民歌改編）

二、〈白毛女選曲連奏〉（北風吹、楊白勞、紮紅頭繩）

三、語錄歌〈下定決心，不怕犧牲，排除萬難，去爭取勝利。〉的變奏曲（有時父親也會作為伴奏，如在小樂隊裡擔任小合唱和歌舞的手風琴伴奏等。）

拉革命琴及其詞曲：當年的「反到底」砸派成員曾在瀘州周邊的一些地方修過「革命工事」，以抵抗「八．一五派」的進攻。所謂紅衛兵武鬥的革命工事，並非標準的戰壕，而是一些利用某建築物、牆垣或樹林掩護的高地或凹地。父親就曾站在這些「革命工事」裡，給各種抗槍的紅衛兵們「拉革命琴」，為駐守在漫長戰線上各個山頭的武衛人員及當地貧下中農演出。他翻山越嶺，走幾個小時，無論是找到一個人，幾個人還是一群人，都會演奏。有時，武鬥死者們的「英雄事蹟」讓他受到感染，他還為他們寫歌。如一個叫何志東的，因在武鬥中說：「你們不要管我，趕快撤退。」當時出了名。父親於是寫了一首歌，詞為：

又一面鮮豔的紅旗高高升起，
又一曲凱歌震撼大地，
在毛澤東思想哺育下，
突破口保衛戰出現了英雄何志東。
（反覆）：啊──英雄的形象永遠留在我們心裡。

另如，有一次父親到了一個叫「金盤山」的地方，那裡的「反到底」武鬥者睡在荒涼的草地裡，沒有吃的，蚊叮蟲咬，但人人充滿了「革命激情」。於是他又寫了一首「我站在金盤山上」的歌曲，詞為：

我站在金盤山上，

滿山紅旗迎風飄蕩，

（反覆）：為了保衛毛主席

我到前線來站崗。

再如一個叫張顯堯的，是貧農出身，在保衛「突破口」的武鬥中因流血過多而死亡，據說他死的時候，醫生還要給他輸血，但他說：「醫生同志，請求你不要給我輸血，血應該流到對革命更有用的同志身上。別的同志比我更需要健康。」他死的時候，很多「反到底」的人都哭了起來。父親於是又寫了一首歌曲叫「學習張顯堯同志」，詞為：

我們的排長張顯堯，你永遠屹立在我們心裡。你思想比山高，胸懷比海寬。你心中只有毛主席，只有革命。惟獨沒有你自己。你對同志，俯首甘為孺子牛；你對人民，處處關心耐心幫助；你對工作，挑起重擔搶在先；你對毛主席——無限忠誠，無限崇拜，無限信仰，無限熱愛。為毛主席獻出最後一滴血。一個戰友倒下去，千萬個戰友站起來。為了保衛毛主席，誓將革命進行到底。打倒劉少奇，消滅國民黨，把無產階級文化大革命進行到底。

當年宣傳隊基本上是隨到隨演，在各種戰壕、屍體與營地邊上，來傾聽父親拉小提琴、手風琴或創作歌曲的各種「革命群眾」乃至各種「牛鬼蛇神」超過十萬人次。那是一段紅色與血腥的音樂盛會。父親或許覺得自己就像《水滸》中精通音律的「天巧星浪子燕青」或「地樂星鐵叫子樂和」，亦或是希臘神話中用豎琴與音樂鼓勵遠征的奧爾甫斯，站在滿是鮮花、紅旗、暴力與火藥的山頭，身邊圍繞著無數「革命的江湖豪傑和造反的勇士」。在集體無意識的時代，父親也成了川南那一帶當時有名的、用小提琴「保衛毛澤東革命路線的宣傳者」。

哭聲：父親說：「一九六七年春夏之交我在重慶大禮堂為三、四千人演奏〈遠飛的大雁〉時，底下還有哭聲；很多人都在『二月鎮反』中被作為『專政對象』被『專政』過，大家希望毛主席會像神仙菩薩一樣，把大家從受壓迫中解救出來。」

雄文四卷：父親說：「我那個時候思想確實是很「進步」的，如從一九六三年到一九六七年，毛選『雄文四卷』，我就通讀了兩遍，其中的一些重要文章。如〈四篇哲學著作〉和〈中國革命戰爭的戰略問題〉等，重要的段落我都可以背下來。我當時確實是很真誠的信仰『毛澤東思想』的。這些可不是吹牛，讀毛選的功夫，當時要整我的那些人都做不到。」

金山坡之役：父親也真的親身參加過兩次當年的「戰鬥」，其一如金山坡之役。金山坡也在瀘州地界，據說六月時，高機連開全連『好人好事』總結大會，父親在那裡收集材料，因太晚，便睡在連部。半夜突然聽說「有情況」，要調高機連到前面去。正好六班扛子彈箱的戰士病倒了兩個，父親為了「要鍛鍊自己」，並證明自己是「忠於毛主席，為保衛毛主席的革命路線不怕犧牲的左派」，就扛起子彈箱出發了。拂曉，到達戰場附近田坎的石板路上，聽見幾梭子機槍聲，父親趕忙如以前看過的小說裡寫的那樣「趴倒在地上」。後面的人還以為他受傷了。可待把子彈箱送到陣地後，就被安排在掩蔽地方「觀戰」。山林裡有薄薄的晨霧，也沒有觀到什麼，只聽見兩邊山頭互相間歇地對射了些時候。以後，又轉移了兩次陣地，父親都是扛子彈箱。

納溪戰役：父親當時曾以「搜集第一手資料好編節目」為名而參加戰鬥。出發之前，父親等人每人領了一支七九步槍和十發子彈。因當時彈藥不足，父親本屬於「非戰鬥人員」，故不能多領。急行軍走了一夜，上午到達納溪東面一個叫「七塊田」的地方。在向山頭前進時，曾衝到離對方的工事二、三百公尺左右。後因對方的重火力實在太猛，不能前進。前面偶爾有受傷的，抬的人也受傷了，父親就衝回去通知擔架隊。這一天，雙方在七塊田這一處呈對峙狀態。當晚在山坡上的紅苕（番薯）田上露宿。早晨，發現對方全線撤退，並向三貓石方向突圍逃竄。父親隨『第一指揮所』前進，到達山腳時，曾替一位指揮員帶了一個口訊給高機連和炮連。整個「戰役」於下午四時左右父親一方占領納溪縣城而結束。步槍和十發子彈便原數交還。雖然在央音讀書時，父親作為軍事體育部部長，曾經擔任步槍射擊教練，但在此次戰鬥中確實並未射出過一顆子彈，更未殺過人。不過這之後，父親說他有一種「自我滿足的情緒」，即認為「我這是通過槍林彈雨的生死關的考驗，經得起「從嚴審查」了的，以後誰再給我貼大字報，我就可以說：「我是改造好了的，對的起毛主席了的。」

教派武裝衝突：在打掃戰場時，父親曾和別的砸派戰士一起整理麻匪們的屍體。一個死去的麻匪一抬起來時屍體就會發出鼾聲。父親以為未死，一怔。再斗膽多弄幾次，才斷定是死了。父親把手伸到那麻匪胸前的衣服口袋裡，摸出他的工作證，才知道麻匪是瀘州化工廠的一位老工人，黨員，而且還在隨身的《毛主席語錄》空白頁面處，寫下了類似父親《絕命書》那樣的「誓死保衛毛主席的革命路線」的「決心書」。父親當時便想：這些麻匪不是面目猙獰的『匪』嗎？怎麼他們也要「保衛毛主席的革命路線」？是「受蒙蔽」的嗎？父親的疑惑在當時是無法言說的。四十多年後，父親回憶道，也許這也可以叫「教派武裝衝突」。如阿拉伯世界中互相打得不亦樂乎的伊斯蘭教什葉派和遜尼派，都信同一個真主，也都信奉同一本《古蘭經》，為何還要打？武鬥兩派也是同奉毛澤東為「大救星」，用同一本《毛主席語錄》來互相批判的。

Z之戀：父親去宜賓那年已三十三歲，尚未認識母親。有一天上午，男生在排舞，女生大部分出去逛街，父親有點感冒，睡在床上。有個沒出去的女生Z悄悄地對父親說：「你要小心，有人說我們宣傳隊裡有個『赫魯雪夫式的人物』，好像矛頭是指向你的喲。」Z是一九六四年主動到川北平昌縣鳳凰鄉的上山下鄉的一位女知青，經常聽父親練琴，聽得入神。那時已是夏天，大家熱得沒處躲時，會遊一點泳的宣傳隊員們，便都愛到山裡堰塘裡去游泳。不過，當時沒有游泳衣，女子們都是穿長袖長褲的演出服去游泳的。有兩次Z還邀請父親和她一起去，理由是某個吹笛子的人可能對她有些「圖謀不軌」，而父親則是被她所信任的，可以在近距離起保護她的作用。甚至在她換衣服時，還請父親背對著為她「站崗」。但父親後來回憶說：「我只是行動上表現得十分『道貌岸然』而已，因在那個時代，我們這樣的單身漢都是有賊心、沒賊膽罷了。」

從宜賓回重慶之後，父親和Z還經常見面，開始有點像戀人了，但那時這種事是不能明言的。Z家裡聽到風聲，說父親是右派，更不贊成他們相處。甚至Z本人也沒有勇氣嫁給父親，因運動太恐怖，對她來說壓力太大了。在一個寒夜，在長江邊上，Z曾與父親抱頭痛哭過一番，表達對命運的無奈，之後便回平昌縣去了。Z似乎不過是「第二個小周」，據說她曾來過信，但她與父親從此也再沒有見過面。

木樁：一九六八年「第三次武裝支瀘」宣傳隊的工作結束（不了了之）後，父親回到重慶，繼續過著「二等牛鬼蛇神」的生活。但這時更沒人敢和他說話了。因在前些年，在儘管右派還沒有「摘帽」，但單位還有幾個人願意跟父親說話。可武鬥宣傳隊結束後，所有的形勢更加複雜了。父親說，他有時坐在單位樂池裡，人們在他前面走來走去，卻當他是一根木樁，視而不見，最多拿眼角瞟他一眼。也是，人家說什麼呢？因每個人都要避嫌，不知道「你是不是反革命」，萬一被你連累了怎麼辦？

二〇二〇年六月（據父親《我的回憶錄》整理）

注：何志東、張顯堯均為「烈士」名字。父親曾整理過何志東、張顯堯、孔凡培等三個「烈士」的人頭材料及二〇六團（宜賓地區東風礦區民兵團）七連做群眾工作的材料，後來交給二〇六團部政宣組。當年所宣傳的基本觀點是：「對武裝支瀘的態度，是考驗一個人是真革命還是假革命的試金石和分水嶺。」）

紙月亮

今天是十月三日，我舅舅的祭日。

他死了整整十三年了。

重慶陰天多。每年這個時候，也就是中秋節前後，他都會用一張白紙（或一張空白的信箋紙），剪下一個月亮，貼在窗戶上代替月亮。

因為他是一個人住，獨身。而他最愛的就是親人。

舅舅住的地方叫金剛塔巷。那是位於重慶市中心，有著三百餘步石階梯坎高處的一條極其古老、狹窄、陰暗的巷道。那裡的兩排居民閣樓大都是木磚建築，有些已經傾斜，生鏽，早被定為危房。但是從來沒有人來修。低矮的兩三層閣樓都已經很舊了，且擁擠在一起，中間的距離大概只有三公尺。南方很多人家涼衣服，就直接將竹竿搭到對面人家的窗臺上。站在視窗，也可以很容易地就看到別人家窗戶內的事情。整個巷子縱深看起來，幾乎就像我們時常在山林峽谷中看到的那種「一線天」的地形。

屋子在金剛塔巷五十二號的三樓上，樓梯盤旋向上，所有的木板都已經腐朽晃動了。我每次上樓都覺得樓板要垮掉。不過從屋子眺望窗外，可以看見水塔、長江和遠山，以及半個重慶山上覆蓋著的，別人家像補丁一般錯落的屋頂。不時有成群的鴿子飛過天空，鴿笛發出類似空襲警報似的尖叫。

我有一次去，偶然看見那窗戶上貼的圓形紙的時候，不知道是什麼，於是伸手去揭。但是被他制止了。他說那是月亮。是滿月。我笑了。

舅舅是個什麼人？這說來就話長了，故事太多。就撿短的說吧。

他是浙江大戶人家公子，少年得意於鄉里，揮霍青春。民國戰亂，天下沸騰。他曾為逃婚當兵、流浪、嫖妓、冒險、又冒著日本飛機的轟炸，和幾十個紈絝子弟一起徒步走去陝西參軍。路上死的死，散的散，堅持到最後入了黃埔軍校的只有幾個人。他參加過抗戰和內戰，尤其是淮海戰役：那一年在徐州恐怖的戰壕中，國民黨軍防線大潰敗，他從幾十萬屍體堆中爬出來；他殺過很多敵人，也當過戰俘、蹲過集中營、也曾官至中將。他年輕英俊時，去參加個舞會就會有美人朝他口袋裡塞紙條。他還販賣過鴉片和黃金。後來又經歷土改、一打三反、三反五反、四清、大躍進、六〇年代和災荒年……經歷過家人的自殺、自己的自殺和陌生人的各種離奇的死。其中的事就太多了，不能細說。他甚至還當過糖果廠的會計和工人。在共產主義社會的感召下，為了一塊「國家與人民的糖」，他居然能追趕一個餓得偷吃糖果的工人，一直追到女廁所裡，掰開別人的嘴，生生地把已經化了一半的糖果再扣出來。然後兩人一起抱頭大哭。他喜歡抽煙，葉子煙；喜歡喝極濃的沱茶；喜歡吃緊實的、管飽經餓的東西，譬如月餅。這也許來自大饑荒時期的習慣，他似乎從來就沒吃飽過。他還得過半輩子的肺結核，但一直不斷地抽煙，結果後來肺就鈣化了，也就是好了。

這些是我出生之前的事。聽著像是演義。

對我，舅舅自然是無微不至，百依百順，細膩得驚人。

我一生下來的時候，就看見他的身體很瘦，而且後來越來越瘦，皮包骨頭。他每天在閣樓上自己燒水洗澡，把開水倒在一個大木盆裡，然後關上所有窗子，並拉上一個簾子。他擦洗身體的時候，總是發出讓人心疼的呻吟。他每天都必須洗澡，梳頭和整理房間，哪怕不吃飯。而每頓飯他肯定一吃就兩碗，哪怕在他生病的時候。

他從來不會因身體虛弱而表現出什麼不滿。

我一去他那裡，他就給我做回鍋肉，因為他知道我從小愛吃這菜。他的屋子裡掛著我外公的遺像，也掛著我外祖母的照片。舅舅一生最愛戰爭與美人，所以他屋裡的照片是一個大雜燴：有浙江親戚、我母親和我的照片，還有香港美人掛曆、孫中山、費雯麗和他早年初戀情人的照片……那些照片都被他鑲了鏡框，掛滿了四面牆壁。牆壁已經舊得發黑，這是被油煙與煤煙熏的——由於樓道裡只能用最古老的土灶升火，燒煤煮飯，維持生活，所以整個樓道和屋子裡還充滿了幾乎讓人窒息的煤氣味。我總說他不懂音樂，因為他一輩子只會唱一首歌，就是電影〈魂斷藍橋〉裡那首插曲。老掉牙的好萊塢影片是他們那一代民國人物的核心記憶。他不懂音樂，而我不懂人生。

八〇年代的舅舅，完全陷入一種烈士暮年的巨大孤獨。

衰老開始進攻他的皮膚，耳膜和氣管。他處與半聾的狀態。對他說話要大聲喊叫，這導致幾乎沒人願意陪他說話。他的屋子裡幾乎所有抽屜中全部都是藥，有各種藥瓶、藥片和酒精棉花，還有能夠自己注射的針管。他的櫃子上放滿了他一日也不能離開的葉子煙。所以嗆人的煙味和煤氣混淆在一起，更加刺激著他孤獨的肺。但是他絲毫也不在意。樓道裡沒有廁所，只有一個端口開放的、骯髒的下水道。真正的公共廁所要走很遠，到金剛塔巷的另外一邊。舅舅這時已經患有關節炎，上下樓梯很吃力，所以只好在家中用痰盂大小便。他每天都很自然地早晚解一次，保證自己的新陳代謝，然後倒入下水道裡沖走。

舅舅每個月上街去買米，是他最大的浩劫，當然也是一種運動。因他必須爬那三百多級石梯。米無法買太多，否則爬石梯就太重，一次只好買五斤，而且他拄著拐棍也得每走一段，就站下來歇一口氣。為了盡量不下樓，他只好在幾天內連續買好幾次米，直到把米缸注滿為止。除非我母親或我來幫他買。他的雙腿日趨乾枯，無力，好像皮影戲中支撐將軍的木棍。但他不允許任何人幫他做家務事，包括去銀行取錢。結果有一次他自己去取的時候，剛從銀行出來，背包就被一個閃電一樣出現的青年搶了。那人見他是老人，走路已經如此吃力，顯然是看準了的。他雖大喊幾聲，但卻無法跑起來。大街上的人誰也不會管這種閒事。於是，這個曾少年鬥毆，曾在戰爭中馳騁沙場，殺人不眨眼的英雄，竟無法對付衰老的襲擊。

他只好看著那青年獨自跑遠。

從五〇年代初開始，我舅舅就不斷地給所有人寫信。包括他的初戀情人。據說她是大家閨秀，一個江南戲曲文學家的後代。由於戰爭的陰錯陽差，她卻跟他最要好的朋友、結拜兄弟結婚了，而在婚禮中，他們曾最後有過一次長達三分鐘的親吻。後來內戰大失敗，那朋友隨軍去了臺灣，丟下女子一人。而改朝換代後的大環境讓舅舅也無法重新恢復愛的途徑。他只能不斷給所愛的人寫信。他給她的信之數量在文革時期達到頂峰——但他一封也沒有發出去。

信多得堆成好幾打，塞在衣櫃裡。完全是一個癡狂的情種。

他不寄，是怕打擾人家的生活，也是怕自己的身分連累人家。

（這讓人很自然地想起馬奎斯小說中那個「沒有人給他寫信的上校」以及很多年都難以倒馬桶的老人。）

他有時與一些老朋友通信時用掛號。那時候，中國人的掛號信必須用圖章，所以郵遞員在樓下叫他，他就必須下樓蓋章。後來他實在無法在郵遞員等待的耐心時間之內迅速下樓，於是準備了一個小竹籃子，將圖章放在籃子中，然後用一根繩子拴住籃子，從三樓窗口垂直下放到樓下巷道裡。郵遞員替他蓋章後，將圖章與信件放在籃子中，他再拉上來。

這成為金剛塔巷的一道人盡皆知的風景。

舅舅幾乎有潔癖。他從不讓屋子裡有灰塵。即使極其貧困，他每天睡覺也要戴睡帽，保持白髮不亂，而且早晨起來時，必定認真梳理頭髮。這是保持了一輩子的大家公子的派頭。八〇年代時，他去訂做兩套西服。訂做時，裁縫收錢很便宜，但太便宜的西服他是瞧不起的，於是「強行」要求那裁縫按照他所記憶的民國時期的定價收費。裁縫自然是莫名其妙。

後來有了一臺十二吋黑白電視機，他就每天看電視。

當然，他主要看戰爭片。但戰爭片往往都是宣傳片，很多片子裡面把當初國民黨軍隊拍得極其醜化，國民黨人和軍人全部成了壞人、叛徒、漢奸或滑稽的小人。他看著看著，往往拍案而起，把桌上的煙缸和茶杯一摔，高聲吼道：「媽的個屄，簡直胡說八道。」

小時候在重慶，我幾乎每周末都去他那裡住一晚上。

半夜，我睡著的時候，經常蹬被子。而且我的覺極其輕，只要周圍有一點響動，我就驚醒。但是舅舅晚上咳嗽不斷，我卻毫無反應。大概是從小就習慣了他的聲音。每次，我都在他大聲的咳嗽與吐痰中昏昏入睡。不過他的心中全都是對我的關心——每次都在午夜時起來給我蓋被子。我知道他來了，悄悄蓋好，又走了，還謹慎地回頭看看我的反應，深怕把我驚醒。他是我一生遇到的唯一一個在半夜睡著了都不斷關心我的人。無論我多大，無論何時，只要我和他睡在一間屋子裡，他就會半夜起來給我蓋被子，其慈愛超過了我所遇到的所有女人和朋友，也超過了父母、妻子和我自己。

但他從未要求我做過任何一件事，哪怕是給他倒杯茶。

這個當初的所謂「歷史反革命」，其實是我靈魂中最親切的男性，是我精神的亞父。我若能趕上他鐵骨柔腸的萬分之一，我就生而無愧。因為他是我見過的最無私的一個人，幾乎把自己所有的精力、財物和時間無償地給了每一個家人和朋友。甚至別人送的一瓶咖啡、一包餅乾、一點不值錢的營養品，他都會不厭其煩地跑去郵局，寄給遠方的親戚。而一家人在同一個飯桌上吃飯時，他永遠都在吃昨日的剩菜。

我若不讓他在這裡永恆，我便是罪人。

九〇年代中，舅舅風燭殘年，貧病交加，又回到了浙江老家。他住在大家族祠堂漏風的屋子裡，家徒四壁。少年的奢華生活，上個朝代的遺民和準貴族，早已是無人理睬的老人。而當年他逃婚的那個女人卻認出了他，忽然出現，送給了他一包雞蛋和五塊錢。但他卻認不出那是誰。想不起來了。過了很久才想起，原來是她。因為他們當初在所謂的新婚之夜，面對面的時間只有撩開紅蓋頭的幾秒鐘。據說我舅舅逃婚當兵後，她卻獨自守活寡，惦記了他一輩子，終生未嫁。

今天是十月三日，我舅舅的祭日。

他死了整整十三年了。他最終也沒有如早年所願，死在戰場，馬革裹屍，而是死在醫院裡。但他依然是我心中唯一的、祕密的英雄烈士。今夜，我為他焚香祭奠。我打開一扇窗，秋風吹過來，好像我又回到重慶，走進了金剛塔巷的石板路，走上閣樓，看見他坐在椅子上抽煙。看到我好奇地去揭那窗戶上的紙月亮。他依舊會伸手阻止我。他繼續說：滿月，就是代表大團圓。我能感受到他手上的老繭和溫度。那是從小就給我洗澡的熟悉的老繭和熟悉的溫度。

我想，那紙做的月亮，沒有運行和月食，就始終會是圓的。而且也正因為沒有雲朵，於是它也就比任何的月亮都要皎潔，永遠都不會被遮蔽。

二〇〇八年十月

卓如

——〈紙月亮〉續一

民國三〇年代末，在浙江瑞安中學，有一枝校花。據說她是當時瑞安最耀眼的美人，是那片山水中最幽雅的蜃景。她叫洪卓如。卓如太美，太傷感，但離我又太遠，難以追憶。我一般都是聽家人說起。說她是大家閨秀，少女時代就很時髦，卷髮齊肩，豔服多變。她家裡為她訂做了無數件旗袍、絲綢裙和歐式外套，容她每天更換。在瑞安古樸的小橋流水，和布滿青苔的祠堂前，她卻恍若舊上海的明星，走過校園時，常引起一片噓噓之聲，引起一陣陣騷動。還說卓如善女紅，兼修書畫，家學淵源，聰穎可人，是全校男生角逐的焦點，瑞安少年們的一個夢，她的姿色讓所有人眩暈。

當時追她的人不少，而我舅舅是她的第一個戀人。

洪卓如出身的確是書香門第，她祖父，即晚清江浙一帶頗有名的文學家、詩人和戲曲家洪炳文（一八四八～一九一八）。洪家宅院裡種有楝樹，所以洪炳文曾雅號楝園、又號祈黃樓主人、悲秋散人、花信樓主人等。此人著有昆曲劇本《懸嶴猿》、《芙蓉孽》、《後南柯》等三十六部，以及《花信樓駢文》、《花信樓詩詞》、《瑞安志拾遺》和《東甌采風》等書，並曾應柳亞子之邀入南社。我們在《晚清文學叢抄》中能看見他的身影。洪炳文還是中國第一代科幻小說家，用文言寫有《月球遊》與《電球遊》等類似凡爾納的科幻小說，且是晚清中國劇本數量最多的一個戲劇家，一直被埋沒，於一九一八年才去世。洪炳文之所以叫花信樓主人，是因為洪家居所就叫花信樓。樓高二層，坐西朝東，雕梁畫棟，有天井、圍牆和後花園，幽雅寂靜，胭脂、花粉和書香在院落裡渾然飄浮。

卓如自幼年起，就在花信樓裡生活、玩耍、戀愛、讀書。

我想，她不一定認識她的祖父。但她一定受到了詩書家風之影響。第一次見到「卓如」之名，我就在想，為何會與晚清思想家梁啟超（字卓如）巧合？或許是其崇尚維新的父輩故意為之，以期待其雖為女兒，卻不讓鬚眉？也未可知。而卓如自己卻並沒有想到，她的一生會永遠住在這花信樓裡，直到去世。

民國前後的江南中國新女性，大約是最有意思的。自秋瑾開始，如張愛玲、林徽因、陸小曼、盧隱、凌淑華、蕭紅、王映霞、阮玲玉、蝴蝶、周旋乃至於宋氏三姐妹和李雲鶴（江青）等，對於近代中國女性的覺醒，都有著奇妙的影響。那時候的新女性所面對的壓力、輿論和文化矛盾也比現在複雜很多。能真正走出來的，哪怕是斷頭的女烈士，其實都算是幸運者。

民間那些雖渴望走出來，卻不得不被時代、家族和命運的恐怖消滅的女性，才真是可憐人。

卓如就是這樣一個女人。她也渴望走出來，但沒有機會。

作為花信樓主人這位著名戲劇家的嫡孫女，她和我舅舅，以及一些同學，經常一起在學校的抗日流動宣傳隊裡表演「文明戲」。即走街竄巷，演出自己編排的那種小戲劇。卓如和我舅舅由於都相貌出眾，屬於俊男靚女型的，於是都成了臺柱子，小角兒。他們陷入初戀。

我們今天說起來像神話的那種愛情，在他們那代人中的確發生過很多。後來就是到了大饑荒和文革中最殘酷的時期，我舅舅在心中呼喚得最多的名字，也還是卓如。因為自那之後，這個滿是雄心的少年就再也沒有真正追求過第二個女人。她是我舅舅心理上最致命的情結。

最初，十七歲的舅舅一直認為只有自己能獲得卓如的愛情。因為他們門當戶對，都是大家族的後裔。我舅舅姓謝，本是謝家長孫，寫入族譜第一行。他每天打扮著自己、梳頭、刮臉、灑香水，任何時候都保持著謝家闊少的風度，花錢如流水，希望能引起卓如的注意。可正當他和卓如初戀時，他父親卻遵照傳統家規，也給他相了一門親。於是他決定逃婚。

正巧那一年，日本人的戰爭越來越緊張。江南各地區都迅速變成前線。我舅舅就和他的髮小，最鐵的哥們之一金某，一起約好去了西安黃埔軍校參軍。金也是卓如的追求者之一。參軍是逃婚的最好藉口。逃婚前，我舅舅告訴卓如：等他回來娶她。

不久，他們就都拋棄了整個家族上路了。當時瑞安一帶很多人都想去從軍報國，包括地主的兒子。對戰爭有點想當然。他們一行人自金華出發，大約有一百多號，群情激昂，勢如破竹地走出了浙江。路上的景色自然異常風光，中國大地似乎從來沒有如此誘人。不過剛進入江西，問題就來了。有一部分人有點吃不消了。原來這群從瑞安出發的年輕人其實是一群少爺兵，有很大一部分都是富家子弟。他們除了帶著乾糧，錢和換洗衣物，甚至還帶著電唱機、懷錶、香水和閒書。有些人走著走著，居然還想去坐火車。其實當時日本軍隊已經切斷了江南大部分鐵路。他們不得不越過封鎖區、有零星戰役的城鎮和窮山惡水的省分，路途極其艱苦。上邊不時還有日本人的飛機在掃射，有一些人害怕了。到湖南的時候，他們發現少了十幾個人，無疑是打道回府了。但我舅舅與金某等人堅持到了最後。他們將唱機、影集、唱片等逐一丟棄，輕裝前進。

大約有三個月餘的時間，繞道江蘇、江西、湖南、湖北、四川等省、有時還在一個地方來回盤旋躲避日本軍隊，在兩邊交戰軍隊的夾縫裡穿行，步行了四千多里路，他們終於到了陝西西安邊的王曲。

一路上，整個隊伍陸續有人撤離，或失蹤，或回家，還有幾個被轟炸的日本飛機打死。少爺兵步行到達西安的最後僅剩下十來個人。

黃埔軍校的王曲分校建在秦嶺山脈的主峰——終南山下，位於湘子河畔。這裡有最隱祕的原始森林，自古為佛教與道家眾多隱士所在。王曲的自然條件是很艱苦的，居住者必須適應那裡詭異的天氣和陰森荒涼。這也正好是對軍人的考驗。緊接著，他們開始了一場驚人的鐵血軍事訓練。當時國民黨黃埔軍校的集訓方式是很殘酷的，接近純粹的法西斯主義，一切都是按照人能接受的極限超強壓力來要求的。

他們從吃飯、睡覺、坐姿站勢到操練的速度和實彈射擊，都有嚴格的標準和須服從絕對的命令。他們打赤腳、睡地鋪、穿草鞋、吃雜糧殘羹；他們修築道路、上山砍柴、行軍、野營、種菜、養豬、餐風飲露、縫補拆洗；至於在烈日下暴曬，大雨中長跑和雪地裡匍匐前進，更是每日課程。訓練主要是針對肉體的，抗氣候折磨、抗擊打力、抗疲勞、抗饑餓等等。如果你犯了錯誤，還有加倍的體罰和禁閉。少爺兵們很多都受不了了，紛紛被開除或遣回。

鐵血與艱苦使我舅舅和金某的感情更緊密，更深入骨髓。

他們每天五點起床，晚上十點睡覺，整個一天基本都是肉體的加速度。唯一的休息，就是洗澡。我舅舅很愛洗澡，在這一點上，他自始自終都是一個準貴族。在瑞安，從小就有僕人給他燒好熱水，倒在大木盆裡。他浸泡的時候，還有僕人專門給他搓背。而軍校洗澡就全是冷水浴，從頭到腳一沖，主要是乾淨。乾淨是第一位的，就是後來在六〇年代最艱苦的日子裡，哪怕饑餓得頭暈目眩，他也要洗澡。

據說，從黃埔軍校走出去的軍人，一眼就能看出來。這種鐵血軍事訓練留下的氣質，一生都揮之不去。

西安離中共軍隊所在的陝北很近，但蔣介石卻能在那裡統軍指揮，一邊抵禦日軍大舉進攻，一邊還封鎖共軍，使其不敢輕易越雷池一步。在這裡，不少人還第一次，也是一生中僅有的一次，接受了意識型態的教育：即三民主義。一九三九年十二月的一天，蔣介石來了。他是來巡視演講的。全體學生集合操場，刺刀與軍帽密密麻麻，交相輝映。

我舅舅說，他當時第一次見到這個領袖時，也很激動。說蔣的目光閃耀如尖刀，咄咄逼人，仍然是當年反清刺客的氣質。那天，蔣談到了西北的重要性，談到了秦穆公與漢高祖因之而得天下，談到了三民主義，消滅倭寇以及復興華夏，也談到了附近的「共匪」。由於黃埔校長蔣介石的反共政策，加上很多鄉野赤色分子的盲目和土氣，他們一直是士官生們的笑料。為了配合抗戰，中共當時將自己的軍隊暫時編入了國民黨軍隊體系，即國民黨第八路軍。他們進入正規軍後，與黃埔士官生相比，農民的形象十分明顯。前者大多言行粗俗、文盲多、不講衛生、身上還有蝨子，而且動輒談「革命」，好像清朝是他們推翻的。而留洋或出身富豪的國民黨軍官們也從來沒有瞧得起他們。「土八路」連抽水馬桶都不認識。軍官們總是這樣嘲笑。

一九四一年，他們畢業了。我舅舅立刻就任杜律明第五軍第十九補充兵訓練團少尉，後來是中校。但他只想著一定要盡快奮鬥到將軍，然後回瑞安，向卓如求婚。

但是這一切談何容易？一九四五年之後，他的人生又一次改變了。

一九四五年初，連浙江瑞安的人也都聞到了日本即將投降的氣味。

有一天卓如在當街，躲藏在一個牆洞裡，等待空襲警報過去再鑽出來。日本投降之前，這種散亂的空襲很多，但都時間不長，已是強弩之末了。空襲很快就過去了。飛機剛飛走後不久，瑞安大街的另一邊，忽然出現了一個背著槍的叫花子兵，衣衫襤褸，渾身都是泥土，頭髮長得到了背心。那叫花子看見洪卓如從牆洞裡出來，突然站住了，接著淚如雨下，輕聲喊她。

卓如沒有認出面前這個乞丐大兵。

她詫異地看著他，好半天才認出來，是金某。

金某告訴他，他和我舅舅分到不同的部隊，我舅舅被派到陝西去了。他自己則派到中國遠征軍，去了緬甸和日本人打仗。那一年中國遠征軍在印度支那死亡慘烈，仗打得實在太苦了。他是沿著中印公路一路要飯走回來的。

望著金從一個富家子弟變成了一個乞丐，又瘦又髒，卓如很難過。她立刻隨著金回家。家人見他回來，不禁狂喜。僕人立刻給他裡外更衣，進餐，沐浴，剪頭修臉……所有的髒衣服都拿到廚房去一把火燒掉了，只留下國民黨部隊的證件。卓如就站在院子裡等，她一邊擺弄著天井裡的盆花，一邊想著有好多話要問金。過了不一會兒，秀氣的金家公子再次出現在堂屋裡了。除了消瘦以外，重新打扮後的金身上幾乎沒有什麼戰爭的痕跡。

卓如靜靜地看著他，有時微笑一下，有時又顯得很憂鬱。她可能在想我舅舅為什麼還不回來。這時，金則再也無法控制自己的感情，他衝到院子裡，將卓如緊緊地抱在懷裡。

這一過程不是很確實，不過我想大概這就是卓如最後嫁給金某的原因。

因為那時候，我舅舅還在陝西。等他聽說金與卓如要結婚時，已經晚了。但是他們結婚那天，我舅舅還是出現在了金家的大門前。他穿著高檔的灰色西服，繫著一條優雅的黑色暗花德國領帶，頭髮梳理得齊如密林，皮鞋，懷錶，手絹，都是用的最好的，而且異常乾淨。他帶著幾根金條，並讓一個僕人抬著一箱禮物。最重要的是，他還在笑。

酒席間，我舅舅突然對金某說：卓如是我讓給你的。我只有一個要求，你們結婚的時候，我要吻新娘。

金說：好，但只能吻一次。卓如，你同意嗎？

卓如這時低下了頭，抑制著自己，絕不哭出來。

不說話就是默認了。我舅舅說。忽然，他衝到卓如面前，將她抱在懷裡，深深地親吻下去。

這是一個相當真實的吻，卓如沒有迴避。所有人都驚呆了。

金說只能吻一次，但是並沒有說吻多久。於是我舅舅幾乎將整個心靈都融化在這個長吻之中。他盡量地拖延這個親吻。這個吻實在太長了，據說有將近三分鐘左右。所有的人，包括金，都在旁邊乾看著，沒有說話。而且當時有些老人顯然等得不耐煩了，可又不能出聲。他們就這樣長吻著，現在說起來簡直讓人覺得很荒誕，不可信。而且，這個吻的意義還長過了人們的想像，因為我舅舅為它付出了一生的代價：後來淮海戰役（徐蚌會戰）全線大崩潰、在徐州，國民黨幾百萬官兵變成了屍體。我舅舅從屍山中爬出來，逃亡、被俘、然後又進了山東俘虜營，遣返回鄉後又歷經了鎮反的恐怖、家族與親人之死的悲慘，度過了災荒年的大饑餓和血腥的文革……這些都是表象。骨子裡，他幾乎就依靠著對這個吻的記憶生活了一輩子。他總是在我們面前絮叨這件事。卓如的影子像是內戰中的彈片一樣，嵌進了他的生命中，無法溶解，無法異化，一直到他燒成灰時，她都是完美的。

我舅舅、洪卓如和金，都是真存在過的人物。有一次我在互聯網上一搜《瑞安中學師生名錄》，居然他們幾個都在。

我看了看他們入學的日期，那是一九四〇年的春天。

九年後，他們三個人天各一方。金某在內戰的大混亂中，不得不隨敗退的國民黨部隊渡海去了臺灣，而新婚不久的洪卓如則被永遠遺棄在大陸。

舅舅晚年大部分在重慶度過。上世紀八〇年代後，我長駐北京。偶爾回重慶，就仍然住在舅舅家。那是我在重慶唯一的落腳點。那時的舅舅老了，耳朵基本失聰，關節炎也日益加重，枯瘦如柴。他每天坐在桌子邊上抽葉子煙，什麼話也不說。他覺得一旦說話，別人就得回答他，而他又聽不見，徒增煩惱。不如沉默算了。打過仗的人耳朵都不太好，據說是大炮震聾的。他的桌子上總放著一打紙。他會指著對來的人講：要說什麼，寫下來吧。他的屋子裡光線越來越黑，東西越來越舊。咳嗽、吐痰和葉子煙味到處彌漫。所有的櫃子、鏡子與抽屜都好像是來自一個陌生的舊時代，腐朽而陰鬱。他在不斷地寫信，給浙江老家的親戚或給卓如。但給卓如的信他從來不敢寄。解放了，我舅舅稱之為「換旗了」。換旗之後大家都混得不好，見面沒有意義。

唯一不變的是舅舅的習慣：每天早晨必梳頭，屋子裡窗明几淨。

一九九三年汪辜會談之後，兩岸的關係更加密切了。夏天，我因拍紀錄片到重慶後，做了一集叫〈餘黨〉的片子。其中的主角就是我舅舅。當我帶著一個臺灣來的攝影師走上舅舅搖晃狹窄的危房閣樓時，他震驚了。因為我舅舅是國民黨，一聽說攝影師是臺灣來的，突然顯示出一種我從未見過的熱忱和激動。他說：臺灣來的，那就是我的親人。我是老黃埔了，我死了以後不找馬克思，只找孫中山。自一九四九年以後，在大陸人的眼裡，臺灣就意味著國民黨。這回舅舅他算是「找到組織」了。

我記得從來沒有看到他如此高興過，興奮過，好像是兩個人。不久之後，該片在臺灣播出，產生了一些影響。更一件想不到的事發生了：有一天，我舅舅忽然接到在臺灣的金某來信，說：我在電視上看到你了，我們都看見了。沒想到四十多年後，我們居然還能見面，簡直是奇蹟。

金某這時已是臺灣退休高官。他們約好秋天在浙江聚會。

一九九三年秋天的浙江之行，是我舅舅一生最後的快樂。他去的時候專門訂做了一身白色西服。以至於浙江人以為他才是從臺灣回來的。

當然，我舅舅最想回去看的一個人是洪卓如。

大家都是四十三年沒見了。金某在臺也已經再婚多年。卓如也再婚了。按照現代的婚姻法來說，他們倆實際上都算是「重婚」，因為金當年並沒有正式離婚，就匆忙隨國民黨軍隊退到了臺灣，且再也無法回來。只有我舅舅一生獨身。而洪卓如呢，她竟然就一直居住在洪家的花信樓裡。五〇年代以後，迫於大陸的動盪和政治氣候，不得已，她下嫁給了一個當地的工人，過起了一個普通家庭婦女的生活。我猜她大概是想找一個保護傘。因為她畢竟屬於「資產階級和封建家庭」的小姐。她若想安全地活著，只好依賴那些根正苗紅的無產階級。誰也不知道這個大家閨秀內心的苦楚。舊時王謝堂前燕，飛入尋常百姓家。

大家很想見面。而真見面了，卻忽然又不知該說什麼了。太多的話自然和往事會導致失語。我舅舅、金與洪，三人的出身很類似，但後來卻過著天壤之別的日子。那一年，故鄉的人看見我舅舅和金某都忽然回來了，好像看見了兩個往事的幽靈，兩個外星人，或兩團歲月的舊火。

卓如早已人老珠黃了，大家變得陌生了。

金某回臺灣後，又過了兩年，我舅舅就說要回浙江等死。

一九九五年九月，他離開重慶，重返瑞安平陽坑，住在一個朋友家。他在還給所有外地的親戚寫信，讓大家回去給他「送行」。他感到自己歲月無多。但除了我母親外，誰也沒去。這時的舅舅身體已經完全不行了，疾病深入骨髓，心臟功能衰竭，內循環系統基本失調，不斷吐血，整夜失眠，下肢也開始浮腫到膝蓋以上。為了不太多影響朋友的生活，他搬出了朋友家，竟然去租了一間當初謝家祖屋對面的破房子住——那是一間已經完全傾敗、腐朽、殘破不堪的爛屋子、漏雨、透風、四壁潮濕……當地人傳說：「那屋子誰住進去誰死。」唯一庇護他生命的，是幾塊圍在牆上的塑膠布和編織口袋。

他最後的屋子裡幾乎像一個山洞，在寒風中顯得陰森淒冷。一生的失敗與寂寞此時全部變成了肉體的折磨，噬咬著他的骨、肉、筋、血。只有偶爾的晚霞餘暉，會從那視窗的破洞照射進去，溫暖一下他冰冷的影子。

有些人的晚霞也是黑暗的，苦的，冷的。

我母親到的時候，他的情緒已經極其低落，煩躁。大小便都已經不能自理了。他整天坐在一張破舊的榻椅上，奄奄一息，沉默寡言。若說話，則諷刺所有人，包括正在服侍他的我母親。直到最後他離開。他死於十月二日到三日之間。他說前一天便是換旗的日子，也就是他的末日。他說：這個節日就是我的忌日，是我苦難的開始。我明天走正好。他果然是瞄準了那天死的，而且死時身邊沒人。舅舅死之前，讓我母親把所有屬於卓如的照片、信件和紀念物品等，全都給卓如還回去。這是卓如沒想到的。在我舅舅最後的日子裡，他們之間似乎並無太多來往。而當她再次看到我舅舅過了幾十年又還回來的自己年輕時的照片後，才不禁大慟。她說：在文革中，這些東西連我自己都沒能留下。我太對不起他了。

卓如的事我知道得不多，大概就這些。

她在六、七〇年代究竟遭遇如何，後來做的什麼職業。她一直愛讀書嗎？她是否也和她祖父一樣，寫詩，或許還寫了很多，但從未敢拿出來？她大約是在九〇年代末期去世的，應該也埋在瑞安墓地。為什麼要寫她，我說不清楚。寫她其實就是寫我舅舅。我舅舅的傳奇太多，這裡只寫了一點點。或者是卓如在口碑中有點太美了。聽說連我外祖母也很「嫉妒」她的美貌，說起她的名字，就說念起來簡直就是「紅燒肉」。而卓如的祖父洪炳文，也許更難以想像他的孫女將來會過那樣一種寄人籬下的沒落生活。

在毛澤東時代，一切「前朝遺民」都既像是古人，又像是外星人。

據記載，洪炳文在他去世的一九一八年，或五四運動前不久，曾寫有一篇關於科幻小說的文章，其中寫道：

撰《月球遊》樂府，曾以飛機上升入月球為說，謂世界將來必產一種能出入氧氣之物，人類不需此氣而能生存，如水陸兩棲物類。又能製貯氧氣之氣球，為在飛行時機中人呼吸之輔助。此為理想小說，係未來預擬之事，誠航空極工開新之絕學。此時尚未企及，先事言之，人多不信，莽莽前途，願以俟之來者。

洪炳文可能是第一個幻想登月飛船的中國文人。他期待的似乎是賽先生式的月亮家園。沒想到五十年後，洪炳文的這些預言竟全都應驗了：一九六九年，正當中國的文革進入巔峰期時，地球那一邊的人類終於登上了月球。美國宇航員阿姆斯壯宣稱月亮為全人類所有，自然也包括那些在廣場上揮舞著語錄本，以及在各派紅衛兵戰壕中正舉著槍炮對射的中國人。

而就在那一年前後，在重慶的我舅舅，則把自己民國時期的照片全拿出來撕掉，燒掉。這些照片主要有早年在瑞安的，有穿國民黨軍裝的，戴美式軍帽的，在黃埔軍校時或戰時拍攝的。既然他是「歷史反革命」，這些就是他的罪證。可以說，他上半生最有意義的那些往事見證，全都付諸一炬。因為這時紅衛兵在到處抄家。當然不止是他，那時，只要是屬於可能被抓出來，被批鬥或審查的民國時代的舊照片，都被人們扔進了火裡。但是有一兩張照片，我舅舅死活就沒燒。那就是洪卓如的照片。

他不但沒燒照片，還繼續在給卓如寫信。有時到了中秋，重慶陰天，他就乾脆把寫信的紙剪成一個圓，貼在窗玻璃上，代替月亮。

如果說，卓如的祖父洪炳文，作為一個前清的舊式中國文人，其在科幻小說中對月亮這一傳統中國詩文的典型意象，已經脫離了古詩與戲劇而走向了新時代的西方科學理想，那麼我舅舅貼在窗戶上的紙月亮，則是一個中國人對家族與愛人必將團圓的傳統情感。他們來自同一個故鄉，同一個祠堂邊上。甚至說的都曾是同一種方言。所不同的是，洪炳文把漫遊月亮的幻想寫在了紙上，而我舅舅則直接把寫字的紙貼在了窗戶上，天上。他們都擁有著各自的「紙月亮」。而那被泯滅在歷史中，幾乎完全不為人所知的卓如，則夾在這兩種祕密的紙月亮之間，猶如一個飛過了民國記憶的嫦娥。

二〇〇四～二〇〇九年

蜘蛛記

——〈紙月亮〉續二

前朝夢憶，舅舅風燭殘年時，常無端端地變得很哀傷。這是一種老人對天氣的恐懼。他開始在各地東躲西藏，哪裡暖和去哪裡，以逃避寒氣對關節炎的進攻，就像年輕時在戰壕中躲避炮彈的襲擊。冬天，他便住在廣州我母親處，夏日又返回重慶。但一九九一年冬，他沒動。正好我從京返渝和他住在一起。一天早晨，我剛起來，卻發現他還躺在床上。因要生火燒飯，舅舅素來都會比我起得早。我摸他的手，冰涼；腳，冰涼。他的喉嚨裡發出的不是呼嚕聲，而像是痰堵聲。我喊他，推他，他竟反應全無。我大驚，急忙下樓跑到山下好友FS處，路上還雇了一個租擔架的護工，三人一起將舅舅抬到了醫院。

三天兩夜，我趴在舅舅的床頭守護，沒換衣服，也沒怎麼睡。我只看見他不斷地在咳嗽、吐痰，最後吐的都是綠色的液體。是重慶陰冷的天氣導致了他的急性休克。我給他處理大小便，並抓著他的手，想溫暖他。除非要去廁所，就是吃飯我也不敢離開他的床。但他似乎很不耐煩。終於，他醒了。他看見我說的第一句話，並無任何謝意，而只是冷冷地道：「你為什麼要救我？我早就活夠了。真麻煩。」

我以為他是在說氣話。俗云：「越老越怕死」，誰不想活著呢？但他的絕望是十九歲的我不能理解的。那或許是對大歷史的無奈與棄絕感吧。他的心中充滿了對世界的怨唳，又幾乎從不表達。他的表達就像他的信，都是關愛與思念，從無牢騷。深夜，病床上的舅舅偷偷拔掉了插在鼻子上的氧氣和手上的輸液針頭，還試圖用氧氣瓶上的粗橡皮管子勒死自己。但病痛讓他渾身早無一絲氣力。他把橡皮管子一頭套在自己脖子上，另一頭套在病床的欄杆上，然後來回拉扯。但他怎麼也使不上勁，直到被驚醒的我發現。閻王顯然還不想見他，準備讓他再多活兩三年。

西哲齊克果曾云：「所有人中最不幸的，即那個不會死的人。最幸福的人是出生時即死去的人。」又曾云：「我不怕死。因我在時，它就不在。它在時，我就不在。」

舅舅從不知齊克果。但在試圖自殺時，他會認同這些話嗎？

過去種種譬如昨日死。舅舅不怕死，乃因他正是一個用「過去」生活之人。譬如在企圖自殺之前，他也必然會去思念瑞安謝家祠堂、逃婚與初戀；他也會想起幾年前去世的早年摯友魏祥。他有三個摯友，魏祥是最先死去的。他註定也會想到一九四八年，徐蚌會戰爆發前夕，自己便被安排到了徐州前線。徐州是座小城，也是徐蚌會戰的樞紐。他擔當司令部的警戒、軍部周圍的巡邏、對防禦區火力點與火力網的勘察等。戰役爆發後，他的一生便以難以想像的速度開始了激變。當年冬天，八十萬人與六十萬人的大會戰，形成人頭如草的對峙狀態。徐州防線的戰壕很原始，就是一長串泥土坑，深不透氣，暗無天日。戰壕裡到處是士兵的糞便，垃圾和廢棄的槍支彈藥。部隊移動時，沿途密布彈坑、火焰與屍首。天不助人，那時還開始下起了大雪。雪下了足有半月，天寒地凍，四野全白了。雨雪把整個山野地區變成了泥漿之海。機動車輛和大炮車輪全部深陷入泥濘中，無法前進一步。上峰下令全部燒毀。他們從徐州往蕭永行軍，路上堆滿了燒成黑山一樣的車炮輜重。每天炮火如雨，天已被一股無名之火熏得通紅。在山麓、在隘口、在小道、在壁壘，舅舅拿著機槍掃射，也躲避對方的掃射。死亡近在咫尺。可能他正在死去。他的部隊苦守了二十九天，直到彈盡糧絕。這時，南京派飛機空投糧食、彈藥、罐頭與香煙。可高空投擲食物偏差極大，撒得滿山林都是。能搶到的部隊勉強充饑，搶不到的士兵們只能喝粥歎氣。數十萬大軍靠空投糧彈，畢竟難以維持，於是很多分隊開始殺戰馬。反正馬的飼料也都吃完了，遲早是死。以馬肉充饑是歷代戰爭的傳統。於是到處是馬被宰殺時的嘶鳴慘叫，血流滿山。

舅舅所在部，絕大部分人馬住的是帳篷，掩體的樹林幾乎被戰火燒光，醫藥也用完，傷兵連最基本的藥紗、碘酒都沒有了，只好任憑傷口暴露在山中瘴氣與細菌之中，痛苦不堪。軍醫們束手無策，眼看著重傷者在嚎叫中死去或自殺，輕傷者痛苦與感染日益加重。上峰又命令立刻修築一座臨時機場，並電告南京，速派飛機，接運重傷者到後方醫治。於是，舅舅帶人僅用兩天時間，便修築了一個小型山林機場。在圍困下，這是拯救瀕死傷患的唯一辦法。可剛空運了兩次重傷患，機場就被地毯式轟炸封鎖掩蓋了。飛機根本無法降落。他看著那些傷患最終在絕望、慘叫與火焰中死去。

會戰全線崩潰時，每日黃昏，被前線陣地攻擊強大壓力逼退下來的散兵游勇都很多，他們衣衫破爛，渾身是土與血，汗水與傷口發出惡臭。有些人甚至是爬回來的。倖存的士兵全部坐臥在警戒線周圍。戰壕靠近司令部，此時也堆滿了屍體。一日，舅舅看見一群撤退的官兵正跳進他所在的戰壕。其中有幾個十分眼熟：正是他的摯友金仲民、徐克勤和魏祥三人。三人也看見了他，於是像夢遊一樣跑了過來。大家都明白目前生死未卜，往事與恐怖交織，讓他們緊緊地擁抱在一起。接著連續幾天，他們也都被擱淺在惡臭的戰壕裡。他們的頭盔裡淤積著血漿和汗水，刺得頭皮生疼；棉花從軍服裡暴出來，皮膚越來越癢。最要命的是，因空氣渾濁，死者和傷兵的細菌也開始蔓延，他們的身上開始長瘡。先是手臂、脖子，然後是脊背、大腿和小腿。雖是冬天，細菌流行的速度也沒變慢。很多士兵在傷口劇痛與化膿中翻滾嚎叫。有些實在受不了的，便高呼「領袖萬歲」後開槍自殺了事。

好在四個朋友能在一起，總有一種生死與共的幻覺。沒有酒，臨時待命期間，他們便瘋狂地抽煙作「死亡之餐」。煙還剩下最後一根，幾個人也一人一口，直抽到煙頭燙手，最後還用火柴棍夾著煙蒂抽。但這次聚會也很短暫。金、許、魏都相繼接到歸隊命令，向各自的部隊靠攏去了。最後一日，舅舅身邊的電話響了，司令親自打來的。他要求警戒區只准出，不許進。

舅舅必須在軍部撤退後，再自行突圍。就在那些著名的漆黑之夜中的某一夜，舅舅的部隊終於離開戰壕，朝蚌埠方向突圍而去。那時包圍圈已縮到很小，漫山遍野都是敵人。他們摸了一夜，也沒發現出口。幾個官兵見大勢已去，在他身邊陸續飲彈自盡。有些年輕的士兵嚇得大哭。差不多走到凌晨，疲憊不堪的舅舅卻發現只剩下自己和另外一兩個人，其他士兵全都失散了，跑光了。透過熹微的晨光，他自己正在翻越一堆堆的屍體。空氣裡散發著腐爛與血漿的惡臭，被炸開的骨肉像奇怪的植物般填滿了溝壑。

頭頂上，朝霞陰鬱，如一條巨大的鯊魚游過民國的天空。

一切都完了。舅舅想。也許就如他後來躺在病床上想的一樣。他走到了一塊岩石下，挖開土，將自己的證件和檔掩埋起來。然後決定開槍自殺。

這並不是他的第一次死。蒼天保佑，也不是最後一次。

槍口杵在他太陽穴上頂很久，留下一個深深的圓印。他思來想去，最終也沒開槍。這是因對父母的牽掛，對卓如的思念，對家族的責任，還是怯懦與求生本能？是什麼念頭讓他甘願去承受後半生的疾苦？舅舅生前，我沒機會問他。我只知道，他最後是將手槍拆散，零件與子彈分開丟棄掉；又將身上的照片全部燒毀，僅留下一張地圖和一枚指南針，以防逃亡之需。最後，他還將兜裡的三枚金戒指，全部拉成直條，再插入棉衣下擺的縫隙裡。這是他的救命稻草。敵軍圍困千萬重。天又開始下雪了，舅舅成了戰俘。

會戰時期，命賤如泥。倖存的戰俘們則先被押解到山東泰安的一個村子裡，畫地為牢，進行了四個多月的「教育」。戰俘可在村內活動，但村子四周全是哨所和地雷，不許踏出半步。這期間，舅舅斷絕了一切音信，誰也不知他在哪裡，死了沒有。他幾乎算是「死了」。這場會戰有幾十萬戰俘，來自中國各個地方。他們被集中到一個營地，四周有持衝鋒槍的士兵看守。樹林裡到處是蟲蛇，山林衛生環境等於零。無法治病，當然更無法洗澡。戰壕之瘡潰爛得更厲害了。潮濕與瘟疫讓很多人就地倒下。突圍時，所有人都只有隨身衣服，無法換洗，晚上也沒有被子。舅舅被勒令住在一個農家的灶炕前，地上是鋪的稻草，「枕頭」是一段木頭。他只好將棉衣與棉褲扣在一起，晚上當棉被，白天再拆開當衣服。俘虜的食物則是少量的雜糧菜湯。舅舅每天都覺得渾身滾燙，嘴唇發青，腿上的瘡口和全身關節疼得鑽心。一群群被俘官兵密密麻麻地或坐在地上，或躺在角落裡，灰塵漫天，前途未卜，隨時可能被槍斃。

幾個月中，夜長夢多與瘡口疼痛，皆常令舅舅無法入睡。一日深夜，在農家牆上，他忽然見有一隻紅棗大小的蜘蛛爬過。早聽說蜘蛛血液有酸毒，這使他靈機一動。他走到牆邊，猛地伸手抓住了那蜘蛛。他和蜘蛛對視了一陣，那惡魔似的臉、枝形吊燈般的八隻腳和赤黑斑斕的身體，有點讓人毛骨悚然。他將蜘蛛掙扎的腿扳斷，捏著牠，像捏著一個葡萄一般，將其用力擠死。蜘蛛毒液流了一手。舅舅也不猶豫，便將毒液全抹在了小腿的疥瘡上。

這幾乎是一種自殘行為。第二天，疥瘡便迅速化膿了。瘡口擴張得很大，像一個嬰孩的嘴，發出刺鼻的氣味。

集體席地而坐聽「教育」時，舅舅向看守者彙報，並露出潰爛的傷口，說：這是自己在被抓壯丁之前得的傳染病，很容易傳染別人，必須用「606」針藥才能夠醫治。如果治不了，極有可能傳染給別人。他料定當地沒有這種昂貴的針藥。

果然，幾天之後，舅舅便和另外九個有各種「怪病」的小兵一起被遣回原籍。這也是戰俘營第一次釋放犯人。他們僅僅步行了兩天的時間，就到了揚州。被釋放遣返的時候，戰爭還未結束，有些地方還有零星戰役。一行人本打算從揚州過鎮江。但鎮江尚未攻陷。為防止俘虜們再跑去參戰，於是又押著他們改路往南京。快到南京下關車站時，押解者才離開。此時，舅舅已髒得像一個豬玀叫花子，身上又是病，又是瘡，幻滅與痛苦將他完全裹在歷史的蠶繭裡，不得抽絲。那段時間，大撤退前人心惶惶，南京大街上頭到處都是傷兵和被遣返的俘虜，受人歧視，也沒人在意。黃埔軍人在失敗後不殺身成仁，也是不會被輕易理解的。他本想先回瑞安，於是就在下關車站的椅子上蜷縮了一夜。但輾轉一宿，戰敗者「無顏見江東父老」和「不成功，則成仁」的觀念，始終又揮之不去。天還沒亮，舅舅便又從椅子上爬起來。他從破爛骯髒的棉衣下擺裡，抽出金戒指，去附近當鋪兌換了最後一點錢，買了一張去上海的火車票。他前腳剛一走，對岸的軍隊便開始渡江攻城了。

上海還未開戰。舅舅決定去魏祥家碰個運氣。在戰壕中時，魏祥曾告訴他，自己要被調到上海部隊。於是他來到了魏祥家的寓所。魏家是大戶人家，很氣派，有獨立的宅院。敲門時，僕人還以為是要飯的，不給他開。舅舅便衝到樓下，大喊魏祥的名字。瞬間，從窗口上便探出了魏祥的腦袋。見老友忽至，他立刻衝下樓，兩人長久地擁抱。然後，魏祥立刻安排他洗澡、進餐，內外衣服、髒鞋包括襪子也全部扔掉，並拿出剛買的一套西服給舅舅換上。待梳洗一新後，根本看不出他是從前線下來的人。接著，魏又請來一個醫生，開藥治舅舅的高燒與瘡毒。兩人徹夜長談，述說別後的情況。特殊年代，軍人間的友誼亦多莫逆之交。一起出生入死過的人，有一種愜意的默契和深入骨髓之忠義情結，難以為外人道。總之，舅舅在魏祥家盤桓了數日，等到蜘蛛血的感染和疥瘡基本康復了，才決定動身離開。這時，由上海到溫州的海航線已因戰爭完全中斷。不得已，舅舅只好決定南下廣州，投奔我外公的家。魏祥又給他買了一張去廣州的火車票。

兩人訣別，約定等戰後再相聚。火車開動，魏祥也跟著車輪慢慢地跑起來。揮手間，魏祥忽然從窗外猛地扔進一個布包裹來。包裹很大，紮得緊緊的，起初看不出是什麼。待舅舅打開一看，裡面都是錢。魏祥很瞭解朋友的脾氣，怕直接給會遭到拒絕，於是選擇了這個方式。你再想把錢扔回去，火車已經開出很遠了。

這便是他們最後的一面，是為了告別的聚會。戰後的歷史、禁忌、恐懼、家庭與生活的繁雜，人性與遷居的無常等，把兩個人都定在了火車與揮手交錯的瞬間，再也不曾相逢。

魏祥是舅舅的中學同學，出身大約是上海某商人家的公子，家境很好。也曾入黃埔為將。鼎革後他具體的遭遇我不太清楚，只知道他不僅是舅舅的摯友和戰時之恩人，魏氏及其夫人也是當年舅舅與卓如之戀的見證者之一。我還知道，在最後那個奧威爾式的一九八四年春天，舅舅因前往探望當年臨時隨父在上海讀書的我，才終於有了機會，再次去拜會魏祥。這期間他們從未聯繫過。這次是我母親陪他去的。魏祥的家是在徐家匯一座花園洋房內。

「魏祥、魏祥，我來看你了。」舅舅一到魏祥家門外，就喊著，就像當年帶著蜘蛛血逃出來時一樣。不過這次，魏祥的腦袋卻再也沒從窗戶裡伸出來。舅舅逕直闖入院子，一邊闖一邊還在不斷地喊。我母親也拉不住他著急的腳步。

一個面色溫婉，已鬢生華髮的婦女的臉探出來，問他：「儂尋啥寧？」

「魏祥還是住這裡嗎？」舅舅說。

「是住這裡。」

「太好了，你們真的還住在這裡。你是嫂夫人吧？」舅舅有點激動。

「哦，是儂啊。伊去年就過了。」

說話的是魏祥的遺孀，她也瞬間便認出了舅舅。有些浙江人說「過了」，就是死了。舅舅猛然間站住不動了。其實他早有預感，或許就是想來證實一下。他們交情過命，卻竟可以三十多年不聯繫，這其中因年代之敏感、心照不宣之寬容，無論多久不見也能一如往昔的友誼，今人很難理解。現代人交往，慢說三十年，若三年不見也就疏遠了，遑論深情。再者，那三十年的歷史環境惡劣，既然連給卓如無數封信都可以不寄，其他的朋友自然也早被舅舅主動斷絕了音訊。魏家客廳的桌上擺著魏祥的遺照。舅舅拿著照片看，當時淚下。據我母親回憶說：「嫂夫人那天並未與他多談，大家心情都很沉重。她送我們到外面，而你舅舅就那樣拄著拐杖，一個人站在大院子裡哭。我從未見過他那種哭，異常失態了。因那不是一般的老淚縱橫，而是先淚如雨下，然後雙手將拐杖杵到兩腿中間，忽然放聲嚎啕起來。我和嫂夫人一時都嚇到了。那天風大天冷，但他足足從黃昏一直哭到天黑，怎麼勸他也不走。」

我母親只好在一邊陪他哭。事實上，大家並不知道他和魏祥過去曾有過怎樣的往事和交情。所有的戰時記錄，都來自他的隻言片語。魏夫人低頭站在門後流淚，而舅舅就在院子裡流淚，並自言自語道：「怎麼還是來晚了，還是來晚了。」傷心處，就用拐杖狠狠地篤地，好像是對大地的怨氣。

一九九一年冬，未成仁之烈士暮年在病床上呻吟掙扎。他的咳嗽本是我從童年起最熟悉的雷霆之聲。但胸腔劇痛時，他甚至也會喊「媽媽」，像一個高燒中虛弱的孩子。

舅舅從不知齊克果，更談不上對存在哲學或宗教神祕主義有何瞭解。但從戰爭、饑荒、批鬥與病痛中過來的舅舅，一生中死過多少回？一兩次，還是七、八次？死的存在與他的存在，也是一種哲學拉鋸戰嗎？我數不清，也猜不透。那戰爭中集體的死、個人的死、戰馬的死、魏祥的死甚至一隻蜘蛛無辜的死，彷彿都是一種大歷史之死。每一個至關重要的細節之死，也就是每個人骨子裡的「大死」。故人凋零，死無對證，這便是廣義上的「它在，我就不在」之謎吧。舅舅閱歷複雜而單純，少年抱負、快意恩仇、至善至情又一生磨難，卻終於沒有自殺。他從不怕死。但他與死的較量，就像他的愛之悖論，從未斷絕過。今天十月三日，又到他的忌日，一年一度，他已寂滅二十三年了。但「紙月亮」之光從不會被壞天氣所遮蔽。說來也巧，母親提醒我，今天還是陰曆八月二十四。舅舅生於一九二一年的陰曆八月二十四，故今天同時又是他冥誕九十七歲的生日。「最幸福的人是出生時即死去的人」。這是幸福與苦難的玄學。歷史與時間都像是鬼打牆，如忌日與生日陰陽雙曆重合，也算罕見的吧，且似乎更有了一種齊克果式的寓意在我心中閃現：他在，死就不在。

二〇一八年十月

哀高丘之赤岸兮

——〈紙月亮〉續三

一九五二年初春的某日，我外公謝卿鎏忽然「失蹤」了。那時傳信來的人，常見的說法是「畏罪潛逃，不知去向」。

幾天後，一封本是我外公最後寫給我外婆盛緒年的家書（或者說是遺書），卻意外出現在了重慶市臨江路公安總局的桌子上，不知何人所獻。

我的外祖父，外祖母（四川方言一般叫外公、外婆或婆婆）都是民國人。

外公為何會無端「失蹤」？——下略。那是另一本書。總之，他們倆作為那時的西醫醫生，無論是在戰爭時期，在民國政府內還是在每個普通病人的口碑中，從來都是救死扶傷的，從未做過一點對不起人的壞事。我想說的是，外公失蹤後，當局的人不僅立刻派人將我外婆又帶到審訊外，還到七星崗我舅舅的住處，把我舅舅塞進一輛軍用吉普車，也押解到局裡去「問話」。他們懷疑謝卿鎏逃走後，會躲藏在其他親友或長子家中。

舅舅預感我外公出事了，心急如焚，但卻不敢表露。他拒絕回答所有的訊問，於是被押送到重慶下半城的掛花街派出所，關押了一夜。

第二天清晨，關押他的人，又好像聽聞了我外公的下落。他們說：「謝卿鎏已經畏罪自殺了。」然後，勉強放我舅舅回了家。

就是在關押期間，桂花街派出所的人，向舅舅出示了謝卿鎏給盛緒年寫的那封相當於遺書的信，以及在審訊期間外公的筆記本。那封信據說本來是寄到我外婆開的診所的，不知怎麼就被截獲了。因僅僅是出示，所以他們只允許我舅舅讀一遍，不許抄寫，更不許保留或帶走。所以，舅舅便只能盡量背誦。但是時間非常短，他也沒有過目不忘的本事，所以能記住的只有其中一部分。據舅舅說，謝卿鎏在信上除了詳細敘述自己被挨打、折磨、羞辱等的過程外，主要還說了以下這段話：

我被鬥得無法再忍受皮肉之苦，對他們的逼供一律承認，這樣可以緩一口氣。但最終我解答不出他們逼供的一切時，仍過不了關。在這個世界上我不管怎樣安分守己，仍是活不下去的。故無可奈何之下只得丟棄您們，一死了之。我一生未做虧心事。您（緒年）能活下去的話，拜託您把孩子們撫養成人。一旦您也感到無法活下去時，也千萬不可像我一樣，丟下孩子而去。不可留孩子們在這個世界受罪。

這封信至今沒有給家屬，所有的記憶都是舅舅的口述。他當年回家後告訴了我外婆，待我母親長大後（我母親當時只有五歲半），又對我母親說過。後來我母親又轉述給了我。這期間，個別語言的出入能有多大，不清楚。但就所敘述的這幾句話而言，應該不會太大。因為外公要表達的事情很具體，而且在那種情境下也不需要任何修辭。我外婆是一個非常堅強的女人，即便後來在整個毛時代她吃了更多不計其數的苦頭，她也沒有尋短見，而是與我舅舅一起，帶著四個未成年的兒女活了下來。

據說舅舅看過信之後，強忍眼淚，一句話也沒說。他只默默地盡可能將信的大致內容背下來，然後走出派出所。兩年前，他的生父（謝卿熙，一名謝壽卿）已經在浙江瑞安自殺了，所有家族的財產充公。浙江親戚的書信寄到重慶時，舅舅和外公曾在一起放聲大哭。謝卿熙又是為什麼「自殺」？——下略。他的事在瑞安地方誌上均有記載，有心人可去查閱。現在，我外公也「自殺」了。舅舅已經習慣了悲痛，而且為了家庭也必須扛住一切打擊。

最初，舅舅的第一個猜想，就是「爸爸很可能是投河自殺的」。於是他一出來，便急忙跑到重慶長江的下游段，去一個河床比較窄的地方，叫唐家沱。他就蹲在那河邊的礁石旁，守了一天一夜。他想，如果是清晨投河自殺的，必然會有屍體會漂流下來。他企望在那裡打撈到我外公。

但是什麼也沒有。從夜晚到清晨，再到夜晚，一天一夜具體是從幾點到幾點，我們都不太清楚。但整個唐家沱一帶的水面、河灣、礁石縫隙和岸邊，再到後來連續幾日，似乎整個重慶的江畔兩岸都被他翻遍了，但一無所獲。

沒有屍首浮現或漂下來，並非是我外公沒有死，而是並不一定是「自殺」。乃至很多年，我外婆也始終不願相信外公已死。我記得兒時，常聽外婆絮叨過兩句話（她也說過很多別的，但我能聽懂只有這兩句）：第一句即「活要見人，死要見屍」；第二句是「過去家裡就只有八十六兩半黃金，那是我變賣嫁妝、首飾、手錶，戒指、兌換了解放前的港幣銀元和股票等，以及我們自己幾十年當醫生和省吃儉用積蓄剩下來的家底呀。何來貪汙？這些在他們來抄家時，我就全都上繳了。家裡一塊錢都沒有。那些東西他們後來也再沒還回來。」

舅舅因找不到屍首，便對我外公到底是如何「自殺」的，產生了懷疑。後來有人傳說是切脈自盡，旋即又被證明切脈的是衛生部的另一個醫生，不是謝卿鎏。那麼他究竟是怎麼死的呢？喝藥？切脈？上吊？或者像儲安平那樣逃跑出去，不知所終？猜測多，無定論。

另一個比較可信的說法，是幾個月後才知道的：大約到了五二年夏天時，他們又傳舅舅去，說謝卿鎏的屍體在南泉一個樹林裡找到了，已經掩埋。讓他去掘墓，再辨認。舅舅去了，朝墓穴裡一看，除了那條軍用毛毯和一件緞襖像是我外公的以外，棺木裡的屍體早就腐爛浮腫，很難認出是不是謝卿鎏的遺體。

「究竟他是怎麼死的？」舅舅曾去追問。

「服安眠藥，巴比妥。」他們說。

「安眠藥，從哪裡搞的？」

「聽說是他一個同學的夫人給他的，有五十粒。」

按照我舅舅、外婆與我母親後來的記憶、分析和各種零碎消息：謝卿鎏在被非法扣押期間，無比思念家人，但只能終夜在一個讓他交代問題的小筆記本上，寫家人的名字。他從我外婆盛緒年、我舅舅，寫到另外的兒子和女兒，整個本子都寫滿了。其中最多的還是我母親的名字。舅舅曾被允許一次性地見到過他的遺物和筆記本，那筆記本被淚水浸透了，所有的字都成了潑墨畫一般。而至於他被誣陷的事情，諸如與前民國政府的關係，以及當年那些荒謬的指控和陷害，如「你們謝家有萬兩黃金，要交出來」等毫無經濟學常識的栽贓，他自然是一個字也寫不出來的。於是他們便是長時間地毆打、折磨和羞辱。舅舅說：那冊筆記本他是看過一遍的，但也沒法帶走，只記得他還提到，「膝蓋和大腿因被長期跪玻璃渣子，已經腫得像兩根蓮藕，傷口腐爛化膿，血流一地。」

這期間，外婆已經同時被扣押起來。她不可能去探視丈夫。後來有一個目擊者只告訴過她一點情況，即謝卿鎏的「左眼瞼被打裂，耳朵撕裂，眼球打破」。所以，外公本來很脆弱的書生身體再也經受不起了。他決定逃跑。外公當年被刑訊逼供的過程，其實後來知道得已很詳細，但在這裡我不想再寫了——因我怕我自己受不了。我只說，他被扣押期間，我家則被抄家過數次，真的是掘地三尺，把廚房、閣樓和廁所的地板都是挖開了看。但是這個家裡除了書和醫療用品，他們什麼也沒有找到。最後關押他的地方是重慶某軍區大院。在一次上廁所的時候，外公是從廁所裡的一面牆翻了出去，爬過陡峭的圍牆和樹林的。他避開了軍區衛兵的視線，拖著兩條血淋淋的腿跑了出去。

在這之後，他就失蹤在重慶的山林裡了。然後，死了。

更具體的說法，是他的確跑到了一個叫曾XX的同學家中，曾當時也已經被關押，於是向其夫人討來了安眠藥。他一個人慢慢走到了重慶南溫泉的湖邊，找了一條小木船，划到了湖心亭。在那裡，他面對著寂靜的山水和瀑布，聽猿猱尖啼，看群鴉紛紛，痛哭一場之後，服了藥。之後，他又將船划到了南泉湖的深處，把槳扔掉，躺在船上，面對著落日餘暉漸漸進入了神祕之國。

過了很久，船上屍體才被發現，然後被人埋在了樹林裡。迫於我外婆的強烈要求，直到四個月之後，才讓我舅舅去辨認。而且只允許他一個人去，不讓我外婆去。自此，重慶南溫泉湖上有我外公謝卿鎏的冤魂，一直是我家中的「正史」。以至於我三歲那年，有一次與父母一起在南泉划船，在登岸時竟不慎意外落水，險些喪命。後來便與我母親玩笑，說大概是外公在南泉水裡顯靈了，要我去冥界陪他玩玩。

不讓外婆認領屍首，令人費解，或許因為大家都知道「知夫莫如妻」。憑夫妻多年的感情，無論那屍體毀壞得多厲害，她都能認出是不是自己的丈夫。燒成灰她都認識。夫妻之間是有一種本能的磁性的。但是，我外婆卻終生沒有見到過謝卿鎏的遺容，甚至遺物。自那以後，就像成千上萬那時的中國人一樣，她開始給毛澤東寫信，而且堅持了很多年都沒有間斷。儘管她知道當時全國給毛寫信的人多如牛毛。直到八〇年代，她都仍在寫各種申訴材料。她的性格堅韌，當年的信也很簡單直截了當，開頭就只有一句：「毛主席，我向您鄭重聲明，我的丈夫謝卿鎏無罪。請 XXX 不要冤枉好人，好醫生。」

當然，這些信不過是一粒粒射向空氣的子彈，不會有任何回音。

關於我外公卿鎏的死，直到今天都是一個謎。自殺還是他殺？安眠藥還是溺水？沒有人給出過答案：無論是具體法律上的還是最後蓋棺論定的。好像世間沒有了這個人，沒有了就沒有了。

我外婆雖然信奉天主教，但骨子裡仍是舊時那種最傳統的中國婦女。她一生遵循的是「三從四德」的儒家觀念，除了讀天主教的《古經》與醫學書外，也讀《女四書》，做女紅，她自少女時代起就做得一手好刺繡。當然，她也始終保持著天主教「晚禱」的習慣。也不知是不是做彌撒時有顯靈，到了一九五四年十二月二十四日那天，湊巧正是平安夜，西南軍區才忽然傳來一紙〈通知〉，說讓我外婆去接收退還的家產。她到了軍區，他們給兩年前謝卿鎏的死下了如下結論：

一、無政治問題。

二、資產階級思想嚴重。經不起考驗，服毒自殺。

三、解放後無貪汙問題。

四、沒收財產一律退回。

這四條結論中，前三條都是實話，但是毫無意義。而第四條至今也沒有做。儘管這件事已經過去六十三年了，所有當事人都已去世。

今天推測起來，上述關於謝卿鎏的兩種「自殺」之說，都有各自可疑的地方。最可疑的當然還是「自殺」與不讓看屍體之間的矛盾。那時候，就是那些「真正的反革命分子」被處決後，也還是讓家屬看屍體的。不讓看，就說明屍體上有見不得人的東西：是某種殘暴行為的見證。唯一不讓家屬提出質疑和抗議的辦法，就是毀屍滅跡。軍區隨意處理一具屍體是很容易的。誰能肯定地說，卿鎏在逃亡的過程中是否最終被抓住過，是否繼續被毆打，被關押，最後是被折磨致死呢？他們無法對沒有證據的罪犯之死作出解釋，於是費盡心機編造了一些謊言，來搪塞家人。而當年所有的相關人員，都在大歷史中消沒了，老了、死了、或者至今隱藏在羞愧與沉默中，只留下無辜者家人的口述。

又到了十月三日，今天，是我舅舅去世整二十周年。二十年來，我每年都會有許多次要夢見他。每次夢見他後，第二天的情緒都會非常低落。往事太多，我在這裡順便寫了不少我外公的事，主要也是為了紀念我舅舅。因他是最重要的見證者。關於我舅舅平素大致是個什麼樣的人，我在〈紙月亮〉、〈卓如〉與〈蜘蛛記〉等文中已寫過一些，故暫不贅言。

過去聽母親回顧那一段家史時，令我最感動的，便是舅舅在江邊守候屍首之事了。可以想像，在那幾個日夜裡，他獨自站在重慶江邊發呆、尋屍、哭泣乃至絕望的樣子。我也能想像他最後在樹林裡，在那刨開的墓穴中，看見那具腐爛的屍首時痛苦的樣子。死者面目全非，但我們的記憶不會面目全非。我之所以能想像這些，乃是因為我自童年起，曾多次見過我舅舅因說到某些親友的人與事而流淚。舅舅從不是一個愛哭的人。他早年長途流亡時，或在黃埔軍校受苦時未曾流淚；他因失戀而抱定獨身主義了一輩子，終究也沒有留下一點骨血兒女時未曾流淚（這對他這個具有謝家長房長孫身分的人而言，本是嚴重的「不孝」）；在徐蚌戰場上被子彈打傷時、被炮彈震聾耳朵時未曾流淚；在大躍進中被鋼水燙傷了腿時也未曾流淚；歷次運動或文革時如果有人批判他，他更不會流淚。他的堅強性格，是在黃埔時期訓練出來的，也是瑞安謝家族人多有習武者的精神傳統。「謝」這個字，在上古文字中，最初本來就指射箭，即後來孔門六藝（禮、樂、射、御、書、數）之一。後又指「辭去，不受」（《說文》）之意。早在少年時，舅舅的祖父謝公華就曾對族中人說過：「長孫的相貌和性格都像我岳父，他是前清的武進士。」即便舅舅晚年重病在床時，在疾病的折磨中，我也從未見他流過淚。儘管他早已是很厭世的了。

但是說到我外公、外婆或家裡的親人之死時，或者某個親戚來看他之後要離別時，他就會流淚。有時是無言的哽咽，有時則是哭出了一點聲音，又強忍回去。

外公去世後，舅舅更成了家裡的「男保姆」。他負責起一家人的吃喝與教育。可以想像嗎？這個曾經「瞪眼便宰活人」的軍人，他完全把自己的抱負放下了，血往內流。他所有的收入皆貼補家用，他可以為所有人洗衣服，甚至去洗鄰居的衣服。如果其他幾個兄弟（如我的另外兩個小舅舅）敢不聽外婆的話，他就從腰裡抽出皮帶來，把他們打得在地上亂滾，代替外公教訓他們。他們兒時曾把舅舅叫「軍閥」。在六〇年代大饑荒時期，舅舅會把食物留給家人。等到我母親把自己在學校吃的饅頭，每頓省下一個，到周末帶回家中時，舅舅則能餓得一口氣全吃掉。七〇年代在四川鄉下，他像慈父一般抱著幼年的我在院子裡曬太陽，要不就跟在我後面幫我擦屁股；他會在廚房裡給一家人做飯，給我做最好吃的油辣子豆瓣夾饅頭，然後在雨水中送我上學。八〇年代，當久違的物質匱乏時期有所緩衝時，若偶然收到或買到一點意外的食物或海外的藥品，他都會寄給我外婆，自己則一點都不留。他就是那種對家人有著極深感情之人。從我母親那一代到我，所有親友，只要在他身邊生活過的，都受到過他的照顧。但是，我發現從未有一個人（我母親除外）真正感激過他，懂過他，愛過他。他晚年固執地回到了浙江瑞安，說去「等死」。他去世時，身邊也只有我母親一個人。他在臨終前不久曾預言過：「我一定要趕在十月一日之後就死，因那就是我毀滅的日子。」果然，他的大限沒有超過這個日子兩天。但是，我也可以想像，或者說我一直懷疑，舅舅的後半生，其實始終處於一種「自虐」的精神抑鬱中。因徐蚌會戰後，他從百萬屍骨之山裡走出來，發現當初一起上過戰場的同學、朋友乃至一些他崇敬的人，除了去臺的，很多都在大勢已去後「殺身成仁」了。而他認為自己為了家庭倖存下來（也曾自殺未遂），是一種對黃埔精神的背叛，是苟且偷生。他內心中對自己有嚴厲的苛責和殘酷的鞭笞，一生都帶著對歷史的幽怨、羞愧與自瀆在生活。他是用世俗的繁務與瑣碎的辛勞在不斷地折磨自己，從而能在疲倦與親情中得到些微解脫。

當然，這些是他絕對不可能說出來，也說不出來的。

外公死時年僅四十三歲，與此時此刻我的年紀一樣大。舅舅三十八歲，都是生命最成熟鼎盛之時。他只須再多活二十年，我就能見到他了。他們之間年紀只差五歲，這說起來，乃因我外公其實是我舅舅的四叔父。瑞安謝公華生有四男五女，舅舅本是長子謝卿熙之子，是整個瑞安謝家的長房長孫。因他們多年來一直生活在一起，又從西安黃埔時期便跟隨叔父四處轉戰，便也稱我外公為「父親」了。我從小則叫舅舅為「大伯」，也並非是一般意義上的舅舅。他並沒有正式過繼到我外公家，他比我母親要大二十五歲，比其他的三兄妹也大出十幾二十歲，所以一直有「長子」之用。當然，他對遠在浙江瑞安那邊的生父也同此稱呼。舅舅對家族榮譽的愛和忠誠，甚至能讓我想起義大利西西里人的那種忠誠：為了家人，他隨時可以拚命。奈何歷史連拚命的機會也未曾留給他。重慶城破前夕，外公收到了數張去臺機票（兒女年幼，均不用票），但因岳母周氏不願離開大陸，他侍奉岳母如親母，故全家未能成行。後又受到地下黨策反，也是最終留下的緣由之一。他為了保護家人、醫院設施和全部倉庫的醫療用品，便接受了策反。因他當時是原國防軍醫署留在大陸的最高行政官員了，負責移交了舊政府的全部軍需物資與相關檔案卷宗。他們以高空病專家的資質與業務條件，讓他進了西南軍區，並任命其為空軍體檢部主任。但我外公真正留下的原因，是因自己心裡有一種固執的、純屬知識分子的想法，即「任何朝代都是需要醫生的」。

然而他們終於錯了。下面這個朝代講究的是「人有病，天知否」，大家都是病人，不一定需要醫生。

五一年到五二年，中國開始了「三反五反與知識分子思想改造運動」，這是一系列配套的「洗澡」，將一切如我外公這樣的白面書生和前朝的舊知識人，無論文史哲的還是數理化醫工藝的，全都拉去學習和審查。冤假錯案不計其數，死無葬身之地者多如牛毛。

寫到這裡，我忽然想起，在讀《瑞安謝氏宗譜》時，發現家譜裡記載有一個唐代開元時期的隱士，名為「赤岸詩童」。這個人沒有留下具體名字，生卒年也不詳，只是寫入宗譜裡，只知道他是謝家族人。或許也是唐代的一個詩人吧？也未可知。他並未留下什麼詩集。而「赤岸」二字，倒是讓我想起了舅舅當年蹲在重慶唐家沱江邊守候的情景來。「赤岸」之為名，自古多有。蜀有赤岸，粵有赤岸，閩有赤岸，浙江吳地義烏附近也有一個地方叫赤岸。而古代詩賦中之「赤岸」者，更多是指一種有猩紅山石的崖岸，或因戰火災難而被染紅的某種岩壑與河畔，就像「赤壁」。漢人東方曼倩〈七諫・哀命〉中有云：

哀高丘之赤岸兮

遂沒身而不反

唐人杜子美〈戲題王宰畫山水圖歌〉言：「赤岸水與銀河通，中有雲氣隨飛龍。」宋人王象之《輿地紀勝》有云：「赤岸，其山岩與江岸數里土色皆赤。」皆可見赤岸，主要是指紅土，如指滾滾紅塵。重慶有一些地方叫「紅砂磧」。磧，即水中或水邊的土堆。如吾友子午曾言：「重慶在地質上本屬於『川東紅土丘陵』，紅土也叫石谷子，也就是我們兒時養鴿子時牠們必須吃的那種鴿食紅石。濕化後，即變成了紅土，紅塵。重慶有很多地方，只要是河邊，都叫紅砂磧，就都是赤岸。」的確，兒時在重慶，江邊天上到處都飛著鴿群。很多地方都能看到紅土。我自己也曾拿著石谷子餵過鴿子。然而，鴿子雖象徵太平，這片滿是鴿群的山城赤岸邊，卻從未真正有過太平。到了近代中國，那因革命或共產主義思潮而導致的屠戮與苦難，也可以用「赤」字來形容，譬如重慶渣滓洞的「紅岩」或張愛玲的《赤地之戀》等。我相信，那些在江岸守望屍首的晝夜，對我舅舅而言，應該是他人生最黑暗的一段時期，最絕望的日子。他是極端孤獨的。世事茫茫，家族衰落，去國如逝。他與最親愛的兩個父親忽然間便人鬼相隔了。在這新的赤岸邊，他有沒有找個漁夫，或者自己準備一根長一點的竿子，以便打撈？難道若見到真有浮屍漂來，他要跳下水去直接抓住，再抱著屍首往回游嗎？若是夜裡，他有沒有看見一團黑乎乎的東西，誤以為是屍首，便順著赤岸，沿路去追？重慶江邊山路崎嶇，即便唐家沱的江面也是非常寬的，乃至他或曾一邊追，一邊望著逐漸漂遠的物體哭喊？身邊的每個兄弟姊妹都尚年幼，沒有一個能來幫他分擔，彷彿整個家庭乃至整個謝氏家族的全部悲痛，都要讓他一個人來默默承受。一家之主死了，母親也被關押起來。怎麼辦？即便在戰亂流離的歲月中，在他自己的抱負澈底幻滅的時刻（他曾對我說，他過去的理想就是要做到將軍為止，為此不惜沙場斷頭，馬革裹屍。可惜，戰場的炮彈沒有能消滅他，而歲月與生活的殘酷則讓他成了「失敗者」），他也不會感到如此沉重罷。如今，舅舅的屍骨埋在瑞安的公墓裡，所有這一切，他已沒有機會對我說了。過去每日與他在一起時，我年少無知，什麼都不想打聽。待歲月催人老，渴望知人論世時，他們卻早已離了這煙雲人間。似乎他們過去的存在，就是來和我寒暄一下而已。

「哀高丘之赤岸兮，遂沒身而不反。」舊時重慶俚語中，有句話叫「虧（賠）到唐家沱去了」。意思即比喻吃虧到了極限。因位於長江江北岸銅鑼峽入口處的唐家沱，地形上有個大迴水灣（沱、氹），故上游被淹死的人，往往漂流到此處就停止了。而一個人虧到了極限，便如同淹死的人流到唐家沱，已不能再繼續向下游漂了一樣。那是困境與倒楣的底限。在整個五〇年代乃至以後三十年裡，類似我外公這樣的淒慘事，在中國是非常普遍的，並非什麼特殊案例。若論芸芸眾生中，那些「虧到唐家沱」去了的，無端端便命喪九泉的「前朝遺民」豈不到處皆是？惶恐灘頭說惶恐，那「活不見人死不見屍」的漫長江畔，正像一道染血的赤岸。有人名曰「詩童」，卻失語或禁言。能有機會說的是極少數。更令人唏噓的，則是那些無辜者的親屬，他們因這白夜一般的「死人不能說話，活人不敢說話」之夢魘濁世，也不得不讓自己淪為歷史與往事的「隱士」，直到自身亦因皮囊之衰敗而化為齏粉，遁入杳冥。

二〇一五年十月

注：西漢東方朔（西元前一五四～前九三）所撰漢賦〈哀命〉，其句綿延憂鬱，與祭奠國殤之心頗吻合。「哀高丘之赤岸兮，遂沒身而不反」，為其末句。因重慶地貌為山城，正好以「高丘」象徵之，高丘赤岸，恰似描寫此情此景。該賦全句抄錄如下：

哀時命之不合兮，傷楚國之多憂。內懷情之潔白兮，遭亂世而離尤。惡耿介之直行兮，世溷濁而不知。何君臣之相失兮，上沅湘而分離。測汨羅之湘水兮，知時固而不反。傷離散之交亂兮，遂側身而既遠。處玄舍之幽門兮，穴岩石而窟伏。從水蛟而為徙兮，與神龍乎休息。何山石之嶄岩兮，靈魂屈而偃蹇。含素水而蒙深兮，日眇眇而既遠。哀形體之離解兮，神罔兩而無舍。惟椒蘭之不反兮，魂迷惑而不知路。原無過之設行兮，雖滅沒之自樂。痛楚國之流亡兮，哀靈修之過到。固時俗之溷濁兮，志瞀迷而不知路。念私門之正匠兮，遙涉江而遠去。念女嬃之嬋媛兮，涕泣流乎於悒。我決死而不生兮，雖重追吾何及。戲疾瀨之素水兮，望高山之蹇產。哀高丘之赤岸兮，遂沒身而不反。

【補遺兼祭文】

我的外公謝卿鎏（一九〇九～一九五二）字志霄，又字文龍，號問農，故曾用名「文龍」，出身為浙江瑞安謝氏，畢業於原中華民國國防醫學院，是民國時期一位罕見的高空病醫學家，當時中國尚無此專家。外公善隸書，精通德、日、英三國語言，後任職於南京國防軍醫處，一九四三年夏天，調任到衛立煌部第五集團軍醫部，抗戰到內戰期間，陸續擔任過全國許多戰地醫院的院長，救治過無數前線的傷患、士兵和病人。一九四五年後授勝利勳章，升為少將軍醫。這也是當時軍醫署的最高軍銜。前民國國防部長何應欽，曾為《瑞安謝氏宗譜》作序，序言中亦曾專門提到了我外公謝卿鎏，以及同族中任國防軍醫處的謝翔林等人。這大概因舊時中國人皆有點「祖先崇拜」，瑞安謝家是東晉謝安與南朝詩人謝靈運，以及謝玄、謝朓、謝道韞與謝惠連等的後裔，故在民國朝野中亦多有仰慕者罷。外公一生行善，從未做任何錯事或壞事，一九五二年含冤而死（或失蹤），至今死因不明。

我的外婆盛緒年（一九一五～二〇〇〇）字曉洲，後又名德芳，祖籍江蘇，從小則是在湖北宜昌「聖母堂」（原法國天主教修建的一所恤孤院，至今仍在）長大的孤兒，是受過洗的天主教徒，教名為 Marry Thor'ese。早年畢業於「上海震旦醫學院高級聖心護校」，三〇年代後期成為外科、兒科與婦產科兼善的國軍校級軍醫。她在當年屬於典型的「新女性」，喜歡電影與西方文化，且終生都強調要做一個職業女性，而非傳統家庭婦女。但實際上她不僅一生都是一個好醫生，也從未耽誤做好每一件家裡的瑣事，從未耽誤照顧每一個家裡的孩子。她的出身本為盛家，即前清名臣工部左侍郎，洋務派與近代實業家盛宣懷那個家族。盛宣懷本是江蘇常州人，太平天國之亂後，因其父盛康（一八一四～一九〇二）歷任於湖北鹽法道，為胡林翼佐布政使，盛宣懷亦曾至湖北，故宜昌一帶盛氏族人亦頗多支流。

清亡後，盛家族人星散，後世也大多沒落潦倒。外婆的父親盛實誠曾受洋務派影響，本晚清天主教徒。他與盛康家的血緣關係究竟是族人中哪一支，目前還沒有找到資料。他早年曾在清朝任過什麼公職，現在也已不得而知。唯一知道的是民國後，作為盛家的沒落子弟，他竟然在一艘遠洋商務客輪上，當了個「西餐料理主管」。據說他的廚藝來自某歐洲移民。後客輪在印度洋意外遇到了海盜，盛實誠於是死於海難。據說當時翻了船，全船的人都失蹤了。他究竟是被殺還是蹈海而死，報信者亦不得而知。其妻周氏暫無力撫養兩個孩子（還有一個兒子），於是她便將女兒緒年送入了法國人開的「聖母堂教會學校」裡接受管教。

外公和外婆，都是參加過抗戰的醫生，本都在南京中央醫院任職。抗戰時期隨民國政府從南京遷移，四處行醫，五〇年代初才到重慶。一九五七年，外婆因屬於知識分子以及有歷史問題，自然被打成「右派」，下放四川會理縣一帶的野山溝裡勞動。文革期間她也在那裡挨批被鬥、關牛棚、寫檢查、被打被跪，還勒令她用自己那一雙醫生的手，一雙乾淨女子的手，篩出了八千餘公斤石灰，導致手滿是裂口，幾乎殘廢。那時她已經五十歲出頭了。即便如此，即便她後來幾乎終老於斯，但一直到八、九〇年代，她也仍在當地醫院工作，給當地人當了一輩子的醫生，救治過無數患者、女性和孩子，還接生過很多孕婦。有些家庭一代甚至兩代人都曾是她的病人。

七〇年代寒暑假時，我曾幾次從重慶去會理縣看望外婆，在她家中院子裡玩耍。院中有一棵大石榴樹，三株向日葵。我們常常直接摘上面的葵花籽吃。她說頭疼時，我們幾個孫兒孫女總是圍著她，爭先恐後幫她按摩前額，每人按十下。她則躺在一把涼椅上，閉著眼睛，享受這種天倫之樂。我記得她額頭的皺紋非常深，是那種橡膠一樣的質感，手指甲按下去，皮膚彷彿要等很久才彈回來。這件久遠的往事至今仍歷歷在目。

我出生前後，外婆來重慶照顧我母親，基本上是做完了一切從醫生、母親到月嫂的全部工作。從繈褓的處理到衛生，從飲食到起居講究，她都是非常細膩的人。所以，我的生命肯定有一部分也是從她的照顧開始的，這是一種最根本的大恩。後來我長大了，她還會教給我一些醫學或健康方面的常識。但我到北京後見面就少了，只偶爾收到過一次她的匯款。匯款單的留言大致是說，她很想念我，以及每個孫兒孫女，十指連心云云。但我那時完全不懂。最後一次見她，應該是在一九八七年暑假回重慶，在舅舅家裡，一場非常短暫的聚會。到了二〇〇〇年十二月二十日，我忽然接到母親從德陽打來的長途電話，說外婆去世了。她的遺體後來葬在湖北沙市，因為那裡有一座我外公的「衣冠塚」。她們的長子住在那附近，這樣也好為二老掃墓。

在收拾遺物時，我母親說，曾偶然發現了外婆密密麻麻記在一篇日曆紙背面的，歪歪斜斜的字跡。這份字跡母親保留下來了，因是足以證明外婆至死不渝的宗教信仰之物。

前朝夢憶，往事依稀。外婆去世的時候已經八十五歲。一九三七年八月，日軍炮轟上海閘北租界，二十二歲的盛緒年所在的震旦醫學院也與上海居民一起撤離。她和謝卿鎏雖然早就相識相戀，但一時失去了聯繫。大撤退時竟意外邂逅於當時一艘前往南京的輪船上。然後，她們攜手伉儷了十幾年，一生都在國家災難、戰爭、困境與不公平的歲月中度過，在醫院救死扶傷，並結婚生育了兩男兩女，最終還成了我的外婆。但誰也沒想到，外公會先下了船，在五〇年代初去世。那時我母親也僅有六歲。後來的嚴酷歲月，則是外婆獨自一人帶著孩子們度過。她的善良甚至是到臨終時，在那些極虔誠的、教徒式的卻又有點怨氣的遺言中，會指責那些對她不好的人，稱為「他們」，但也從未說明到底是指誰。但我想也不必去深究了。今日又逢她的祭日，特此補遺她的簡史，代為祭文。

我的舅舅原名謝秉凱（一九二一～一九九五），一名「炳凱」，浙江瑞安人，瑞安謝氏宗族長房長孫，原中華民國西安黃埔軍校第十六期畢業生，畢業後到杜聿明第五軍服役，軍銜至中校營長。參加過淮海戰役（徐蚌會戰，任司令部中心警衛營營長），戰後為休養大隊隊長。四九年後，因外公放棄赴臺留在大陸，便令已退伍為平民的舅舅押送家庭搬遷的行李赴川，打前站到了重慶。後在外公幫助下，舅舅曾試圖於重慶市區開間糖果店以維持生計，但五〇年代「公私合營」又被併進了市區食品廠。舅舅只好自修財務，從會計工作至財務管理兼廠長助理等。

舅舅因過去的歷史身分，曾屬於被批判的「歷史反革命分子」，加上肺結核病的困擾，在大陸後來自然處於社會邊緣人群，直到文革後因病提前退休。一九九五年十月，舅舅回到浙江葉落歸根，在瑞安祖屋去世，葬於祖墳邊。

二〇一七年十二月

元配夫人（一）

——〈紙月亮〉續四

溫酒悲秋，又逢祭日，舅舅去世二十四周年了。

舅舅獨身了一輩子。舅舅是結過婚的。這不是悖論，卻又不算歷史——他的往事和他的末日變成了「如花在鏡兩相映」的一場私人景觀。

舅舅一兩歲時，其母便病逝了，故算半個孤兒。可他又是浙江謝氏家族的長孫，承擔著未來的某種家族責任。一九三六年夏，我外公謝卿鋆衣錦還鄉時，舅舅已是十五歲的公子少年。那年，正好還趕上外曾祖父謝公華先生辦六十壽宴。酒席上，舅舅便與外公等談到自己的打算：他聽聞近日戰事，也正打算要去從軍。舅舅的相貌是宗族裡最有英武氣的。目光銳利，眉毛很濃，挺直的鼻粱下是線條堅硬的方口。身體骨架也大，肌肉虬結。他從小好動，常會為族裡弟兄打抱不平，本來是個習武的材料。謝公華曾對人說：「我這長孫的樣子有點奇，好像我的岳父，那是前清的一個武進士。」可惜，前清無照相，我也查不到那武進士的名諱。

瑞安謝家的長房長孫自作主張，要去打仗，這對家族而言也是件大事。謝公華知道後頗為生氣。他宣布要召開一個「家族會議」。

宗族祠堂老屋後面，穿過青翠的竹林，便是東去的飛雲江。江上霧中停泊著當地很多人家都有的石舫。謝公華閒暇時，常去石舫釣魚，看煙雨飄渺，遠山中瀑布飛濺。石艙內擺放著茶几與花盆，幾個丫鬟會拿著紈扇伺候著他，或給他按摩，或給他點煙。舅舅家在江邊也有很大的一艘石舫。討論他可否從軍的事，便是連夜掌燈在這艘老石舫上召開的。

據說當年家族來了很多人。破天荒地連祖母黃淑媛女史也請來了。按瑞安規矩，女眷在宗族的會議上並無發言權，但這次例外。除謝公華其他的七、八個兒女或孫子外，甚至還用大轎抬來了一、二位本家的族叔，加上僕人、家丁及丫鬟等，整個船艙坐得滿滿的。大家都感到事態嚴重，說是討論，其實就是反對和批評舅舅的莽撞決定。謝公華坐在雕花的木榻上，聽得差不多了，才吐了口煙慢吞吞地對舅舅說：「想從軍也不是完全沒道理，都貪生怕死，天下哪有太平？你畢竟是長孫吶。結了婚再說吧。」

一家之長發話，這件事於是便成了「聖旨」。

舅舅終生都是一個訥言敏行之人，面對眾多的親戚指責，他也無法為自己的雄心抱負辯護。他不得不沉默。他的臉逐漸朝船艙外的江面上望去，外面山水依舊，落日餘暉，他感到一種從未有過的想傾訴的願望。我在想，當時他的腦海中，肯定會下意識地浮現出少女卓如的形象（參閱〈紙月亮〉續一「卓如」篇），作為他叛逆家庭的理由與符號。

我外公的第一門親事就是外曾祖謝公華包辦的，何況區區孫輩。十七歲的舅舅曾一直認為自己定能獲得卓如的愛情。但家人卻強行給他相了一門親，目的是能抑制他的從軍，好好呆在家裡。舅舅一時逃避不開。洞房花燭夜時，舅舅在院子裡勉強喝完悶酒，進入屋裡。出於禮貌和好奇，他索性將女方的紅蓋頭揭開了。對方是一個其貌不揚的新娘。尤其對比著他心中美貌的戀人卓如，十七歲的舅舅更越發不堪忍受這種被包辦的折磨。他大約和新娘對視了一陣，沒說話，更連指尖也沒碰一下那位新娘，便悄悄退了出去。

當夜，十七歲的舅舅終於決定：離家出走。當然，這場膽大妄為的、對家族乃至浙江故鄉的祕密訣別，也是他一生磨難的開始。

一九三九年春，黃埔軍校招生，消息傳到瑞安，渴望從軍者不下百人。浙江很多人都是不辭而別，拋下了父母和宗族利益，在「國家存亡、匹夫有責」的感召下報考的。舅舅在家族的盛怒與婚姻逼迫之下，第二天便失蹤了。他到了金華縣城裡一個客棧暫時躲起來；因他得知西安黃埔軍校正在金華招生。除了二、三約好一起從軍的摯友與卓如，家裡沒人知道他的行蹤。迫於可能就此失去長房長孫的恐懼，謝家族人和謝公華等又四處尋找不到新郎，便只好極不情願，又極其麻煩地退掉了這樁本來據說頗為「門當戶對」的親事。實際上此類已辦過喜事的舊式婚姻，退不退結果都一樣：即女方再也無法嫁人了。謝家對新娘充滿愧疚。在過去，大戶人家的兒孫要結婚，通常都是經過父母之命，媒妁之言而定。新婚前兩人往往並未見過面，更談不上有任何愛情。且對女方的審美或身分認定，通常都是長輩的隔代標準，故往往難以為當事人所接受。民國時著名的元配夫人如朱安（魯迅）、毛福梅（蔣中正）、張瓊華（郭沫若）、江冬秀（胡適）、孫荃（郁達夫）等，皆相貌平平。但她們即便有秦香蓮式的苦楚，又都願意守著那種最荒謬的傳統貞潔觀和「守活寡」的美學度過餘生。無論丈夫出門在外做什麼驚天動地之事，她們都會默默在家照顧兒女，贍養婆家。即便沒有兒女，只要一個女人出嫁了，她便永生是夫家的人了。這在我們今天看來難以理解，但在當時的傳統語境下，則是很普遍的家庭存在形式，數千年如是。

逃婚後的舅舅立志於家國抱負，卻在大歷史的失敗下，一個人用絕望與不斷勞作度過了入黃埔、曆戰亂、換旗、喪父、離散、亡命、自殺、被批判與罹患結核病的日子；一個人在大饑荒與恐怖時代照顧外婆與我母親一家的困境，乃至我童年與少年時的生活；也一個人靠寫信度過了祕密思念卓如的後面六十多年時光。他一生未婚。

清晰記得，八〇年代時，有一次我曾在金剛塔巷的閣樓裡，故意問他：「您這一輩子最愛美人，又不結婚，但您到底有過女人沒有？」

舅舅聞言大笑，抽著葉子煙衝我道：「怎麼會沒有，我的女人也多得很。除了民國時追我的那些，我還睡過黃花閨女呢。」

「黃花閨女？您的初戀情人嗎？」我問。

「不是，沒有名字。」他繼續笑道，好像包涵了很多祕密，卻又不想說。

我不知道舅舅是否在開玩笑。因那時富家少爺結伴去青樓、茶館或酒坊打發時間，邀約妓女等，是很普遍的現象。在中國傳統裡，青樓之戀與本家的婚姻，或對某一個心上人的癡戀，互相是可以相容的。古人亦多如此。

六十多年後，當晚年的舅舅抱病回到瑞安，重返荒涼的祖屋，消息傳遍鄉里。

就在他去世之前的某日，一位穿著簡樸，約七十歲上下的老嫗，忽然出現在家門口。舅舅打開門，發現並不認識她。顯然不是洪卓如。他想把她讓進屋，但那老嫗不願進。她似有話要說，又努力掩飾著自己，只靦腆道：「知道你回來了，我就是來看看你。我也不富裕，這點見面禮，希望你收下吧。」

說完，老嫗竟從懷裡掏出了一方乾淨的紅手帕，手帕內裹著三個煮熟的雞蛋。另一隻手裡還攥著五塊錢舊鈔。她將手帕、雞蛋和錢匆忙遞給舅舅，再未說話，便轉身走了。

舅舅望著老嫗背影發呆。忽然，那紅蓋頭一樣的紅手帕，讓他想起來了：這是那個當年被他逃婚去從軍，並因謝家退婚而蒙受過多年不幸的「新娘」。也就是他從未同房過的元配夫人。多少故人已凋零，但她竟還活著。六十多年過去了，她仍未忘記當初這位「謝家大少爺」。嫁給我舅舅，曾是她少女時代一段最難忘、亦最難堪的幻滅。他們一生只見過兩面：新婚之夜的幾秒鐘，以及最後這一面的幾分鐘。之前與之後，都再未見過。他們之間的關係真如剎那之緣、如水牯牛過窗、如阿僧祇劫。他們有名無實的擦肩而過，也算是一對在百千萬億之年下修得同船渡的「夫妻」。

我每年仍會照例夢到兩到三次舅舅，坐在他身邊哭泣。但夢中舅舅表情平靜，我也並無任何哭的理由。

酒入愁腸，前朝難追，今天舅舅已去世二十四年了。

屈指算來，他那位民國深處的「元配夫人」也應往生了吧。晚風吹鬢兩蒼然，不禁感慨繫之。因我雖久聞此事，卻至今仍不知那夫人之芳名，亦不知她住何處，還有何遭遇。只知她後來也是一生未婚。

二〇一九年十月

元配夫人（二）

——〈紙月亮〉續五

一

我外公謝卿鎏的父親叫謝公華，字承美，家譜上是宋朝謝宏倉的第十八世孫。他是晚清浙江瑞安的一位鄉紳、一個居士（法名普富），也是頗開明的一里之長，以急公好義、孝道與尚武聞名。以現代角度反觀，他算是殺過人、吃過肉又行過善的佛教徒與族長，有著典型的悖論氣質。民國十九年天下大亂，盜賊蜂起。一群從福建來的土匪（閔匪）竄入瑞安，在謝氏宗族活動的地區殺人搶劫。為抵禦流寇，謝公華便組織了保鄉團。當時謝家頗有資產，藏有槍枝，家丁也不少。保鄉團迅速集結了百餘人。他還給政府軍發電報請求剿匪。但軍隊離瑞安很遠，無法立刻抵達。情急之下，謝公華只好親自披掛上陣。據族人言，那是個殘酷的星夜。閔匪人數不少，都是閒散流民和亡命之徒。他們手持刀片，鐵槍或火銃，縱橫江南州縣，襲擊鄉里的手段血腥，來去如閃電。政府軍幾次圍剿都未能剪除乾淨，第二年又捲土重來，鄉民極惡之。謝公華率領宗族裡的強壯男子，在平陽坑後山一帶的斜坡上與閩匪們展開過遭遇戰，甚至肉搏戰。開始是零星槍戰，用土火銃和獵槍互相射擊。後來兩邊的子彈都打光了，謝公華便「身先士卒」衝入匪群，與閩匪用拳頭與刺刀對砍、格鬥與搏殺。當時他雖已中年，但因身高體大，常年習武，動作迅猛，少有人是他的對手。

保鄉之戰打了約兩三天，乾糧不多的閩匪支援不住，退走了。儘管謝公華也負傷，其手下也有傷亡，但最終保住了族中人們生活的平安。

此外，作為鄉紳的謝公華而且還做了不少實事：如在發洪水時建橋、幫人打官司、某個寡婦自殺了也由他來安排後事、某家與某派發生爭鬥，他便出面擺平公道等。自從趕走閩匪的襲擊之後，他作為那一地區的長老級人物，受到同族人的尊重。在這之前，因謝家祠堂裡有一座藏書樓，他便仿效古代書院，出資為瑞安辦過一所頗具規模的私塾小學，由當時已中學畢業的我外公謝卿鎏來任私塾校長。

謝公華因其地位與性格，在家族中的形象是嚴厲的。他一生有四子五女，算是「龍生九種」。四子依次是卿熙、卿選、卿鴻、卿鎏。五女分別為黃藍、萱藍、莛藍、蕁藍和愛藍（德真）。所有子女中，卿鎏最帶文人氣，也最聰穎，本是很典型的江南書生，儘管後來他官至少將軍醫。自童年時代開始，卿鎏每天的功課便是古文、外語與書法。據說他喜讀諸子書，多臨魏碑，還常看舊話本小說。他素日沉醉於家中藏書樓裡的一豆青燈，如山黃卷，雖身體羸弱，卻也素有大志。他的字練得好，還常被謝公華喚去為去世的族人撰寫碑文，不少碑墨至今尚在。

謝氏族人對死亡的態度頗具佛家寒林隨喜之氣，譬如他們多在生前便開始修墓、請人來為自己寫碑。有些夫婦們甚至在活著時，便常一起去為未來合葬的地方觀賞景色，或稱「為自己掃墓」。笑談無常之後仍能「死同穴」的幸福。山上人家，還會在一方先走後，停靈柩屍首於蒼翠林間，若干年不計，直等到另一方也壽終正寢，才一起合葬。那裡的墳墓都是抽屜式的：即人死入壽木後，推入石棺密封，與一般挖坑下葬不同。整個宗族墓園都矗立在後山，碑前多有祭臺，後人從不敢忘祖。後山多呈圈椅窩形，三面環丘，一面臨水。丘能擋住邪氣的侵擾，風水謂之「衛沙」，上佳之墓則稱「吉穴」。

儘管為別人寫過不少墓碑，但少年卿鎏那時還不瞭解死亡。

二

瑞安謝家的族史，可略追溯到先秦。《瑞安謝氏宗譜》云：「姜氏周宣王封其舅申伯於謝，支子之後，以地為姓。」「謝」字本源於「射」，因國人多好弓箭，游獵尚武故。「謝地」指陳留郡，即今河南太康。謝氏宗族相繼有在五胡十六國時期平定後秦苻堅侵略的東晉宰相太傅謝安、車騎將軍謝玄、文學家謝混，女詩人謝道韞等，這大約是西元四世紀中葉；後來南朝詩人謝靈運、謝惠蓮、謝朓、謝莊；唐開元中隱士「赤岸詩童」等名人逸士，也都見著該譜。謝靈運世襲康樂公，出守永嘉縣，卜居鶴陽。在後來的《鶴陽謝氏宗譜》裡，記載著他的後裔有一部分轉移到了浙江瑞安等地。因西元十二世紀時，金人揮戈南下，北宋滅亡。宋朝遺民隨殘存政權流亡，原陳留郡的謝家也開始了一場氏族遷徙，紛紛越過長江，南渡到吳越一帶以避戰亂。謝靈運的後裔就遷徙到浙江瑞安飛雲江畔。唐代的「赤岸詩童」因隱居，故在家譜中刪除了他的真名，只留其號。謝卿鎏瑞安家譜上最近的一個始祖，為宋朝大學士太乙公謝宏倉，即赤岸詩童和謝靈運的嫡系。謝宏倉官拜左贊司，南宋初期在與金人的戰爭中陣亡，其族人倒是繁衍至今。

謝氏族人重視仕途，崇文尚武的血統，後來也算有點遺傳。辛亥之後，謝家很多人都是鄉紳與官員。謝卿鎏的父親、兄弟、舅舅和族叔等很多都進入過民國政府任職。故民國三十一年九月，國防部長何應欽在重慶親筆為《瑞安謝氏重修宗譜》作序，序中自結繩遠古，談到宗族與「吾黨總理民族主義」之關係，專門提及謝卿鎏，並說一切宗譜之意義就是「稽考源流，明徵貴賤」。因謝氏宗族曾的確是朱門貴胄與文人隱士相混一的一個家族。

據說當時謝家是個宗族集團，地理上曾擁有過一片龐大的謝氏宗祠、宅院、茶園和藏書屋。自晚清乃至三〇年代，這片坐落在浙江瑞安山水中的官宦書香門第，依然是田莊繁茂、華燈如昨。謝家宗族像歷代所有封建大家族一樣，其遺民還分為許多個宗派，並以自己新獲得的居住地帶為名：如有戈溪派、新陡門派、平陽坑派、塘墺派、岩頭派、霞甲派、楊家州派、馬嶴派、宋嶴派、蓮花山派、馬嶼塗派、曹村派等。每一派有自己的族長，自己的家規；各門各派散居在瑞安山水裡，星羅棋布，親戚裙帶者有近千人。派與派之間雖互相來往，又各自獨立存在，門庭若市而又充滿隱私。每一家都有典雅的木製門廊，高掛的祖像，昏黃古舊的香爐紫煙升騰，繚繞窗櫺；祠堂潮濕陰鬱，藏書樓幽深迷人；悠閒的帆船在飛雲江上擺渡、捕魚，先賢的靈魂似乎還在竹林中遊蕩，啟示著家族的未來。江南多雨，禪境溪花，自宋朝後，謝氏宗族整個開始信仰佛教。暮色臨近，附近山上的寺院就傳來鐘聲，彷彿在安慰他們神祕的苦難。傳統的「宗派門第」之景觀，就像一個托勒密宇宙體系模型，被完整地保存在這片土壤上。這是舊日的生活是過眼雲煙，「事如春夢了無痕」。因鼎革以後天翻地覆。一切都毀了，沒有一個人還記得。

三

民國二十五年，逢謝公華六十大壽。祝壽那天，宗族祠堂內外擠滿了大約有上百人，黑壓壓地輪番給他磕頭。國樂、西樂兩套班子演奏著古典樂曲和當時的流行樂曲。堂間掛滿的功德幛上，彰寫著他一生的善舉和業績。當時，他的子嗣、朋友和晚輩中已經有好幾個人當了官。有上將、少將和中將。在同輩人中，有他夫人黃淑媛的兩個兄弟：一是大哥黃震，他是黃埔軍校教官，參加過杭州之役、討伐袁世凱戰役、討伐張勳戰役、討伐陳炯明戰役和北伐戰爭，是一個辛亥革命後期的武將，後來是陸軍少將；另一個是二哥黃雄，此時也是黃埔軍校教官與高參，後為陸軍中將。謝公華另外還有一個族弟謝翔林，當時在何應欽手下，任職於濟南第二綏靖區司令部衛生處。大家紛紛從部隊回家，為他祝壽。有些人還帶著副官、姨太太和衛兵回來，真可謂門庭若市、高朋滿座。宴席間軍裝與旗袍竟相爭豔，鄉里友人與仕途顯貴推杯換盞。蔣中正也是浙江人，早年與謝家亦有往來，此時也送來了一塊金匾，上書：「仁人多壽。」

卿鎏也回來了，這時他已經二十七歲，剛到國防軍醫處供職，成了中校軍醫。「陋室空堂，當年笏滿床」。此時應是瑞安謝家最鼎盛的時期。

四

不止一次，卿鎏曾忍不住對鄉里那些長得頗有姿色、或大街上偶爾過路的女子搭訕。因他是個公子，又是讀書人，對方也願意和這個少年戲語。只是這種事謝公華是很看不慣的。為了防止卿鎏因少年輕薄荒廢學業，謝公華便提前為他選好了一門親。父母之命，媒妁之言，聽從是孝道。那時卿鎏才只有十五歲。

某日，謝公華對兒子說：「今日你別讀書了，跟我出去辦點事。」

卿鎏也沒問是何事。那時父親時常坐轎子將他們兄弟帶出去，或是幫忙拿東西，或是哪個親戚又要寫碑文。他沒在意，走時手裡還拿著一卷書，好在轎子裡讀。等轎子到了一家宅院門口，卿鎏才發現，父親是讓他來相親的。讓孩子們在婚前先見一面，這在當年算是家長開恩了。很多夫婦都是到了新婚之夜，才第一次見面。

卿鎏進去後，抬眼見到的是一個長得很好的瑞安少女：纏足，瓜子臉白淨無暇，細細的娥眉掃入鬢角裡。她的身材纖瘦玲瓏，一臉靦腆羞澀，可以說雖無黛玉之貌，卻也略有顰兒之態。碰巧這女子也姓林，名沛琴，長卿鎏一歲。據說林沛琴見到卿鎏時，也是莫名便喜歡上了這個皮膚白淨，儀態優雅的謝家公子。林沒有讀過多少書，但也識得幾個字，會一些女紅：如製衣、刺繡、烹飪或琴棋之類。據說當卿鎏見到她親手刺繡的一面鳳凰圖時，不禁也為其罕見的針法折服。

林沛琴是很傳統賢淑，在嚴格家教中長大的姑娘，謙卑、羞怯、但為了丈夫也可以不顧一切。這第一次見面，她已有些戀戀不捨了。她的寧靜與內向雖然還不足以讓卿鎏對她也產生多麼灼熱的激情，可也油然生出新奇的好感來。因從小就凡事遵從父命的卿鎏，與許多過去的舊中國讀書人一樣，曾經也相信飲食男女之情，是可以產生在婚後的。於是，才十六歲的少年謝卿鎏便與林沛琴結婚了。兩年後，他們生下一個孩子。

五

我外公早年嗜書如命，幾乎終日懶得下樓，但他有自己祕密的抱負。讀中學時，他就嚮往去學西醫。結婚五年後，他自己去省裡應試，名列榜首，於是竟考入了中華民國北京國防醫科大學。一九三一年，他二十一歲，穿著一襲長衫去了北京。剛到北京不久，又聽到九·一八事變的消息。東北一亡，整個華北吃緊。北京國防醫大是高級軍醫的雲集地。戰爭期間，為保教學體系之完整與人員安全，舉校遷到了南京。卿鑾便又隨之到了南京。他一邊進入南京中央醫院臨床工作，一邊攻讀高空病碩士。這書一讀又是七年，畢業後分配到航空軍事委員會醫療處。很快，他又受命要開赴西南空軍基地。他開始了戰爭時期頻繁輾轉東西，負責各戰地醫院的院長生涯。總之，瑞安的家是顧不上了。

林沛琴一直在等他回去。一場場的空等。因後來那些年，她等到的消息都只是一連串沒有過程的結局：如卿鑾當醫生了、卿鑾上前線了、卿鑾今年不回來了、卿鑾發出消息要與她「登報離婚」又與別人結婚了、卿鑾又生了幾個孩子、卿鑾留在重慶被他們整了……以及最後的噩耗：卿鑾死了，可能是自殺。

她記得抗戰期間，和卿鑾還見過一兩次，但都匆匆而別。最長的那次在南京，卿鑾請族中家人送林沛琴攜兒子去小住了五個來月。他帶著她們在這座古城裡走馬觀花，給她買了幾件旗袍，還讓他們的兒子得以在那兒上了一陣城市小學，帶他們去吃南京板鴨。這大約是林沛琴一生中唯一的一次出遠門罷。因後來她再也沒有離開過瑞安，從形式上也從未離開過謝家。舊式中國婦女從一而終，不算什麼稀罕事。按傳統，被休或離異過的女子，無法寫進族譜。但大約因當年是謝公華親自訂的婚，加上卿鎏對她的虧欠，故林沛琴之名是例外地被寫入了《瑞安謝氏宗譜》的。他倆的兒子後來也一直在瑞安生活，成為我母親同父異母的一位遠方的哥哥，一個我至今從未謀面卻又有隔代血緣關係的舅舅。而且，我始終相信，卿鎏儘管後來另組家庭了，但內心深處對林沛琴仍是很敬重的。

六

我外公於一九五二年遭逢慘烈的意外去世之後，因沒有找到屍首，故也無任何骨灰。家人便將其部分遺物、書籍與衣帽等送回浙江安葬，在祖墳邊建了一個衣冠塚。四十七年後，即一九九九年，他的元配夫人林沛琴女史才在瑞安去世。這期間，她沒有改嫁，始終是一個人過著樸素的生活。

林沛琴雖曾被卿鎏以當時「登報離婚」的流行方式結束過關係，但謝家族人則始終將她視為最親切的家人、兒媳與卿鎏的妻子，受到大家的尊重。民國不少人物及其家族之間皆如此，這也是中國人對儒家傳統貞潔觀與最後一代舊式婦女之命運的尊重。林沛琴被埋在謝家祖墳邊，與其夫謝卿鎏的衣冠塚合葬一處。她們後半生未能同屋，死後也算同穴了。

彷彿是大歷史特意為兩位女性安排的先後順序：次年即二〇〇〇年冬，我外婆盛緒年也在四川德陽去世。外婆自幼喪父，生長於宜昌聖母堂恤孤院，受法國教母影響而終生信奉天主教。一九三一年，十六歲的緒年便被送到法國人在上海開辦的震旦醫學院學習西醫，在上海度過了她的整個青春時代，白天學習解剖屍體，晚上則去逛外灘、看電影、寫長信，是那時西學東漸之風下的民國新女性（參閱〈補遺與祭文〉）。外公與外婆於三〇年代中葉在南京中央醫院相識，並漸漸開始通信。一九三七年日軍炮轟閘北租界，上海淪陷後，他們暫時失去了聯繫。正在絕望與思念時，又意外邂逅於從南京向內地大撤退的一艘輪船上，從此便決定真正走到一起。他們的事太多，此處暫不贅。總之，他們是在民國大城市流行的「自由戀愛」之潮流下登記結婚的。那時我外公已三十來歲，自覺早年答應謝公華包辦婚姻太過草率。而我外婆與之戀愛時，根本不知道他在故鄉還有一位元配夫人。

直到兩人結婚生子後，外婆才知道真相。悔之晚矣。外公只能按那時流行的辦法與林沛琴「登報離婚」。他一生因此也對林沛琴母子深感愧疚。按那時傳統，鄉紳大戶人家，又是政府官員，娶幾房姨太太本是再平常不過的。甚至以他的地位，娶多少個回去謝家族人都不會反對，包括林沛琴。他也應該不難想像，若離開林沛琴，這瑞安鄉下的賢妻良母將度過怎樣孤苦的一生，他們的兒子也將失去自己最直接的父愛。但外公最終還是選擇了現代婚姻，非此即彼。由此亦可見，他是一個有愛情尊嚴的人。外公和外婆生有兩子兩女，我母親排行第三。外婆晚年病重時，我母親曾暗示問她，身後是否也要把骨灰送到瑞安，與我外公合葬？外婆則說：「不回浙江了。葬要葬在一起，但必須是單獨合葬。因天主教是『一夫一妻制』。不能像傳統中國人那樣有幾房妻妾。」她當然知道林沛琴的存在。不過，林沛琴包容了她的新，她也包容了林沛琴的舊。外婆後來葬在湖北沙市，因那裡還建有卿鎏的另一個衣冠塚。當時她們的長子正住在附近，也好為二老掃墓。

因此，外婆與外公也算合葬在了一處。只是兩座墳墓，兩個妻子。只是任何一座墳墓中都沒有外公的肉身，卻有他的「存在」。看來，他即便到了天上，靈魂也會被分給了新舊兩個元配夫人。只是他從沒有機會能「為自己掃墓」或寫碑文。

二〇一九年九月

九十九歲半

子夜，月明如晝，十二點過了。明天我將滿虛歲三十六。當我正在伏案寫作的時候，突然接到我父親從香港打來的電話，說阿嬤剛去世了。就在剛才。她享年九十九歲半，真是高壽。她死於我生日的前一天，即二〇〇七年三月二十五日。在遺囑中，她決定將遺體、腦髓、角膜、內臟與器官等，全都捐獻給了國立醫學院做教學解剖用。我不知道該說什麼。近代基督教與西醫傳播從來是一體的。阿嬤信基督教，自然也就信奉「人的肉體來自塵土，必歸於塵土」。故無所謂去追逐傳統墓葬、入土為安或「全屍」文化。因生與死的距離，其實就像今夜和明晨那麼近。她的忌日與我的生日竟也那麼近。此刻，她的冷漠，她的苛求，她刻板的表情與人生軌跡，大時代下小人物命運，所有過去的一切，也都成了夢幻泡影，虛無縹緲了。於是乎，或可為她作一小傳罷。

唯願她的靈魂永在阿爺右邊。阿嬤。阿彌陀佛。或者，阿門。

一個親切而又冷漠的人死了。這本不宜談論。

我且先抄一段里爾克〈馬爾特手記〉中的話在此：

我們每個人的死都一直包藏在我們自己的身體裡，就像是一粒水果裡面包含著果核。兒童的身體裡有一個小小的死，老人們則有一個大的死。女人們的死是在她們的子宮裡，男人們的死則在他們的胸膛裡。每個人都擁有它，這一事實賜予每個人以非凡的尊嚴和靜穆的自豪。

一個親切而遙遠的人死了。死是真的嗎？不，的確不是真的。我不相信死，正如懷疑生。在我看來，死亡之與虛無，正與生命相同：都是空的。如果生命不是真的，那死也不是。生死皆為泡影。生其實是欲望，死其實是恐懼。都不過是心的反映。

粵語、閩南語等方言稱祖父為阿爺，稱祖母為阿嬤。

阿嬤是個怎樣的人？九十九歲半又是什麼概念？可以略微細說端詳。

我的阿嬤姓劉，名慧嫻，廣東南海人，出身地主資本家。家族中的一個表哥曾娶南海康有為之女為妻，故劉家當屬晚清變法時期的新政派人物。阿嬤父名劉澤生，母鍾氏，生有一子四女。劉澤生後認同辛亥革命，並與民國一些官僚、軍閥或文人頗有來往，如胡適等。這些交往影響到了他的長子，即阿嬤的長兄：劉沛泉。其實談阿嬤，不如談他。阿嬤生於慈禧與光緒死時的一九〇八年，而劉沛泉則生於一八九三年，比阿嬤大十五歲。劉沛泉是國民黨空軍和中國航空史的怪傑，近代中國空軍的奠基人之一。阿嬤排行最小，受長兄疼愛。自一九一六年她才七、八歲時，就常隨哥哥出入軍用機場。當時劉沛泉已二十三歲，由於受到美籍華僑飛行家譚根的賞識，他成為譚根的祕書。一九一五年末袁世凱稱帝，南方軍閥震怒，第二年爆發了討袁戰爭。當時的兩廣護國都司令岑春煊，任命譚根為討袁航空隊隊長，劉沛泉為參謀。一九二二年，雲貴總督唐繼堯還聘請劉沛泉、王狄山、張子玻等人到昆明，並在香港向美國人買了兩架飛機，組成了航空處，開闢了近代中國的第一個機場——巫家壩機場。

那時，「空軍」在中國軍事上還是一個新鮮詞。其實當時所謂的空軍，只有幾架進口飛機，卻似乎很嚇唬人。只要有一架飛機在天上一飛，下面的部隊馬上就會驚慌失措。那時很多當兵的都是農民出身，從沒見過有這麼大的鐵鳥，從心理上就感到恐怖。陝西軍閥馮玉祥對士兵說：「其實飛機沒有烏鴉多。你們誰也沒有淋過烏鴉屎吧。所以，飛機扔的炸彈也不一定能炸到你們。」

馮玉祥的話純屬瞎掰，因中國人後來被日本飛機和自己的飛機炸死的不計其數。北伐軍深知空軍的可怕。於是，一九二七年初，北伐軍深入浙江時，劉沛泉便受命策反當時已經投靠張作霖的安國軍司令孫傳芳的空軍起義。他與陳棲霞等人祕密潛入上海，找到了當時孫傳芳的手下，遊說幕僚，讓飛行員們全部按兵不動，只等待北伐軍收編。孫的手下都聽說過劉沛泉這個人，對他的才能很欽佩。他們聽從了劉的安排。在北伐軍挺進上海郊區時，孫的空軍居然一架都沒有動。此事對整個北伐意義重大。事成後，劉升任國民革命軍東路軍航空司令。不久，他又被任命為雲南第十路空軍司令，並組織了東西南民用航線。當時飛機剛發明不久，大多是雙翼老式飛機，具有很大的危險性。不時也有空難發生。故那時一般中國人還不敢坐飛機，覺得那東西也太玄了。

阿嬤對北伐完全不懂，也沒興趣。但她喜歡飛機。她自小熱愛音樂，在廣州真光小學讀書時，便與後來成為著名音樂家和「叛國者」的馬思聰夫人王慕理是結拜姐妹。這一層關係對我父系家庭以及我父親有深遠影響。一九二七年大革命時期，阿嬤十九歲，為反抗傳統家庭束縛，她獨自跑到上海去學鋼琴。她從小便膽大。一九二九年夏天，劉沛泉進口了一批飛機，並在廣州大沙頭建立了一個臨時的水上飛機表演場，用六艘「紫洞」號豪華遊艇作為報名處，希望社會各界都來乘坐飛機。在劉的宣傳下，廣州男、女青年會、精武會（當時的會長陳公哲是劉沛泉的結拜兄弟）和一些律師、醫生、教授等都紛紛第一次乘坐了飛機。阿嬤也就約同王慕理、潘鳳群，以及當年的「韓國空軍之母」權基玉等九人，也坐上了飛機，成為第一批「登天的中國新女性」。劉沛泉駕駛飛機做長途飛行時，基本上都會帶著這個小妹妹，讓她飽覽地平線的風景，或上海與南京的繁華。飛機飛到哪裡，都引起地面上的人一片羨慕與驚恐。阿嬤還主動跟著一個飛行員在天上玩空翻、三百六十度的大翻捲、滑翔、顛倒飛行等，把地上的觀眾看得一身冷汗，大呼小叫。但阿嬤一點恐懼感也沒有。

一九三二年「一二八事變」與中日淞滬戰役爆發。戰爭持續一個多星期，日軍出動二十多架飛機轟炸上海閘北。但十九路軍頑強抵抗，血戰淞滬，死守閘北，以傷亡三分之一的慘重代價，獲得了暫時的勝利。日軍撤退後，十九路軍軍長蔡廷鍇和總指揮蔣光鼐，因皆與劉沛泉是好友，常有來往，便到劉家來吃飯，並談到空軍的重要性，提醒他，應盡早組建中國空軍。一九三三年，劉沛泉又被蔣介石冊封為中國航空公司副董事長兼總經理。他常架機察看南粵地形。有一次，當他飛越從化縣境內時，忽然，他隱約看見茂密的崇山峻嶺之中，有一脈雪白閃耀的線條。於是他立刻讓飛行員超低空，壓著樹尖上飛行。他發現，那線條原來竟是一掛奔瀉的大瀑布。返航後，他即與人按大約方位去尋找。他們在荒原中披荊斬棘，終於來到瀑布邊，而且還無意中見到一處泥沼冒著蒸汽。據那裡鄉人說，這泥沼之熱，可把雞蛋泡熟，試之果然。意外的發現使劉沛泉欣喜若狂，於是以石碑記之。這便是後來著名的「從化溫泉」。劉後來與不少軍政人物陸續去建溫泉別墅，如國民黨元老胡漢民等，亦在瀑布旁的石壁上刻下詩句。劉則在那裡造了一座精心設計的大別墅。其建築形狀，竟與一架大型雙翼機相似，且建築露臺、窗、雕刻的屋簷及閘燈等，充滿巴洛克式的細節。劉取浮生若夢之意，將此樓命名為「若夢廬」，後俗稱飛機樓。每當閒暇，劉必與友人到此休息。如當時的國民政府主席林森及蔣介石等人，皆先後到此閒居。尤其林森與劉亦為好友，常朝夕相處，關係密切。因阿嬤說，她很早就認識林森。住在別墅裡時，也時常歡宴聚會。但那時她對男人們的那些事、政治、戰爭之類沒興趣，只想搞音樂。雖然身邊都是些政客，軍人，但她只每天練琴、讀書，閒暇時與阿爺漫步在溫泉森林裡，看落霞飛鴻，聽晚雨晨鐘。阿嬤和哥哥感情深厚，劉沛泉也任由她閒來閒往。若夢廬大約是她早年最美好的記憶。但天下沒有不散的宴席。一九三七年中日戰爭終於全面爆發。不到一年，廣州、佛山都相繼淪陷。劉家遷居香港，若夢廬便被拋在了戰爭的另一邊。

據說，我的舅公爺劉沛泉十分憎恨日本人，他認為是日本人干擾了他的航空事業。在香港期間，他還惦記著組建空軍，但情緒變得越來越怪，常生病。一九四〇年端陽節的一個深夜，劉忽然感到胸悶，說出去走走。他剛一出門便摔倒在地。家人立刻將他送到醫院，但沒過幾小時，他就去世了，病因是心肌梗塞。他死時只有四十七歲。蔣介石派人送了個花圈到香港。劉被埋葬在香港華人永遠墳場。那是香港的夏天，大街上，送殯的車隊很長。各種政界和軍界，以及航空界與文化界的人物，能來的都來了。而對劉沛泉的去世，最傷心的人卻是阿嬷，她日夜哭泣。從此她變了。

一九四一年十二月八日，上午大約八點鐘，隨著太平洋戰爭的爆發，日本人派出了十二架飛機轟炸香港，港九相繼淪陷。那天，阿嬷和阿爺，帶著我父親，一聽到空襲警報聲就跑到了大街上。他們抬頭看天空，覺得漫天都是飛機，無數炸彈像冰雹一樣落下來。日本陸軍則渡過深圳與海南，開始對香港圍攻。英國軍隊自然要抵抗，但是他們根本不是日本人的對手。阿嬷帶著我六歲的父親在街上東躲西藏，但到處都在爆炸，房屋坍塌無數，彈片與石頭亂飛。他們跑到地窖（那裡人叫地廬）裡，隱蔽起來。我父親聽著日本軍隊攻打九龍的槍聲，他覺得像是阿嬷晾衣服時打晾衣竹竿的聲音。槍聲持續了大約一天半，英國軍隊還是失敗了，他們聽到皮靴與馬鐵掌的聲音挺進九龍的大街。

戰後的香港街道上垃圾堆積，汙水橫溢，疫疾流行。

日本人在香港推行「香港日本化運動」，取消英文課，規定日語為主要課程，華文課被縮至極少。學生倘有反日情緒或日語成績不好，就會慘遭迫害或當眾被打死。在這裡是絕對不可能學習的。當時日軍還頒布了「華人疏散方案」，強制從香港遷出華人五十五萬四千人；一九四二年三月，再疏散四十一萬九千人；加上無法謀生或因政治原因而離港者，日據香港時期，原有一百六十四萬港人只剩下六十萬人，另有三萬日本殖民被輸入香港。世態大亂。於是，阿爺和阿嬤就帶著孩子們（阿爺當時任香港華英校長）在日軍的空襲追逼下，周旋逃難。他們帶著家人，僕人和學生從香港坐上一艘難民船，回到了廣州。接著又是內戰、解放、土改、鎮反與朝鮮戰爭……到了一九五二年，大家就再也不能回去了。大陸與香港已成兩個世界。不過這些並未影響阿嬤的音樂事業。因她與王慕理的關係，一九五四年，馬思聰和音樂學院的一些老朋友請她北上到了天津，任教於中央音樂學院（當時中央音樂學院在天津）。阿爺任圖書館館長（當時叫主任）。但他們並不知道這次遷居將會帶來什麼。五十年後，我父親說：「現在看來，決定北上天津這一步，我們家是完全走錯了。」馬思聰將阿嬤一家安排在校外的一個職工宿舍——解放南路三七三號，這裡曾經是袁世凱一個孫子的花園與房屋，後來被改建成民房。宿舍窗戶向南，陽光很好，能看見院子裡的樹林。那時音樂學院還沒有小學，中國也十分缺乏自幼就學音樂的孩子。樂器演奏與生理關係密切，從小學琴的「童子功」與長大後學琴的「橫練功夫」完全不一樣。馬思聰夫婦很希望建立一個附小。於是，阿嬤就開始認真籌備起來。後來附小成立，阿嬤任第一屆校長（主任），兼教鋼琴課。可好景依然不長。一九五七年到五八年我阿爺和我父親相繼都被打成了「右派」，下放。阿爺被撤職去掃廁所了。而我父親本是馬思聰最好的學生之一，則去了四川。

早在二〇年代的燕京大學（一說是在廣州中學時期），有四個人同住一個宿舍，睡上下床，分別是：廖承志、冼星海、司徒喬、楊景循。前面三位都是歷史文化名人，此不贅言。最後一位則名不見經傳，自五〇年代後，他都在音樂學院過著波赫士式的圖書館館長和教授英語的粉筆生涯。對前面三位我都不感興趣，但對最後一位我卻特別尊敬他，因他就是我的阿爺。到六〇年代，阿嬤阿爺退休回了廣州，住在東山恤孤院大概原屬基督教會的一棟舊樓裡。那棟樓的門鈴，是用一根繩子，牽著一個鈴鐺一直掛到二樓上。來人只要在大門外拉一下繩子，裡面的人就能聽見。一九六七年，馬思聰夫婦因被衝擊逃出了北京。他們南下從廣州偷渡香港前，曾最後猶豫是否來阿嬤家暫時躲藏一夜。但他們終於沒有來，也沒有拉那根繩子。大概馬不想連累任何人。可他又不得不找一些親戚朋友幫忙。馬離開後，追蹤他的人馬上就到了廣州，凡是與馬有聯繫者全都被逮捕，只有阿嬤和阿爺倖免。

我第一次見阿嬤與阿爺，已是一九七四年的事了。我兩歲，第一次隨父親回廣州探親。但阿嬤給我的印象一點也不好，很嚴厲，很苛求。如飯前必須先喝一碗湯。筷子和碗要拿正。吃飯時左手不許放下碗，直到吃完。吃西餐時，刀叉也要左右擺好，不許擺錯。喝湯時，勺子要從裡往外舀。走路時，手不要甩。睡覺前要對大人說「早晨」。就差早請示晚彙報了。廣東人加清教徒式的繁文縟節太多，讓我極其厭倦。之後是一九八二年，我十歲時，再次見到她。她的規矩依然那麼嚴厲，對我似乎總帶著審查的目光。於是，我後來對整個廣州城和祖父母家都有一種排斥感。但那一年，我從廣州回重慶時，也第一次坐了飛機。阿嬤為我買了機票。不過，我可不像她那麼有感覺。飛機剛一起飛，我就一路昏睡，直到落地，對天上的事完全想不起來。

最後一次見阿嬤是一九八八年，我十六歲。因要去海南島，我和詩人子午途經廣州。我去看望阿嬤，並在她那裡借宿一夜。我站在門口，拉動了那根繩子和鈴鐺。阿嬤的臉出現在二樓的視窗。她看見我，笑了。這是我第一次看見她笑。而且笑容很快就消失了。她還是那麼冷漠和黝黑，而且更老了，走路蹣跚。她很驚訝我怎麼會突然來廣州。而我很奇怪為什麼她對我從無親切感，遠不如阿爺。莫非是因為我未學鋼琴，她很失望？也未可知。但我也從未聽到過她對我有任何藝術期望。我的每次到來，都像是鄰居家的孩子來借醬油一樣。我印象中，她從未對我說過任何關心的話，只有一些瑣碎的古怪要求，如「烤麵包時要注意翻面，一定要烤到焦黃。抹黃油時也一定要抹一塊，吃一口」之類。你來了，她也高興不到哪裡去。你離開，她也不會覺得難捨。從小到大，她從未去重慶或北京看過我，也從未給我寫過一封信，打過一個電話。就彷彿我不是她的長孫。

自古慈孝一體。她不需要你去盡孝，故她也從不會表達慈。

那一年阿爺患了失憶症，然後去世。不久，阿嬤便進了養老院。

在後來的二十年裡，她的記憶力也逐漸消退。她一個人帶著皺紋、白髮與渾濁的目光，像尤利西斯一樣恍惚終日。除了創立音樂學院附小，或將我父親培養成音樂家外，阿嬤一生沒有什麼大的成就，只不過經歷了大的時代。但她此刻卻會指著我父親說：你是誰？離得越近的事，她忘得越快。她記得最深的都是兒時的事，如南海家鄉街頭剪了辮子的革命黨、北伐、三〇年代的大上海、鋼琴課、飛機、劉沛泉與戰爭……有時，她也會驚人地想起在幾十年前的某一天，在某個地方給某人打過一個電話，把電話號碼說得一字不差。

據說她去世前，倒還向人問到過我的近況。難以置信。

因九十九歲半是個什麼概念？我無法想像。既然什麼都想不起，又豈能想得起我來呢？壽則多辱。此時此刻，她的大腦與四肢、眼睛、骨頭與五臟六腑，都已經被解剖成了零件。這似乎就像傳說中的亂刀分屍一樣恐怖。我甚至感到我自己身上的一部分也被拆散了。願意這麼做的，整個廣東省也只有兩百來人。難道這就是「賜予每個人以非凡的尊嚴和靜穆的自豪」嗎？

我無法判斷。於是，就讓我寫下這篇隨筆，來為她下葬吧。

文學雖然起不到衣冠塚的作用，但興許能安慰亡靈。我想，這個世界上對阿嬤最重要的人，恐怕只有劉沛泉。長兄英年早逝後，似乎陽壽都給了她，而她早就把一切都看淡了。包括對自己、親人或後代，包括對生死。人死如燈滅，這不苟言笑的、黑矮的祖母、這民國乾枯的「新女性」，整整一個世紀以來，她也一定有她的情感死角。只不過那角落被表象與麻木遮蔽了。她雖對我「不情」，但我卻要在此對她「情不情」。因我相信，一切生命都是一代還一代。論不朽，天下惟情感是正經事，其他全都是鬼混。

一個親切而又冷漠的人死了。願她安息。

阿嬤。阿彌陀佛。或者，阿門。

二〇〇七～二〇〇九年

第五寇

——就曾祖楊襄甫先生救孫文史紀略談

乍暖還寒好時節，意外得家父一則消息，云最近在香港讀到歷史學家黃宇和先生出的一本書，書名叫《孫文革命：聖經和易經》（香港中華書局，二〇一五年）。此或為研究孫中山早期革命史學之新著。關鍵是，書中專門花了兩大節篇幅——即第七章〈孫文的師友：身在聖經而心在易經〉中的第三節：「楊襄甫[注一]：賣掉豐厚家產去當清苦宣教師的儒士」與第四節「楊襄甫：華人可不是次等基督徒」（見該書一七五～一八二頁）——談到我的曾祖，即晚清基督教牧師、醫生、學者和早期興中會祕密革命黨人楊襄甫（榮誌）與孫文的關係。最意外的是，文章起首，黃先生竟完整地引用了我在二〇一一年初夏時，寫的一篇尋曾祖遺著的短文。於是我很感興趣。這些年來，我幾乎已經收集到了曾祖楊襄甫的所有遺著、能見歷史文獻、注釋、圖片和相關人員的口述等，早已積了數十萬字的家史資料。那篇尋書短文已無意義。但如黃宇和的書這樣，將楊襄甫在孫文早期革命中的作用作為重點提出的，我倒是第一次見。尤其還涉及到我個人，豈能不讀？

但是讀到黃宇和先生的文字時，頗覺遺憾。看來，他幾乎完全不瞭解楊襄甫當年在清末基督教內的文獻資料，以及與孫文的特殊關係，對我短文的看法也都是錯漏。

黃先生開篇第一句便說：楊典的資料是「貌似荒謬但其實非常珍貴的線索」。可見，他自己並不確定我的文字是否屬實，只是「線索」而已。對我文中提及的「廣州起義失敗後，孫亡命海外，楊曾二度救過孫文之命，自己也曾參與反滿起義與革命」之語，黃先生竟很詫異地問曰：「孫文亡命海外以後，楊襄甫幾乎全部時間都在廣州，何曾出洋『二度救過孫文之命』？」

我的短文雖為急就章（本為父親節時尋遺著而寫），但僅僅是「線索」嗎？

我可以負責任地說，所有的文字都是有出處的。在此，我就把歷史資料中最常見的兩則引來一讀。希望黃宇和先生能看到。

楊襄甫第一次救孫文，是在一八九五年廣州首義之時。據李敖先生《孫中山研究·中國第一個西方醫鈕》（中國友誼出版公司，二〇〇六年）中所引，民國二十四年廣州嶺南大學孫逸仙博士紀念醫院籌備委員會編印的〈總理開始學醫與革命運動五十周年紀念史略〉一文，其中有「楊襄甫小傳」記載：

楊早先在博濟學醫，研精化學，嘉約翰院長延之助教，後決志為宣教師，主持沙莫大街倫敦教會，於基督教外，博通中西群籍，尤留心時務，先生敬仰之甚至。自轉學香港五年間，每年寒假暑假來廣州，必至楊所，共約尤少紈來，三人縱談國事，常至深夜。得意時，先生拊楊肩曰：「將來之內閣總理也。」廣州首義失敗時，楊調任佛山走馬路（編按：街名）倫敦教會宣教師，先生走避楊所一日，至夜乃去。

武昌起義，楊窮數月之力，起草治國大法，獻議於先生。及先生解職回粵，遇楊於博濟，謂之曰：「爾到我處易，我到爾處難。多人護衛，甚苦也。」楊以先生應接忙，卒未往見。及先生屏居上海，計劃全國鐵路，楊往見，條陳治廣東三江水災計畫，先生許以將令胡（漢民）陳（炯明）辦理，旋因二次革命失敗，楊之計畫不行。

護法之役，軍政府改為總裁制，先生將離粵，約楊一談。楊應約往，行至東堤，槍聲忽起，車倒傷足，又不果往，以任總裁告假去派代表窺內容十二字，托來使密呈先生。民九（民國九年）先生再返粵，楊已先一年逝矣。（見該書二五九頁）

這段史料不算長，但很清晰地寫明瞭廣州首義、武昌起義和護法運動這三個重要階段中，楊襄甫與孫文的關係，以及如何「救命」。第一段「走避楊所一日，至夜乃去」，即楊襄甫第一次救孫文命之證據之一。類似證據，還有如陳衍芬先生《楊牧師襄甫先生之生平傳略》（香港九龍北京道五十七號基督教文藝出版社，一九六八年）所載：

革命黨在羊城謀起義，因機謀不密，羊城雙門底之機關被破獲，事情敗露，受粵省滿清政府嚴緝。孫先生因微服繞道出走，路經佛山，隱於福音堂（楊）先生家一日。其時，余隨三兄每晚到福音堂學道，因得見孫先生。當晚，楊師母親具點心宵夜，其情形尚隱約在腦海中。不意七、八年後，余又入香港醫學堂進修，與孫先生寔是先後同學也。

其實在我家族口述歷史中，孫文並沒有這麼瀟灑。當時清兵圍剿阻截，據說孫是先屈身躲藏在楊襄甫平時講臺的桌子底下，瞞過進來搜查之人的。

黃宇和先生又提出我的話云：「最離譜的地方在於指稱『孫文早期與其為同學（因孫亦基督徒）。同是基督徒就是同學？沒有證據表明比孫文大十一歲的楊襄甫與孫文是同學。」這個論斷，顯然也是黃宇和缺乏相關資料所至。所謂同學，乃是指他們在博濟醫院的同學兼校友關係。孫也是博濟的學生，如蒲貫一先生的《楊牧師襄甫事略》云：

孫中山先生，自博濟畢業後，再就學於香港雅麗士醫院，每逢假期，必返羊城，訪牧於沙基堂，相與談道，講學，然每感國家多難，外侮憑陵，清廷昏聵，未嘗不唏噓流涕，相與策劃救國之方，本基督役於人之精神，以改良政治為己任，如是者兩年。

此處的「牧」，即指楊襄甫牧師。晚清年間，西醫學院都是基督教會辦的。中國基督教教友之間，常互稱同學。即如前陳衍芬文中所云之「先後同學」。其中也包括陳少白、鄭士良、史堅如等早期參加過惠州起義的基督教教友或烈士。譬如陳衍芬在其文中就說：「（楊）先生素與革命黨人孫逸仙與陳少白兩先生交遊甚密……故孫、陳兩先生極佩服之，並素以師禮待之」云云。可見，他們不僅同學，還亦師亦友。

再如李敖在〈孫中山研究．中國第一個西方醫鈕〉中所言：

在「博濟醫院」的同學中，有練達成和的楊香如，也曾贊助孫中山革命。博濟醫院的楊襄甫、尹文楷，和尹文楷的丈人區鳳墀，也都是孫中山革命的同志。間接與博濟醫院同學有關係的革命志士是尤列（少紈），尤列是博濟醫院同學尤裕堂的族人，後來與孫中山成為好朋友，成為「四大寇」中的一寇。（見該書二五五頁）

因他們都是在博濟醫院學的醫，故皆可稱校友或同學。況且，孫與楊在入基督教的關係上，都算是區鳳墀的學生，這也是亦師亦友的關係，故也是一層同學關係，與年齡何干？我之所以強調「孫亦基督徒」，乃是因為在大陸學界，因意識型態原因，一般不太強調孫文的基督徒身分，只以偏概全地貼上一個「革命先行者」的標籤，以愚黔首。黃宇和此書書名既然有「聖經和易經」的副標題，想來必是很關注孫文思想中的基督教與儒家這種雙重精神。關於孫、楊之教友同學廣泛關係，尤其可參考民國二十八年，馮自由先生《革命逸史》（此書在二〇〇九年由新星出版社出過簡體版）中的〈孫總理信奉耶穌的經過〉與〈興中會革命時期之同志〉等幾篇史紀文字，馮在書中多處提及楊襄甫。在馮所排列的「興中會前半期之革命同志」名單中，若水泊梁山，共有一百七十三人，而楊襄甫則排在第五把交椅，足見其在當時作為元老的重要性。前四位，除孫文外，也都是基督徒，如陸皓東、鄭士良皆先後死於反清起義，排第四位的區鳳墀則是孫、楊二人之師。其他人包括著名的「四大寇」在內，都在其後（後文提及的曾與楊襄甫一起寫信的左斗山先生，排在一百四十八位）。眾所周知，在中國傳統的政治系統和語境中，人在組織中排名的次序，從來就是表現其重要性的方式之一。馮自由是民國二年的總統機要祕書，他編纂的《革命逸史》在當時頗具「論資排輩」的權威性。馮在之前的那篇〈興中會初期總理之友好及同志〉一文中，楊襄甫的排名則在第八位，前面多出來的三人，兩個是美國牧師，一是給孫文施洗的喜嘉利，一是博濟醫院的院長嘉約翰；另外一個叫何瞭然的，也是因他曾是孫文的化學老師。他們都不算革命黨人。但是後來一旦真正進入興中會革命黨的名單時，楊襄甫就躍升到第五位了。馮在文中對楊襄甫的簡介是：「博通中外史籍，總理甚敬仰之。民國成立後，曾任農林部參事，後仍充傳教師如故，嘗向總理條陳治國規模數次」云云。馮對楊的排名，也足見基督教徒在興中會早期對革命之影響。

當然，革命者們往往難以超越一種「暮氣」。譬如，當年名震晚清的「四大寇」中，除了孫文之外，其他三人即陳少白、尤列、楊鶴齡的後期歸屬，都有些像楊襄甫，他們不是最終回歸到基督教、在鄉里辦教育、做學術研究，便是過著一般平民生活。故我曾將曾祖也戲稱為

「第五寇」。

我們再來看楊襄甫第二次如何救了孫文。

一九〇四年，孫文乘坐「高麗號」輪船，從美國檀香山去三藩市「推銷革命」時，因護照問題和美國的排華方案，以及他剛加入洪門幫會的身分，即作為亂黨被扣押，關在「天使島」的一所小木屋裡。據說這是「三藩市碼頭附近移民局專門給非法入境者設置的小木屋」。關於這一次，可用的各方資料和言說就太多了，我們隨便就可以找到一則來讀。譬如《三聯生活周刊》第六五一期所刊李菁先生文章〈孫中山在美國〉，其中便寫到：

> 小木屋簡陋，與外界完全阻隔。有一天，孫中山有時間從他人那裡借到一份僑報《中西日報》，見上面寫有「總經理伍盤照」的字樣。他猛地回憶起一八九五年從香港逃離時辰，基督教教友楊襄甫、左鬥山兩人，曾專程寫信給三藩市《中西日報》總經理伍盤照，請他念同教的情意，對孫中山予以照顧。這封信孫中山暫時沒用上，仍留在皮箱裡，他立刻根據報上位址寫了個便條，讓一位西洋小報童送到《中西日報》。伍盤照收到信後，馬上按信封英文地址趕到木屋去，當時，伍盤照還兼任清廷駐三藩市領事署顧問，領事何祐經常向他求教對外事宜。伍盤照一方面正告何祐：孫中山係革命黨，不能指為亂賊，請勿激起眾怒；另一方面，又去拜訪三藩市致公堂大佬黃三德、英文書記唐瓊昌。危機時候，黃三德立即構造營救。他先以自己的名義拿出五百美元做保證金，保釋孫中山，又花五千美元邀請那時檀香山聞名律師何利為孫中

山上訴。據黃三德在《洪門革命史》中回憶，官司一直打到華盛頓最高法院，經過十七天的審訊，終極獲勝訴。一九〇四年四月二十八日，美國政府工商部電告三藩市海關，許諾孫中山在美居留。使孫中山索性甩開了各種顧忌，在美國公開從事革命活動。

關於此事，論述太多。最典型的還有馮自由《革命逸史》第二集中「基督教友及致公堂之助力」一篇所詳記，以及陸丹林〈總理的一位師友楊襄甫〉一文（見榮孟源、章伯鋒編《近代稗海．革命史譚》第六四二頁，四川人民出版社，一九八七年），其中所述，也大概如此。這兩份資料，黃宇和先生在其書中後文（第八章）也有引述，並注明了出處。可以說，近年來大凡寫「孫中山傳記」類的書，幾乎都或多或少地提到過這件事。網上的資料我就不一一找來引用了，大家可以自行搜索。其原始文獻，除了馮自由的書，應該也是教內眾人統一的口述歷史，想必出入都不大。當然，我們也可以說，在營救孫中山的過程中，遠不止楊襄甫和左鬥山的信（這封信竟然是九年前就寫好的），還有眾多基督徒教友和其他人的幫助。但楊、左的信卻是此事之第一功，應該屬實。

另外，我可以再補充一則家族內的史料。楊生有七子三女，共十個孩子，我祖父楊景循為其第七子。據楊之長女楊若蓮所寫回憶文章〈楊襄甫生平傳略〉記載：

楊在教會工作，少受粵省清廷注意，孫先生授意其於沙基開設西藥房，作為掩蔽之所。一回，孫先生被清兵追捕，避入西藥房，清兵闖進西藥房盤查，楊在前門應付自如，孫先生得在後門脫險。

這件事發生在廣州首義之前。所以，說楊襄甫救孫文，光是文字記載的，最起碼就有三次，而非兩次。更不用說他們在興中會初期來往頻繁，在那個資訊或事件極少被記錄，因敏感的身分和危險隨時都有的年代，加之楊襄甫個人很少提及這些舊事，後人看不到的「第一歷史」恐怕還有很多。楊若蓮的文章是我祖母留下來的，為番禺南浦楊智基先生（近年來一直在負責修《楊氏族譜》）所保存，後又經過叔父傳給我。故真實性確信無疑。

故此，在《孫文革命：聖經和易經》第一九九頁中，黃宇和也終於承認道：「本書上一章述及楊襄甫留給家人的口碑，謂曾二度救過孫文性命，也不為過：第一次是一八九五年十月，第二次是一九〇四年四月。」

可惜，這些事絕非是「口碑」或口述歷史，而是都有文字記載的。

再有，黃宇和說：「為楊襄甫施洗者並非湛約翰牧師而是皮堯士牧師。」果然如此嗎？我們再來看看蒲貫一《楊牧師襄甫事略》上的詳述：

一八八三年三月，牧以事道過第七甫會堂，遇雨傾盆，牧避於堂之對鄰，隱聞講道聲亦入聽焉。時宣道者，為梁牧柱臣也，牧初聞道，不甚瞭解，索然無味，遂轉至閱書室，翻閱證道小書，瞬息間盡十餘種，心境頻異，天晴人散，牧猶坐室中，且看且問，夕陽西下，仍手不釋卷，而忘其所事，梁牧深以為異，乃事以其他證道叢書俾歸而玩索，自是日必到堂與梁牧辯道之餘，則假書以歸，而牧以不辯不明之態度，常援儒佛之道以折耶，閱數日，區奉持君□（編按：原作即缺字）聞牧般般於辯也，遂與論道，竟至寢食，區梁二君，以與辯道，遂成莫逆，牧之獻身上帝，實基於此，即鴉片之累，亦一朝解脫，足見牧悔過自新之精神也。半年，牧遂決心獻主，乃由湛牧為其施洗焉。

此文很清楚地提到是「湛牧」，而非「皮牧」。不過，我的原文（見注一）誤將「湛牧」寫為「湛羅弼牧師」了，這個倒是應該糾正的，或許應該是湛約翰牧師（但誰又能真正證明此湛非彼湛？）。蒲貫一牧師也是基督教內人，其所寫事略，一直是關於楊襄甫的重要歷史資料，所言當不虛。（注：蒲文是電子資料）

最後，黃先生還提到關於楊襄甫在民國元年，臨時上任的究竟是農林總長、農林廳長還是農林參事？第一任總長陳振先，也是楊襄甫的門生。這個問題倒是的確比較麻煩，我讀到的各方資料也略不同。如陸丹林〈總理的一位師友楊襄甫〉中寫的是：

楊氏的門生陳振先任農林總長，特請他北上任參事，因為他平日對於治河很有研究，治河和農林業有關係，故他暫辭教會的職務，北上任職。袁世凱知道他是基督教的老學者，幾次約他談論教道。可是袁氏別有見解。雖然楊氏幾次的忠誠勸導，言者諄諄，聽者還是藐藐，枉費了他一番的說教。幾個月後，他感到北方官僚氣氛的汙濁，也就不耐煩於苟全，便辭職回粵，還是在倫敦會（後來改稱中華基督教會）宗的禮拜堂充當牧師。

好在孫、楊二人的關係中，當官不算什麼大事。既然楊當時北上就任只有數月便辭官了，估計也未嘗真正就職，也未可知。這一則史料透露的更重要資訊是：楊襄甫在北京期間，曾經幾次勸導過袁世凱認同基督教，但袁世凱不以為然。而楊襄甫的辭職則是對官場的不滿。不過既然此文被收入的是《近代稗海》，所以陸丹林先生的話是否完全屬實，還需更多資料來互證才有意義。

黃先生在書中說我的短文「錯誤百出」，我不知除了關於「湛牧」或「農林參事」之名寫得比較有爭議之外，其他的九十九個錯誤在那裡？綜上所述，我卻只能說：是黃宇和先生在收集史料時，幾乎完全不到位，便匆忙成書出版了。我也不得不說，黃先生文中對楊襄甫獨立個性、判斷和歷史地位的溢美之詞，無論是引證還是議論，都「勇氣可嘉」。只是性子急了點，很不嚴謹。此乃史學家大忌。就如我若將「廣州起義失敗後」寫作「前後」，恐怕也就沒有關於「救命」時間與地點的爭議了。據網上簡介，黃宇和先生（一九四六～）是史學界著名的前輩，也是廣東番禺人，與楊襄甫是同鄉。而且黃先生早歲留洋，畢業於牛津大學，現在則是英國皇家歷史學院、澳大利亞國家社會科學院、澳大利亞國家人文科學院等各院院士；黃在美國胡佛研究中心，港臺各大學乃至清華、北大等，都開過講座，而且還有「國際知名孫中山研究權威學者」等頭銜。的確值得尊敬。我尚未通讀《孫文革命：聖經和易經》全書，對此書其餘部分，暫不敢妄評。但在這麼一部有關孫文的專著中（尤其書名中還強調了「聖經」），單就楊襄甫問題而言，黃先生卻又犯了資料十分不全，對近代基督教內歷史文獻過度缺乏瞭解的情況下，便匆忙下結論之弊病。實離胡適所言「大膽假設，小心求證」之精神尚遠。

唯一欣慰的，是「楊典」這個本與晚清史八竿子打不著之名，借曾祖楊襄甫之光，又承蒙黃先生「關照」，竟得以第一次入了孫文研究領域，也算是我個人的一樁幸事罷。

二〇一五年三月

【附：清明遙奠曾祖楊公襄甫祭文】注二

曰若稽古，祖考雄蔭
南渡殤詠，番禺西溪
四知遺脈，季宗世系
尊諱榮誌，襄甫以行
鄴架書香，家族豪奢
廢著鬻財，癖阿芙蓉
祖素有志，九歲喪父
圃園束讀，過目成誦
求道佞佛，晨夕跏趺
置經滿室，鑽研日深
少年惶惑，遍訪奇人
離家出走，博學友諍
適逢長毛，家道中落
遂告於母，役廚洋燈
祖年十九，遇區鳳墀

棄商戒煙，皈依基督
出世如釋，入世如耶
大雨世界，心傘方撐

祖性篤厚，求知博濟
證道於醫，激烈悲憫
參諸西學，雜糅群籍
師夷長技，憂國叛逆
光緒九年，中法之役
排教風漸，慘澹經營
救助教友，籌安門生
恰如慈父，廣羅才人
晚清革命，密結興中
廣州首義，四寇亡命
少白少紈，多蒙眷顧
逸仙反滿，參同深情
三度救孫，總理摯信

人格建國，不計種群
庚子之亂，逃者如雲
庇護無辜，殺身得魂

祖生十子，七男三女
散居各地，龍鳳成林
清末板蕩，愚昧眾生
士根本儒，止於至善
結青年會，光華醫院
賣地捐款，格致學院
受封為牧，慈善十縣
建堂叢桂，大光書樓
民初勢險，北上王佐
參事農林，規模天下
與袁玄談，希圖救真
宦海汙濁，終棄南歸
鴟夷子皮，赤松子心

功成身退，花落葉隱
授業協和，總攬神學
潛心索道，著述等身
四教創世，景教碑考
舊約綱要，釋疑彙編
三江水患，賑濟獻策
驚鴻一瞥，莫良於典
一九一九，天道左旋
年六十四，蒙召歸塵
哀哉尚饗，追史如晤
玄孫禮拜，三思三省

注一：曾祖父（諱）楊襄甫，又名榮誌（一八五五～一九一九），東漢名臣「關西夫子」楊震後裔，宋時族人南渡至粵，定居廣東番禺南步鄉，並建「四知堂」以祭先祖，其堂至今仍在。楊襄甫早歲信佛，通舊學，後為晚清中國第一代基督教牧師、神學家、早期興中會革命黨元老及組織者之一，曾參與孫文廣州首義與反清活動，三度救孫於危難之中。一八七九年，楊在廣東倫敦會第七甫宣道所慕道，經湛羅弼牧師施洗入教。一八七八～一九〇九年，先後主持佛山走馬堂八年，主持廣州沙基堂（惠愛堂前身）十四年，孫文因與之為同學摯友，相交甚厚，常來沙基堂與他相聚。楊襄甫志在「人格建國」，在城西設大光書樓，廣收學子，還組織買書團分布於仁化、樂昌等縣。他提倡華人自養自傳，通過募捐、變賣家產等方式籌款興建叢桂新街禮堂，該堂於一九〇六年自立，為廣州市基督教會自養之始；一九〇八年起，任廣州慈善會總理；一九〇九年受封為牧師，與謝恩祿等組織廣州青年會；一九一一年辛亥後，應孫中山之邀北上任中華民國第一任農林廳長，後又與劉子威等組建光華醫院；一九一五年任協和神學院教授。楊襄甫常引用儒釋道三教之說與西方物理、醫學、化學等知識，以證道釋理，對當時南粵的知識分子與教眾很有吸引力，著有《釋疑彙編》、《四教創世考》、《舊約聖經綱要》、《大秦景教碑文頌考正》、《兩粵水災善後策》、《區鳳墀先生傳》等書傳世，一九一九年九月三日，楊襄甫因積勞成疾，在廣州叢桂新堂去世，終年六十四歲。其墓葬於廣州白雲區黃莊基督教公墓內，至今每年仍有後人掃墓祭奠。

注二：二〇一五年四月五日（陰曆清明），得叔父傳來為曾祖楊公襄甫掃墓、並為碑文描紅新漆照一幀。因路遠事繁，晚輩不能親往祭祀，希望各地楊襄甫後裔自行紀念。故寒食以來，暫依傳統撰祭祖文一篇，以為家族及後代追憶時之方便。祭詩中所言「殺身得魂」者，語出一九〇〇拳亂時期，楊襄甫救人之名訓：「殺身不能殺魂」；「格致學院」者，本為一八八六年至一八八七年間，美國長老會牧師哈巴·安德（Rev. Andrew P. Happer, DD）與六名友人於紐約成立「嶺南基金會」後所投資。基金會選出哈巴·安德為書院監督（President），並授權他來華籌辦開校事宜，楊襄甫則是具體組建人與執行者。此格致學院（Christian College in China）於一八八八年三月二十八日開始授課，即今嶺南大學之前身。

核桃

核桃在子宮裡照了第一張照片，我看見了。

我不知道他是男是女。他還是個混沌，是一團神祕，就像古人或外星人。核桃的樣子很好看，大腦袋，透明的四肢，骨骸清晰可見，如同一尊佛。看著核桃的樣子，我就笑了。這是一切生物注視自己後代的本能的笑。大約十幾年前，我在自然博物館看過那些泡在玻璃瓶裡的人類胎兒標本：從最小的，蝌蚪一樣的，到最後出生前的。十個月，每個月一個瓶子，從小到大，排成一排。我有點瞠目結舌，感歎造物之偉大，覺得這就是神性的祕密。只是那時我還沒有體會。如今我自己的孩子也屬於這神性的一部分了。

孩子出生會哭，但我們會笑。所有人都在笑。

核桃（Walnut）之名，來自他母親最愛吃核桃。她沒事就拿著鉗子在地上砸核桃仁吃。另外，也因為他母親姓胡，而核桃在過去也叫做胡桃，據說是西域傳來的。當然，這個小名也是因為他的第一張超音波照片，蜷縮在母腹裡，小得就像個核桃。

電子圖上看去，主要就是個小腦袋：那核桃仁一樣的腦仁。

核桃當時還沒少調皮，讓她母親每天都嘔吐。吃了吐，吐了吃。而核桃在自己的宮殿裡，絲毫不關心母體的痛苦。他就像太空宇航員，不斷地在宇宙的羊水中漂浮、翻滾、顛倒、旋轉……直到最後頭朝下，進入人間。每天夜裡，核桃都在他的「航空母艦」——他母親的身體裡，感受著他即將光臨這個苦難星球的榮耀和幸福。也不知道他會不會喜歡這世界。每個人出身前，都沒有機會選擇來還是不來。這個世界的確有很多痛楚、不公平、孤獨和謊言，有很多驚人的危險和殘酷的恐怖。但是也有好的地方，有美好、藝術、愛情和大自然。每個人都是來認識它，又離開它的。大家來的時候都花了近十個月，而走的時候卻只是一秒鐘。這意味著人對降生和對世界的進入很猶豫，而離開這個世界倒是比較乾脆。就是那些最怕離開的人，也不得不如此。

但是，所有這些，並不影響核桃的到來。

猶豫得再久，他（她）也會來。因為這個世界雖有無數糟糕的東西，但我們為了那些一丁點的好東西，也寧願來一趟。

「黑夜就像核桃裡的白晝」。這是安東．契訶夫的話。的確，核桃出生前我的思想就是黑夜。而核桃自己也在思想，只是他不記憶罷了。我在想，也許要到核桃三十歲左右，即當他

（她）也即將為人之父了，才會真正看懂這句話。當核桃有朝一日也去了醫院，才知道天底下原來有那麼多人在等著做父母。密密麻麻的人群，全是孕婦或準父母。他會知道這句話的神聖涵義。

在妊娠期間，我和核桃母親要無數次地去醫院檢查。醫院每天早晨都有密密麻麻的人群在排隊、掛號、看病、取藥、等待、喧嘩，我們去的時間要很早，六點起床，七點到，結果還往往排在長龍的隊尾。而且，連續很多次，都是快到的時候就沒有號了，於是只能改天再來。門診之後，又是連續每個星期的檢查，查血、血糖、尿，查骨盆。每次都得扎手指、或抽血好幾管……記得四月二十五日那天，還有一個孕婦因為沒有家人陪伴，又因要查血而不能吃早飯，於是排隊時忽然暈倒在地。她倒地的聲音很大，砰地一聲……所有排隊的人都嚇一跳，接著有人高喊：這裡有人暈倒了。可是，半天都沒有醫生來。中國醫院就是這樣，死了也未必有人管。雖然「紅十字」一本來自基督教的救世精神和古希臘希波克拉底的醫學精神，中國社會卻缺乏最基本的人道主義。

唯有見識和思想的透澈，人才能坦然地面對這個社會。

所以，核桃，當你來到這個世界之後，無論以後遇到什麼事，挫折、失敗或者痛楚，都要能有所承載。靠什麼承載？就是靠精神和學養了。

妊娠反應有很多種，除了嘔吐、反胃，還有皮膚過敏、便祕和股癬等等，幾乎每一天都在折磨著核桃母親。

核桃在子宮中越來越大，她母親的腿則越來越腫。

我有時能看見核桃在肚子裡動作，鼓起的肚皮好像是有什麼外星生物住在裡面一樣，東凹一下，西凸一下，神祕莫測。

核桃母親酷愛中醫學，有時會給自己按摩穴位。結果也許動了胎氣。就在二〇〇九年九月一日早晨七點四十分左右，核桃母親第一次宮縮出了羊水。剛足月三十七周，羊水就破了，我們馬上到了醫院。然後立即就住院了。這是出乎我們計畫之外的。住院需要太多的東西，核桃母親開出一個很長的清單，大小浴盆、肥皂、襪子、衣架、奶瓶、飯盒、紙巾、尿不濕、扇子……包括亂七八糟的雜物，以及坐月子時的藥和排惡露時的各類傳統飲食等。

九月二日開始注射催生素，然後開始宮縮。核桃母親宮縮並不太疼，但每隔四分鐘或三分鐘一次。從中午一直到傍晚，醫生希望能多開骨盆。但核桃母親等了很久，還是沒有反應。可直到第二天上午，核桃都沒有繼續宮縮。羊水在繼續流著。肚子逐漸在變小。如果不進行剖腹產，嬰兒也許就會感染。

於是，我們只好放棄了自然生產，只好剖了。

九月三日（與曾祖楊襄甫之祭日巧合），陰曆是七月十五，是盂蘭盆節，中元節，孝親節，民間俗稱為「鬼節」。核桃無論如何，一定要挨到（或提前到）這一天出世，的確讓我們都有點吃驚。這一天，在佛教神話中是目連救母的日子。道教與儒教則是為古人和親人掃墓的日子。核桃這時候來，帶著特別的淵源、愛和奇蹟，足以讓我心裡感到無限的仰慕，也為她的到來平添了一種神性。這一天還意味著核桃滿月的時候正是中秋節——即八月十五，天下滿月，她也滿月。

這天上午大約九點四十分左右，核桃終於從肚子裡出來了。

一個年紀頗大的女大夫推著車從手術室裡走出來，讓我過去看看。大夫只說了一聲：「是女孩啊。」我還沒看清楚核桃的樣子，大概也就十幾秒鐘，她就又被推進了兒科保溫箱。醫生的理由是：孩子太輕了，不到五斤，所以需要觀察幾天。後來才知道這完全是醫院為了掙錢的謊言。核桃的健康一點問題也沒有。當時我只看見她在哭，她有一頭非常黑的秀髮。

然後，留給我們的就是很多天的漫長等待。

每天，我和她母親都在失眠、厭食、焦急、無數的中藥和對中國醫療制度和醫生的憤怒中度過。每次去醫院，都受到醫生無情的敷衍……不過這些我都不想說了。沒有意義。最重要的是，一周之後，我們終於把核桃接回了家。後來仔細一想，核桃可也真是一個天生的讀書種子。因為九月一號是天下學堂開學之日，她羊水破。三號盂蘭盆節，她出生。而十號正是教師節，她出院回家。每個日子都是那麼準確無誤。回到家的核桃幾乎一點都不哭，只是那麼的文靜，嬌弱而優美地看著我們。她有長長的眉毛，猶如一個正在沉思的小仙女，小公主。

記得杜甫曾說：「人子不孝，必是父母有不是之處。」如果核桃長大了對我們有什麼意見，那一定是我們自己在她早年沒做好。這裡面只有大人的問題，孩子都是無辜的。佛洛伊德云：「宗教起源於對父親的畏懼。」其實這句話並不完全正確。父親本身更畏懼後代。按照佛教理論，核桃的前世也許是很有淵源的。或許是高僧投胎，倩女輪迴，也未可知罷。其實我既不需要核桃畏懼我，也無所謂她長大後是否孝順，更無所謂她是哪位古人的精魂重返人間。因為她的存在，就已經在報答我們了。她的存在已經給了我們無限的快樂，已經屬於恩典、愛和孝親的本源。自然屬性大於文化屬性。我知道她是美的，而且必然是最美的——這在我一生中已經無法改變。

核桃誕生那天，除了忙於照顧她母親外，我也得詩一首：〈最美〉。

核桃生於鬼節清晨
她母親因真理而看急診
這一日，我的心也像燃燒瓶
投向三十七年來一直
壓在我身上的裝甲車

七月十五盂蘭盆
道稱中元，儒云孝親
目連於八熱地獄中救母
食物在口中即化為火焰

而妳則在子宮中衝鋒
坐地日行八萬里
穿越手術刀、血和惡露而來
猶如一個撲向我神學的愛人
在讀書人掃墓、放船燈或祭祖時
妳象徵著家族史和生命
妳和三千美人一起投胎
成為我最美的女兒
哦，妳的頭髮太黑了
就像一朵思想的靈芝

鬘如其母，夜啼永古
三位一體的是倩影、蝴蝶和琴精
核桃，核桃，我就是妳父親
妳也盡可以哭之笑之——但請妳
不要懷疑：我的一切都是妳的

關於核桃的名字，我想過很多。雖然我本來特別希望生女兒，可最開始時人人看見她母親時，都覺得像是生男孩。所以我曾玩笑說，若是兒子就叫「楊戩」。因我時常覺得自己的性格就像是隻潑猴，孫悟空，我希望我的兒子能像封神中的二郎神一樣，獨立，常勝，比我強。待到出生時才知道是女孩，果遂我願。雖內心狂喜，但楊戩之名遂不能用了。是以名之曰「玄瞳」。因楊戩是三隻眼，能洞明世事，玄瞳二字，倒也暗中含有楊戩之意。且《老子》言：「塞其兌，閉其門，挫其銳，解其紛，和其光，同其塵，是謂玄同。」玄瞳與「玄同」也諧音。又小字可名「鬘如」。鬘之一字，古時即頭髮美貌之意。我希望她像她母親一樣一頭秀髮，黑而密。鬘也可與縵諧音通用。我仕古琴生涯有年，縵字本是指古琴弦。我希望她的性格能像琴弦一樣張弛有度，也希望她的一生就像音樂一樣純美。

也不知道她是否會喜歡這些名字，但我想我和她之間是有神通的。

等到她長大一些，我就會教她識字，繪畫，帶著她咿呀學語，蹣跚學步，在每一個寧靜的夜晚為她彈琴。在星空下，和她一起坐讀搜神記和狐狸精，給她講從基督到佛陀的傳說，從美人魚、珂賽特到豌豆姑娘的故事。音樂、美術和文學將成為她最基本的素質。而哲學和體育也將為她的美和健康服務。我還會教給她讀詩、撫琴、潑墨、戲劇和太極拳，告訴她種族和家族的歷史、文明的衰落、祖父母的遭遇、愛情、玄學與大地上的苦難。帶她認識每一朵花的姿勢，每一片樹葉對稱的奇蹟，遊歷天下名山大川，看雲蒸霞蔚、雨雪風霜、人間百態、鬼神淵源，讓她懂得良心與知識是一朵並蒂蓮，傳我平生之所學。我也會和所有天下父母一樣，在她每一個生病的時刻哭泣，在她堅強的時刻微笑。也會在她出門的時候提心吊膽，在她放學回家的時候端上熱湯飯菜。在每一個假期，開車帶著她和她母親去海邊放風箏，吃螃蟹或游泳，在每一個生日，送給她最想要的東西，為她盡量準備獨立生活的基礎和必需品。最關鍵的是，所有這一切都將在自然而然中度過，就像朝霞一樣每天存在。

核桃之善，會和她之美一樣與生俱來，成為我的路標。

然後，也許核桃就真的會長大了。做父親是一種神學。而父性的神聖感和母性的失落感，都將在核桃長大一些日子裡成為我們的黑夜。

但是這沒關係。人的一生其實是同時完成的，就像一本書。我的意思並非是「三歲看老」那句俗話。我是指人的一生，往往就在一剎那間就已經得到了印證。如今我看著繈褓中的核桃就好像是看著我自己的童年。我就是她。我想她母親亦如是。《小王子》的父親聖修伯里說：「每個大人都曾經是孩子，但是只有很少的大人還記得這一點。」核桃，我相信我和妳母親都是記得這一點的大人。所以我們是平等的。

人生可以完成很多事情，小到謀生、創作、戀愛與家庭，大到征服天下或者探索宇宙的奧祕。但這些都屬於人文意義上完成的事。只有性本能、繁殖本能和死本能這三者，是屬於自然意義——即生的意義上必須去完成的事。作為一個物種，每個人都是大自然生命鏈中的一環。有些人連著，有些人斷了，但都此起彼伏地結構著這個複雜無比的世界。屬於人文的人生，因天賦不同而差異巨大。但每個人都應該生兒育女，即讓自己的自然人生完整。因為所有的著作、樂曲、藝術品、乃至財富或權力等，哪怕再好，也都不過是理性和精神的產物。只有種類的繁殖和延續，才算是愛與自然的產物：即靈魂的產物。

核桃，人要活得透澈一些。

核桃，今天是妳滿「一周」歲，是妳來到人間的第七天。

在醫院度過的這七天裡，就猶如妳一個人的「創世紀」。而出院則是我們三個人的「出埃及記」。我不知道妳在保暖箱與藥物的交叉中是如何見到光、水、星辰、大地和萬物的，那也許屬於妳永遠的奧祕了。但是我知道，妳一回家，從此我們三個人的生活就能形成一種力量，即可以「讓紅海從當中分開」的那種偉大的力量。神學的結構其實來自家庭：即三位一體。

瞧，今天下午，妳睡在搖籃裡，窗前是陽光、花瓶和母親，窗外是草地、小河與樹林。妳透明的臉，透明的手指，透明的腳丫——這一切是多麼美好。似乎什麼都沒說，卻又窮盡了一切真理。按理說我根本無法述說感受。但我依然絮叨了這麼多。說得不好，是因為我還沒有來得及更深地認識妳的意義。好像一個黑夜中的陰影還來不及認識黎明，天就亮了。留一些話以後慢慢再說吧。俗云：女兒是父親前世的戀人。其實遠不僅如此。女兒應該是父母在世俗意義上的神跡。因為「一切都來自妳，一切都通過妳，一切都在妳之中」。

這篇短短的隨筆，從妳母親懷孕前期就開始寫了，可一直寫到今天才算是勉強完成。而就在我放下筆的地方，妳則開始真正的人生。但我相信妳一定能非常健康、堅強而美麗地獨立於世——除此外別無所求。

因妳是我的女兒。我的一切都是妳的。

二〇〇九年九月十日夜，北京

【補記：滿月】

雨後靜觀山意思
風前閒看月精神

這是宋人邵雍的兩句詩。古人寫月的文字太多，又太好，我幾乎無法繼續寫。但我可以寫寫滿月。因為今天有三個月亮在我心裡升起。第一是女兒核桃滿月，她已經來到這個世界上整整三十天了。其次是天下的滿月，因為今天正好還是中秋節。最後，今天還是我舅舅的忌日。每年十月三號都是。如果他還活著，恐怕又要在窗戶上貼他的「紙月亮」了。而這西曆的十月三號與陰曆的八月十五，竟然會如此奇妙地在我的生活中重疊，似乎帶有一種神祕的預示。相對太陽來說，月亮是比較容易注視的最大光輝——太陽只有在黎明與黃昏時可以看，否則，就會如波蘭詩人米沃什所云：「總有一粒燃燒的淚珠充滿你的眼睛。」你將一無所見。月亮就不同了，它只是太陽的鏡子。是古詩中的符號。太多的詩人詠過明月，毋庸贅言。但今天有三個滿月，同時照耀我，使我的圓滿與百科全書式的精神在神學的意義上超過了我自己。是以為小記。

二〇〇九年十月三日（農曆八月十五日）

卷三

新浮生六記

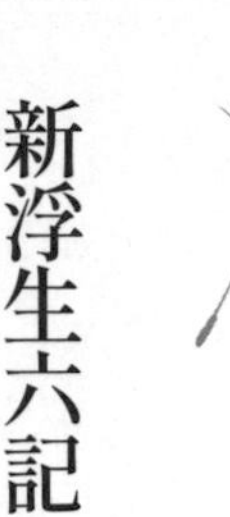

一、火柴記

我們這一代孩子從小就喜歡火。

而從小，大人就告誡我們說：不許玩火。

但是你不許，我就偏玩。記得中學有一個時期，我們一幫孩子喜歡坐在重慶上清寺嘉陵江大橋的橋頭堡上，在那裡抽煙、做刀、談論女同學的身體、罵老師、或用樹枝點火，烤剛打下來的麻雀和蟬吃……尤其是抽煙與烤麻雀，都必須用到火柴。孩子都愛玩火。小時候一看見誰家在燒書、燒紙、或者製作釣魚用的錫墜，就異常興奮。晚清民國年間，重慶有六家火柴廠，故兒時火柴才二分錢一盒。四川話過去稱火柴叫「自來火」。很多人家的孩子總是愛偷了家裡做飯的火柴出來玩。我曾親眼見到一個無聊的孩子，乾脆用一根火柴，劃燃後，迅速塞進一盒火柴裡。火焰一下將別的火柴全都引燃了，然後這孩子將火柴猛地拋向空中。黑滾滾的濃煙帶著些微的火光，在空中形成一道弧線。而他則拍著手，指著空中大喊道：「看，我軍擊中敵機了。」

在沒有玩具的年代，這算是一件非常刺激的事了。

火柴是童年惡作劇的第一等工具，是人性縱火的必需品。

一盒火柴有很多種玩法：譬如能編成五角形、井字形、三叉形；我過去還能一隻手同時拿著火柴盒，然後將一根火柴的火藥頭用食指指甲蓋反按在擦皮上，然後朝人猛地彈出去。火柴彈到半空時開始燃燒，而且速度極快，帶著刺目的火焰。這辦法總是能嚇人一跳，屢試不爽。我還能用一隻手點火柴。再譬如，將一盒火柴上的火藥全都用刀片刮下來，集中在一張紙上。火柴頭有紅的、綠的、黑的。可不要小看，這裡的火藥可不算少。我們將火藥細細地剁碎成粉末，再用報紙緊緊地一層層包裹起來，用一根線作為導火索。這就做成了一枚土雷管。若將一枚土雷管放在一根廢棄的電晶體中，就變成了極危險的炸彈。那時在大街上，總能撿到收音機裡用的廢電晶體。我記得我們院兒裡的孩子，就用火柴頭與晶體管製作的土雷管，處死過無數的蒼蠅、蚊子、牽牛與甲殼蟲，炸翻過成千上萬的螞蟻窩，還可能讓一隻下水道裡的耗子嚇得發了瘋。

哦，狂笑的童年，燃燒的夏天。

火柴曾帶給過我們一種異常邪惡的歡樂。

這些就算是對火柴的武的玩法罷。而文的玩法則是火花。記得八〇年代有不少人癖好收藏火花。火花種類繁多，小時候我就常見各類畫貼於火柴盒上，其藝術色彩顯得很類似後來的「政治波譜」。自一八七九年第一枚「舞龍牌」火花開始，有清裝仕女圖、蟠桃祝壽圖、大前門、紅樓夢、京劇臉譜、戊戌變法、辛亥革命、水滸人物和飛禽走獸，一直到大煉鋼鐵、文革運動、批林批孔、毛主席語錄等等，可謂涵蓋近代史。

在古代，中國人沒有童話，只有鬼故事。所以我們這一代也都是靠讀外國人安徒生《賣火柴的小女孩》長大的。因為那文章雖然最早是一九一九年時周作人翻譯過來的，可在七〇年代，大家還在讀。不過閱讀的性質變了。安徒生本來寫的是幻想對於人的重要。而在我們的印象中，小女孩已被國家機器宣傳為：一個窮孩子在即將凍死的冬夜，依靠從火光中幻想出的食物來取暖，最後不得不凍死街頭的悲慘意象。而「這是作者在諷刺資本主義社會制度的罪惡」。我們不知道，讀這篇童話時，其實無數類似的慘劇，也正在這個沒有童話的國家裡發生。所以，後來當我看到美國演員尼古拉斯・凱吉主演的電影〈火柴人〉中的騙子時，一點也不覺得意外。火柴人（Matchstick man）這個詞本是一句美國俚語，說的是那種手裡只有一盒火柴，也要拚命騙住別人的人。賣火柴的小女孩和美國大街上的瘋狂騙子，其本質都是來自物質缺失環境下人性的匱乏，而這在兩種意識型態的誤導下，就出現了兩種截然不同的誤讀。

藝術不是現實。幻想與欺騙往往是一枚硬幣的兩面。

想到這裡，我下意識地想到了「火柴史」的本身。過去我還不知道，雖然中國發明了火藥，但火柴卻非中國人的發明。

從歷史上來看，西元一八七九年前後，火柴才傳入中國。北京火柴廠始建於晚清年間，據說是慈禧撥八百兩紋銀而造之。火藥，古意即「著火之藥」。它起於道家煉丹術，為丹士無意中配製出來。因混一硫黃、硝石與炭等物，在漢時《神農本草》中便成為藥材。而火柴之發明者，卻是個瑞典人。大約在西元一八三三年左右，他們就開始用黃磷作磨擦火柴。黃磷有劇毒，易自燃，極危險，後用赤磷代替黃磷。第一根火柴在遠東出現時，正值慈禧太后自祝六十大壽。於是火柴盒上的第一張帝國火花，也就被畫成了「慈禧半身像」。

由於鴉片戰爭的刺激，清朝最初是反西方文明的。火柴初為舶來品，但國人竊以為：「火藥畢竟是我們自己發明的嘛。」所以火藥，女皇，西方的機器……這一切似乎還可以被勉強混淆在一起。

我十三歲就開始偷學著抽煙。所以，從童年起，火柴其實一直就從沒離開過我的褲兜。不過那時候我用的火柴，上面印的紅字就是「北京火柴廠」了。這個廠的原址，在南城沙子市斜街，後來離我住處不遠。我聽說那裡曾為前清一片孤墳野墓之所在，土丘零落，荒草覆蓋，灰土飛揚，晝夜陰森。而且該墓地亡人多為市井賤民，墓碑也就多殘破廢斷，字跡模糊，香火早散，年久不辨屍親。聽說，造火柴廠之時，曾多有古舊棺木被挖出，白骨殘骸，翻露於野。掘墓人見無人干涉，也就隨手棄於大街上。

我還聽一個北京計程車司機說：製作短小火柴，卻要經過八十一道工序，從最初的砍伐、晾乾、切割、包藥到裝盒等，缺一不可。此技術來自西方，卻被國人所接受。中國的煙民太多，從抽鴉片的到後來抽煙的，都需要火柴。打火機那時候是高檔貨，一般煙民買不起。再加上燒飯、取暖、點燈、放鞭炮……火柴都是必需品。所以到了三〇年代，中華帝國的火柴廠就已經在全國星羅棋布，多達近百家。但是在日常口語中，火柴依然被國人稱為：洋火。北京話叫：洋取燈兒。

文革後，大約是一九七九年冬，為研製防風火柴，北京火柴廠曾集烈性火藥於車間。但是北京風大，乾燥危險。一日，火藥猛地自燃，發生爆炸。該車間共四十七人，當場被炸死四十五人；餘二者，一為全身燒傷，一為斷手，皆終身致殘。當時滿地血肉模糊，此事慘不忍睹。當時據說還有一個孩子在裡面，被燒壞了臉——左面臉頰的眼睛、耳朵、嘴和鼻子的皮整個都被火舌燎沒了，只剩下半邊臉龐，看上去像是被橡皮擦掉了一樣，於是後來市井多有傳言說：「那場災禍並不是火藥之罪，乃是那一帶古墓地亡靈不安穩，風水不好。」

於是每次抽煙，我都能在劃火柴的動作中，看到有一種激烈。尤其在少年時代寫詩的時候，抽煙很多，用火柴就更多了。香煙與火柴，成了我的案子上除書、筆、紙、茶以外的第五大元素。

而且，我偶然讀到俄羅斯詩人曼傑利施塔姆這樣的一段詩：

我不想把任何話語
再一次無聊地訴說一遍
也不想刺啦一聲劃著火柴
用肩膀去推醒夜晚

這是我第一次看見一位二十世紀第一流的詩人寫到火柴。人與火柴與整個世界融為一體，一起燃燒。我很激動。美國電影與 Matchstick man 並沒有感動過我。而這幾行詩，卻似乎突然地就將我輕鬆地帶回到了童年，帶回到了那個在橋頭堡撒野、看安徒生、炸螞蟻窩和土雷管的時代。意象通過曼傑利施塔姆的肩膀，又再一次將我推醒，將我的夜晚點燃。

進入九〇年代後，我戒煙了。火柴被我打入冷宮。也是在此時，全天下的火柴也正逐漸被無數花花綠綠的、一塊錢一個的那種一次性塑膠打火機所取代。

北京火柴廠和全國其他的很多火柴廠一樣，紛紛倒閉。工人下崗，失業或者走向犯罪。一些個別的廠，靠製作裝飾性的豪華火柴，譬如在大飯店裡用的那種長杆的、一盒就裝十幾根的大火柴，才勉強得以生存。製作火柴，跟製作一次性筷子一樣，因可能導致砍伐森林與火災而被社會反對。

火柴逐漸在我們的生活中消失了。

有一種古樸的美，也隨之消失。

當然，現在在大街上的雜貨鋪，偶爾也能買到幾毛錢一盒的火柴。不過都不是當初那種牛皮灰硬紙的了，更沒有火花。現在的火柴都很大、很長、火藥頭很粗。火柴盒上的畫也很俗氣。我有一個畫家朋友，最近從微觀的角度，畫了幾張以燃燒後的火柴棍為主題的畫。火柴燒起來很快，就幾秒鐘。那天我去他畫室看他，我看見地上已經有很多燃燒完的火柴殘渣。顯然，他在畫火柴前曾經過反覆地觀察，捕捉，不斷地點燃過很多根火柴。而在畫面上，一根火柴燃燒後，低垂著頭。它那黑色而卷曲的樣子，猶如一個燒焦的瘦子的骷髏。火柴棍那種特殊的變形、爭分奪秒的高速燃燒和最後的、漆黑枯萎的形態，都像極了集權時代下的焦慮的人。我想，這也許是我們這一代人對火柴的最後的記憶與詮釋吧。

二、食鱸記

水中肴，我最嗜者，當是清蒸鱸魚。

南方人常說：善美食者先遠後近。所謂先遠後近，即離人越遠的越好，第一當然是植物蔬菜。然後如天上飛的禽肉，水裡游的魚肉，最後才是眼前跑的六畜之肉。肉食也分遠近，野兔麞鹿龜蛇等，其精血與天地同爐而煉，自然最妙。而牛、羊、馬等食草類動物則比較乾淨，相對不錯。豬狗等雜食動物，本離人家最近，在古代，甚至都和人住在一起，所以最不好。

權衡利弊，截兩端而取其中，我以為魚肉可以是最美妙的。

蓋因吃魚不僅可以滿足口腹之欲，還能有所思。

放舟食鱸，應是魏晉傳統。晉人張翰即有「西風蓴鱸」之思。不過那時做鱸魚，多伴有蓴菜湯。《楚辭》稱蓴菜為「屏風」，此物類似《詩經》中稱荇菜。但荇菜和蓴菜還是不同。荇菜是金黃花，蓴菜是紫色花。以其配鱸魚，再佐酒，是中古一道極其幽雅的美食，念之讓人垂涎。

鱸魚十分令人懷舊。記得《世說新語》載：

張季鷹（張翰），辟齊王東曹掾，在洛，見秋風起，因思吳中菰菜羹、鱸魚膾，曰：人生貴得適意爾，何能羈宦數千里以要名爵？遂命駕便歸。俄而齊王敗，時人皆謂為見機。

可見那時狂放風度之人，多能借鱸魚說事。

又如南朝範曄〈後漢書．左慈〉所載：

左慈，字元放，廬江人也，少有神道，嘗在司空曹操坐，操從容顧眾賓客曰：今日高會，珍饈略備，所少吳淞江鱸魚耳。放於下坐應曰：此可得也。因求銅盤貯水，以竿餌鉤於盤中，須臾引一鱸魚出。曹拊掌大笑，會者皆驚。操曰：一魚不周坐席，可更得乎？放乃更餌鉤沉之，須臾復引出，皆長三尺，生鮮可愛。

此段記載後被元人羅貫中在《三國志演義》裡繼續誇張了，說鱸魚有四個鰓什麼的。其實，關於「四鰓鱸」的神話式說法，最早是南宋陸游和范成大提過。如陸游在〈記夢〉一詩道：「團臍霜蟹四鰓鱸，樽俎芳鮮十載無。」而宋詩人楊萬里在《吳郡志》中也云：「鱸魚，生松江，尤宜膾，潔白鬆軟，又不腥……俗傳江魚四鰓，湖魚止三鰓。」到底四鰓還是三鰓？不得而知。

反正古人總喜歡裝神弄鬼，一條魚也能被說成龍太子。

不過有一點是肯定的，就是「魚」這個東西，是中國文化中的一個代表性符號。且此「魚」遠不同於《舊約》中吞噬約拿的大魚，《天方夜譚》中漁夫的金魚或梅爾維爾的那條《白鯨記》。不，中國人的魚，在靈魂深處是一種對古人生活方式的追憶和羨慕。自春秋時就有馮諼彈劍而唱「食無魚，出無車」。也有吳王愛吃魚，於是專諸為刺吳王僚，曾三年學煮魚於太湖，煉藏「魚腸」於魚腹。唐人懷素寫有《食魚帖》。明人朱耷多畫《遊魚圖》。典故大到琴高騎鯉、李白騎鯨，小到鯉魚跳龍門等。近代聞一多先生曾專門寫有一篇〈說魚〉，闡述這個來自古代詩詞中文化象徵。而毛澤東詩亦有「才飲長沙水，又食武昌魚」之句。在窮人家牆壁上的年畫裡，年年有餘（魚）是芸芸眾生最大的願望，中國人的魚不是拿來信仰或冒險的，而是拿來享用的。

魚，是中國人最愛的一種身邊的動物，可以詠，可以畫，可以吃。因為牠不像仙鶴猿猴那樣高不可攀，也不像豬狗那樣低俗，所以也就更近於人情。

而鱸魚，則是眾多中國魚符號中之佼佼者。

因鱸魚刺少，肉鮮，又不貴，吃起來更方便。

吃鱸魚最好的地方，我以為是重慶、揚州和南京。最好的季節是十月、三月和七月。而吃的方式雖有用冬瓜燉的、有乾燒的、有烤的，但千年以來公認是清蒸的最妙。因清蒸鱸魚這一道菜，不僅不傷魚鮮，具有補肝腎、益脾胃、化痰止咳之效，對肝腎不足的人有補益作用，所以自古愛鱸魚的人很多。

李白在《秋下荊門》裡有「此行不為鱸魚膾，自愛名山入剡中」之句。

晚清李鴻章也愛吃鱸魚，無論走到哪裡，甚至出使外邦，也戴著一套吃魚的銀器食具，故時人為其取綽號：「李鱸」。

就連民國時，江青在上海灘混，也曾附庸風雅，在《時事新報》上用藍蘋為名發表過一篇談鱸魚的文章：〈松江之鱸〉，時間大約在一九三六年。今日上海人也大多愛吃這一口，因離松江很近。可見吳越牙祭，至今猶存。

清人袁枚在《隨園食單》中說：「烹魚者，寧嫩毋老，嫩可加火候以補之，老則不能強之再嫩矣。」所以，做清蒸鱸魚時，最好選擇活魚。蒸時，除了薑絲外，注意要在倒掉蒸了約三分鐘後的湯時，再加鹽、蔥絲，或極少的火腿絲。其他調料一概不用，此時所突出之魚味，可與魏晉媲美。而回首無數詠鱸舊詩，唯宋人辛稼軒的「秋晚蓴鱸江上，夜深兒女燈前」是我的最愛。因其中真意，是真生活過的人才能有體會的。我也常在秋日，於蟹肥蝦跳之時，煮酒黃昏，自斟一盞太雕，一碟小醋，再邀二、三孌友於花前月下，或有家人作伴，聽琴說詩。然後白案剔鱗甲，紅案燒蓴湯，肺腑微醺，香透肝膽，長話無聊往事與古人心飯，此中大自在，非深諳此道者不堪與之說破耳。

三、吹畫記

小時候，重慶大街上，有很多租看小人書的書攤。無論男女老幼，皆二三成群，或獨自一人，坐在角落裡，醉讀連環畫，饕餮故事。在沒有電視、手機和電腦的年代，小人書的圖畫功能得到了超級釋放，那是人對圖像資訊與造型審美的一種本能渴求。書攤上的小人書，通常被掛在一根根細鐵絲上，排成幾排。顧客來時可自己挑選要看的書，取下後，便找老闆付錢。一般價格是在一分錢或兩分錢左右，看完自己放回原處。

自六、七〇年代開始，甚至到了八〇年代，小人書都是「成人讀物」。因為那時幾乎所有的成人讀物都還沒有開禁。於是，在小人書書攤上，也常常看見很多的大人。

我上小學和初中時，重慶孩子們之間曾盛行一個遊戲，即吹畫。所謂吹畫就是把小人書裡的人馬（通常是戰爭狀態下的）沿著圖畫的邊緣，嚴絲合縫地剪下來，變成一個獨立的「平面傀儡」。兩個，或三個孩子一起，將自己的人馬放到桌子上，然後用嘴吹，使其前進或拐彎，與對方的人馬進行戰鬥。畫都是單薄的一個小紙片，吹起來輕飄飄的，如有靈魂附體。吹的人因長時間不均衡呼吸，也會出現輕微頭暈。如此，遊戲就變得更生動了，如身臨其境。張飛、呂布、宇文成都、裴元慶、李逵、牛皋、陸文龍、太史慈、徐晃……都像是活了一般。而由於畫中的人物通常都帶有兵器，如刀槍劍戟斧鉞鉤叉。吹時，一人一口氣，不許用手扶畫。誰的武器（槍尖、棍子或刀刃）如果在交戰中先接觸到對方畫中人的身體，那就算贏了。贏家會將對方的那張人馬畫歸為己有。

這個遊戲很殘酷。最殘酷的不在於輸贏畫片，而在於所有的人馬畫都是從小人書上剪下來的。而一本小人書裡，只有幾張畫可用。

輸了，不僅意味著畫要歸別人，連小人書也廢了，成了殘本。

為此曾有太多的同學與孩子之間發生爭吵、打架和仇恨。也為此，在當年孩子們裡還曾發生有一個普遍的「犯罪行為」，即去小人書書攤上撕書。因為能夠買得起小人書的孩子是很少的。而自己的藏書太有限，一本書只能剪一次。輸光了就沒有了。

我記得，當時最受歡迎的人馬畫，是「說唐」裡《會兵四明山》那一本中的李元霸。其中李元霸錘震裴元慶的一幅畫，那錘畫得特別的大，大如冬瓜，俗稱「冬瓜錘」，幾乎遮蓋了半頁紙。錘的打擊面積非常大，在吹的時候，很容易就觸碰到別人的身體。於是，這幅畫就成了熱門貨，人人都想要。有些孩子還不惜血本，願意用好幾張關羽、趙雲或者羅成之類，去換得一張冬瓜錘。

因為有了冬瓜錘，就幾乎有了一種勝利的保障。起碼也算是有了一種核武器或核均勢，讓人不敢小覷你。

這個記憶一直在我的腦海中。上前年，我忽然想起此小事，還特意寫過一首詩叫〈李元霸〉。後又修改多次，如下：

我從小就瘦如病鬼，尖嘴猴腮
常帶著手銬腳鐐到處打架
我不知道我隨手宰掉的人是個小妞
亂黨，還是哪個寫詩的暴君？
聽說，他最愛屠殺、女色和檀香
每日都看著鏡中自己的人頭
幻想：這腦袋真美啊，誰來砍下它呢？
他媽的小白臉子，沒好心眼子
我的兩柄大錘遲早會是
開在他鏡中的兩朵花
西元七世紀初，我一個人

錘震隋唐，朝地圖撒尿
未來年畫上的門神都曾是我手下敗將
我像走馬燈一樣橫掃十八路反王
拍蒼蠅般拍死二十三萬鎧甲
單純即暴力、即榮耀
中國歷史就一個字：殺
那一年我十二歲，帶著童男的
憤怒和狡猾，我將一柄錘
拋向雷公和太陽，因為
我仇恨一切高高在上的東西
如仇恨一切被我抓著雙腿
撕碎的猛將、鳥人和晚霞
錘騰空而起後，就氣球般地消失在
古代，它至今還沒有落下

李元霸的原型是李玄霸，字大德，唐高祖李淵第三子。隋大業十年薨，年僅十六歲，無後。而在歷代說唐話本與傳說中，他則被演義成一個瘦如病鬼、乾黑矮小、腦後有一撮黃毛，但力大無窮的十二歲少年，使兩柄各四百斤重的大錘，為隋唐第一條好漢。他曾獨自一人蕩平紫金山，與百萬大軍和反王單打獨鬥，天下無敵。他的經典血腥動作就是抓住敵將的雙腿，抛向空中，然後將對方凌空撕成兩半。後在歸途中，他因對天空不斷打雷而不滿，於是摔錘擊天。結果錘落後正好砸中了自己。世上只有李元霸能戰勝李元霸，而且還得是無意之間。

這個故事在我童年時，簡直把我迷得神魂顛倒。

因為我幼年時似乎也是個瘦小的黑鬼，可我沒有力氣，更沒有勇氣。我是一個怯懦而內向的孩子。因此我對那個在桌面上横衝直撞，能永遠戰勝任何不同朝代的敵人，冬瓜錘大如燒餅的傢伙，真無限崇拜之。

有一陣子我吹畫總輸。我急了。為了得到冬瓜錘，我便把我家附近小人書書攤裡凡是有李元霸那張畫的書全都給祕密撕了一遍。

撕書是危險的，必須等看書攤的人不注意的時候。

而且，撕下那一頁之後，你還得偷偷地藏進口袋，然後將原書撫平，若無其事地掛回鐵絲上去。其驚險程度和李元霸撕敵將差不多。

所幸我從未曾失手。

別人並不知道，我寫這詩，並非因為對歷史或傳奇有認識。那只不過是來自對吹畫和在小人書書攤撕書的記憶。

因為後來我還發現，我們最早的傳統文化教育，其實來自小人書。因為是小人書，而非課本，讓我們認識了曹操、關羽和許褚，李元霸、雄闊海和秦瓊。也讓我們認識了西湖民間故事或不怕鬼的故事。認識了孫悟空三打白骨精的奧祕、西廂記的色情，以及從十五貫、東郭先生、楊家將、水滸和岳飛傳到三毛流浪記等亂七八糟的東西。

小人書的正名即連環畫，重慶方言也稱「娃娃書」。它的黃金時代是在五、六〇年代。那時精彩紛呈的連環畫作品爭相問世，據說小人書繪畫界還有「四大名旦」（沈曼雲、趙宏本、錢笑呆、陳光鎰）和四小名旦（趙三島、筆如花、顏梅華、徐宏達）以及南顧北劉（顧炳鑫、劉繼卣）等，皆是傳統繪畫功底深厚的藝術家。文革中斷過一陣，但後來周恩來「為解決下一代的精神食糧問題」，曾批示恢復出版。於是，小人書裡還包括了八大樣板戲、林海雪原、草原小姐妹、以及毛主席的好戰士雷鋒等意識型態的作品。很多小人書的扉頁都印有毛主席語錄。據說八〇年代初，出過兩千多種小人書。其中有漫畫連環畫、木刻連環畫、年畫連環畫，還有影視連環畫。即隨電影而誕生的小人書，如孔夫子、木蘭參軍，以及人民公敵蔣介石、永不消失的電波等。那時為趕時間，小人書的出版者便讓畫工輪流到電影院悉心觀看，然後夜以繼日趕畫。電影還未放完，連環畫已出版。其「繪製」很多是直接印刷劇照圖片，編輯粗糙，看起來很沒意思。

當然，什麼都沒有把古代英雄拿來吹畫對我影響大。

相對來說，那些被我們撕與剪裁過的古代人馬畫，才是小人書中的精髓。因為它全都採用的是白描畫的方式，鐵線勾勒，非功力深厚者不能為之。在剪時如果不小心損傷了畫面，那還會被禁止參加，算是廢品。而在孩子們瞪眼、喊叫與瞠目結舌的吹氣之下，那人仰馬翻，刀劍鏗鏘之聲不絕於耳的遊戲，就像是我們這一代人的平躺式皮影戲，西洋鏡或電影。

人是視覺記憶，非常重要。你若問一個畫家的視覺影響來自誰，他可能會說出如范寬、達文西、徐渭、傅山、八大、艾雪、博伊斯、大衛・霍克尼、克萊因等那些古今大家。而我則不是。影響我的東西，更多的是一切偏僻的圖像，如中醫針灸圖、人體解剖圖、古代地圖、堪輿圖、道家典籍的神祕插圖、星相圖、古籍小說的繡像人物畫、古代的拳譜、園林譜、宗教符號學、唐卡、老照片、日本成人漫畫、色情浮世繪、西醫版畫或者植物學圖譜等。當然，這其中就包括了我童年時代看過、藏過，甚至吹過的那些小人書。

因為人對圖像的認知，最終會是一種整體的動感記憶。

至今，在重慶老家的屋子裡，仍藏有一套我中學時出血本買的《三國演義》連環畫（四十本）和一套《西漢演義》（二十本）。這是我在童年「吹畫運動」結束之後買的，以彌補我在吹畫時對自己藏書的破壞。現在，那些小人書裡的人，當年書攤上的老闆，以及吹畫的同學們，也幾乎一個個地全都成了「小人」。我的意思是，他們都已在時空中越縮越小，縹緲虛無，彷彿變成了我記憶中的一張張小紙片。我怎麼吹他們，都像是在為往昔的韶光招魂。

四、臭菜記

臭菜，就是葷菜。一般所謂吃素與吃葷，葷並非是肉食。肉食叫腥。不吃葷即不吃臭菜。也就是不吃蔥、薑、蒜、韭菜、蒜苗等吃了嘴裡產生異味的菜。可中國人又最愛吃臭菜，最擅長做臭菜。如臭莧菜梗、糖蒜、榨菜、酸菜、醃鹹菜、豆豉、臭豆腐，還有重慶的藠頭、折耳根（魚腥草）或老北京韭菜花、豆汁之類。朝鮮泡菜如果不密封好，往冰箱裡一放，整個冰箱都是臭的。而且臭菜尤其在南方深入人心，便有了寧波臭冬瓜或上虞黴千張之類臭得出奇的玩意。

嗜好「臭」是一種反動的情緒和生理現象。

它的發源似乎是人類固有的自虐傾向。

我一直在想，是不是人人都有自虐本能？譬如很多人並非生於湖南、貴州或四川，但天生就愛吃辣椒。或天生就愛抽煙、愛喝烈酒等，乃至於愛洗桑拿、愛踩背、甚至愛針灸，那輕微的刺激和痛感，彷彿也就是快感了。

過去有人把中國文化稱為醬缸。臭，也是醬缸的第一特徵。如民國不少老字型大小飯館裡的所謂高湯，都是幾代人熬出來的，鍋底從未洗過。看著就跟酒廠的發酵罎子一樣，長滿黴菌，油垢如山，據說這才能保持其原味。

北京夜晚街頭的滷煮火燒，就曾讓我望而生畏。

八〇年代，第一次在大街上看見那麼多下水、腸子肚子一鍋燴，以及那裡面無數「臭氣熏天」的雜碎和豆腐乾，我是寧願餓著的。

兒時，記得我父親是很愛吃蒜的。尤其吃麵時。他不僅愛吃，還充分利用蒜的殺菌作用，治感冒，防炎症。甚至夏天蚊香用完了，他也會把蒜汁抹在腿上，蚊子都能熏跑了。可如此一來，屋子裡自然是有一股蒜味，讓我和其他人都無法忍受。的確，臭菜大多有益健康，但汙染環境。如蒜能健身。蒜苗防癌。洋蔥可治高血壓，降血脂與降血糖。辣椒刺激腸胃蠕動，解便祕。而韭菜則是天然壯陽之物。韭菜還很好養，和水仙一樣，割一茬，長一茬。毛澤東就說過：「一顆腦袋落地，歷史證明是接不起來的。也不像韭菜那樣，割了一次還可以長起來。割錯了，想改正錯誤也沒有辦法。」他很愛吃臭菜。

臭菜吃了，嘴裡自然都有一股子臭味。

這是讓大多數人厭惡的，尤其是去公共場所時。但我們在公共場所，又總是碰到身上，嘴裡有異味的人。北京人有「約會不吃烤鴨」之言，因吃烤鴨一般要捲大蔥。吃時興奮，若是戀愛，吃完之後再接吻，無異於大煞風景。據說納粹分子曾云：「猶太人身上都有蒜味，太可惡了。」臭菜甚至成了種族歧視的理由。而和尚們不吃葷，倒主要是怕受刺激。因臭菜大多會刺激內分泌，促進新陳代謝，也就引起了欲望。總吃葷的人，往往激烈散亂。肉生火，魚生痰，臭菜生性情。前年去看一個從監獄出來的朋友。他說，在裡面吃號飯，就是沒有油葷，即沒有肉和臭菜。肉吃多了人容易躁動，惹事生非。臭菜吃多了還會發情，遺精。而且你若搞得整個號房裡臭烘烘的，終歸是更加噁心。

服刑就相當於當和尚，一日三餐，除了饅頭菜湯，別的是沒有的。所以過去曾把進監獄也叫做「進廟」，即這個意思。

但嗜好美食者，大約沒有不愛臭菜的。如重慶人提起酸豇豆、泡海椒或苦藠湯，新疆人提起孜然、茴香，北京人提起香椿葉、白蘿蔔（空口吃生蘿蔔也會產生異味），春餅捲大蔥或涮羊肉湯裡的香菜加白胡椒麵等，無不是望梅難以止渴，徒令口中生津。忽然想起一件舊事：天底下就荒誕的「臭菜」，大約是六〇年代的煤油燈。大饑荒時，我父親在四川鄉下勞動，除了糙麵饅頭，沒有任何一點菜湯吃，更談不上肉葷了。當地農民們就想了一招，即聞煤油燈。因為臭菜過去都是刺激開胃的。而煤油燈在點燃之後，總會散發出一絲絲的青煙，甚至是濃煙，非常刺激人的嗅覺。枯燥乾冷的饅頭加上白水，吃多了誰都會噁心。而如果你聞一下煤油燈，一氧化碳的氣味立刻會讓口內生唾，然後你再啃饅頭，即達到臭菜的效果。

當然，此法不能久用。若多聞幾次，別說吃，簡直就該吐了。因為煤氣聞多了自然是會中毒的。

從小，我是很愛吃臭菜的。重慶人炒菜，作料幾乎離不開蒜、薑或花椒。過去總有錯覺，即菜淡了就會無味。其實這是個誤會。清炒的白菜水煮的豆腐，只要原料新鮮，鹽、火候與湯均用得恰到好處，也會無窮滋味，刺激自在其中。而臭菜表面激烈肝腸，可也有做得不好的。如辣椒煸糊了、蒜炸老了、蔥凍壞了或臭豆腐根本不臭等等，實為灶王爺之大憾。此恨亦可比天下文章，有些人的素材平淡，行文結構卻語驚四座，怪異詭譎，讓人在十里之外即能聞到異香撲鼻。而有些人大動干戈，花言巧語地亂燉醃製，第一次看時，尚能臨時解渴，可若是回頭一讀，卻好比那一盞可憐的煤油燈。

五、抽煙記

我從十三歲就開始抽煙。二十四歲戒煙。這之間大約只有十一年時間，我算是個煙癮不大卻又算地道的煙民。第一次正經抽煙，是一九八五年，和一個姓潘的同學躲在央音樓下一間舊倉庫裡。潘忽然拿出兩根日本的「柔和七星」。這在那時是比較昂貴的名煙。我抽了一口，深深吸入肺裡，然後頓時頭暈目眩。從此之後，我對這種莫名其妙的感覺開始著迷，一發不可收拾。

尼古丁對於每個少年來說，都有一場特殊的記憶。

剛抽沒幾次，我就被我父親發現了。有一天，我和另一個同學正躲在家附近的拐角抽煙。我父親突然出現了。我慌忙把煙藏在背後，假裝沒事。父親沒說話，也假裝是路過。可他經過我身後時，忽然飛起一腳，把我的煙踢出一丈多遠。我只覺得手上一陣劇痛，父親已揚長而去。

少年時代兩大消費，書與煙。有時有煙無書，有時有書無煙。

想要書和煙，魚與熊掌都兼得，那就得少吃點飯。餓著。

從一八五三年至一八五六年，在歐洲爆發了一場戰爭，作戰一方是俄羅斯，另一方是鄂圖曼土耳其帝國、法、英，以及薩丁尼亞王國，史稱「克里米亞戰爭」。香煙就誕生於這場戰爭之時。過去，在基督教或佛教裡，都沒提到過此物。抽煙連魔鬼都不管。由於士兵壓力大，需要神經放鬆，戰爭就使得香煙氾濫。到了一戰二戰期間，各國軍方都將香煙大量發給官兵。煙是最輕的麻醉品。二十世紀後期，「香煙有害於健康」的標語才開始被寫在煙盒上。

中國是煙民最多的國家。一來是因為這東西便宜。其次，是因為這是中國人抽大煙和鴉片戰爭情結的一種變相延續。

從小，我身邊就有一些煙鬼。譬如我舅舅，就一直抽葉子煙。我還因為他抽煙太厲害，在十歲時就患上了肺炎。生活中，有些朋友一天要抽兩包左右的煙。手指熏得像臘肉一樣黃。七、八〇年代，幾乎每個人手裡都夾根香煙。無論是吃飯、開會、上班、打牌、聊天還是上廁所，不分場合，全都抽煙。你要是不抽煙，還會遭到歧視。而去一趟電影院或者飯館，出來之後，你身上準有一股濃烈的煙臭味。社會主義的每個角落都是烏煙瘴氣的。

那時，就是在擁擠的公共汽車上，也照樣有執著的煙鬼。有不少人下車後，都發現衣服上多了一個黑洞，要不就是頭髮被燒焦了幾縷。

上中學時，香煙更是男同學們之間的「虎符」。

我記得，那時候重慶有些中學生打群架，甚至在打架前，就會準備好幾條香煙，放在一邊。然後兩邊約定時間地點。說好：誰如果輸了，或傷亡慘重，就有資格拿走這些煙。因為誰也沒有錢拿醫藥費，於是香煙就成了勝利一方作為安慰對方，消解矛盾的替代品。而且，傳說香煙灰可以止血。那些因打架而受了刀傷或者摔傷的孩子，會把一包香煙整個點燃，先猛抽幾口，讓它們燃燒，冷卻。然後把煙灰撒在傷口上。

那個時候，在重慶那些崇尚暴力的少年和「乾燥崽兒」之間，還是很有一點傳統的黑道精神的。

至於那些沒事就在胳膊上用煙頭燙戒疤的無聊者，就更多了。

煙也是刑具。就像在螢幕上，我們總是看見那些審問烈士的打手，會惡狠狠地把煙頭觸到囚犯的胸口上，然後聽見一聲慘叫。再說了，保爾・柯察金一開始不就是因為被誤認為抽煙，而被「虛弱的胖子」擰著耳朵趕出了學校嗎？雖然我們早已沒人關心《鋼鐵是怎樣煉成的》，但書的開頭還有印象罷。因我們並不想成為鋼鐵，只想成為能抽煙的大人。

八〇年代後，生活中女煙鬼也越來越多了。包括少女。過去，一般我們只在電影裡看見國民黨的美女特務，外國女人，或舊社會的妓女等才抽煙。忽然在女同學之間，也有一個敢抽煙的。男生立刻刮目相看。在我認識的姑娘裡，搞音樂的女子抽煙最厲害。有些也是一天兩包。那時沒有大麻，毒品更不可想像。於是抽煙時，有人還會先拆開煙卷，往煙絲裡撒一點頭痛粉。過去的頭痛粉有麻藥的效果。再抽，會產生一種異常古怪的麻醉氣味。還有往表面抹風油精的。有一個新疆老哥們叫陶然，每年開學時，他都會給大家帶回幾大包莫合煙。新疆的莫合煙，是焦油含量極高的黃花煙草，散裝，一般是手捲煙。需要自己配煙紙。如果沒有，就用報紙或薄一點的稿紙來代替。

莫合煙太香了，是紫檀那種香，抽完一嘴油。

莫合抽多了，肺就黑了，抽別的什麼就都沒味了。

在中國，除了民工，煙鬼最多的就是作家、或詩人和藝術家群體等。他們都號稱沒有煙就啥也幹不了。其實純屬是習慣。譬如我父母都是搞藝術創作的，但他們都不抽煙，也沒覺得就耽誤了什麼靈感。而對於最需要香煙的那些人，譬如監獄中的囚犯，這東西卻又顯得太稀罕了。直到現在，監獄也是不讓隨便送香煙、藥和書的，據說是因為「這不屬於生活必需品」。

關於香煙的書不少。我記得三島由紀夫就寫過一個短篇小說《香煙》，懷念他的少年時代猶如波特萊爾的詩句：「我的青春完全是漆黑的暴風雨。」還有如美國學者理查·克萊恩寫的《香煙：一個人類痼習的文化研究》，其中詳細探討了香煙的發展史。當代女作家海男也寫過一本《香煙傳》。在中國人心裡永遠都有毛澤東抽煙的形象。紀錄片中，毛的那種「匪氣」一般的隨性和揮灑自如地在鞋底上掐滅煙頭的動作，一直都被煙民們祕密崇拜。

除了關於肺癌的危險，環境汙染和公共空間的基本公德等負面問題，香煙在大多數時候代表著第三世界群體的形象，也代表著資本主義廣告上的遊艇、美女和宴會。還代表著男性的思考，性格和個人氣息。譬如，在很多女人的細膩感覺中，純男性的氣味，往往就混雜著香皂味、汗味和一絲輕微的煙味。

八〇年代流行的香煙很多，我們小時候經常抽的是大前門、春城、紅梅、大重九或後來出現的良友、金橋與中南海等。而雲煙、紅塔山與中華，以及萬寶路、七星和駱駝等進口香煙，一般孩子還買不起。偶爾有誰突然拿出一包登喜路，就算是奢侈品了。而誰如果拿出來「白盒子」——即來自捲煙廠內部配發的，品質很好的無牌香煙，那立刻就會被大家刮目相看。因這似乎也意味著煙的主人來自於某種特權階級。後來還流行過一陣叫「經濟牌」香煙和「大公牌」香煙，就是賣給那種極窮的煙民的。即一盒圓筒，一共七十根，總共才七分錢。即一分錢十根的香煙。這種香煙是煙廠用最劣質的煙草、雜物和碎末垃圾製作的，對人體十分有害。但依然賣得很好。因那時有些人很節約，就是抽剩下的煙蒂，也會被掃地的人收集起來，重新捲著抽，絲毫不覺得噁心。

我小時候抽得最多的是春城煙與雲煙。

尤其是春城。此煙有兩種，即平嘴與過濾嘴的。平嘴一包才二毛錢左右。春城煙有一種溫和的香，在少年時代，這種香煙陪伴我度過了很多閱讀、繪畫與寫詩的長夜。「飯後一支煙，勝過活神仙」，我當時的確覺得抽煙很舒服。最關鍵的是，春城這名字，還總是讓我想起兒時讀唐人韓翃的詩：「春城無處不飛花，寒食東風御柳斜。日暮漢宮傳蠟燭，輕煙散入五侯家。」我的斗室裡也總是煙霧騰騰，好像是在洗桑拿。那時，朋友們一見面，互相之間的第一禮節就是遞煙。就像《沙家浜》裡胡傳奎的名言：「抽煙嗎？」

大約一九八七年，我回重慶時，火車路過農村。我還看見窗外有一些農民的孩子在沿著鐵軌一邊走，一邊撿從車上扔下的煙頭。這個場景讓我想起漫畫《三毛流浪記》裡的情節：三毛在大街上撿煙頭賣。為了得到煙頭，他就跟在一個抽煙的行人後面走，等著人家扔煙頭。誰知道有一個煙頭沒有完全熄滅，就被三毛匆忙撿起來放進紙包裡。結果，引起一場大火，不但燒掉了三毛好不容易積攢的其他煙頭，還差點燒傷她的手。只不過，現在火車下這些農民孩子撿了煙頭，不是為了去賣，而是自己在抽。

前些年開琴館，我還抽過一陣煙斗。托朋友幫我買了一個義大利煙斗。煙絲也是進口的。煙斗的配件也很講究：一把按煙絲和刮灰的刀，一個絲網、專門的煙斗打火機、咬嘴、斗座、以及一些需要隨時更換的過濾木條等。抽一口煙，擺一桌子零碎。煙斗的煙草也比過去的捲煙要香很多倍。有時坐在琴館裡，燒口煙斗，倒是十分愜意。煙斗還會讓人想起很多大人物：如福爾摩斯、林語堂、史達林等。我還在雲南抽過水煙。不是過去地主抽的那種小水煙袋，而是像柱子一樣粗的大水煙筒。吸一口，煙直接就衝到肚子裡，嗆得人當場就咳嗽，眼淚鼻涕一大把。而「飛大麻」之類就更沒感覺了，還不如喝一瓶啤酒。

所有這些，都沒有抽捲煙更讓我銘心刻骨。

十三歲那年，我和另外幾個同學總是叼著煙，橫衝直撞，踢教室門，吐口水，還練習把點著的煙倒捲進嘴裡抽，或者練習用一根手指把煙頭彈出老遠之類。我們是典型的壞孩子。其實我們心裡什麼想法也沒有。我們早晨起來一支煙，晚上睡前也一支煙。住讀時，害怕老師查房，關燈後才抽煙。看煙頭的紅點在大黑暗中一閃一滅，它就是叛逆的火焰。

我們抽煙只想引起女同學的注意，並反抗學校的制度。

記得英國作家高汀在《蒼蠅王》裡講過一個故事，說幾個少年比賽吐口水，其中一個吐得最遠，就成了孩子王。因為大家都不知道他為什麼能有那麼大的肺活量。其實那孩子什麼本事也沒有。他吐得遠是因為他抽煙。抽煙者都有痰。痰比一般的口水重，所以吐時不會在空中飄，自然吐得最遠。

人在社會裡的重要性之淵源，往往是很荒謬的。

大約在一九九四年左右，我終於把煙戒了。

也沒人強迫我戒煙。我抽煙，是因為大家不敢抽煙。而我戒煙又只是因為大家都在抽煙。而且我開始鍛鍊了。在渾濁的人群中，新鮮空氣讓我更覺得刺激。我幾乎一點都沒反覆，煙一下就戒掉了。只是在今天回頭看，過去的一切彷彿都在煙霧裡。甚至想起某些人，某些場景，房間，我首先就是能聞到當時的一股子煙味。包括一個我曾愛過的抽煙的女孩嘴裡的煙味。煙霧是往事的符號。在電影製作中，煙火師是一個很專門的行當。尤其歷史片，戰爭片或懷舊影片。他們負責用硫磺、乾冰、紙、火藥和木柴等，在背景裡製造各種黑煙白霧，渲染一種背景氣氛。而在我少年時代的記憶中，如果大腦是一架攝影機，那拍攝這些故事的人，便一定是一個叼著煙卷的孩子。

六、蓄鬚記

吾曾聞：古人三十而始蓄鬚。如古畫裡，不留鬍子的男人是很少的。大約十七、八歲時，我便有過蓄鬚的念頭。奈何我這人毛髮較輕，蓄鬚只怕也是個山羊胡，後來又被家人反對，故只得作罷。但隨著年紀漸長，臉上皺紋漸多，便越發覺得髭鬚的有意思了。人中、下巴、嘴角與鼻翼之溝壑，似憂鬱浮現，若留一點鬍子或者可以遮醜，也未可知。

當然，今人留鬍子，絕不是梅老闆那樣非要有「蓄鬚明志」的臉譜的。即便如八〇年代的「流氓」們，留個小八字鬍，或如袁世凱、二周、福爾摩斯之流，也大多出於無心，千萬不可以批判現實主義的態度視之。而民國軍閥（如吳佩孚或馮國璋等），則不少是學日本軍國講武堂的氣質，蓄鬚似乎是為了顯得有些威嚴感而已。而且畢竟也不敢留太長，因剪掉辮子，也不蓄長髮的軍曹，若穿一身現代戎裝，卻留一個關羽式的五柳美髯的話，難免會讓人覺得滑稽。

至於我個人，說是蓄鬚，其實是蓄髭。因《說文》曰：「𩑛，口上毛也。從鬚，此聲。字亦作髭。唇上曰髭，唇下為鬚。」再如〈樂府詩集．陌上桑〉有云：「行者見羅敷，下擔捋髭鬚。」我沒敢留下巴上的鬚，也天生不是絡腮鬍子（「耳前曰鬢，兩頰曰髯」，故連鬢鬍子叫「髯」，如京劇行頭裡用的連鬢大鬍子，便稱「髯口」。而張飛、鍾馗那樣的人一摸鬍子，便叫「一捋海下剛髯」了）。現今如髭、鬚、鬢、髯幾字混用，乾脆都叫做鬚，所以只要不是貼假鬍子，那便都可以叫做蓄鬚了吧。

中國人自古崇拜美髯公，大約與男性中心論有關。且大自然的美學基本都是「獅子與孔雀」的主義，即雄性的羽、毛皆比雌性的華麗。在民間看來，哪怕是鯉魚嘴的鬚，也自帶有幾分龍門氣象。

另，關於鬚髯能入藥治病的事或詩，在《本草綱目》，或如唐太宗之「剪鬚燒藥賜功臣，李績嗚咽思殺身」（白居易）等句，民國江紹原皆在《髮鬚爪》一書中多有議論，此不必贅述了。我蓄鬚，全然出於夏日無聊間的一點懷想，即想起我曾祖楊襄甫牧師是有留鬍子的。在舊照片上，能看出他留的也是類似福樓拜那樣的髭鬚。但自他之後，我祖父、父親，皆未蓄鬚。到了我，本也不打算蓄了。可近日入了頭伏，暑氣蒸騰，汗流浹背。有時我便望著書架上曾祖照片發呆。過去，我曾一直在觀察，這位晚清基督教牧師的面相究竟和我父系中的哪一個親戚相似。但一個也沒有。為何沒有，也說不清。總之是都不太像。若問哪裡不像？我一時也答不出。直到這個三伏天的頭伏那日，在窗外蟬鳴蛙叫聲中，我卻忽然發現：沒一個人像楊襄甫，或者原來只是因為大家都沒有他那一撇鬍子吧？

於是我便決定了，讓自己蓄鬚來與之比較的倉促決定。

若說這世間的大鬍子，自然以西方人為最。慢說古希臘人或猶太人，即便如馬恩列斯之流，吾等也是望塵莫及的。更難以學達利那樣留兩撇龍蝦式的直穿天空的尖鬍鬚（達利有一張攝影作品，便是將馬恩列斯毛等幾人的像章，串成一排，橫掛在他的尖鬍鬚上）。而若杜象那種沒有鬍子的藝術家，則乾脆在蒙娜麗莎的嘴邊畫上兩撇八字鬍了事。還記得有一年，我和畫家季大純曾因毛澤東是否有鬍子而爭論過，季無論如何不相信，毛會長鬍子。當我告知他毛有長過鬍子的照片，其鬍子主要遺留在嘴角，故而不太好看時，他依然不信。他大聲反對道：「不，毛主席有鬍子？這絕對不可能。毛主席跟佛一樣，肯定沒鬍子。」由此也可見，一個人的固定形象若已被宣傳潛移默化，將是多麼地難以修正。

當然，若是虬髯客式的鬍子，或孫仲謀那樣的紫髯伯，在中國人中定是不多見的。且現代中國人大都以用電動剃鬚刀剪掉髮鬚為「進步」之象徵，而且總傳言蓄鬚是多麼地不衛生，易生細菌，乃至更不能隨便去親吻孩子之類的弊病，更讓人望而生畏了。兒時看電影，見民國的大帥們，總是愛拿著個鼻煙壺，先用煙抹一下鼻子，再猛地打一個大噴嚏，然後再興奮地捋捋兩撇大鬍子，有時還痛快地吹鬍子瞪眼罵上一句：「他娘的，敢造反，老子一槍斃了他。」便感到甚是羨慕。但到了二十一世紀，你若忽然留出個髯口，那可的確有點古怪。即便是像齊白石、張大千或于右任（也曾被稱為美髯公）的那種大白鬍鬚，似乎也是為了麻痹那些盲目崇敬他們的人而蓄的，否則何以叫敢「大師」呢？一把鬍子，最方便忽悠後輩了。只是照相起來，一手拿拐杖，一手捋鬍鬚，好似已然直追古人仙風道骨也，到底頗覺做作。如八指頭陀剃了頭，也不會想剃鬍子，六根怕算不得「清靜」了。好在我也只留個「一字髭」，算是消暑解悶了吧。若瞅著不堪入目，隨時刮掉便是。

另外略值得一提的是，在〈無門關〉裡有一則公案：「鬍子無鬚。」我全引如下：

或庵曰：「西天鬍子因甚無鬚？」

無門曰：「參鬚實參，悟鬚實悟。者個鬍子，直鬚親見一回始得，說親見，早成兩個。」

頌曰：「疑人面前，不可說夢。鬍子無鬚，惺惺添懵。」

關於此案之精湛句法、或庵來歷、無門慧開之文字假借與機鋒等，我七年前已在〈狂禪：「無門關」鏡詮〉中闡釋過細節，在此也不多說了。只是如今一蓄鬚，倒是又想起了與季大純兄關於「毛氏為何無鬚」的笑談來，與此「西天鬍子因甚無鬚」，古今鮮明對比，也是夏夜清爽之事。

只是疑人面前，的確不可說夢。身體髮膚受之於父母，髭鬚之為中國人之傳統，或帶來憂煩，或帶來灑脫，或帶來幽默，竟然也是可以入書的。如唐人劉鼎卿《隋唐嘉話》有曰：「晉謝靈運鬚美，臨刑，施為南海祇洹寺維摩詰鬚。寺人寶惜，初不虧損。中宗朝，安樂公主五日鬥百草，欲廣其物色，令馳驛取之。又恐為他人所得，因剪棄其餘，遂絕。」忽然想起，謝靈運乃是我母系祖先中人，在浙江瑞安縣宗祠的《謝氏家譜》裡，謝靈運之大名猶在。據說，十年前家母回浙探親時，正趕上族人整理族譜，於是順手也把我寫入了家譜中，只是更名曰「謝典」。

誠如此，無論祖先崇拜，乃至「美髯公後裔」一般的虛榮感和阿Q精神，皆可在我身上找到一二了。只是謝靈運之詩，「謝典」或許並非不可超越，但說到謝靈運的那一把居然能代替維摩詰、供人膜拜的鬍子，恐怕這世間是永遠也找不出第二個來了。伏日對鏡蓄鬚，念及此，不禁撫掌苦笑。

二〇一一～二〇一七年

卷四

第一個詩人

一九八七年夏天的一個黃昏，我遇到了子午。他是我少年時代的摯友，也是小說家和詩人。他可以說是我投入寫作生涯之後，在精神上遇到的第一個人。子午姓郭，重慶人。第一次看見他時，他戴著黑框眼鏡，留著淺淺的、柔軟而黝黑的連鬢鬍子，影子一樣瘦弱。他穿一件白襯衫，背著舊軍書包，胸前還掛著一串鑰匙，十分書生氣。他愛讀童話、俄羅斯文學、古詩、及一些罕見的寫景著作與偏僻的怪書。他也做得一手精絕的水煮肉片和川菜、通中藥學、愛放聲大笑、喜歡街談巷議和奇聞怪事。我對他的樸素立刻有一種來自血液的好感。

子午說話速度極快，是我一生中遇到說話最快的人。

因為他的話第一句基本上也就是最後一句，是結論，是句號。

他一看見我，第一句話就說：哦，是你？聽說你也寫詩，下午拿過來看一下吧。他的話一點也不讓我覺得唐突，而是異常親切，好像一個早就為我安排好了的導師。當天下午，我就把我所有的詩拿給他看了。

當然我也看了他所有的詩。

子午性格溫和，簡樸，是一個善於寫歌謠體詩的詩人。

他的詩好像不是詩人寫的，而是音樂家寫的。子午比我大十多歲，已有妻室。他妻子叫阿靜，是一個古典的美人，也寫詩。子午與阿靜很相愛，他們經常互相寫詩。儘管夫妻多年了，他們上街時還牽著手，像初戀一樣。子午總是說：阿靜很乖。像在說自己的女兒。子午博覽群書，家裡藏書近萬，他來找我的時候除了背著軍書包外，還總是搖著一把摺扇，扇子上是他手抄的杜甫〈秋興八首〉。他以最快的頻率說話，一秒鐘大約能說十三個字。好像他要趕在世界出大事之前，把所有詩歌意象和人類問題都一口氣說完。若趕在一九五七年，那他的結局肯定是右派。他還有一點輕微慢性鼻炎，所以他說話的中間有時會呼吸一下，用他自己的話說：「好像一匹快速賓士的馬在打噴嚏。」

子午寫過很多詩，意象如雨，充滿了古代山林詩一般淡泊的詞語。

但我至今記憶猶新，而始終覺得幽雅的，卻是他早期的一首歌謠。他自己並不認為這是他成熟的東西。但是閱讀總是先入為主，這首有點超現實主義氣質的歌謠，遮蔽了我對他其他詩的認識，成了一個符號：

條條大路通向朋友的家
朋友的家就在低低的山窪
山窪是城市中心的肚臍
肚臍是公路挽成的疙瘩

條條大路通向我的家
我的家中有木鐘和頭髮
頭髮把我懸在空中
木鐘在腳下滴滴答答

條條大路通向誰的家
誰的家裡有一片晚霞
晚霞點燃了五月的爐火
慢慢為我煮一杯紅茶

詩很短，但卻在那個渴望友誼的年代裡，感動了子午身邊的很多人。大家都認為他最樸素、單純、而且是滿腹學識的詩人。

第二年，一個朋友突然來信，希望他去海南島工作。我也想去看看，於是我和子午約好一起出發：南進。記得在火車上，我們就開始不斷地寫詩，而且用同樣的題目互相對照著如競技一樣地寫。但我當時並沒有任何刻意的感覺——我只感到我也要寫詩、要飛、要雲遊天下。我們去了海南島。我和子午搭乘從廣州到瓊州半島的長途汽車，連夜開赴海安。汽車裡又髒又臭，全部是農民，擁擠在椅子上，就像文革六〇年代大串聯時的土人。我記得半夜汽車停了幾次，有農民下車撒尿。而車開的時候，那農民卻沒跟上，一邊提著褲子一邊追，搞得滿大街都是他的尿。我還記得，一路上的飯館食物又貴又難吃，是司機與沿途飯館勾結好的，專門宰長途客。沿途都是噪音，播放著喧囂震天的嚎叫。但是我們一點也沒覺得難受，一路大笑。凌晨到海安的時候，子午更激動了。他說：這是我第一次看見大海。

海安是中國大陸最南邊的小鎮，對面就是海南島的海口。中間的瓊州海峽坐渡輪大概只需要二小時，不過看起來還是一望無際。聽說當時還經常有人徒手游泳橫渡過去，跟玩似的。

我在海安渡口上了一個廁所，這廁所印象頗深：是茅屋下一個巨大的坑，門口寫著「男」與「女」。可我從男的那邊進去後，放眼一望，那大坑如同一個巨大的彈坑，上面凌空擺著幾十條竹板。如果你要蹲上去，必須走到竹板中央，這時竹板就會上下地顫動，很危險。不過我是小便，還好。

我解開褲子，剛要撒尿，忽然看見不遠處的竹板中央還蹲著一個人。定睛一看，那人竟然是個女人——天哪，是個老太太。

難道我走錯了？於是我慌忙退出。可是到門口一看，的確是「男」的入口。這時我才明白，這個大廁所男女之間居然沒有牆壁間隔。海安當地的農民似乎對這完全無所謂。他們都習慣地自由進出。我抬起頭，看見茅屋已經很舊了，屋簷下還有一行斑駁退色的文革毛主席語錄：「時代不同了，男女都一樣。」

輪船進入大海，子午覺得好像是夢境。

我轉身叫他，透過客艙，卻看見子午一個人走了出去，獨自在船舷上站了近兩個小時。他在看大海的起伏。海水幾乎要從窗戶衝進來，朝霞滾燙地烘烤著地平線，使其變成弧形。遠方，不時有跳躍的魚群，海鷗也上下翻飛，整個世界完全是藍的。這種藍在重慶、在北京都絕對無法想像——那是一種類似玻璃橫切面的深藍，極端的藍。古語有云：響藍。彷彿一切都變成了一個可怕的真空：上無片瓦，四野空空，腳下則是萬丈深淵。

如果沒有一兩隻海鷗出現，人簡直覺得到了太空裡。

子午說他十分陶醉，幾乎不想下船，想一直坐下去——一直到印度。

我們到海口港時，那朋友來接我們。他把我們帶到他宿舍——一個奇怪的地方居住：海南黨校。當時他在《海南經濟開發報》當記者，也準備讓子午在那裡工作。海南島對於我，完全是自由的極限，是「詩歌公社」和「文學共產主義的食堂」。天高皇帝遠。那時候海口還是個剛脫胎於蠻荒的城市，滿大街沒有交通規則，自行車、汽車和行人到處亂跑。大街上經常能看見人打架。我吃住不用花錢，又是個少年，所有人都讓著我。我徹底開始了寫詩抒情，每天亂說話，喝酒和扯淡。那時的海南島幾乎像邊境一樣，圖書出版也極端自由。到處可以找到各種禁書、怪書或色情書看，也可以去錄像廳或電影院消遣時光。那是一個酷熱的夏天，我開始一種每天自稱「天才」的荒誕生活，暴飲暴食、抽煙、對莫名的事物狂笑不止。雖然我早就開始讀書，但一直是自己亂讀，龐雜無邊。而子午則教會了我什麼是真正的閱讀：他給我開了一份叫做「捷徑」的書單。這份書單非常重要，是第一批對我影響深遠的書籍，種類涉及中西小說、詩、哲學、歷史和雜文等，但卻非常精挑細選，使我在閱讀上幾乎沒有走一點彎路。我按照書單上的書一一地去讀，在最短的時間內，把世界文學和中國古代詩歌中的一些重要作品先「洗」了一遍。記得當時閱讀的西方詩人中，就有我後來一直深愛著的里爾克、蘭波、波赫士、艾略特、馬拉美和曼傑利施塔姆。

在那之前，雖然我十三歲時就自以為讀過了不少類似阿德勒《自卑與超越》之類的書，便狂妄地和成人們爭論人性，但我的閱讀並不透澈。

當年上映了貝托魯奇的〈末代皇帝〉，我們一起去海口一家電影院看，一起在觀眾席裡唏噓。可看完出來，剛走到門口，子午突然說：你先回去吧，我還要看一遍。立刻，馬上。說完他轉身就消失了。

他自己買票進去又看了一遍。他說：這電影需要仔細閱讀。

有一天夜晚，子午還站在我們住的露臺上，面對海南的天空，教會了我一個壯美雄渾的偽科學：即識別星座。我在那裡第一次知道了南十字星座，北冕座和天蠍座，也第一次完整地注視雀斑一樣密集的銀河系。知道了中國古代星象圖和「夜觀乾象」的思想與西方有什麼不同。子午可以說是我早年遇到的最堪稱博學的人。他無所不談，無所不熟知，包括音樂、繪畫、哲學、宗教、巫術、文學、先鋒戲劇、中醫、書法、氣候學、地質學、天文學、植物學、動物學、童話……當然最多的還是詩。他每一樣都可以說是「精通」，包括對於我來說太熟悉的音樂。我第一次感到自己要學的還太多。

所謂的「第三代」這個種群，其實有很大部分人是一幫大雜燴。在海南經常能碰到一些到處亂撞的「第三代詩人」，譬如有一個叫嚴孑的，我記得就完全是個無賴。他找任何人都是要錢，而且若不給他他就躺在地上不走。是那種真的可以躺在地上打滾的人。人問他：為什麼要給你錢？他就可以說：因為我是詩人，是崇高的，所以你們應該給我錢，養著我。此人找過我家人要錢，也找過一些作家如吳世平、費聲等人要錢，甚至還找過很多官方的作家要錢，譬如梁曉聲。所有人都拿他沒辦法——臉皮太厚。我記得我在海南島的時候，他就來我們住處找人要賴要過錢。後來子午對我說：你要注意這次詩歌運動中的垃圾和賣垃圾的，要注意衛生。有些詩人的詩是垃圾，而人則是垃圾箱。

我認為子午說得對，甚至是預言般的對——因為我後來的確還遇到過很多很多的垃圾。嚴格地說，子午也屬於「第三代」。他與其他一些四川的詩人一樣，有一段時間，大約幾年，卻先後都跑到海南島去「瘋」過。當時他們也叫「下海」。海南島雲集著很多內地去的瘋子，有詩人、畫家、作家、商人、老知青、農民、騙子和混混兒，其中詩人尤其多。而且大家都說話不負責，重慶話叫「飛起說」。詩人們據說還都需要錢，以便讓他們能更好地侮辱錢。子午早年認識的詩人很多，所以見怪不怪。他對所謂詩人的「混亂性」和裝瘋賣傻極其反感。那時詩人中盛行一句話，即：「我是瘋子，我有病。」認為這是一種先鋒，一種表示自己精神異常，標榜個性的語言。有很多詩人以此為藉口喝酒發瘋、打架、互相猜忌、整、搞女人……若說這是血性，亦無不可；若說這也是天才的象徵，那就是「飛起說」了；你若用常識告訴他們：沒瘋比瘋了好，沒病比有病好。他們就會反駁你說：賀德林、尼采、愛倫・坡、波特萊爾、狄蘭・托馬斯和毛澤東等等，不都是瘋子，都是病人？我們怕什麼？我就是要發瘋。不少詩人以「大瘋子」自居。所以後來有人就乾脆諷刺說：詩本來是好東西，但有時候詩歌界就是黑社會，是精神病院。現在這些詩人都是活該的，是自投羅網的惡棍。讓他們去死吧。

小說家費聲曾說：詩人不過是使「絕望」一詞有了具體的意義和指向。

誰都知道，中國現代詩自七九年起，就開始了一場「革命」，目的在於反所謂「毛文體」，尋找回失語時代的心靈。在北京著名的西單民主牆，北島等人率先貼出了讓中國人震驚的抒情傳單。「今天派」的第一批詩以抽象的隱喻和怒吼，表達了文革結束後人性的甦醒。而到了八〇年代，比他們稍微年輕一些的詩人也在中國各地繁衍開來。詩——作為一種說話方式，對於毛時代後處於失語狀態的中國人，正如北島後來所說的，是「被推到了一個不恰當的高度」。於是，「第三代」就出現了，並形成了波瀾壯闊的氣勢。中國詩人希望以前所未有的一種語言來解釋已經發生、正在發生或將要發生的一切。

但是這一代與過去不同。這一代是成長在文革中的一代。

很少有人知道，「第三代」這個詞（最初便來自子午在一九八二年所寫的〈致北島或第二代人〉一詩，以及他在西師學生時代，與眾多其他詩人討論，並最終由他所起草寫下的〈第三代宣言〉一文）。這個詞語本來的意思是說：所有古代漢語詩歌算第一代；白話文開始的二十世紀的二〇～四〇年代算第二代；毛澤東時代是空白。現在開始的，則屬於第三代。當然還有別的一些分法，譬如說穆旦與昌耀是第一代，食指與北島等是第二代，再之後就是第三代；再譬如說，這個詞語其實是來自毛澤東的〈別了，司徒雷登〉一文中，關於「帝國主義寄希望於第三代，第四代人」那句話。詩與藝術的目的就是為了「和平演變」等等。可我認為第一種分法最好，最澈底。即整個一九七九年之後出現的詩歌，一直到二十一世紀的上半葉，都屬於第三代。

第三代是簡體字盛行後的一代，有缺陷的一代，倒左不右的一代。說著毛澤東的話又反對毛澤東思想、打著紅旗反紅旗的一代；是一半的人在意識型態上其實是屬於後來所謂的新左翼，另一半則又屬於民主主義、新右翼、自由主義、唯美主義或無政府主義的一代。

不過算了，還是不要給詩人們扣帽子了。

大家都是被耽誤的一代。

我從小就與很多被稱為第三代的詩人們在一起耍。子午是其中之一，也是最重要的。我記得從海南島回到北京後，我更加不能自己地終夜讀書、寫詩。我的朋友讀者中最重要的就是遠方的子午——我們保持著長期的通信。我的家人那時並不能理解我的行為——寫詩？這豈能算是一門手藝？可是這時我已經完全著迷入魔了。子午理解我。

我覺得渾身的細胞和原子都在意象中加速度飛翔。

無數浮華的靈感、閃耀的思想、尖銳的夢、鋒利的恨……猶如帝國的蝴蝶侵略著我的腦髓。詩成了我的武器和樂器。我渴望像一個鐵血詞語中的君主，像但丁，在幻想中率領著我全部絢麗的「新娘的軍隊」，挺進美麗。我顧不了肚子，只好顧腦子。詩像性欲和內分泌一樣，從內部燒毀少年的平靜。我可以從早一睜眼就讀書、寫詩，一直到深夜，不洗臉，不出門，兩三天只吃一頓飯。當時的感覺極其幼稚，即：我若二十歲還寫不出偉大的詩篇，就死了算了。十五歲那一年的整個冬夜，我都在讀著〈未來主義宣言〉、〈惡之華〉、〈齊瓦哥醫生〉、〈地獄一季〉和〈祈禱書〉等詩篇，陶醉在西方文學激進的幻象裡。我甚至還相信過江青都是一個好詩人，並把她寫的「江上有奇峰」那首著名的詩，也看做是超現實主義作品。我不斷地和子午通信，寫了很多。那些信我們都互相保存著。因為我們在兩地生活，所以對一切文字交流的東西就更珍惜了。我記得在音樂學院幽居時，好不容易有了一個磚頭錄音機，於是二十四小時轉著圈地放各種音樂，然後和幾個詩友連夜爭論詩歌，直到那機器再也轉不動了。我們整夜整夜地談著那些從書上看來的、形而上學的問題，如死亡、性、愚昧、神或藝術……一個個都「狂妄」得要命。然後，我還會將感受和心得寫到信中，寄給子午。

實際上，我並不懂得，這在當時看上去很表面的一種狀態，其實正是傳統的一部分。當時我還未醉心於傳統文化，對中國的歷史只有間接的一些膚淺瞭解。我還沒有發現，對於中國人來說，歷史事件會被一再的重複，而中國近代沒有人敢總結歷史。因為這裡面有太多的謊言，殘暴和欺騙。在現代中國人眼中，歷史就代表了專制、腐朽和沒落。甚至詩人也如是說，如是想。而在八〇年代經濟浪潮的刺激下，全中國的人，也包括著無數的所謂藝術家和詩人，都在幻想著明天可能發生的一切：革命、運動、開放、出名、獲獎、暴發、嫖娼……

那時，沒有人真正關心傳統的核心意義。

而子午卻是第一個提醒我關注傳統與歷史的人。

他的性格常令人想起十九世紀那位法國詩人雅姆（Francis Jammes 一八六八～一九三八），恬淡、寧靜而又敏感，對萬物的存在和神祕充滿了內在的感知。事實上子午的生活方式也和雅姆很類似，如里爾克所說：「在山中有一所寂靜的房子。它發出的聲音像是潔淨晴空裡的一口鐘。」他寂靜而又浩然的狀態，經常讓我聯想到雅姆的一些詩句：

幾天之後，要下雪了。我想起了
去年的事。我想起了我的愁思，
就在火爐旁。但你若問我：是什麼事？

我卻會答：沒什麼，請勿打擾。

雅姆這一個爐火，經常和子午早年那首詩中五月的爐火，在我的意象記憶的黃昏中交相輝映。當然，子午是中國人。本質上，他最像的還是中國古代詩人，像明朝的那些充盈著心靈與學識，對強權和罪從不姑息的那種遺民式詩人，像王船山。也像魏晉時期那種隱逸的貴族。無論在什麼時代，這樣的人都有自己生活的祕訣和定性，讓人望塵莫及。

沒有人知道子午。他遠遠不如另一些第三代詩人那樣有名。

但是，他卻是一個多麼有天賦的人啊。他曾傲慢地對我說：詩人就只有三種，我將他們分為晚霞、婦女、自己的身體——第一種是晚霞，成熟而完滿，幾乎能包容下一切真理；第二種是溫和的藝術家，縱橫才情，但不能真正超越卑賤的人生；最後一種則往往只喜歡拿自己的身體出氣，在寫作中殘暴地對待自己的靈魂，有自虐傾向，卻劍走偏鋒，寫出驚人的作品。第一種是天才，第二種是人才，第三種是鬼才。

在子午給我的「捷徑」書單裡，除了西方作品，還有一系列的古籍。就在我從海南島回北京約一年多之後，也正是一九八九年三月二十六日，我滿十七歲生日的那天，海子自殺了。此事在第三代中引起了很大的精神波動。而在子午看來，海子的自殺就在於誤讀了傳統。子午做過教師、記者、編輯和職業作家。他還曾在重慶中醫學院教授古代漢語，在那些閒暇的日子裡寫下過無數詩篇。我記得我們有一年坐在重慶的大街上，談論巴斯特納克的詩句。我一直認為巴氏的詩中的比喻變幻莫測，如「街的額頭漆黑」，如「我撫摸了你，猶如悲劇撫摸了劇場」等等，速度奇快，萬物似乎都被比喻人性化了。而子午則對我說：其實比喻是容易的，譬如我隨便就可以說「大樹是天空滴下的眼淚」。但是這句話並沒有意義。真正有意義的是詩背後的東西。大海並不只是一個平面，哪怕這個平面看上去非常龐大，殘暴或者遼闊。大海是有著我們連萬分之一都還不瞭解的海底世界那個東西。詩也一樣，在每一行詩句底下，是每個詩人的真實生活：讀書、吃飯、過日子、結婚、工作、生兒育女和衰老……這才是詩性——同時也是人性的本質。再說，大街本來就有額頭，悲劇本來就有手。那不是比喻。

他還說：其實誤讀是很偉大的東西，譬如好的翻譯就是依靠誤讀，向全世界傳播文學的。

子午當時說過很多的話，都讓我感到驚異。

在詩人眼裡，並不存在比喻——這就是詩與真實世界的統一。但正因為其偉大，所以才具有毀滅性。

一九八九年之前我們還經常能見面，有時我回重慶就住在他家。他帶著我吃吃喝喝，淘舊書店，泡茶館，在他的引導和誘惑下，我還第一次讀到了當時久未再版的《五燈會元》等古籍，買到了對我影響深遠的，諸如弗雷澤的《金枝》或史特林堡《狂人辯詞》之類的好書。從他那裡，我第一次知道了巴西近代作家庫尼亞偉大的《腹地》，那本書和赫塞《納爾齊斯與歌爾德蒙》及巴斯特納克《齊瓦哥醫生》一起，對少年時代我的精神漫遊，乃至生活方式，都產生了終生性的「洗腦」式的影響。我後來花了很多年時間，才算真正擺脫它們對我的祕密控制。總之，通過對「閱讀」與「誤讀」本質的理解，子午像一個幽靈一樣，帶著過去的我穿越過文字的地獄，也走進過一切語言的山林。夜晚不再孤獨了。冬天不再惦記缺少爐火。每當我在一些個獨自難以承受的時刻，莫名的憂愁侵襲我的骨髓時，一想起遠方有這樣一個朋友，我就能靜穆許多。每個詩人心中都會有一個趙蕤或維吉爾，有一個祕密的導師。我也不例外。記得小時候，我像每個中國孩子一樣，特別崇拜古代志怪小說中，那些俠隱高士，異人，或住在山林中，偶然現身一次的白髮長老。好像無論遇到什麼難題，一問這個老頭就都解決了。而十五歲寫詩時的我，也曾不自覺地想去尋覓一個先於我入道的導師。卡謬曾將少年時啟迪他寫作的教會小學老師熱爾曼先生，稱為他文學人生的「第一個人」。如此說來，子午就是我的第一個人，而且是一個真正的詩人。時代更迭，生活顛覆不斷，人情物事也大多變化分離了，很多早年的知己都作了鳥獸散。但子午和我的友情依然如故。他那些為了引導我的寫作，長年孜孜不倦地有時在家中，有時在路上，甚至臨時路過郵局時也給我寫的那無數封溫暖的書信，都曾觸及到我文學、良心與生活的每一個細節。他那些偶然碰到、不時寄來的舊書，以及每一個特殊時刻的關心，多年來一直是我深藏於內心的、最重要的情感教育和人格祕笈。

如今我雖已人到中年，掃蕩生活，橫穿命運，見過無數的人，也讀遍了天下的書。但每次回頭一看，我都覺得，只有他，才是我寫作的導師。

二〇〇八年十月

南渡

——對兩個姜夔之隱祕閱讀

我認識兩個姜夔。

一個自然是宋朝那位姜夔（一一五五～一二二一），南宋音樂家、古琴家、詩人與詞人。字堯章，別號「白石道人」，世稱姜白石。

第一次看見這個姜夔的名字，並不是在書上，而是在我父親的樂譜上。七〇年代，我父親正在瘋狂地探索試驗音樂。他將不少中國古琴或民歌中的音樂移植到小提琴獨奏，或嫁接到鋼琴曲上。這其中，就有姜夔的古琴曲〈古怨〉，以及根據他的詞〈鬲溪梅令〉和〈角招〉而寫的音樂。姜夔是音樂家，在現存的《姜白石詩詞集》裡，有十七首詞的旁邊，都注有南宋的工尺譜。這是中國音樂史上的重要文獻，它代表著七、八百年前宋朝音樂的原生態。這些宋詞樂譜到清乾隆時才被發掘出來，當時還無人能懂，近代才漸漸識別。詞與譜，如花在鏡，兩相輝映地照耀著古代的一切讀書人和樂人。也正因為如此，姜夔不僅受到中國詩人們的愛，也被歷代音樂家所極度敬重。

姜夔生活在一個歷史上極端特殊的時期：宋室南渡，即南宋。所謂南渡，除南宋的政治與地理意義之外，還有一層意思，就是漢族文化從狂飆之漢唐風骨，轉而式微成含蓄而衰頹的病中吟。所以，那時詞人已沒有了吟詠千里黃沙，大漠孤煙的士大夫式狂狷，而只能是「淮左名都，竹西佳處」與「大夫仙去，笑人間千古須臾」了。就是長嘯江山時，也帶著些許脂粉氣。

我最愛姜夔的一首詩，是〈雁圖〉：

萬里晴沙夕照西
此心唯有斷雲知
年年數盡秋風字
想見江南搖落時

似乎其中還有一些追憶唐人，看破南渡命數的風骨。

當然，姜夔最好的還是詞。南宋最後一個詞人張炎，曾說姜夔的詞是「野雲孤飛，去留無跡」。我們也的確能在他的詞中看到很多類似李後主、周美成、吳夢窗等人的大家氣象。歷史上的姜夔本是饒州鄱陽人。據說他童年就失去父母，在漢陽姐姐家度過了少年時代。讀夏承燾先生的《姜夔傳》，知道他是「朱熹愛其深於禮樂，辛棄疾服其長短句」。在當時，他就與楊萬里、陸游、范成大與尤袤等詩人起名。他尤善古琴，且不僅精通音樂與文學，書法上也成就頗高。小楷《跋王獻之保姆帖》，其藏鋒如錐畫沙，何其精湛。但他和歷代許多天才一樣，屢試不第，奔走四方，過著幕僚清客的生活。自古詩人就「為詩不為生」。姜夔的日子越過越窮，一生布衣，只能靠賣字和朋友的接濟為生。最後他甚至窮得連自己的喪葬費都沒有。

姜夔著作的存目是多元而絢麗的，如：

《白石道人詩集》

《白石道人詞集》

《白石道人歌曲》

《詩說》

《絳帖平》

《續書譜》

《大樂議》（一卷，散失）

《琴瑟考古圖》（一卷，散失）

《禊帖偏旁考》（一篇，散失）

《若白石叢稿》（十卷，散失）
《琴書》（散失）
《集古印譜》（散失）
《張循王遺事》（散失）等

大約有十二、三種之多。雖然這些書大多散失了，但可以看見，姜夔的知識結構和創作範圍，不愧為是南宋士大夫文人中的翹楚。他也是類似東漢蔡邕或後來明代朱權那樣的「漢文化百科全書」式的人物。他不僅在宋詞上對所謂的清空、騷雅有深遠影響，在琴學、琴歌、金石與書法上也是承上啟下的人物。他的作品大多毀於元朝蒙古人入侵時期。

舊時月色，算幾番照我，梅邊吹笛……
燕雁無心，太湖西畔隨雲去。數峰清楚，商略黃昏雨……
石榴一樹浸溪紅，零落小橋東。五日淒涼心事，山雨打船篷……
二十四橋仍在，波心蕩、冷月無聲。念橋邊紅藥，年年知為誰生？

姜夔的〈側犯·詠芍藥〉、〈暗香〉、〈疏影〉、〈訴衷情〉、〈眉嫵〉以及著名的〈揚州慢〉等，太多的詞早在少年時代就感染過我。雖然我本性上並不喜歡太幽怨、冷豔和婉約的詞，但漢語本身的美畢竟充滿了魅力，讓我不得不為其絢麗的典雅而嘆服。記得我第一次買到《白石詩詞集》時，是我剛到北京的那些年。我被北方乾渴的氣候，與亞政治氛圍暴戾氣味熏得十分焦慮。而姜夔，以及很多宋人的詞，卻不時地在我的心靈中，閱讀中，完成著一次次精神的南渡。

王國維在《人間詞話》中曾說：「白石寫景終隔一層。」他認為姜夔的詞是霧裡看花，並發現「北宋風流，渡江遂絕」。但在我看來，並非完全如此。因為我並不覺得北宋就比南宋多些什麼風流。南宋有南宋的深刻與痛楚。金人戰爭，風雨飄搖，西湖歌舞幾時休，不堪為今人膚淺的激憤所道破。而且，在中國古代政治學上，歷來就存在著兩個很值得剖析的現象，即北狩與南渡。北狩是指帝王的潛逃或迴避，而南渡則是指王朝的偏安一隅。北狩不過是為了照顧一個人的面子而臆造出來的權宜之計。而南渡，則意味著整個文明的失敗與錯誤。在歷史上，嚴格地說：從漢晉氣象衰落之後，如三國時期的蜀國與吳國、南北朝時期的南朝四代、五代殘唐時期的南唐、以及南宋、南明、鄭成功的臺灣、太平天國、滿洲國（雖然已是舉族北狩，其意義也近似南渡），乃至後來國民黨的臺灣時期等，都屬於這種文化的南渡現象。南渡來自歷史大失敗，因此，一切南渡文化中的第一特徵，大多也就是表現一種頹廢美、絕望美甚至是投降主義之美。尤其是南宋詞、南戲（永嘉雜劇）以及南宋的琴歌等。譬如姜夔〈古怨〉裡的那種唧唧歪歪，又無限迷幻、萎靡與昏庸的雅樂式旋律，我們今天仍能在昆曲音樂中傾聽端倪，真所謂「亡國之音」。而南渡文學上的胭脂頹唐之氣質，直到民國張愛玲及鴛鴦蝴蝶派小說中，都還在苟延殘喘，令人困倦。

在個人生活中，真正讓我意識到「南渡現象」竟也可以被詮釋為一種現代思想的，則是另一個人。這個人的名字居然也叫姜夔。

他就是我認識的第二個姜夔。

這一個姜夔是現代人，民國生人，是我家的世交，原中央音樂學院音律學教授。一九八五年我剛到北京時，他就來我家做客。那時他就已是耄耋老頭了。當時我父親就對我說：「你知道宋朝有個姜夔嗎？他也叫姜夔，不過你得叫姜伯伯。」當時姜夔已經很老了，視力不太好，有點風燭殘年的意思，但說話聲音極洪亮。據說他也經歷了民國、鎮反、反右與文革……和我父親是同學，也是一個怪人。他戴著度數很深的眼鏡，白髮飄然，身寬體胖，還總是穿一身藍布衣，戴著一個藍色假袖。如果是冬天，他還會戴一頂舊軍用棉帽，脖子上還會掛著一副軍用大手套。這完全是一身毛澤東時代的裝束。那時我還小，但早就聽說他的英語特別好，且也精通古代漢語。他和音樂學院研究音樂美學的蔡仲德先生、教授古文的方成國先生，以及研究印度音樂的陳志明先生等一樣，都是我們從小就很崇敬的在學術上非常精的人。我記得姜夔那時總愛說笑，還故意發明了一個單詞，叫做NOK。他說：既然OK是好的意思，那NOK就是不好。於是一遇到什麼煩人的事，他連續說NOK、NOK、NOK……來解嘲或解圍。儘管如此，在我記憶裡，我父親卻一直戲稱他為「白石道人」，且從未改口。

我還記得有一次，偶然碰到他騎著自行車穿過音樂學院的恭王府操場。他看見我，於是就停了下來寒暄。那時我才十六歲左右，他已經近六十歲了。他問我最近在讀什麼書。我說全都是在瞎讀，有韋格納的《大陸漂移說》，還有《全漢賦》和《晉書》之類，也沒什麼好書，都是老書。

他說：那也不錯啊，看來你以後是個雜家，還是個詩人。《晉書》……恩，很不錯，《隋書》你也讀了嗎？

我忙說：沒有沒有，我哪裡看得了那麼多？

他說：不必全看，採其大旨就可以了。

我想了想，問他：那您最近又在讀什麼呢？

他沉默了一會，忽然笑道：既然你喜歡詩，那我問你「晚年惟好靜，萬事不關心」。知道這是誰的詩嗎？

我說：我忘了。

他說：王維。然後就騎車揚長而去了。

我想姜夔的意思是說，書是小意思。他對書本問題不太關心，也覺得沒什麼可介紹給我的。縱然如此，奇怪的是我每一次遇到他，他還都會問我在讀什麼書。而且每一次，他都能針對我讀的書來談一些問題，包括西方文學、哲學與宗教。他廣袤的精神原野和記憶力讓我很吃驚。

姜夔家的電話號碼後四位是五七六八。據說這是他故意選的。有一次，我聽見他對我父親說，我的電話號碼很好記，五七六八，你還記得這是什麼意思嗎？

我父親回答說：這是為什麼？

姜夔說：看來你記憶力還可以，沒老。

兩人說完，相視撫掌大笑。這一笑，先把我笑蒙了。後來才想起來，原來他們說的是一九五七年六月八日。那一天，毛澤東第一次在《人民日報》上發表了那篇著名的開始打擊異己的反右文章〈這是為什麼？〉；而這個電話號碼正是我父親被打成右派的那一年的日期縮寫。正是在那一年，他和全國幾十萬（或上百萬）的右派們一起，開始了毛時代殘酷的被迫害生涯，也開始了自己人生中那一場最痛苦漫長的「南渡」：下放。姜夔則倖免。

這是他們那一代人的歷史與幽默方式。

大約十年之後，我因寫琴學方面的文章，又去姜夔家請教過很多次。那時，他的腿病已經嚴重了，像陳寅恪似的，走路有點瘸。他的狀態像個皓首窮經的江湖廢人，或古代傳奇小說中的異人古叟。書房就是他的山洞。他的書房非常狹窄，但堆積滿了鋼琴、書與各種資料，幾乎只留下一個人坐的縫隙。我向他請教和聲與一些律學方面的問題。當然，我們也曾談到歷史。

你認為什麼叫歷史？姜夔問我。

我說：歷史就是對真實事件的炫耀、刪節和裝飾。

而姜夔說：歷史就是偽裝的記憶的總和。所以，我從來不寫回憶錄，也不會寫關於歷史的文字。能寫的都是假的。

於是，飽經歷史的姜夔沒有留下什麼文字。

我手裡只收藏著一冊他送我的「書」：《七位小數音分位反對數表》。

這是一本姜夔整理的律學表，通篇沒有一個文字，只有密密麻麻的數位與小數點。不懂的人看起來就跟電腦裡的所謂「矩陣」差不多。

我想，就在這些數字裡，其實隱藏著第二個姜夔的生活、思想、愛和要說的話，以及他對律學的探索。律學是一門精深的學問。其實在我看來，中國音樂之所以從宋朝以後沒有進步，其根本原因就在於律學沒有發展。律學不發展，是因為中國的物理學與數學不發展，自然科學得不到尊重。雖然朱載堉在明朝時撰寫《樂律全書》和《律呂精義》等書，對十二平均律的推衍已經遠超過了西方，但是我們卻沒有將其運用成自由的音樂。十七世紀，朱載堉研究出的十二平均律的關鍵資料「根號二開十二次方」就被天主教傳教士帶到了西方。據說後來，德國偉大的巴赫，就是根據它而寫出了鋼琴組曲〈十二平均律〉。目前在世界各國的鍵盤樂器上，十二平均律仍被廣泛應用。姜夔研究的律學，就是繼承了朱載堉的傳統，將律學中音的精確性再無限分割，確認與接近音準。從七位小數，後來一直延伸到九位小數。

在律學上，沒有絕對音準，只有相對音準。

中國歷史的真相或正義也是，從來就是各持一詞，誰說的是絕對真的？是絕對正確的？只有相對的真相與正義。那些喜歡用「絕對正確」的話來闡述歷史與真相的人，往往是集權時代中利用「最高指示」來消滅別人的人。

姜夔，尤其是與第二個姜夔的交流，在我潛意識中其實有著深遠影響。我甚至在自己的一些小說中，也經常用「夔」來做主人公的名字。除了因為夔是一個上古的音樂家，即《書經》裡舜的樂師以及《山海經》裡的獨腳山魈之外，似乎也是因為姜夔與我家的關係，總帶給我一種神祕感。一九九二年，我也是因為受到音樂與文學的雙重啟發，而寫了〈十二平均律〉一詩。但很少有人知道，這首詩當時其實是下意識地在向姜夔以及中國音樂與律學致敬。甚至我自己，也是在寫完後很久之後才發現的。我記得詩〈十二平均律〉的全文有十三段，我當時的想法是每一個音寫一段，而正中間多出的那一段代表聽覺的記憶，這裡不妨引之：

首先是物質的平均律
像一部轉動的書，或球體故事
在人類數學般的腋下
長出三種金屬：機器，武器，樂器
每種都充滿一群人民

這是經驗的平均律
四種氣候交替，生物遷徙
誕生，婦女們圍著一個婦女

如同身懷女嬰，母體中有母體
一種純粹的涵義

這是概念的平均律
形而上建築，立體幾何的高度
山嶽的銳角逐漸指向
四邊平行的河流，這一切
由一隻鳥劃著圈測量角度

這是感受的平均律
和感到某個遙遠的人就在附近
一樣，甚至就在中心，卻摸不到
如地核和腦髓
只有死亡能夠達到

這是意識的平均律
一個事物出現，另一個就知覺

彷彿突然的平方根，使一個數失去自己
彷彿一個星球取消另一個
但仍然充滿海洋，充滿陸地

這是樂感的平均律
五個音與七個音之間
黃金分割，一種半音般
優美的休息，像這雙相對的手
無聲的音即不上升也不降落

這是記憶的平均律
宛如一隻貴重的手垂在一本回憶錄上
一個在椅子周圍盤旋的老人
一顆乾縮的熊膽在他
手中的水杯中盤旋，地球轉著……

這是領悟的平均律

光芒——像一束漸強符號
從一種生活到另一種生活
刺目，自始至終
而真正的事物在照不到的黑暗裡

這是印象的平均律
任何公式都在體驗中成立
任何苦難都在計算裡，而這之後
一個定義，將是事實的反光
而事實將隱藏，猶如戰前軍隊

這是忘卻的平均律
壞父親、童年、化學武器般的教育
夢的導彈襲擊了人性花園
每個肉體都是一處遺址
度過一生就恢復文明

這是完美的平均律
這一個音裡有十一個音
混合往事，攪拌未來
在茂盛的植物樂曲中
顏色與和聲補充著茂盛

這是神權的平均律
一切都是——升起、再升起、只是升起
為了最後的落下，像一個劣等民族
一種假裝團結的喉嚨
緊張的聲帶，虛偽的吼音

最後是精神的平均律
物質終將被挽回，成為美的物質
通過一個長長的尾音能聽到
萬物都平衡——物質向物質
包容於迴旋的十二平均律

第二個姜夔的祕密存在，從意象與音樂的核心中給了我一種罕見的燃燒。每個人的作品中都有自己的生物密碼，如果不詮釋，則無人能管窺一二。

而作為漢語的現代詩，其實也不過是一種文學精神的南渡。因西學東漸之後，代表我們古代文明的宗教、文言文、律詩、志怪、宋詞、元曲與話本小說等，也都被西方文學殘酷地擊敗了。就是三〇年代民國那幫人，也不得不靠吃夾生飯和亂燉雜文來維持漢語的掙扎。到毛時代之後，比遊牧民族的鐵騎更冷酷的「語言的暴力」，就更讓人的內心感到矜持和恐懼了。文革與八〇年代，使每個讀書人的靈魂都有了一個南宋，或一種對強權制度生活的投降、厭倦和頹廢的南渡情緒。只是，在這場跨世紀的現代南渡裡，我們是否能將古代漢語的大失敗，回饋成一場對人性、歷史與罪的戰爭或勝利。即，我們的南渡是否能擁有自己真正的精神朝野和園林？

這是我對第一個姜夔之境界的符號式詮釋。同時，這也是我在第二個姜夔身上看到的最多的問題。

不見青青繞竹生
西風籬落抱枯藤
道人一任空花過
愁殺山陰覓句僧

這也是我喜歡的第一個姜夔的詩。而在我看來，當代的第二個「白石道人」經過「西風」的洗劫後，也像個看破空花的苦行僧一樣在活著。

宋朝的姜夔就像陽光，當代的姜夔則像是陰影。而過去那個姜夔的月光越皎潔，現在這個姜夔的陰影也就越深。

記得有一天夜裡，我從第二個姜夔家出來。當時已因病而瘸了腿的姜夔，藉口去散步遛彎，竟然就一瘸一拐地推著自行車，一直送我到了復興門地鐵站門口（多年後他就一直只能靠電動輪椅出行了）。寒風凜冽，我記得那天晚上我們走得很慢，於是我們就談了很多。一站地的距離，我們差不多走了一個多小時。一路上我們從司馬相如、朱載堉、十二平均律、馬思聰等等談到第一推動（第一哲學）、巴赫、哥德爾、亞里斯多德、龐加勒、薛丁格、伯格與愛因斯坦……他非常興奮，可以想見他年輕時的激情。站在地鐵門口，我們還不斷地說了半小時的話。他似乎在心中有那麼多的話想要說。在我的幻覺裡，有時候我一直會把他和宋朝那個姜夔混淆。因他們都是那麼地充滿古典的魅力與淵博的學識。但是，就是這樣一個可愛而幽默的老人，一旦想到落筆，其在思想表達的必要性上，卻謹慎與詭譎得讓我驚訝。王國維說：「南宋詞人，白石有格而無情。」這句話在我看來，卻又是那麼像是在說現代這個姜夔的。因這個姜夔又是那麼堅定地，幾乎是怨恨地對過去的情感、對歷史和往事不寫一個字。在藝術上，他和宋朝的姜夔那麼地接近。而在文學上，他們卻故意背道而馳。聊天可以，怎麼聊都行，但絕對地——終生也不寫一本書，一篇回憶文章。如果說，宋朝的姜夔作品的散失，是由於蒙古人入侵後對中國文化的摧殘，那麼現代的姜夔，則幾乎是因為對文字獄的恐怖記憶，從而主動地放棄了這文化的意義的。因他知道，在一個空前的集權制度的監視下，你寫什麼都是多餘的謊言。在已然消滅了古典美，早就用「破四舊」將每個人洗腦了的殘酷的大環境中，中國文化其實再也不會有任何南渡精神。蒙古人消滅的只是人的肉體和著作，而近百年的集權制度消滅的則是人性與文化價值觀。因此，宋朝姜夔亡了國，卻還可以勉強靠寫字孤芳自賞。而當代的姜夔則是亡了心，所以也就什麼都無所謂了。在生前，他就乾脆地讓一切人生、記憶與學識全都歸零。因這個姜夔不再南渡，而是走向了類似狂禪純空之路，也可以說是一種大絕望之路：遺忘。

南渡精神確是中國古代史上的一個象徵人格最後尊嚴的符號。第一個姜夔還算是南渡的梅花。而第二個姜夔，則已不得不淪為南渡的鬼魂。

二〇〇九年三月

二南

二南，原名叫梁二南，是我的中學同學、同桌、未來的小提琴家。但一九八七年，他死於先天性腦癌，年僅十七歲。據說他的腫瘤是從胎兒時期就帶來的，腫瘤不大，但正長在三片頭蓋骨的中心縫隙裡，很難移除。而且，在醫學上，這種腫瘤一般的發作年齡就是十七歲到三十歲。這一年，二南剛好滿十七。

一九八七年，我已經開始寫詩。但還在畫畫。

我記得二南看過我那時的畫，但是我記不得他說過什麼了。

二南太小了，相貌俊秀，他死的時候還是個處男，甚至還沒談過戀愛。二南是天津孩子，和我一樣出身音樂世家，自幼隨母學琴。我記得，他有時候會說有點頭疼，但很快就好了。他的額角、鼻翼和腮頰邊上，隱約能看見一些纖細的血絲，整個面孔卻顯得很白皙，睫毛尤其長。

我們同桌了大約一年多，後來是前後桌。

這期間，我上課愛搗亂，沒太多跟他說話，但是關係一直很好。我們交往的時間也只有一年左右，所以，他的家人和朋友都不知道我。

就在我們青春的中心，我們都無法懂得死亡其實是那麼近，那麼直接，而且會來得那麼霸道，好像一陣莫名的五雷轟頂。

據德國宗教史學家記載，基督教新教創始人和宗教改革家馬丁．路德，有一次和一個少年密友相約出城，適逢下雨，剛一走出城門，忽然天上打了一個雷。一道閃電降下的雷，正好劈在了那個少年頭上，他當場斃命，竟然就這樣死在了馬丁．路德身邊。這一場突如其來的驚恐、悲傷和神祕的懲罰，讓路德猛然意識到神的存在，於是真正開始了他的信仰與布道生涯。

當然，那時候我跟沒尾巴猴兒一樣，啥也不知道，更不懂什麼神學。

我記得最後一次見到二南，是在音樂學院的操場上。

他背著琴，遠遠地走過來，看見我，打了個招呼。那天，他戴著一頂舊的民用迷彩軍帽，臉色還是那麼白中透著粉紅。我說，帽子不錯啊。他竟忽然摘下來看看，說：是嗎？……那送給你吧。然後把帽子往我手裡一塞，就匆匆走了。一邊走，一邊揮揮手。我還以為他是開玩笑。更沒有想過這就是最後一面。

接著，有幾個月不見他的蹤影。

同窗的人說，二南住院休學了，要下學期再來。

再然後，就是一個消息：二南死了。

怎麼就死了？腦癌。怎麼就得腦癌？先天性的。我操。

在八寶山火葬場，二南家人搞了一個簡單的告別儀式。我們班所有的人都到了。很多同學折了哀悼用的白花，分發給每一個人。學校專門安排了一輛大巴車，把我們送到了火葬場門口。然後，我們排著隊，看見二南的遺體被從化妝間裡面送了出來。他母親被家人攙扶著，兩眼哭成了桃子，人幾乎垮了。但二南的臉色還是那樣白裡透紅，像個蠟人美少年，跟活著時一樣。我們逐一把白花送到二南的身邊。所有的女生都在哭，所有男生也都在流淚（或假裝流淚）。我是唯一一個沒有哭的。也不知道為什麼，我一點都哭不出來。因為我覺得這一切都是假的。二南死了？怎麼可能呢？我為什麼要哭？我一點都不難過，只覺得迷惘。

火葬場的司爐問：這孩子才多大啊？

有同學說：十七歲。

司爐說：這麼小啊，那別排隊了。於是他們把二南的遺體推到了最前面。這時我才明白，在火葬場，讓你先燒，那是一種優厚的待遇，是表示一種尊敬。因為在那種地方，每天都有遺體在等待進火爐，時間放久了，反而容易有氣味，而且讓家人會等很久。想讓親友早點化為骨灰，往往還得開後門。

於是，二南進去了。在火焰中成了一團灰燼。

這就是關於二南的最後的印象。然後，很多年過去了，二南這個名字在所有人的聽覺中消失了。直到九〇年代初，我在美國學者羅倫・培登寫的《這是我的立場——改教先導馬丁・路德傳記》一書中，讀到馬丁・路德與他少年夥伴的那段天譴史，我才忽然想起了二南。

二南死的那年，他哥哥梁大南，正好第一次任中央樂團首席，現在也是有著高薪與豐厚待遇的國家某交響樂團的小提琴首席。他們兄弟感情很深。可以說，在藝術上、音樂上，他們兄弟倆的天賦都很高。如今，二十多年過去了，在這個世界上，在他的生日、祭日裡，也許他的家人還會談起他。大家甚至完全忘了他死的日子。今天能寫文章懷念二南的人，大約也只有我一個。當初的朋友、同學、熟人等早就散了，很少聽人提到他。但是我記得二南。我寫他是為了那時我們曾有過的一點的接觸？還是面對他遺體上那張蠟像般皎潔的少年面孔時，我第一次對死亡有了認識？或許都不算是。也都是。

每個人在人生的某些階段，都會經歷一些人的死。而在少年時代的朋友中，我只經歷過三個人的死，一個是我一九八五年剛到北京時在鐵路一中的同學王小剛。據說他是游泳的時候溺水淹死的。他給我最後的印象，是一個人在操場上玩飛腿。他的體育成績非常好，愛運動，喜歡武術。我們在玩的時候，他一下能蹦起來很高，然後左腿凌空，朝前方飛快地彈出去一腳。同學們往往衝他的動作喊：我操，真牛逼。有一年暑假我回重慶，再回北京時，進到班裡，他就不見了。別人告訴我，他死在了他家附近的一個運河（或池塘）裡。於是，王小剛在操場上飛起的一腳，就變成了我頭腦中最後凝固的鏡像。

另一個童年時代的朋友的死，則是前不久的事。

就在前年二月，重慶有人帶消息說，小雙（文俊）死了。文俊似乎只比我大一歲，「小雙」是他的外號。這是因為他哥哥叫大雙（文忠）。大雙從小就有支氣管炎，體弱多病，很小的時候就有點駝背，看起來甚至有點邪惡，算是半個廢人。而小雙的身體一直都很好。現在想起來，小雙其實長得很有特徵，消瘦、俊秀而黝黑，個子也比大雙高很多，右邊臉上有一塊很大的黑斑。那是因為小雙幼年偶爾發燒時，他母親給他貼錯了膏藥，於是留下了類似胎記一樣的黑色的疤，讓人想起「青面獸」。

小雙突然死了，據說是在一天晚上，和另一個童年夥伴馬翼喝酒之後。

聽說他當時喝了很多，搖晃著回家，然後自己去浴室洗澡。過了一會兒，他母親聽見浴室裡「咚」地一聲，不知道他在搞什麼，還罵他，讓他小點聲，後來打開門一看，他已經暈倒在地板上。他母親以為他是醉得太厲害了，就把他抬到床上，蓋上被子，還睡了一夜。直到第二天早上，小雙也一直沒醒。於是他母親才慌忙打電話叫來馬翼，並急忙叫來醫生。但人已經不行了。醫生來的時候說人都已經冷了、僵硬了。死亡原因是腦溢血。

最奇怪的是，他死的一個月前，我居然夢到過他。在北京這麼多年，我還從來沒有夢到過重慶小時候的夥伴。不知道我做夢的當天是不是他死的日子。我也有十幾年沒見過他了。也從來沒想起過他。記得大約十三年前最後一次見他時，是在重慶歌劇院的大門口。他和他哥大雙在一起，還有林林等幾個人，正在打鬧……沒想到那就是最後一面。他們當時是剛畢業，在做服裝生意。已經二十歲的人，我與他們也已經有距離了。

當時小雙看見我回來，只笑著說了一句話：「你怎麼都長這麼大了啊？」

這句話我一直印象很深。其中似乎沒有意義，但好像又什麼都說了。

我記得，作為差異，小雙為人相對仗義，也比較善良。而大雙多病，心理上與為人上也比小雙邪性些。兄弟倆從小還是有很大區別。他們還有一個姐姐，叫英英。比他們大好幾歲。英英結婚後，生下來的第一個孩子就夭折了。後來她又生下一對雙，就叫「小大雙」和「小小雙」。而英英也死了（對外傳說是難產而亡，其實是因她嫁給了一個癮君子，於是便跟著吸毒。再由吸毒而變為販毒，最後她因販毒被捕，被判刑，直到被槍斃），接著，他們的父親也死了。他們父親的外號叫「黿頭」，年輕時在那大院子裡很霸道，橫，嘴裡整天抱怨咒罵不斷，怨天尤人。他本是個吹嗩吶的大學生，喜歡讀《水滸》。我第一次看見這本書就是在他父親「元頭」的床邊上。我記得八〇年代黑白電視裡播「武松」時，黿頭便指著電視對我說：「聽見片尾的嗩吶了嗎？那曲子叫〈一枝花〉，霸道哦。」黿頭是個矮子，冬夏皆愛穿著一件灰坎肩，確像一隻老黿。他因口業，一輩子得罪人很多，相貌醜陋、愚昧而又牢騷滿腹。晚年時，他一個人坐在劇院門口，靠出租電子遊戲為生，非常窮困潦倒。他們家的孩子這麼多夭折，也不知道是不是有什麼報應。我倒是覺得他們的母親一定很難過，也很堅強。

小雙死的時候已經三十多歲了，所以還不算夭折。

但他的死讓我想起很多童年往事：那時候我們沒有現在這些孩子的任何玩具，主要是靠玩螞蟻、蒼蠅、金魚、蚯蚓、老鼠與火柴等過日子。大小雙的家和我家門對門，很近，幾乎每天在一起。那時我們都只有六、七歲。家的附近有很多過道、水溝、走廊與角落，我們就趴在地上折磨各種小動物取樂。小雙徒手抓蒼蠅的功夫是一流的。他能在十分鐘之內抓滿整整一藥瓶蒼蠅，然後我們一起拿去餵螞蟻。說是「餵」，其實是把螞蟻從洞口引出來，然後一一用火柴殲滅之。家對面的兵站有一個大水池，我們也常去那裡釣魚，抓沙蟲。大雙則是養蠶的高手，他的蠶結繭後就會拿到中藥店去賣，換錢買吃的。不過大雙個性很陰，總喜歡惡作劇，整鄰居的雞或者偷人家的東西。夏天，我們就一起睡在露天操場上，吃西瓜，溜旱冰、攆野鴨子……童年的大小雙曾與我整天泡在一起，吵架打架，互相之間十分瞭解。大雙成年後依然多病，佝僂咳嗽，形象猥瑣。小雙則是很典型的重慶孩子。但時過境遷，兄弟倆後來在做什麼，我就完全不知道了。

直到前年春天，我再一次聽到他們的消息時，就是死亡。

對於我，小雙似乎死得也很突然。突然的死簡直像是突然「活」過來一樣可怕。不過我再也看不到他了。往事太遙遠，我好像也一點都不傷心。我只是覺得人的生命很脆弱。就跟我們兒時用火柴殲滅的那些螞蟻一樣，說沒就沒了。都是來人間走一遭而已。小雙死了。現在想起來也都不敢相信。他小時候搗蛋的樣子好像也是昨日。可他能留給我的，大約只有他那句話了：「你怎麼都長這麼大了啊。」以及他說話時那驚訝的，奇怪的笑。

但是二南之死，與上述的兩者都不同。二南就在我身邊。

主要是，我是親眼看到過二南死亡的最後形象的。火葬時他遺體的那個樣子在我心裡太深刻了，幾乎是一種刻骨銘心的驚恐。這種死亡不是慘叫，不是毛澤東時代的大饑荒、不是文革暴力或奧斯維辛集中營的恐怖，不是電影裡屍橫遍野的戰爭現場，甚至不是兩年之後，那些在廣場上我見過的那些慘烈的死。這只是最靠近你皮膚的一陣來自死神的呼吸，吹氣，是一陣你從未見過的冷風。這是一種摧枯拉朽式的觸及靈魂的針刺和徹骨的寒氣。因為它實在就坐在你身邊，和你說話，握手，笑。

我第一次對所有存在的意義有了一種本能的，巨大的懷疑。我認識到一種生命在偶然性裡的、特殊的不公平。這種不公平的力量是那麼強大，一旦它想消滅我們，簡直是不費吹灰之力。

黑色骨灰盒、黑煙、黑紗、花圈、司爐、眼淚、還有黑壓壓的人群……每天，在我們這個城市的一根祕密的大煙囪裡，要送走無數的肉體。骨灰盒被放在火葬場的萬人樓裡，密密麻麻。在我們這個世界上又有無數個大煙囪，又有無數個萬人樓，無數個沒有人去編號和祭奠的骨灰盒。我記得前不久看美國影片〈迷失〉時，有句臺詞。主人公在大家陷入互相猜忌的時候，坐在海邊說：「空難之前，我們做過些什麼，我們是誰，這些並不重要。重要的是我們怎麼才能從這荒島上獲得拯救。」在一部純商業片中，此話卻非常深刻。難道不是嗎？其實地球的出現、大自然與國家的交叉、生物鏈、氣候、季節、年代或整個人類歷史的存在，以及我們的死亡，乃至萬千動物們的死亡，都猶如一場必然的空難。而那神祕的「空難」之前，我們究竟是有罪還是有錯？我們究竟是怎樣的人？我們之間從童年開始，就曾和周圍的人發生過多少苦難與糾葛？這些都與目前的困境無關。因為，當你還是一個精子的時候，你就像遇到亂流後失事的飛機一樣掉到了大地上。童年與少年面對死亡，都相當於這種面對大事故時的驚恐和眩暈。當每個人長大後，會發現自己不過是在一座充滿危險的島上倖存的小人物罷了。我們需要的是齊心協力從這個充滿災難的恐懼中走出去，或者找到互相安慰的可能。我們必須在當下的迷失中看到座標。從這個角度來說，科學、充足的物質生活、藝術、哲學、基督教的普世主義，佛教的輪迴時間觀或者禪宗、詩、醫學等，都是沒有意義的，又都是必須的。我想，路德在他的少年夥伴猝死於雷電時，他似乎也明白，宗教對我們批判、科學對我們的幫助，雖都不會有本質上的作用，但又只有這一點糧食。我們必須活著，透視一切悲劇的存在，以及悲劇與死本能的不可解釋性。這其實才是真正的神學。大自然的時間、年與季節是重複的，但我們的肉體、靈魂、生活與世界的這一次存在，如父母、如我們少年時代認識過又隨風消逝的朋友，知己，或者有過的愛，如我們童年時見過的一朵花——所有這些唯一的一次存在，是絕對不重複的。這也正是其可貴之處。而在這從古至今的，唯一的「一次性存在」裡，你是否會迷失？這取決於你的精神、你的理性和你情感形式，也取決於你對往事的反芻。

二〇〇八～二〇〇九年一月

走神兒

在往事和我之間，有一條橡皮筋。我越是激進地朝前跑，就越會被它狠狠地拉回過去。橡皮筋的一端繫在我的心上，另一端則繫在一根時間的柱子上。我有時不僅會被彈回到過去，甚至還會被那根橡皮筋綁到那柱子上。我看見過去的山水、街道和陽光，聞到過去的氣味，聽到過去的聲音。回憶就像走神兒一樣可以讓人靈魂出竅。在那一瞬間，你會重返過去的人與事，否定現在的意義和存在的價值。不僅對自己，甚至還對別人。這根橡皮筋的力量很大，因為它有時還會是皮鞭、繩索和繃帶，專門用來抽打我們的記憶，囚禁我們的情感，或治療我們那些崩潰的創傷。

一九八七年，我在北京西城音樂學院裡住，同時就在這醇親王府圍牆邊上一條叫宗冒二條的胡同裡，租了個小屋子。小屋有兩間平房，可以讓我潛心繪畫。宗冒二條是個大雜院雲集的胡同，所有過去的四合院裡都雜居著各類草民。我住的院子主人就是個典型的市儈，姓李。李還有幾個房客，其中一個是他的親戚，兩口子，另外還有一個行動不便的老父親。他們一家就靠出租院子裡的房間生活。我的房間牆皮脫落，潮濕發霉，但當時能夠離開我父親監控的視線，對我來說就意味著自由。

沒想到我一搬進去，卻意外發現對面南屋裡住著一個年輕的怪人。

有一天我正在畫畫，門突然開了，進來一個滿頭是黑色自然卷髮，戴著一個黑框眼鏡，穿著花毛衣的青年。進來的人劈頭就說：你好，我叫邵威，就住在你隔壁。我是北大哲學系的，二十二歲，現在在學作曲。請相信我，五年之內，我將寫出第一部交響樂，震驚世界。

他的自我介紹使我覺得一頭霧水。

按理說，在激情免費的八〇年代，類似以狂傲自居的人並不罕見。藝術家堆裡的瘋子成打地傾銷，到處都是。不過邵威的偶然出現和肆無忌憚的模樣，還是真讓十五歲的我大吃了一驚。

邵威是一個從山東來的農民，大我七歲。據他說，大約一九八五年，他是一個人騎著一輛破二八自行車，穿著一件滿是蝨子的破棉襖，一路餐風飲露，節衣縮食來到北京。當初，家裡人問他為什麼要去北京，他說因為他「崇拜文化」。這個回答對農民的父母來說，無疑很難理解。邵威身上有一種極度誇張的激情，急躁和跳脫。他極愛說話。關鍵是，他一旦開始表達自己的想法，就可以滔滔不絕地說下去，一直說到淚流滿臉。少年時代，他母親一直以為他患了妄想症，語言譫妄症或者早期精神分裂症，強迫他去醫院檢查。但是醫生卻說：他很正常。就是性格上很容易激動，吃點中藥吧。

邵威絕不吃藥。他算是愛讀書的。他大概很早就意識到了他的家庭不可能理解他，於是就離家出走，到了北京。

當年他非常窮，到處蹭飯吃。他先在北京大學哲學系旁聽了一年，搞到了一個校徽後，於是從此就自稱：我是北大的。在北大時，他認識了學者劉小楓，劉讓他讀了聖．奧古斯丁《懺悔錄》。這本書讓他深受影響，在某些時候總是刻意說自己信仰基督教。後來在劉小楓那裡，他還第一次聽到了從國外帶回來的貝多芬與理查德．瓦格納音樂的磁帶全集。他又感到自己應該學音樂，應該搞作曲與指揮。於是他就冒然來到了西城的中央音樂學院。

那時，全國各大學內都有一些類似非正式學生的人來「混學」。音樂學院也不例外。邵威倒也是我見過的最機靈、嬗變、也最喜歡渲染自己瘋癲性的一個人。他的那種莫名的瘋，讓其他我後來認識的詩人式的瘋，都顯得小巫見大巫了。在宗冒二條胡同的大雜院裡，每天早上一起來，他第一件事就是把那架破錄音機打開，用最大的音量播放理查德．瓦格納的〈紐倫堡名歌手〉，瓦格納以他德國神話般暴烈的大氣和聲把我和房東全家驚醒。只見邵威獨自一人，站在院子中央，拿著指揮棒瘋狂地揮舞著。院子裡的鐵絲上掛著他剛洗完的破襪子。他一邊毫無節制和秩序地揮舞著指揮棒，一邊對我高聲說：你聽，你聽見沒有，聽見沒有，就是這個地方，這個地方。那種對生活的激情，那種對生命的渴望。

他話沒說完，突然就滿眼是熱淚和血絲，說不下去了。神經質的人我見過很多，但如此高度神經質的人，我有生以來倒是第一次見識，而且再沒見過第二個。

在音樂學院內，邵威的出現也是一個讓人覺得莫名其妙的事情。不知道他的老師是誰，也不知道他是哪個系的。有一天在食堂，他竟然直接走到當時已經頗有名氣的青年指揮家邵恩身邊說：你就是邵恩嗎？我也姓邵。不過你沒什麼了不起的。五年之內，我一定會超過你。

邵恩正在埋頭吃飯，不知他是誰，也不知他什麼意思，有點驚訝地看著這個怪人，附和著回答：「哦，我知道……知道，你會的。」然後繼續低頭吃飯。

邵威的身體非常健康，可以說精力過盛。他不僅學音樂，學哲學，還不斷地練拳擊和做生意。走在大街上，他會突然對一個賣菜的農民說：你知道李斯特是誰嗎？你知道嗎你？然後放聲大笑，農民自然是不知所云。而且他有點暴力傾向，有一次，一個街上賣冰棒的人和他頂嘴，於是他迎面一拳，那人立刻滿臉是血。有時他實在太窮了，於是就跑到自由市場上去，把一家農民的雞賣到一個附近的小飯館，一天倒買倒賣好幾次，也能賺二十來塊錢。如此等等。

那幾年，我們住在一個院子裡的時候，是我們最窮的時候。有時襪子丟了，我們只好各穿一隻。李房東每個月逼著交房租，我們只好拖延。李房東是個典型的北京老痞子，喜歡說大話和髒話，而且是京油子那樣的。李房東長得是個孕婦身材，卻臉生橫肉，總喜歡站在院子裡說：瞧，就憑哥們兒這渾身的刀疤，我怕誰？但是他卻從來不敢惹邵威。因為邵威每天戴著個拳擊手套在院子裡打樹，並且經常用狂傲話欺負李房東：刀疤多算啥本事，那只能說明你挨打多。會打架的人身上都沒疤。邵威冷笑著說。

認識邵威的人，其大約情節與他認識別的所有人都一樣，即他逢人就喜歡自信地說：我五年之內將寫出第一交響樂，震驚世界。後來，這個時間段在不斷延長，隨著他不知道跟誰學習作曲、配器與和聲的深入，這個時間段被他自己漸漸地變成了八年、十年、十五年不等……一直到今天。也許，他開始感到一切不是像他想像的那麼簡單。不過，人的智商總是很容易走神兒，這邊不行，那邊卻沒準行。東方不亮西方亮。譬如，邵威天生就很明白經濟的重要性。他到北京後，就一直想開個小飯館，用他的話說：一定要盡快解決錢的問題，然後盡快潛心創作、盡快展開國際性的活動、盡快去柏林找到卡拉揚、盡快去西方、盡快讓你的靈魂得到拯救、盡快震驚世界，我們沒有時間浪費在庸俗的生活裡，總之不要讓錢的問題糾纏你一輩子。說的時候，邵威緊握雙拳，瘋狂地搖著卷曲的頭髮，臉上有時還掛著淚水，好像一頭正在哭泣的獅子。

但是怎麼解決呢？他那偉大的想像力也只到「開個小飯館」為止。

藝術界有時候是個非常勢利的地方，音樂學院更是個勢利的圈子。有兩把刷子的師生大多瞧不起貧困的藝術愛好者。

貧窮和歧視，讓邵威始終對掙錢念念不忘。有一年他一個人居然南下廣州做生意，結果被人騙光了錢。一個大街上賣電視機配件的人下了個套，讓他以為那配件是稀有產品，並讓他在下一個路口就遇到了買家。他分文不剩地買下了所有配件，結果回頭找人時，兩邊的人都蹤影全無。沒有辦法，他以我朋友的名義去看望當時還健在的我祖母。我祖母請他喝茶後，托他給我帶兩斤臘腸到北京。結果，他在火車上就實在餓得不行了。他一口氣把兩斤臘腸全都吃掉，只帶來了我祖母對我的問候。以及一句他的經驗之談：在廣州大街上，你千萬不要相信任何人的任何一句話。

但是，邵威似乎是百折不撓的。不久他又借了一筆錢，在附近開起了一家小飯館。還為自己買了一架舊鋼琴。他每天都拚命練琴，但骨頭太硬，節奏太亂，讓人實在不忍心聽。

八〇年代，西學第二次東漸。醜陋的中國人、河殤、佛洛伊德、現代詩、電影周、畫展和各種著名音樂家的來訪等等，讓後鄧時代中國藝術家們饑渴的靈魂十分沸騰。邵威最致命，也是最愛做秀的，就是他能說一口頗流利的英語。過去，他就靠背誦英語教材上的課文而蒙住了不少人。反正大家也聽不懂。後來他繼續狂學英語，並對西方的一切都崇拜到牙齒。但是我時常對他講起老舍筆下的崇洋人物丁約翰。《四世同堂》裡的丁約翰厭惡日本鬼子，卻無限崇拜英國人，認為英國人最高貴。他拿著英國大使送他的黃油走在胡同口，會充滿驕傲地對路邊要飯的叫花子喊：你見過嗎，這是黃油。邵威聽到這些故事時總是狂笑不止。而我對他說：你整天侃英語，我看我以後就叫你「邵約翰」算了。沒想到這話多年後被我不幸言中。八〇年代末春日的一天，邵威居然在復興門大街上用英語演講，也不管老百姓能否聽懂。其實我估計他講的都是音樂上的術語或者胡亂拼貼的單詞。結果他就真的栽了。有一天他回到胡同裡，剛要進門，周圍忽然出來幾個員警，將他圍住，帶走。

邵威在監獄裡給大家寫信，一封信中竟然裹著一個用紅棉線纏出來的十字架。他在信中說：在監獄中，他很堅強，半夜打著手電筒寫信，還在一卷很長的手紙上寫了一首長得讀不下去的古體長詩。有時並把詩寫在監獄的牆上。他幻覺自己像是古代烈士。沒事的時候，他還教獄友們音樂，跟他們講瓦格納和聖．奧古斯丁，過著一種黑色而荒誕的日子。

後來，我托一個先他出獄的音樂學院教師鮑門去探監時，給邵威帶去兩條煙和一包醬肉。鮑說帶到了。後來邵威說並沒收到。大概全是讓鮑自己吃了。那年頭就是這樣，人人都是從餓鬼道出來的，貪婪無比。

兩年後，有一天半夜兩點多，我的門突然被撞開了，就好像當初認識他時被他毫無禮貌地撞開一樣。邵威出現在眼前。刑滿出獄，他一點也沒瘦。我們緊緊擁抱。我問他是否受苦受罪，看來我是多慮了。他說：沒有，其實大家都是人。裡面也挺好。我不知道兩年勞動、防風、囚禁、擦地板和寫檢查的監獄生活究竟能改變一個人多少。我甚至看不到什麼他的變化。他依然張嘴就是西方、音樂和理想，滿口的藝術。

儘管九〇年代之後，大部分人都被經濟浪潮洗白了，我們的身邊全都是「藝術的屍體」。但是邵威似乎依舊活在過去。

那些年，我們還經常在三味書屋附近的飯館門口喝酒。邵威依然會主動去結交那些比較成功的音樂家，進門就滿是激情地表達自己。

一九九二年，邵威在公共汽車上認識了他現在的英國夫人西勒。兩個人倒是很投緣，開始了熱戀。西勒人很不錯，在倫敦的家境也很富有，她很愛邵威。不久，他就去了倫敦。幾年不見蹤影。當再次見到他時，他手裡拿著個大瓷器罎子。他說他現在和老外在做文物和瓷器生意。大清花、釉里紅、宣德爐、雪拉同……他在景德鎮開了個民間土窯，專門燒製假古董和仿古瓷器，然後帶到歐洲去賣給那些做中國工藝品生意的外國人。他說：這幫老外都不懂裝懂。我都跟他們說了，這是新瓷器，是仿古贗品。但他們卻說是我不懂，說這就是真的。你瞧，活該他們出血。巴黎我去了，也就那麼回事兒。國外玩藝術的多了，都吃不上飯。你瞧瞧我在倫敦的家。邵威說著，得意地拿出一堆別墅式的照片給我看。也不知道哪個房子算是他家。反正他移居倫敦後，和西勒生了兩個混血兒。他儘管永遠號稱：我要上英國皇家音樂學院，而且永遠宣稱要「寫出第一交響樂」，不過，從我認識他到現在，多少年過去了，他似乎還沒有學完作曲技法，也並沒有寫下一個音符。生意倒是做得還真不錯。事實證明他是一個絕好的農民商人。在我看來，音樂，只不過是他漫長人生中的一次巨大的走神兒罷了。

又過了幾年，邵威乾脆加入了英國籍，並用買賣假古董賺來的錢在倫敦又開了一家飯館，據說飯館名叫「XX公社」。

其實我後來一想，邵威早年總是吃不飽，他心理上缺的可能並不是音樂，而是糧食。所以他才總是在惦記著寫「第一交響樂」的同時，又總是惦記著開個飯館。骨子裡他就是個小業主，搞音樂純屬誤會。

但是邵威似乎從不覺得自己是藝術的外行。在中國或世界各地，他都仍然喜歡和海外的音樂家、詩人或畫家們來往，請他們吃飯，並且很自信地認為這些人都不如他自己懂得藝術和靈魂的偉大與重要性。所有人也會和當年的我們一樣，著實被他的熱淚、英語和激情忽悠一把。通過各種方式，他還會告訴別人：山東農民的孩子現在終於成了一個黃皮膚的西方人。我們好幾年才打一個電話，而且越來越疏遠。在利益至上的時代，「友誼的崩潰」猶如幽靈一般無孔不入，每個中國人都要面對它。不過只要一有機會，我總是勸邵威不要再提他的音樂，好好做自己的生意算了。要不為我的古琴館投點資也行。但他不以為然。有一次他回國，拿出一個很玲瓏的折疊手機，對著我炫耀說：看見沒有，這手機，這就是人家的科學。知道嗎？九〇年代時，手機在中國還是個稀罕物，而「邵約翰」拿著手機，其表情就和當年丁約翰拿著黃油的樣子幾乎完全一樣。有必要時，他甚至還會對我們強調一句：我現在畢竟是一個英國人了。因為每當我走進北京的胡同，聞著惡臭的廁所味，就再也不想回來。

什麼，英國人？我操。哥們兒，你丫燒成灰我都認識。

只是我聽到他這些話時，倒真的有點走神兒了。

因為我不僅會突然想起丁約翰，還會想起火車上消失的臘腸、交響樂和監獄，還有八〇年代那個大清早起來，就站在胡同大雜院裡胡亂揮舞著指揮棒的山東瘋子，和掛在他身後鐵絲上的破襪子。

我聽不清他現在電話裡的聲音。

二〇〇五～二〇〇九年

信之死

我懷念的是那個可以寫信的年代。

我懷念那個不用提前聯繫，就可以一腳踢開朋友門的年代。懷念從不預約就和一群人雲集喝酒的年代。懷念從不解釋什麼，就可以隨意在信中揮灑性情，編故事、談遭遇、寫詩、戀愛、表達對人與生活之批判的年代。我懷念那在大街上逐漸風化的郵局，以及那個靠發黃的信箋紙、八分錢郵票和漿糊就能維繫深厚情感的年代……的確，我懷念的是那個可以寫信的年代。

當然，你現在也可以寫信。但這太不一樣了。

那時候寫信似乎是一種禱告。禱告什麼？不清楚。

在過去，總有一種莫名的語言衝動，會從我們每個人心中發源。每個人都曾寫過信。從這個意義上來說，每個人都曾有過準文學的表達。信，是一種不必出版就一定擁有起碼一個讀者的書。在古代中國，信被稱為尺牘。我永遠忘不了第一次閱讀《秋水軒尺牘》和《小倉山房尺牘》時的驚訝。原來母語中還有這麼親切的文字。而從《報任安書》到《與呂長悌絕交書》，從《與韓荊州書》、《板橋家書》、《曾國藩家書》到《傅雷家書》等，則為我打開了另外一種準文學的思維方式。在西方文學史上更有太多的書信大家：如契訶夫、茨維塔耶娃、巴斯特納克、褚威格、盧梭或紀德等等。像卡夫卡那種作家，甚至可以說就是從寫信和記日記才開始進入純粹寫作的。而作為一種文學體裁，在「書信體」作品中，也不乏無數偉大的典籍，譬如孟德斯鳩的《波斯人信札》，司湯達的《拉辛與莎士比亞》，朋霍費爾的《獄中書簡》或里爾克的《慕佐書簡》等，更不要提過去那曾一度風靡在讀書人中間的《親愛的提奧》、《少年維特的煩惱》或《紫色姐妹花》……

好了，例子舉夠了，到此為止。我要說的畢竟還不是這些。我要說的是我自己的書信時代和寫信的意義。

我大約從十五歲左右開始熱衷於寫信，那是八〇年代的夏天。

那時候經常去郵局。而那時的郵局還總是人滿為患，去了就得排隊。有寄信的、寄包裹或取包裹的、寄掛號信的、匯款的、打長途的、訂雜誌的……在計劃經濟時代，郵局就跟人民醫院、菜市場與火車站一樣，從來不缺人。那時，郵遞員的服務態度再惡劣，也不會引起什麼公憤。每天早晨，當郵遞員騎著自行車將要從胡同裡經過時，家家戶戶的人都會視其為「使者」，翹首以待。因為在他們冷漠的臉背後，似乎掌握著我們那些遠方書信的生殺大權。

寫信最美好的意義，除了敘述，還在於等待。

過去寫一封信，去郵局，買郵票寄。然後回家等待回信，這期間大約是四天到一周的時間。市內來回是三天，而外地則是六到八天以上。若是寄到海外的信就更長了，一兩個月也未必有動靜。有些信甚至石沉大海，永遠消失在寫信人的期待之中。而，也許就是在這些或長或短的時間裡，寫信人的心靈與收信人之間也在祕密地交談。信不像日記。它雖具有隱私性，但又對某一個人是公開的。當兩個人在面對面時難以啟齒或無法言說的時候，書信就成了第三條語言途徑。這是一條「準獨白」的途徑。你似乎是虛擬了一個遠方的人或神。你在對他述說。你知道你的述說一定會被聽到，於是就滔滔不絕起來。然後，你會帶著信走上大街，熟視無睹地走過陽光、樹、汽車和人群，心裡還在咀嚼剛才在信中寫到的什麼詞語，如入無人之境，一直到你把信投進郵筒。

這時，你會如釋重負，彷彿生活被刷新了一次。

彷彿一封信，就帶走了你生活中的全部問題。現在，你唯一需要做的，就是等待它帶著答案再回來。

我個人記憶中有幾個人的信，頗具標本性。第一自然是家書，如母親的信、舅舅的信或妻子的信，都充滿了細膩的情感。而我父親的信則大多像字條，往往只有幾句話，交代完事就行。其次，就是詩人子午給我的那些信。他的信語感幽默、學識廣博而意象複雜，我往往要多看幾遍才能透澈。還有小說家費聲的信、翻譯家林克的信、詩人柏樺的信或一個早年摯友M的信。有些人的信是冷靜分析、文學和關愛的交叉，有些人的信是隨便敷衍，有些人的信是裝腔作勢，還有些人的信則荒謬絕倫。有一年我去廣州居住了數月，忽然收到了一封超級厚而笨重的信，就是M從北京給我寫的信。與其說是信，不如說是一大堆資料的彙編：除了十多頁手寫的信外，還有手抄的一些名著段落、詩、畫片、還有成打的撕下來的日曆（檯曆），每一篇檯曆的背後都寫滿了字。關鍵是，那日曆上還帶著本身的內容，譬如當日的天氣、生活小知識、美食、治病訣竅、謎語、節氣、民俗或陰曆黃道吉日等等。M故弄玄虛地還在這些密集而荒誕的印刷文字邊上，都加上了一些批註、笑話和各種胡說八道，就好像是當面在跟我聊天那樣隨意。而仔細一看，那日曆的日期，正是從我們分別的日子開始的，一直到他寫信的那天為止。

這是我曾看到過的最愉快和荒誕的一封信，看得我狂笑不止。

友誼就是這樣一種東西，正如古人說的：「不見常憶君，相對亦忘言。」真正的朋友在一起時，未必有多少話說。而一旦分開，卻又總是想見面。而隨著時代與年齡的更迭，友情也就淡漠了。說到這個M，倒的確是個話題。M是北方人，有八分之一滿族血統，父母都是鐵路工人，但從小讓他學音樂。他也曾一度以詩人自居。我們十幾歲時就認識，幾乎每天在一起。那時，我們都迷戀寫作、崇拜女性美、也愛侃大山，聽著音樂徹夜爭論一些無聊的「大問題」，M是一個口才非常好的人，總是笑話不斷。我們經常促膝談心，抵足而眠。我們一起在大街上表達對世俗的鄙視和嘲笑，像兩個瘋狂的少年。M雖沒讀過幾本書，卻又總愛談文學，於是往往成為一些聚會的中心。他會臨時編小故事，讓八〇年代的女生聽得流淚。他也喜歡惡作劇地把剛從某本書裡看來的詩，說成是自己的，然後享受大家的讚譽，過很多天也假裝不知道這是剽竊。他總是提到他的初戀，那姑娘是附中校長的女兒，彈鋼琴的。但因為家庭的「階級差異」，校長禁止他們來往。但他們卻抗住壓力拚命在一起。可後來，卻由於對方的出軌，他們最終還是分手了。這件事被M不斷地重複敘述、演繹、添枝加葉，描繪為一個口頭禪式的愛情悲劇，最後甚至變成了他的宿疾和人生痛苦的座標。

因為他太愛說話了，是一個典型的話癆。M的嘴唇很厚，往外撇著，我們往往笑他：「人還沒進屋，嘴先進來了。」

當年M也寫詩，但都寫得很難讓人說好。為此他很氣餒。

大約八〇年代末，一個腐朽的中年詩人看過他的詩後，對他說：「你還是別寫了，因為你根本就不具備詩人的心靈。」也許此事對M的打擊很大。自那以後，他再也不寫了。我們也曾一起參加過遊行。M在廣場，把一些老歌的歌詞修改後變成了新歌，然後指揮坐著的人大合唱。在八〇年代末的暴風雨裡，我們度過了最後的「理想主義和友誼的時代」。我們一起憤怒。我們一起哭泣。接著我們也一起背道而馳，走向了相反的人生。雖然後來，我們還一起參與紀錄片製作，一起搞策劃、去外地拍攝、撰稿和編導……但這些似乎都沒有讓M找到感覺。尤其是：他太窮了。但是，在那些年，在那些用典雅優美的詞語修飾過的夏夜，隆冬和秋日，我們一起度過了多少美好的時光啊。激情在純粹中燃燒，對知識的探索與對愛情的懷疑，讓我們無話不談。從電影、音樂、書、繪畫、往事、家庭一直到對愛情的深入思索，都是我們交流的閃電。

我知道，M也愛寫信。他剛到北京時，就和一個中學同學始終保持通信，還竟然把對方的信貼在宿舍牆上，以表達想念。失戀時，他給對方寫長信。我到遠方時，也會和我寫長信。M是個孝子，還不時會給家裡寫信。據他說，他母親曾在那個生他的冬天，獨自行走，不慎摔倒在東北的一條鐵路上。當時天下大雪，正好還有一列火車路過。結果他母親躲閃不及，兩隻手的手指被車輪碾碎，成了殘疾。所以M說他一定要贍養他的父母。怎麼贍養，顯然靠藝術或音樂是不行的。靠畢業分配的單位那點死工資更不行。九〇年代，隨著理想主義價值觀的崩潰，中國人的社會生活也混亂不堪。到處都是各種不擇手段的商業行為和烏煙瘴氣的圈子：搖滾樂、氣功熱、新興偽宗教、化妝品傳銷、電腦普及、走私和盜版……人們迷失在經濟生活漩渦之中。為了獲取更大的利益，M開始在與另一些朋友的合作中出現問題，於是謊言、爭奪和背叛接踵而至。嗨，一個字，都是為了錢。

寫信的時代漸漸結束了。寫合同的時代來臨了。

九〇年代，M進入到一家傳銷公司。在短短兩年時間裡，他把他身邊可能的朋友，他的家人，父母、兄弟等也全都變成了「下線」。他用自己的口才獲得好感，開始搞講座、開老鼠會、推銷產品、發展人脈，並疏遠了所有過去朋友之間的聯繫。也正因為傳銷的無孔不入，大多數朋友不太想再跟他聯繫。於是他悄悄從眾人的視線中隱退了。當然，誰都有不得已，誰都有家人，誰都有謀生的壓力。選擇職業是每個人的自由，為了生存，哪怕是進了黑社會也無可厚非。無巧不成書：二〇〇〇年左右，多年不見的我們居然又鬼使神差地買房子買到了同一個社區裡。於是，我們終於有一天在地鐵口碰上了。我隔著很遠就看見他了。我主動打招呼。但他看見我後，突然顯得神情非常尷尬，古怪，似乎恨不得趕快迴避，我告訴了他我的地址，但他卻意外地不願留下電話，只說沒帶電話，還忘了號碼。他臉上那種介乎於慚愧和勉強的表情，讓我們互相都只能從此真的視同陌路，揚長而去了。

這一次是與這場長達十幾年之友誼永遠地告別了。

也許正是M的這種反應，讓我確信了我自己的定力和正確。我看到了當一個人不能面對自己真實靈魂時的可悲和羞愧。

但是，就在前不久，我竟偶然又看到了M的演講錄影。這一回是傳銷「成功學」。殘酷往事重新浮上心頭。我驚訝時間和生活居然能如此改變一個人，變得讓你永遠也別想回頭，且越走越遠，滑向虛無。我看見，當初那個滿含眼淚的青年詩人M，如今已一個人站在臺上，就像在玩一場「瘋狂英語」的主講人，滔滔不絕地講述著他對「成功學」和特殊經濟（快速斂財）的理解。他在上千人的會場上，講述著一些杜撰的，其實並沒有發生過的細節。他陶醉在掌聲中。那神態、語感和目光，與早年是多麼的相似。只是內容不同了。過去他大談藝術與詩，現在則大談「你馬上就能成為富翁」的學問。只有那誇張的姿勢和嘶啞的嗓音，能洩露出他還是

M。必須說明，每個人都有自己的生產方式，任何人都沒有資格對別人的職業選擇做道德批判。也許M在他那領域裡還真算得上是個人物。但在我眼裡，他只不過就是從八〇年代蛻變而來的、那成千上萬具「文學的屍體」中的一具罷了。類似的人物在中國社會不勝枚舉。

他也再也不是早年的摯友，只留給我一個詞：恐怖。

該怎麼說這種恐怖的感覺呢？一個人的變化簡直就是最大的恐怖。生活的壓力或利益驅動，的確可以把人變成基督山伯爵——過去是一個人，後來卻是另外一個人。是的，M，為了這痛楚而莫名的恐怖，我真想再給你寫一封信。可惜，我沒有你的地址。

如今，我可以問心無愧地再次翻出M當年寫的信，不禁感歎命運對人的捉弄，也為一種友誼的失落而無限傷感。而且，並非只有我才有權利傷感。信是一個時代的見證。哪怕寫信的人自己早已忘了。好在這信還在。它足以駁倒一個人後來的一切改變和偽裝。

一個人活得不再是你自己，難道這還不夠恐怖？

信比照片管用。照片不會說話，而每次打開舊信，其中的話就仍然在說，永遠都在說。這種說也是一種對無法言說的言說。

M，你還記得你曾是一個詩人嗎？

你是否還記得你也曾是一個「讀著、寫著長信，在林蔭道上來回徘徊，當落葉紛飛時」的詩人？一個詩人不再寫信，就意味著不再寫詩。一個詩人不再寫信，就意味著不再有話可說。剩下的只有妥協。但是M，你可還記得，在一九八七年，在那個少年時代的夏天，在我堆滿亂書的斗室和那扇看不見風景的窗前，在音樂學院那滿是槐花與清朝建築的院子裡，你曾是多麼急切而激烈地說：「我也要做一個詩人。」

隨著光陰荏苒，我記得曾寄出或收到過無數的信，有冗長的信、熱烈的信、看不懂的信、只有一個詞的信、半截的信甚至空白信……我記得，在我十五歲那年，就曾裝怪似的給我初戀的姑娘寄去過一封空白的信。那信是三張白紙，只有抬頭處她的名字，以及落款處我的名字。我當時只是覺得有太多的話無法言說。我也意外收到過童年友人的信、陌生人的信或美人的信。有一些信芬芳悱惻，的確讓我終生難忘。有些信則潦草不堪，不知所云，別字連篇。但這些信在早年的陽光裡散發著墨水氣味，已滲透到我的血液中。曾有很多年時間，我幾乎是隔一兩天就會寫一封信，而且每封信都在數千字以上。算起來，我大約曾經寫過上千封信。寫信的物件可能是朋友、戀人、父母或親戚，也可能是剛認識不久的陌生人或遠方的導師。當然，別人也給我回信。鴻雁往來，其中有太多感觸。有些信我至今保存著。對寫信的迷戀，使我後來寫出了一篇書信體的短篇小說《幕僚書簡》。

在古代，信的傳遞是很艱難的。信，在古代漢語裡本指信仰、信服、信用或信任。信也指「使者」，合稱信使。還有信馬由韁，閒庭信步，信口開河……信也代表自由隨意。所以，寫信本身，似乎就意味著最誠摯的情感和自由主義。而在特殊時期的所謂戰報、蠟丸書、密信、手諭、雞毛信或隱形藥水寫的信等等，就更是一種絕對嚴肅的敘述方式。因此，偷看別人的信被認為是不道德的，也是違法的。但是在集權國家，書信的傳遞途徑，的確充滿了危險和禁忌。在毛澤東時代，很多人收不到海外的來信。或者收到時，已經是一封有破損，或曾經被祕密打開又黏上的信。信的內容可能是敘家常，但也是被檢查過的。不僅國家機器如此，在家庭矛盾中也如此。譬如有些父母若想監視自己的子女是否有越軌行為，往往就去拆孩子們的信。這無疑會對孩子的心靈和自尊產生極大的傷害。我的信也被家人拆過，並產生過激烈的衝突。

因為在中國文化中，儘管有著那麼多的書信體文學作品，卻一直缺失著一種本屬於人性的「解釋權」意識。

在古希臘神話中，信使或郵政之神是赫爾墨斯（Hermes）。他是希臘奧林匹斯十二主神之一，羅馬名字叫墨丘利（Mercury），據說是他第一個教會人們在祭壇上點火，要求人們焚化祭品。他還身懷偷竊之術，曾與眾神開玩笑，偷走了宙斯的權杖、波塞冬的三股叉、阿波羅的金箭和銀弓、戰神的寶劍。在郵政之外，赫爾墨斯還掌管交通、財貿、體育、旅行、演講、睡眠和夢想等領域，他還是小偷或江湖騙子們的守護神。並且，由於他主管書信與郵政，於是也就掌管了一切與解釋有關的權力。英語中解釋學（Hermeneutic）一詞，即來自赫爾墨斯。書信的另一層意思，毫無疑問，就是一個人對自己內心的解釋。

為什麼要解釋？因為我們在面對別人時，都是不單純的，或渾濁的。我們需要在獨自一人沉靜下來之後，再一次向別人吐露自己最好那一面，同時也反省自我的問題，讓情感交流變得清澈起來。

如在無法向戀人表白時，會求助於寫信。

在無法親自前往遠方探望家人與朋友時，會求助於寫信。

這些來自靈魂深處的信，難道不都是一種對生活的禱告嗎？

甚至在找不到收信人的時候，一個人也會求助於寫信。就像褚威格的《一個陌生女子的來信》、馬奎斯的那篇偉大的小說《沒有人給他寫信的上校》或里爾克《給青年詩人的信》一樣，書信體文學中往往都蘊藏著望塵莫及的神學（因此，當我看見後來劉小楓編輯的「經典與解釋」——基督教神學叢書，全以赫爾墨斯的圖像為扉頁標籤時，我一點也不覺得奇怪）。每個人存在於世，都需要在一定程度上解釋自己存在的意義和價值。中國人從來也是很愛寫信的，無論生活中的信還是文學作品。譬如「薛濤箋」實際上就是唐代詩人們最喜愛的一種信箋紙。而從龔未齋的《雪鴻軒尺牘》、魯迅的《兩地書》到郭沫若的《落葉》等，都是很好的標本讀物。再譬如一九七二年三月，就在我剛出生的那時候，文革後期的一本頗有影響的書信體愛情小說《公開的情書》正悄悄在大陸流行，書的作者叫靳凡（女，原名劉青峰）。書是由四十三封信組成的。在缺乏書籍的年代，此書感動過不少當年無比渴望友誼和愛情的人。後來八〇年代此書再版時我也看過，非常能理解那種從書信中傳遞出的情感。

八〇年代是寫信的年代，我懷念那個年代。

因此在一九八七年，當我第一次讀到了美國作家索爾·貝婁的《赫索格》，其書中的主人公無論在家裡，在路上，都不斷給所有人寫信的這一場景，就總是讓我念念不忘。我覺得這就是當代人的心靈處境。我自己的處境。這種感覺一直延續到了今天。現在，寫信的人越來越少了。去郵局的人也少了。快遞公司、EMS、手機短信、MSN或電子郵件，已經將我們的生活和往事隔離開。世界已經進入了一個「無紙時代」。都是虛擬空間，不僅情感虛擬，生活虛擬，靈魂也都是虛擬的。沒一句真話需要負責。而且所有的虛擬，又都可以被以最快的速度傳遞給對方，毫無時間感。愛不需要等待，性不需要等待，憤怒、仇恨、欺騙和勾結也都不需要等待。資訊將我們包圍了，出賣給資本至上的思維方式。也將我們那些還不足二十年的書信生涯全都變成了「古代的行為」。任何形式的信在今天都不過是被異化的尺牘罷了。信死了。只是在沒有人寫信的年代，在夜晚燈下，我有時會靜靜地打開一封舊信，像一個驗屍官在解剖屍體一樣，把那些詞語的零件和器官逐一取出來，尋找往事的疾病和破綻。

二〇〇九年八月

海豚之罪

——記電影導演刁亦男二三事

黑暗往事像一冊古籍孤本被撕掉的幾頁，其中總是充滿晦澀的誘惑和祕密的罪。八百里秦川，雨冷燈昏，拂曉的天總是墨綠的。二十七年前的一個夏日，當我們凌晨從西安大雁塔下驅車，踏上通往巴蜀的山路時，面對一條黑色的泥濘路，望著浮出魚肚白的遠山，前途模糊，車中人則一起放聲大笑。磁帶插入車載音響，一曲音樂隨著發動機的巨大震動刺破西方的曙光時，坐在車後座第一次出門拍片的刁亦男，則望著車窗前方不斷飛馳而又像靜止不動之景，忽然脫口歎道：「這景色就像是一部電影開始了。」

他這句話我至今記憶猶新，但從未有機會說起。

的確，今天的獨立導演刁亦男所有後來的電影，都是從那年夏天我們一起去拍紀錄片那天開始的。當年題材未定，觀念先行，彷彿我們只要順著陸放翁《入蜀記》的路線走，便遇到什麼就拍什麼。我們一行共有六個人：我負責編導、策劃與撰稿，刁亦男是製片、財務並負責所有人的食宿住行和路線；另外還有一個臺灣攝影師老周，兩個攝影助理，其中之一即後來也成為導演的張涵子，以及白鵬，再一個便是退伍軍人王司機。記得王司機開的「巡洋艦」，是刁亦男的弟弟幫忙在西安連人帶車租來的。王司機也是西安人，光頭發福，戴眼鏡，五十來歲，因行伍出身，一路上總在對我們用秦腔反覆地說類似的話：「不要怕慢。要快還不容易，惡一腳油門車就竄出去了。但不安全。惡當過兵、打過仗，還槍斃過人哩。惡拿著手槍，對著狗日的後腦勺，砰的一下，當場就幹死他，腦花四濺。惡啥沒見過？。」

王司機的目的也許是想讓我們對他要尊重，別瞧不起他，因他殺過人。而也許正由於他車開得慢，我們才沒有忽略掉太多風林火山之細節罷。

王司機很迷信土地。因有一次路過閬中山上一座破敗的土地廟，我開玩笑式地爬到香案上，拽了拽土地爺塑像的鬍鬚，結果下山時，車就出了點毛病，拋錨了幾小時。王司機道：「你看，都怪你，誰讓你去拔那土地爺鬍鬚的？馬上就有報應。」這件事刁亦男也記得，今年我的新書《鵝籠記》發布會上他還專門提及。只是他記憶有誤，他說是先拋錨，然後我才衝進土地廟去發洩，因我那時性格「叛逆」。實際上我也不能確定我們到底誰記反了。大約我們雖起點相同，卻常常不在一個頻道上運行。

拍紀錄片真是辛苦活兒，刁亦男和涵子都剛從學院畢業，對影視製作方式與概念都很青澀，大家皆第一次。我們的路線是從咸陽、武功、寶雞、扶風，南下漢中、廣元、閬中、劍閣、劍門關、南充、武勝、合川、北碚等，最終抵達重慶。我還記得北邙無數荒丘，還記得在漢武帝劉徹金字塔一般的陵墓上，一個當地牧童坐在墳頭讀書。他正為「鰥」字怎麼讀而搔首。刁亦男隨時用步話機與我聯繫。我們拍過法門寺地宮中陰冷的舍利子、武則天乾陵的無頭漢雕與無字碑，拍過馬嵬坡、五丈原、衣冠塚、皇澤寺、嘉陵江源頭、留侯廟、千佛崖與棧道；我們還拍過無數耕地的牛、道觀、寺院、山林、農夫、被地痞訛詐、欺辱與毆打的三輪車夫，拍過白天在醫院做護士而夜裡去陪酒的舞女，還拍過懸崖、火車、茶館、騎雙人自行車環行中國邊境的運動員、跳大神的巫婆、暗娼、道士、員警、火鍋、白公館與渣滓洞監獄，還有我那在重慶閣樓上風燭殘年的舅舅。這些都算是對九〇年代中國腹地一隅之寫照吧。還記得在秦嶺山麓一座滿是土屋的村莊前，我們曾遇到過一位叫王青紅的農家小姑娘，大約八、九歲。她每日清晨上山去打豬草。我們遇到她時，她穿紅衣服，正背著豬草下山。她家中極貧困，欠了人家二百多元，還要還兩年。

我問王青紅：「那為什麼沒上學？」

她說：「家裡困難嘛。」

我又問：「那你長大了以後想做什麼？」

她說：「去山那邊當裁縫。」

「為什麼想當裁縫？」

「因為這樣可以給自己做很多紅衣裳。」

聽到這裡我們都沒話了。接著，刁亦建議大家各人都出點錢來幫她實現願望。可王青紅卻說，錢一旦到父親手裡，就還債了，沒用。於是我們便先給了他父親一些錢，然後把另外幾張百元的鈔票折疊成了很小的方塊，密集擠壓式地塞進了一個火柴盒裡，並瞞著她父親悄悄交給了她。後來這位王青紅如何了，去學裁縫了嗎？不得而知。我記得最深的，只是她用滿是打豬草泥巴與汗水的小髒手，緊緊地攥著那只火柴盒，低頭不語。

我之所以說這事，是因想到了刁亦男早期完成的第一部電影〈制服〉，其中男主人公也是一個裁縫。他的原始起點與這件事有關嗎？不清楚。但刁亦男當時親自用黑白膠卷給鄉村少女王青紅拍過一張照片，我還保存至今。

在〈制服〉中，刁亦男天生的「陰冷」風格已初露端倪。當時我曾介紹音樂人文子為該片作曲，而刁亦男並不要任何通俗的大段音樂。他選擇的音樂都是一種類似「聲效」的點綴，零零星星幾聲。他寄希望的敘事甚至紀實本身的力量，而非任何後期烘托的氣氛。這大概與他戲文系專業性格有關。如我記得還有一次，我們在路上談到紀錄片拍攝必須保持高度的冷酷性與理性，刁亦男對我言：「我特別欽佩一個印度紀錄片導演，他在一條妓女街上住了八年，最後只剪出一部四十分鐘的片子。我更欽佩還有一個紀錄片導演，他和朋友去叢林裡拍動物，遭遇老虎襲擊。他的朋友被老虎咬住了，而他也不能救，只能抱著攝影機，流著淚躲在樹叢裡，完整地拍攝下了老虎吃掉他朋友的全過程。這是一種偉大的冷靜。」

我與刁亦男最初相識於一九九二年夏天，因臺灣製片人淩峰（本姓王）及其兄弟王正瑞在大陸製作系列風光片〈八千里路雲和月〉與〈中國〉，正到處找人。大陸藝術院校的學生當年就是「廉價勞動力」。這事始自央音的朋友何粹假期返湘時在火車上，極偶然地認識了一個叫何可哥的人，經後者介紹，便與製作組負責人取得聯繫。何粹開始四處動員，於是擁擠在安貞裡破敗的居民樓中的攝製組便雲集了來自央音、北大、中戲、北影、央美的不少應屆畢業生，及很多當時已在行的影視從業人員。學生中也包括張揚、沈灝等後來有作為者。紀錄片按大概地區分組，沿途拍出多少集都行，有人去青海、新疆一線；有人去貴州一線；有人去江南一線；刁亦男來自中戲，我們分在同一個組裡，去秦川一線。第一次見到老刁，他就是一個白皙、瘦高挑個、戴眼鏡的讀書人模樣。有一段時間我們因準備方案還會經常在一起閒聊，如半夜去北海划船，或去他當時在胡同裡的小屋痛飲，偶爾還住一晚上。我記得那時他喜歡熱內《小偷日記》、克利的畫、安東尼奧尼、貝克特以及八〇年代流行的克萊夫·貝爾的一本小書《藝術》。他也喜歡看詩，但從不寫詩（起碼我沒看過）。在拍攝紀錄片的近一個月時間裡，他曾找我要了一摞我早年詩作的列印稿，說在路上讀。他的確在讀。因每到賓館下榻，他還會拿出來跟我談他的看法，讚美詩中極端閃耀的某些句子，或為我們之間不同的文學嗜好而「生氣」。那時的刁亦男，尚未確定未來是否要當電影導演。他還在文學、影像與戲劇之間徘徊，傾慕歷史上那些最深奧的哲學或有怪癖的思想家。但他談吐間令我想起法國左派眼中的中國先鋒文青形象。如當年他言：「像 XX 女詩人坐在巴黎大街上抽煙，一邊聊著卡謬，手裡拿一包『中南海』，這樣也很酷。」

我們拍紀錄片是曉行夜宿，常在黑夜裡開車。王司機別看愛吹牛，車開得慢，但也的確開得很穩，他走到哪裡都會得意地跟路邊人嘚瑟一句：「我們是從省裡開巡洋艦來的。」路邊人多是賣菜的農人，或寺廟看門人，並不清楚他什麼意思，大家只是奇怪：巡洋艦怎麼會開到山裡來，我們這裡也沒有海。

而比王司機更能嘚瑟的，是閬中山裡某小道觀的一位野道長，他在看見刁亦男、攝影機和攝製組時，忽然衝我們嚷道：「別想在這裡照相，要照，就給一百萬。」

刁亦男也衝他怒道：「你丫窮瘋了吧，一分錢也沒有。」

在重慶結束拍攝後，我回北京，而刁亦男卻一度忽然失蹤了（此處刪去數百字）。這期間他可能經歷了人生最大的困境時期。但從九〇年代末我回國後，與刁亦男每過一段時間便會因各種理由碰上一面。每次我會送上一冊新出版的書。而他則會告訴我正在剪的新片，有時還會很謙虛地邀我去「提提意見」，其實我知道他是想表達一種久遠的友誼和信任。刁亦男的第二部片子〈夜車〉與第三部〈白日焰火〉，皆初剪後我就看了，〈夜車〉及〈制服〉最早劇本出爐時我也看過。後來院線的成片反而沒看，因被刪減太多。〈夜車〉已比〈制服〉更有力，人物個性與背景都帶有強烈的工業化氣質，但標題彷彿「不知所云」；〈白日焰火〉最初片名還差點被他改為一個更通俗的破案電影名，但我勸他別改，因「模糊」正是他一直以來所有電影標題的風格。如「制服」一語雙關，誰能猜到是寫裁縫的？最近的〈南方車站的聚會〉，可能表達了一種「城鄉結合部式的犯罪情結、被隱藏的冷漠、自私、背叛與黑色愛情之間的關係」，但標題上也是模糊的，若不看具體內容，便根本猜不到影片會講什麼。我個人的看法是比他前面幾部更好，尤其是對敘事與荒謬性的節制上。電影是什麼？這個問題並不一定需要巴贊式的標準答案。電影有時就是節制和對自己情緒的刪減，最終留下一個模糊的過程。中國大多數人喜歡的那些所謂「偉大電影」，都是古典主義和美國商業的結合，敘事本質上不過都是戲劇與蒙太奇主義的交叉延續而已。歐洲文藝電影則重視人文精神和哲學性，肯定不被大眾喜歡。有幾個普通觀眾會喜歡看柏格曼、塔可夫斯基、雷諾瓦或法斯賓德呢？對中國大眾而言，就是黑澤明、北野武或是枝裕和，若無一定的電影美學修養，也難以進入，頂多看個熱鬧。大眾只配看「壞人發明了一個恐怖武器要毀滅全人類，然後英雄趕來救了大家」那種好萊塢故事，因不需要動腦子，不能在買了那麼貴的爆米花之後，還要求他們思考文化模式與存在的意義。他們只想觀影快樂，出了電影院，就會忘記電影中的一切，重新回到平庸之惡與疲勞之中。電影是工業的蝴蝶，投資與回收關係太大，背後又是一個集團主義運作。導演作為孤立的創作者，幾乎從不敢輕易將作品走向反世俗敘事。而這「第七藝術」其實又是貴族藝術金主們玩弄的花邊。考慮投資彙報，常常藝術上就提前輸了一籌。至於哲學與詩，談何容易？況且還有個品味問題。即便很多博學的知識分子觀眾，表面上可以滿口大談費里尼、弗蘭克·謝弗爾、寺山修司、從〈斷了氣〉到〈都靈之馬〉，以及各種東歐獨立電影、地下影像，其實私下裡也並不太喜歡看真的「純文藝片」，而寧願祕密地去看希區考克與科波拉。電影永遠不是文學，更難以成為哲學。少數清高、物派、理性或深刻一些的文藝片實驗作品，也就是在追求影像角度，視覺美學的差異性和敘事方式而已。至於觀念，再狠，也都是文學與哲學玩剩下的。電影以後或許會變成選擇性藝術：即移動互聯網和智慧介入後，視頻會變成微信裡那種東西——即可以隨時看，也可以隨時換。因無論如何，人在看電影時很難如讀書那樣重新向前翻閱，臨時停下來思忖，或者放下等明天再看。電影院與電視機，基本上都是給什麼就看什麼，是嬰兒奶嘴的判斷：奶可能不好喝，可能會換一種牌子，但奶嘴的吮吸方式永遠是同一個，而且常常會通過奶嘴來確定奶的品質。在反智時代，電影早已是一種「低智商審美」消費產品。而書本與文史哲作品，則是知識分子的基本常識與成年的精神需求，這是兩碼事。

作為有文學傾向與深厚戲劇精神的刁亦男，前些年曾對我說：「什麼電影得獎、名聲之類，那只是世俗對我的認識。我最大的追求本身還是文學性的，是霍桑、齊克果、科塔薩爾或愛．倫坡等那種怪異性和冷僻性。我追求一事無成。」他這話與我自己過去對媒體所言「我的理想是成為一個無用的人」，實在可說是異曲同工。我們甚至也希望能合作一部電影。但我知道實際上我們也有很多不同。我需要慢慢再認識他的意圖。因偉大的文學永難進入大眾的普適性觀感，而再好的電影也極難進入真正的哲學與詞語的深度。再說，中國文藝面對權力、技術與時代之倉皇，還遠未適應真正的現代性，遑論人性與哲學的覺醒。只能說，就目前的中國電影水準而言，一個獨立導演可以盡量能做到多好而已。況且，這之中的經濟約束、個人才能與審查制度始終都在進行拉鋸戰。一架莫名的龐大機器扼殺過我們這一代太多的創造。很多劇本與小說，恐怕還沒機會進入創作環節，就被忽略或槍斃了。〈南方車站的聚會〉以賣淫女和偷車賊為背景的黑色幽默，其題材能通過已是幸運和意外。我只能說，堅持一種藝術態度，比藝術成就本身更了不起。尤其這些年，我們在身邊看到太多「文藝的屍體」，有太多陸續因生活而倒下、冷藏、疏遠、改行或放棄藝術創作的朋友，淪為集體迷惘的往事與友誼的煙霧。整個中國藝術都在這深淵裡掙扎，而刁亦男的韌性始終沒讓我失望。

因〈白日焰火〉之前，刁亦男堅持做了近二十年小成本投資的獨立電影，那是非常寂寞和無助的一個漫長過程，是對生存與藝術矛盾的考驗。刁亦男始終希望自己的藝術能有效地將通俗、奇詭與深奧完美結合（他私下裡與在我新書發布會上也都說到這一點），為此他在敘事與哲學上必然會有所犧牲，在把作品如何推向極致上需要放慢節奏，甚至打折扣。但他對電影終極高度之認識，對哲學精神的刻骨追求，無意是嚴肅的，從未變過的。如其冷暴力美學與黑色戀情的一貫風格，總讓我想到各種西方現代電影與後表現影像的雜糅，雖然這些並未影響他對「中國底層命運與當代性表達」的固執。據刁亦男說，昆汀也很喜歡〈南方車站的聚會〉這部電影。我以為他們風格或許有接近之處：如殘酷、冷漠、反好萊塢、實驗與商業結合、絕不輕易抒情、不到最後則極少表達愛的善這些高蹈之物、開放式結尾、即便是犯罪片劇情與擺拍，也要具有強烈的紀錄片性格等等。他們最類似的地方，就是對「罪」的熱情描寫（刁亦男的四部電影都是犯罪題材）或杜斯妥也夫斯基式的原罪悖論探索。但他們的描寫方式則有很大差異，即昆汀殘忍，刁亦男陰冷；昆汀的殘忍很「清晰」，而刁亦男的陰冷則是一種天生的「模糊」，是對「抽象與移情」的偏愛，是罪與罰的折疊與多重奏。如〈從前，有個好萊塢〉與

〈南方車站的聚會〉都有色情與暴力，但前者的賣淫女住在山裡，後者的賣淫女漂在水中；火焰噴射器殺人與雨傘殺人也是兩種意象，顯然後者更接近寫意，這也是中西方視覺美學上的差異。我也是在看到電影中出現雨傘時，才明白他為何說我的《鵝籠記》中那篇〈雨傘記〉，讀起來比較有感。

「能作一個文學中的希區考克，這想想讓人激動；若作一個賽博龐克式的蒲松齡，那更讓人激動。」刁亦男後來曾對我說過。我很理解他的意思，相信他的解構能力，並很讚賞他在嫁接思維上的天才建議，儘管我個人並未因此而激動。

儘管我與刁亦男很少談及過去，但我們默契的交流，總會像有一年我送過他一本馮內果的小說《時震》一樣，不時會突然地向著過去的歲月閃回幾分鐘。就像儘管刁亦男幾乎從不寫詩，但「什麼都不想教別人，根本就不會說話，在世界灰色的深淵中遨遊，像一隻年輕的海豚」——他偶爾也會用荀紅軍所譯的這首曼傑利施塔姆詩，來啟迪〈南方車站的聚會〉的演員胡歌，只是不坐實於詩。他的風格如黑、冷、偏、血腥與色情等，即便在充分表達時，也尚有含蓄處。他在完全用西方手法、圖像與形式來見證當代中國三線城市犯罪的模糊性與野性時，讓你看到更多的還是他在刻意遮蔽自己。從二十多年前開始，刁亦男就是一個有黑暗情緒、孤傲脾氣與高冷品味的締造者，同時又是一位人性的雪藏愛好者。他被撕掉的幾頁往事我也無法言說，或許他真的曾在一個灰色的深淵中遨遊，而之後的全部電影都是對那場遨遊之罪的投影而已。他許多年始終住在同一個位址，愛同一個女人；他始終在游泳、在養貓、在讀冷僻的小說、在做固執的電影；他始終會引人關心、懷疑、猜測又始終極少出現，極不情願被曝光，宛如一位潛伏在北京公寓深處的獨立導演版托馬斯．品欽。這些年山河巨變，刁亦男的電影成就斐然，但我一直視他為我眾多友人中的一位祕密、狡黠而著名的隱逸者：消瘦、奇特、亡命、先鋒，平日間少言寡語，猛然拿出作品來便總能讓人嚇一跳，令你驚歎不已。當然對我而言，他也始終只是當年我們一起趕早上路去拍攝世界之謎的那個並駕齊驅的兄弟。巡洋艦在巴蜀的山海經中運行，像一顆緩慢的子彈。秦川懸崖起伏得驚濤駭浪。也許那時我們都是年輕的海豚吧：狂妄、著急、善無畏、迷戀一切夢遊的速度。時間已到凌晨，可天空仍舊很黑。一部模糊的電影正在開始，而導演的詩人本色卻屬於從不寫詩的前夜。他做所有的事都是「為了追求一事無成」，這已是他特有的圖像抱負與孤獨景觀。有人說刁亦男是「夜的詩人」，我是很認同這個隱喻的。

二〇一二年五月～二〇一九年十二月

K的剪影

我曾一直想寫一篇卡夫卡《城堡》的小續集，或曰「暮年之K的後傳或剪影」，但始終未曾動筆。我想這樣開頭：「夏日，忽然聽聞衰老的K在城堡附近的一間客棧即將去世了。我與老K不熟，大約是二十多年前吧，我見過他在城堡外的大街上徘徊，測量土地。我們僅數面之交，點頭寒暄而已。最近一段時間來，總聽到有關他已處在彌留之際的消息，故也並不驚訝。衰老的K為了進入那座城堡（也許不僅一座，而是很多座不同的城堡），充當土地測量員多年。他一直到死，都相信自己肯定能有機會，有能力測量出某塊土地的真實面積，並讓自己能站在土地的中心。遺憾的是，這畢竟只是夢魘一場。」

當然，這篇小說並未寫，也不會再寫了。因類似老K的人物，在生活中其實不少。譬如彌留之際的老康。

第一次見到老康，是一九九一年夏秋之間，在枇杷山，在作家FS當年重慶圖書館之家的大露臺上。那年我也只有十九歲。之所以能準確回憶起這個時間，乃因當時FS的書案上正放著德語翻譯家林克最近新帶來讓我們先睹為快的，剛出版的上下卷版《二十世紀西方宗教哲學文選》（上海三聯書店，一九九一）。我們正在喝茶，忽然有人敲門。開門後，一前一後走進來兩人。時間久遠，後面那人是誰我已不記得了。走在前面的一位，穿著風衣，戴一頂老式禮帽，還留著落腮鬍子，彷彿民國人。等坐下來後，FS指著落腮鬍子對我介紹說：「這位是老康，他正好路過，也來喝茶擺龍門陣。」然後又介紹我，說我正在翻譯里爾克的〈致奧爾弗斯的十四行詩〉等。這時，老康忽然摘下了他臉上的鬍子。這倒是讓我很意外。據FS說，當時可能有人在跟蹤他。當然我無法驗證真偽。總之，當時我完全不知道老康何許人也，也不清楚他為什麼非要這樣做。這麼緊張嗎？我只是覺得這種化裝出行的情景，似乎在電影裡見過。老康當年並未留鬍子。

老康也拿到了書，說正準備寫一篇關於《二十世紀西方宗教哲學文選》的書評。此書中有林克所譯的瓜爾蒂尼〈主〉，魏育青譯的特拉克爾〈惡的變形〉等數篇好文，我很喜歡。最後林克便將書送給我了，且保存至今。也許當時林克也在場？但老康後來書評寫了沒有？不知道。也許寫過，但我尚未看到。我只記得老康聽到我們談詩，也很興奮。他立刻雙手趴在巨大的書案上（FS家的書案是用一張陳舊的專業乒乓球桌改裝的，故面積很大），一邊慢慢翻動那本他即將寫書評的書，一邊開始埋著頭，旁若無人並口若懸河地背出了一大串俄羅斯白銀時代詩人的名字：從巴斯特納克、曼傑利施塔姆、茨維塔耶娃、阿赫瑪托娃、勃洛克一直到布羅茨基等。然後他又開始暢談其談起俄羅斯的歷史、革命與思想、十二月黨人、赫爾岑、別爾嘉耶夫、舍斯托夫、杜斯妥也夫斯基或西伯利亞流放犯、列寧與沙皇、托洛斯基的書、亞細亞生產方式、集體農莊與前蘇聯時期的災難等。當然具體內容我早已忘了。但他侃侃而談的樣子，堅毅而緊咬的嘴唇、半禿的額頭（顱骨的確有些像大家常說的伊里奇）和健談得類似演講的修辭等，則恍若昨日。在我認識的朋友裡，有如此嚴重的「俄羅斯文化情結」之人，除了菲野和子午兄，應該就是老康了，雖然他們完全是不同的人。記憶中，那天是以FS談起米蘭．昆德拉之小說《不朽》作為結束的。但FS引用了昆德拉書裡的什麼話？我也想不起來了。只記得FS坐在床上，把手握拳舉到太陽穴，笑著說：「當年大家都相信了集體農莊那一套，捷克人不管如何痛苦，也都覺得『勞動光榮』。」然後大家便一起放聲大笑起來。那年，枇杷山上落日如茶，皓月若酒。

渝州文人圈子很小，互相之間大多認識。上世紀九〇年代中後期，FS來京辦事，我們又去了老康工作室，還有黃珂大兄，也一起喝過兩次酒。我還送給過老康我早年的詩集〈半部經〉（後收入《花與反骨》第一卷）。我記得有一次，工作室的人說老康讀得很興奮，還拿著我的書，在屋子裡來回亂走，給別人高聲朗誦，像頭徘徊的熊。他對我那些青澀之作表示過極高的贊許。說這話時，我看見老康正好穿著浴衣從衛生間出來，滿頭水珠尚未擦乾，的確像是一頭剛從大海裡冒出來，緩緩爬上冰川的重慶北極熊。飲酒時，他會大聲闡述著對各種政治、國家與地緣的看法，從東到西，在座的人也都只能聽著。還有一次，我們甚至曾單獨坐在一起相處過——這也是唯一的一次，且長達兩小時左右——因那次我偶然去他那裡談做紀錄片。當時，老康打開錄影機，專門為我播放了他剛製作的專題片〈大道〉。裡面他對布哈林被大清洗一段歷史的描述，雖然臉譜了一些，倒也令人難忘。整部片子，老康就坐在旁邊陪著，耐心等我看完。但我們依然無話可說，只是沉默良久。大概因他畢竟年紀比我大很多，在他眼裡，恐怕我一直只是個寫作的「年輕人」吧。這時，他工作室電話鈴忽然響起。老康接過來聽，說：「哦，終於搞脫了，好啊。」掛下電話後，他便高興地對我解釋道：「好像不用再貼鬍子出門了。」

不知道是否他貼鬍子上了癮，後來那些年，老康倒是留起了真鬍子。只是那之後，我們便相忘於江湖了，再沒見過。一次都沒有。

逝者為大，長者為尊，彌留之際更是一段可以盡量尋求寬容與理解的時間。我知道現在對他的看法，褒貶不一。沒關係。他的思想與他的局限，有人喜歡，也有人完全否定。對此我不置可否，因我一來完全不瞭解他，是個晚輩；其次是我以為世俗評價對人而言，並不是最重要的。除了二、三十年前這點舊事，我與老康完全沒有任何交集。我們就像在重慶大街上偶爾路過的兩代人（他比我大二十三歲），只因有共同的熟人，便出於禮貌，互相寒暄過幾次。僅此而已。他的書很難看到。甚至他在網上的那些長文，我也沒有讀完過。在倉皇的年代，大概許多人都有爭議性，正面與負面評價都多，如「罕見的思想」與「拿不上檯面的事」都有，我也耳聞過一些。不過，我倒不想因人廢言，或因言廢人（這兩者都同樣缺少了對本體的關注）。人是複雜的。一個時代、一種家庭或一種教育模式下產生的人，只能做到他力所能及的樣子，也不能苛責。人有偉大的靈魂，充沛的精力和遠見卓識，但人也是可憐的動物和卑賤的塵土。人是人自己意識與閱歷的牢籠。人有燦爛的痛苦，難以為他人道的隱祕絕學。但有時人也有很不堪的軟肋、世俗追求或人性的弱點。最糟糕的時候，甚至還會是可恥或荒唐的。歷代那些最傑出的精英，也逃不過這種多面性。但無論如何，這並不影響人之最終所期望達到之精神高度及其合理性。大多數時候，人就是一個「可以勉強被他人認同的方向」，而絕不會是完美的行為或正確的終點。再次要的人，生命也是珍貴的。我很念舊。哪怕是對很多僅僅是擦肩而過的舊人，只要有其意義，我也常常會想起來。老康即其中一位。不過，綜合最後的消息來看，老康在彌留之際之舉動，似乎還在尋求某種符號化的精神歸屬感。這倒是讓我繼他貼鬍子之後，跨越近三十年之後，第二次感到了意外。因在我看來，如追求自由最終變成了追求「自由的符號」（或任何自由的國度、環境與哲學等），便都落於小乘了，壯夫不為也。自由就是自由之心，自由就是自由本身，不依附於任何世俗實體，也可以有不朽的價值。生命面前，人都是軟弱的。臨終之人具體怎樣想，我們現在其實並不能真正體會。但老康的各種歷史情結與「宏大敘事」之路，或許最後並未真正讓他達到他一貫推崇的那些人如赫爾岑，或索忍尼辛的精神高度。他在臨終前皈依了基督教，這沒問題。即便必須找到某個「可見的自由的歸屬」，也正如無數臨終前的人忽然要皈依某宗教一樣，也都可以理解。老康出身本是新儒家學者唐君毅先生的外甥，而其思維方式則更像法家。正如他對美國文化有所嚮往，但他卻並未如他所效法過的索忍尼辛那樣去批評美國。故在我看來，他就像一個已然衰老，卻仍不忘掙扎的Ｋ。他始終未曾真正進入過那些他一生為之著迷的城堡。但他始終相信，只要自己繞著城堡行走和尋找，便肯定能測量出他理想中的土地面積。對此，我是悲觀的。也許我並沒有在他身上看到大時間與大歷史下的平常心，也是我的盲區和遺憾吧。知之甚少，未敢斷言。但我對故人印象深刻。這些年，知識界多有長者甚至同代人離世，山河蕭索，往事不再，故人凋零，好幾代壯志未酬之人早都廢了。如今又一個要走了。若能法阮嗣宗口不臧否人物，那就送一程吧。天色猶晚，酒冷體乏，樊籠與烈火無情，而生活依舊還是那樣地荒謬、茫然與絕望。吾等亦不知老之將至，後生們也無甚可畏者，悲乎。

二〇二〇年五月

白蛇與假想敵

——關於我的第一篇小說

思緒紊亂，筆泛漣漪時，暴力、愛情、惡德或飲食男女，所有概念便都是假想敵。據說寫作必須冷靜，必須克制，因寫作之人並沒有真的「敵人」。自我即敵人。面對孤獨、膨脹或痛苦時，很難有人能自救。泛神論與自然並不和你在一起。也並沒有一個形而上的朋友會關心形而下的你。但是只要冷靜、克制或找到恰當的方式，就能夠排解或消滅自己的反面，並讓其變成一本書：即一個由詞語或字句組成的「我」。儘管這個「我」其實不存在，彷彿是那位小說譽滿天下，卻故意長期讓人難以一窺尊容的托馬斯．品欽。人之大我者為寬容，小我者為愛憎。大我若巢，小我如穴。寫作若也有敵人，那敵人不過就是你的一部分，很小的一部分。大我之中，敵人也是友人，幫助你完成自己。如胡蘭成曾言「一生知己在女人與敵人」，也算一種解釋吧。而化為詞語的高僧、情種、少年、妖怪、戀人、惡棍或「他人的血」，所有存在都是假想敵。我說這些，是因我想起了自己早年的第一篇小說。

慚愧，我的第一篇小說寫於一九八七年或一九八八年間，標題叫〈衛生〉。大約也就十五、六歲吧，具體時間記不清了，因手稿已遺失。好在的確有幾個人看過。那是一篇約二、三千字的短篇小說。因我未注意保存，手稿便消失在了歷次搬家或清理中。小說寫得不好，作者自己都不愛。但當時我並不這麼認為。那時，我不僅自認為寫得還可以，而且還不厭其煩揣著它到處給人看。這裡不得不說一下，在上世紀八〇年代中葉乃至九〇年代初，我有過那麼一陣橫衝直撞的時期，帶著少年的銳氣、盲目與一堆糊塗的手稿（詩、雜文與小說都有），毫無顧忌地去亂見過很多素不相識的朋友或長輩。如正在學院代課的學者、正在午睡的詩人、正在上班的編輯、或正在捏泥巴的雕塑家等。至於年紀相仿的同代人，更是不計其數。我完全意識不到，在他們眼裡我只是一個孩子。反正無論誰，「見面我就要讓他震驚」。天賦解決一切，這是我當時很固執的想法。

記得一九八八年秋天，我偶然拿到了當時著名小說家 LXS 的地址，事前沒有任何預約或通知，便索性直接去找他了。在沒有手機或電話號碼的時代，通常也沒有禮貌。

在那之前，我完全沒看過 LXS 的小說（且至今也沒怎麼看）。雖然那時 LXS 已成名，但那時中國人在寫作與意識型態上，還尚未分什麼「體制內作家」或「獨立作家」。我只是偶爾會聽我母親和原來《隨筆》的主編杜漸坤常提到 LXS 的一些事，如說他是個性情中人。說他一站到陽臺上，就總想跳下去。還說他在北影廠時，從不把任何明星放在眼裡。有一次看電影，因著名女演員劉 XX 強占他的座位，他當時就要打劉。還有一次，因另一個童星祝 XX 半夜在隔壁吵鬧，他實在受不了了，就衝過去，當場給了對方一耳光等。一般都說，LXS 是知青出身的作家，有著六〇年代過來人的所有尖銳情緒和暴力傾向，以及對那個異化時代的懷舊本能。但在我印象中，LXS 卻也並非那麼臉譜化。

我記得那是秋日一天的頭中午，我坐了很遠的公共汽車，才到學院路。我走進 LXS 在北影廠職工宿舍院子，敲響了他的門。

LXS 開門了。幸運的是，他正好獨自一人在家。

他並沒有因一個少年的唐突來訪和打擾而驚訝，更沒有推辭不見。相反，他聽說我的來意後，很客氣地請我進了屋。

當時他正在廚房做飯。他煮了一鍋粥，炒了兩盤素菜，還有饅頭和豆腐乳等，邀我一起隨便吃點。我記得在切菜時，他一邊捂著右邊的肝（或胃），一邊和我說話。我問他是不是不太舒服，他說：「是老毛病了，並不影響我們談話。」

客廳裡看不見書，只有飯桌、寫字臺和一張床，是一個很簡單的屋子。屋子地面非常乾淨，以至於我不小心把煙灰抖到了地上，便只好抱歉地趕緊用手一點點撿起來。這種乾淨在八〇年代那種並無須脫鞋的普通人家，也是不多見的。他的書房我無緣進入，只在門縫裡看見裡面書架堆著一些書。我記得我當時留著長頭髮，抽著煙，並和一切自以為是的少年一樣，先開口便和他大談巴斯特納克、曼捷利施塔姆、索忍尼辛以及茨維塔耶娃等俄羅斯白銀時代作家的詩與書（這是因當時正在讀藍英年版的《齊瓦哥醫生》），然後再談法國文學或拉丁美洲文學，如蘭波、卡夫卡或沙特，如《百年孤寂》或《厭惡及其他》等那時正在學院內流行的漢譯本。當然，我也談到了剛讀到沒多少深淺的中國古典文學和當代文學。而 LXS 則帶著沉默與肝疼，一邊按摩著右側肚子，靜靜地聽著。有時，他會冷靜地遞給我一支煙。他自己也點燃一根，然後深深地吸著。LXS 抽煙很厲害，屬於深吸入肺裡的那種。他吸的時候會瞪大兩眼睛，好像看見了一團什麼驚人恐怖的景象，然後再緩緩吐出，跟著眼神也變暗淡，那「景象」便隨之消散。

他問到我寫作的傾向，我家人的情況和正在讀的書，卻偶爾還會歉疚地說一句：「你說的這些書，我都不太熟，沒怎麼讀過。」

但是他也會主動發問。如他突然說：「你覺得，在中國古典文學中，哪一個女性算是愛情的象徵？」

我當年對此類問題是很不屑的。為了回答他，便胡謅出如貂蟬、林黛玉、陳芸或者潘金蓮、杜麗娘、崔鶯鶯、聶隱娘、聶小倩之類。其實那時我對這些古代小說女性的意義遠未真正理解。那時的我，文學坐標是「全盤西化」的。

LXS 則說：「我覺得都不算。我認為除了白蛇，誰也不能代表中國女性的愛情。理由是，只有白蛇最敢於反抗。因中國的愛情就是反抗。」

這話我當時並不太明白。現在想起來，LXS 的話還真有些「死水微瀾」。最起碼他要說的意思，大概與並不僅僅限於「造反精神」，而是文化問題。故多年後，我在為清人夢花館主所編舊書《白蛇傳前後集》寫書評〈上邪〉一篇時（此文收入《孤絕花》），也特意談到了白蛇的反抗性，只是並未提及LXS當時的話。

最後，我拿出了我的小說〈衛生〉請LXS看。他說：「好，你先放在這裡，一周後再來，我們再談一談你的小說吧。」

一周之後，我又去見LXS。這次遇到他夫人也在。我便沒好意思待太久，但還是仔細聆聽了他對我小說的意見。

我至今記得，我的第一篇小說〈衛生〉是在刻意模仿杜思妥也夫斯基《地下室手記》式的狂躁情緒。我寫了一個少年，因患有神經質恐懼症，便不得不隨時隨地到處譴責這世界的灰塵和「不乾淨」。這少年整天戴著口罩，甚至睡覺時。無人見過他摘下口罩，宛如霍桑筆下那位永不摘下面紗的神父。少年把太陽看做是行人吐的濃痰，把大街上的下水道口看做是發炎腐爛的耳孔。最後，在一次荒謬而夢魘般的考場上，少年因受不了監考官的監視，忽然從座位上躍起身來，用鋼筆戳瞎了監考官的眼睛，併發出一陣可怕的狂笑。主要情節大概如此，大部分細節我已全都忘了。

但這篇幼稚的小說，今天看起來，卻似乎頗有某種預言性、寓言性或象徵性。

LXS的意見其實我還記得一些，但印象更深的是他的態度：即希望我一定要多寫。他羅列了不少小說中的句子，可見他是細讀過的。大約一個小時後，我起身告辭。他把手稿還給了我。因當時他正好也要去單位辦事，說可以送我一程。北京初冬，落葉紛飛，LXS 和我一起走出他的家。他一手扶著我的肩膀，特意將我送到了附近的車站。我清楚記得在薊門飯店和北土城拐彎的地方，LXS 像一個生活中熟悉的長者，伸出手在風中幫我繫好脖子上圍巾，並拉緊了我大衣上的扣子。然後又囑咐我說：「有空再來。」然後還說：「現在像你這樣痴迷於讀書的孩子越來越少了。」然後他就走了。這是我和他的第二面，也算是最後一面。除過幾年之後，我還曾陪我母親去看望過他一次（因聽說他生病），便再也沒有單獨去探訪過他了。臨走時，LXS 特意簽名題贈了一本他的名作《一個 XXX 的自白》給我。這算是我讀過他的唯一的一本書。LXS 是四〇年代末生人，閱歷和閱讀上跟我不僅完全是兩代人，而且因「官方」與「獨立」、現實主義與自由主義等成見（那個時代其實這種分野並不明顯），讓我們其實在文學上也並無話可說。只是在八、九〇年代的文學大環境下，寫作者之間還有一份最起碼的耐心。

九〇年代後期，在勞動人民文化宮春季書市上，我還曾很偶然地看到過他正在簽名售書。那堆在他身邊如山的新書，正是第 N 次再版的《一個 XXX 的自白》。當然我只遠遠看見了他，他頭髮白了許多。我並沒有再去打招呼。因我本完全不瞭解 LXS 的生活、人格和過去，就像完全沒讀過他別的書。說這些僅基於非常有限的一兩次見面和久遠的追憶。他也必然早已把我這個「寫小說的莽撞少年」之事忘乾淨了。

接著，眨眼整整幾十年過去了。

說到〈衛生〉，那篇用藍墨水鋼筆字寫在稿箋紙上，行文幼稚，故事失敗，且明顯受到杜思妥也夫斯基「地下室情緒」影響的小說，卻也算是記載了我當時的壞脾氣。它的整個存在是一次實驗和敗筆，因此手稿丟了也並不可惜。不過它的核心靈感——即反對空洞、監視與窒息的環境，卻是成立的。其中口罩少年的意象，甚至可以成為約二十年後 SARS 瘟疫時期中國人恐懼和面具的一則寓言：滿大街都是戴口罩的人，無人敢摘下。小說裡面那個行為乖張、激烈而偏執的少年，大概是另一個我，在惡中隱蔽的自我。這也是我一開始就提及的「假想敵」。寫作必須有假想敵，哪怕那個假想敵就是寫作者自己。而 LXS 當時並沒有意識到這個問題。他只覺得我似乎是在寫「詩」，混淆了詩與小說，或只是在闡述一個少年的「考試恐懼症」。這當然是一場沒有意義的誤讀和交流。但 LXS 的評價倒也「點醒」了我少年的狂野。我依然很感謝他當年作為一個長輩對一般冒昧前來求教的陌生少年的善意。這也讓我很早就學會了如何反觀或否定一切自己的文字。起碼那之後，我對〈衛生〉也生了反感，或刻意忽略。我把小說放進抽屜，混在一堆廢稿裡，再也沒看過，丟了也不可惜。只因那是我第一篇小說，故而印象頗深，超過了我後來銷毀掉的任何其他失敗之作而已。而 LXS 則是這世間唯一曾讀過那小說的人。八〇年代所謂「批評即偉大的偏見」。我以為，這句話適用於一切思想與藝術。偏見即角度，不需要正確。

當然，LXS 那一代作家包括不少小說家，大多受到過所謂現實主義文學的「洗腦」。他們其實難以判斷完全不立足於現實敘事的文字。那無端端的情緒、莫名的恨、沒有根據的暴烈怒火、不知淵源的苦悶、天馬行空的詭異幻想、宗教、欲望、怪癖與壓抑下產生的某種祕密語境、抽象的符號研究、大篇幅的景物描述與意識流修辭等，都讓諳熟以人生故事和具體情節為閱讀習慣的他們為難。他們或許會對帕烏斯托夫斯基曾在《金薔薇》裡寫過的〈第一篇短篇小說〉之觀點完全贊同，認為一個作家想要寫作，就需要絕對更多的去生活，而不是靠讀書或假想，但肯定不能理解為何納博科夫會說「作家即騙子」。在中國，雖「現實主義文學」仍然是最重要的（意味著話語權與自由主義的範疇），但那種樸實的現實主義觀點則往往是現代性寫作的死角，也是純粹古典精神的反面，是想像力的假想敵。一個作家依靠古籍、實驗性新文本、語言解構、後現代、過度詮釋或非線性敘事等，完全能產生不少意外驚人的作品。傳統意義上的生活與讀書，知識積累與表達方式，並非寫作的囚籠。如當今私生活再蒼白，閱歷知識再少之人，借助現成資料或電腦搜索等手段，也能炮製出一些複雜的書來。好不好另說，但並非沒有存在價值。這有點像康德一生沒出過他生活的小村子，卻能發現宇宙發展史和理性的奧秘，而赫胥黎並沒有見過古拉格群島或烏托邦制度，也能描述《美麗新世界》的恐怖一樣。現代人若想寫一篇小說，不一定要有個人體驗。最關鍵的還是語言天賦、如對漢字的認知、對殘酷存在剖析的深度與對人性的敏感程度。一朵小花也可以承載一場戰爭。文學的本質是虛幻，是「偉大的虛構」。恰如作為寫了很多所謂現實主義小說的 LXS，卻並不理解法國學者羅傑·加洛蒂所謂「無邊的現實主義」。他可能自己也沒意識到，他曾視為愛情文學翹楚的那條冷艷的白蛇，本身正是古人虛幻的產物，而非現實。白蛇甚至也非「反抗式愛情」的符號，而只是古人對性欲、繁殖、權力壓抑下的恐懼之意象，形象純屬虛構。白蛇不會因現實中的雷峰塔倒下，就化為子虛烏有。因語言的白蛇從來就不在那塔下，只是在筆下。這一點古今玄同。如張愛玲到了用寫《雷峰塔》來影射自己童年幻象之海外寫作時代，即便她已擺脫了漢語，情況也會如此。因真正的反抗，並不來自對任何所寫之物的世俗界定，而只是寫作本身。

二〇一〇年二月～二〇一五年修訂

心不在焉

要不斷移動你的身體。

一九九二年夏天，為了拍紀錄片，我帶領一個攝製組進入了秦嶺、棧道、劍閣與巴蜀腹地。也就是在秦嶺下的那座古老的張良廟，即留侯祠邊，我第一次遇到了鄢霞。當時她和另外兩個騎雙人車環行中國的運動員一起，從坡道下緩緩過來。徒步、漂流、自行車環行與背包越野，是幾種八、九〇年代的冒險愛好者們很常見的選擇。那時候，曾經埋葬了徒步冒險家余純順的羅布泊，幾乎成了死亡聖地。不斷有人效仿。鄢霞是雲南女孩，也是這群人裡最前線的一個。她黝黑，寬肩，身材矯健，臉上兩團高原紅，顯得很皮實。她騎著車越來越近，迅猛地闖入我的生活。

她總是在別人問她姓名時大笑著說：不是煙霞的煙，是心不在焉的焉，加一個耳朵旁。霞是煙霞的霞。

我記得說話的時候，她也總是心不在焉。

她看著你，卻似乎總在惦記遠方。那種蘭波式的「生活在遠方」。我對她說其實海子說得對：遠方除了遙遠一無所有。她不信。海子算幹嘛的？她的自信和她的無知莽撞，往往是一碼事。

第二次見面就是在冬天的北京了。鄢霞已經獨自一人騎著車穿越了甘肅、青海和新疆，直達中國最西邊的喀什，據說也橫穿了死亡之海，羅布泊沙漠。據說余純順死時，臉朝下，雙手抓地，整個頭都埋在沙子裡。他是被渴死的。那之後，在羅布泊沙漠裡，每隔幾公里，就有人放下更多的水，以隨時補給那些進去找死的冒險者。鄢霞從羅布泊經過，曬得更黑了，臉也更紅了。她還說，在新疆時，有個人愛上了她，差點沒讓她回來。但是她不是一個戀棧的人。否則，她也不能走那麼遠。

鄢霞有她的野性，那時固執得像雲南元謀人。

她的冒險計畫本來是騎自行車環行中國內地一圈，也包括邊境。行程大約需要五百多天。到北京後，我和畫家涵子帶著她胡亂逛了逛。她幾乎就住在我前門的大雜院小屋子裡。涵子有時候也過來住。每次我們仨都一起睡在地上。我記得她睡時總有一個古怪的惡作劇，即愛把頭伸到我肩膀邊，然後用睫毛蹭我的脖子，很癢。她是故意的。鄢霞還陶醉在我的藏書裡，不斷看我的書和詩，雖然她並不懂。她在北京大約住了半個月，捨不得走。我也捨不得她走。後來，她說她想先去山東一帶，然後再南下河南、安徽、浙江與福建。她說若願意，可以同去。我同意了。反正閒著也是閒著。我以收集路費為由，把幾本畫冊強行賣給涵子。然後和鄢霞一起騎上車開始了一次長途跋涉。鄢霞總是會給朋友寫錯字連篇的信或明信片，不會寫的字就寫拼音。有時，她還會寫上一些她自己其實並不理解的話，譬如：切記，要不斷移動你的身體，東西南北中。有時，她還會對自己不理解的古蹟或寺廟裡的東西，假裝發出一聲類似文盲的感慨。譬如有一次，她走進一座道觀裡，看著老子的塑像說：「原來這就是老子啊，儒教的創始人。」或正因為她這種無知，故尤顯可愛罷。

她每到一個地方都會先蓋郵戳，然後郵寄明信片。她有一個大筆記本，裡面密密麻麻蓋滿了全國各地的郵戳，方的圓的三角形的，紅的黑的藍的，看上去像是密碼本。

九三年冬天，雨雪。我們一起騎著自行車從北京去了泰山，途經天津、滄州、德州、濟南、泰安、萊蕪、曲阜等，歷時七天多。騎車是很累的活兒。行李、氣候、路線和沿途躲避不斷追蹤報導她行程的媒體。因為她當時的行為已經比較有名。我們一天大約能騎將近一百公里。騎到後來，兩條腿都麻木了，只是慣性地在蹬著。鄢霞是我見過的耐力最好的姑娘。身邊的樹林、田野和房屋在順著視角倒向後方。落日在燃燒。遠方凝固。我記得，德州扒雞味道很爛，一點也不好吃。而走到滄州時，我的自行車內胎就爆了。當時在下雨。我們在泥濘中推著車走了很久。我忽然覺得自己要發燒了，胃裡噁心得慌。我站在一條小河邊嘔吐。大雨如注。遠處開來一輛卡車，鄢霞已是個「老江湖」，上去和司機搭茬侃了幾句，於是我們才得以搭車到就近能修車胎的地方。在車上，雨越來越大。卡車後面又沒有車篷，於是我們都淋成落湯雞，冷得發抖。這時，沒想到鄢霞忽然從懷裡扯出一塊昨日剩下的大餅，分成兩塊，她一塊我一塊地吃著。我們邊吃邊笑，算是勉強裹腹。燒漸漸退了。

我當時還莫名其妙地忽然想起了兩句杜詩，就隨口背出來：

懶心似江水
日夜向滄州

鄢霞看著我傻笑。其實杜甫說的滄州並不是這個滄州，而是比喻。鄢霞不懂詩。但這句詩卻讓她當時很感動。她說她真是想犯懶了，想跟我回去過日子算了。一個人騎車走了那麼遠，也不知道為什麼。我們每天都睡在一起，並不斷地說話。我們路過的有國道、土路、林蔭道和羊腸小徑。我們住過的地方有招待所、旅館、小黑店和荒山野地。我們到了曲阜，一個光屁股的孤兒站在一輛警車前不斷地叫喊，好像是個傻孩子。他不斷地朝我們笑，露著大牙，留著鼻涕，渾身是髒土，似乎很餓。而車上的員警則在驅趕他。我和鄢霞給他買了點吃的，然後把他領到了當地的婦聯。我記得他看著我們離開時，不斷地擤鼻涕，以至於你會誤以為他在哭泣。在顏回廟，我差點和當地的一群人打起來，原因是什麼我都忘記了。我還在孔子那巨大的墓地前沉思了很久。

孔子墓地邊就是「子貢廬墓處」。

關於孔林墓地的概況，我曾寫過一篇〈孔九七〉，其中寫道：

此聖墓是一個巨型的半圓墳丘，比一般人墳墓大好幾倍，不過比陝西北邙荒丘的那些帝王陵寢要小一些。縱然如此，孔墓也像一個小金字塔般矗立在樹林中，上有墓草，顯得至尊雄渾。左側有子貢廬墓處，據說子貢於孔子死後在此守靈三年。孔子墓碑上書：「大成至聖文宣王」，其中「王」字拉長，被墓欄掩蓋如「干」。人云：歷代帝王都參拜孔墓，但「王不能跪王」，是以隱之。

孔林幽深，群墓密集，多有廢洞露穴。其深有不見底者，投之石塊，半天沒有回音。陵人說：好多墓地都是文革時被紅衛兵所挖破，那時批林批孔，於是孔林中多有被掘墓鞭屍者。

孔門在中國傳統中的至尊地位多被後世所「嫉妒」：孔家店、孔乙己、孔老二……至文革尤盛，稱周遊列國，菜色陳蔡為流竄各地，人民喊打；稱周禮為復辟；稱《論語》為狗屎堆。孔子墓前附近石階，常坐有一白髮白鬚的瘦老頭，形容枯槁，神情瘋癲，自稱是孔子第九十七代曾孫，叫孔什麼我忘記了，於是直呼之為「孔九七」。孔九七穿著白色的長袍，長髮披肩，如古代之隱者。他的長袍上還掛滿了各種各樣的像章，大部分是紀念章，我意外發現，其中竟然還有幾枚毛主席像章。可見他或許是不太記恨的。

君子周而不比嘛，何必想不開？

曲阜孔門後裔無數，多有人自稱「孔子嫡系」，真假莫辨。有很多就賴此「先祖功德」為生，真可謂萬世福蔭。孔九七似乎患有白內障，瞳孔渾濁，如恍然病夫。問之所學，說並未讀過儒家經書。不過問及孔子之事，一概答曰：聖人。陵人又說：孔九七也曾被批鬥，深受傷害，後精神一度失常。他因別無所能，現在專門以與參拜孔林之遊客照相為生，與之合影，收費十元。」我見他的身邊還擺放著一些與人合影的照片樣本，遂深信不疑。

孔九七身後，是孔林的紛紛落葉與千年古墓的空寂景象。

孔九七衝我微笑，整個頭顱縮為一團皺紋，露出一嘴的黑牙、衰老的舌頭和嶙峋凹陷的眼圈。望其相，與當地貧農無異。想夫子肉體之細胞不斷分裂兩千五百年至今，果真有一原子，一精神在他身上乎？念之失笑。

孔九七身旁還有一孩童在玩耍，腦袋碩大而膚色黝黑，笑個不停。

我驚其相貌清古，故問：此子是誰？

孔九十七答：是我兒，孔子的第九十八世孫。

鄢霞這回才算是見到了真槍實彈的「儒家創始人」。

在孔林，我睡了個午覺。落葉漸漸。鄢霞則獨自跑到一些被剖開的墓穴裡去看。有些墓穴像一個個土洞，漆黑陰森，發出神祕的氣味。我都不敢進。鄢霞是個傻大膽兒，進去逛了半天，出來還很失落，說：一根骷髏都沒有。

歷史上，據說孔子後裔在各朝代裡都是免稅的，除了五代時期的後周世宗柴榮勒令他們必須納稅。但是在後來的朝代裡又免了。這是歷代帝王對儒家始祖嫡系的一種特殊榮譽，相當於宋太祖趙匡胤給柴榮的後裔發的免死鐵卷丹書。孔老二靠耍嘴皮子也能澤及千秋萬世，讓人嫉妒。我記得鄢霞當時給我和穿著白大衣的孔九七與孔九八都照了相。可惜這些照片她始終也沒寄給我，一直到今天。當時，鄢霞還有一個特殊的怪癖，就是把很多有紀念意義的紙片撕成兩半。一半塞給別人，一半留給自己。譬如一張門票、一張紀念單或者一封明信片。她先是在這些紙片的背面畫上一些符號或畫，如畫一個月亮或一朵菊花之類，然後再從當中撕開。紙片撕成兩半，畫也同時被撕成兩半。然後她總是說：你拿著這一半，好好保存。二十年後我可是要來檢查的。

但是很多年過去了，進孔林的門票還在，而鄢霞並沒有來。

時光荏苒，她在我們的生活中消失了。

想起我們路過濟南趵突泉時，天開始下雪，寒風凜冽。在李清照故居邊的小飯館，我們喝醉了。風像古代刺配流放犯人的刀子，在臉上胡亂刻字。走出飯館時，冷得受不了，我們乾脆就靠互相猛烈撞擊來取暖。一邊撞，一邊大笑。鄢霞是南方孩子，第一次見這麼大的雪。可撞到後來，她卻差不多哭起來。她想家了，而射出的箭卻難以回頭。跨上自行車，你會覺得你已經和道路長到了一起。最後，我們終於到了泰山。一開始，這座自古以來的封禪之地刻滿山岩的歷代書法，就讓我震驚不已。廟宇、摩崖石刻、瀑布、十八盤、中天門、六千二百九十三級臺階……看不完的古跡。我們一起爬上了南天門，在那裡的野店還住了一夜。那野店家很狹窄，黑暗，我們擠在一起取暖。樓上似乎還有動靜，透過漏風的老樓板，能聽見樓上有人在做愛。那一夜很累，我也把鄢霞抱在懷裡，沉沉睡去。第二天一早，我們終於爬上了東嶽的山巔：會當凌絕頂，一覽眾山小。

孔老二登東山而小魯，登泰山而小天下。

但山頂上的金剛經、雲海和懸崖，卻讓我隨時想跳下去。

那天，所有人都在我們腳下。世界變成了遠處的一片灰色，顯得一點都不重要。鄢霞依偎在我胸前，再次用睫毛蹭癢了我的脖子。

本來，我還準備和鄢霞一起再騎到河南，進入中原腹地。但後來打消了這個念頭。因為我發現，她這件事是必須一個人去做的。她必須獨立完成環行，誰都沒有權利取消她的孤單。她必須孤單地上路。一路上有可能留下來的地方太多了。每個地方，每個人，都有一種能讓你眷戀的生活。如果你太重感情，而不珍惜孤單的意義，你就不可能走下去。

為了盡快回北京，我決定坐火車，於是在濟南就把自行車超低價賣給了旅館的看門夥計。而在濟南火車站，我和鄢霞分手的時候，她在車窗下站了很久。我們互相看著不說話。最後，她一邊學著那曲阜孤兒擤鼻涕的樣子，一邊急忙轉身，急步走遠。她在遠處用袖子擦臉，不知道是不是在擦眼淚。

我們不敢互相對視。鬼知道為什麼。

事情還沒有結束。最後一次見鄢霞，是又過了一年之後，也是在北京。她忽然出現在我老屋的門口。這回她長胖了。問到後來的事，她說的環行中國計畫沒有全部完成就夭折了。她只走了三百多天。有些地方沒去，她就回了雲南。然後，她參加了一個檯球隊，到北京來打比賽。一個越野自行車運動員去打檯球，這就好像讓一個賣軍火的人突然去學廚子，反差太大。她見到我，大喊一聲：擁抱一下。然後就撲了過來。但是這時我已經對她不太理解了。雖然我依然擁抱她，不過這次是輪到我心不在焉了。

我記得，騎車去山東走了七天，而從濟南坐火車回北京，只需要七小時。返回就像記憶，可以以迅雷不及掩耳之勢，把你帶到過去。火車上看騎車經過的地方，全都變得非常枯燥，好像我根本就不曾見過。我也不往窗外看一眼。不想看。只想盡快回到家裡，把頭蒙在被子裡。

現在她再次出現，我卻一點沒有感覺了。

我看著她，心不在焉，好像我從來就沒有想念過她。因為對我來說，那個真正的鄢霞已經永遠地留在了泰山上，從沒有跟我一起下來。

在這次漫遊中，我時常感覺自己就像當年常讀的，由梁宗岱翻譯的那首里爾克散文詩〈軍旗手的愛與死之歌〉裡的旗手：

騎著、騎著、騎著……在日裡，在夜裡，在日裡。

騎著、騎著、騎著。

勇氣已變得這麼消沉，願望又這麼大。再也沒有山了，幾乎一棵樹都沒有。什麼都不敢站起來。許多燥渴的陌生茅舍在汙濁的泉邊佝僂著。舉目不見一座樓閣，永遠是一樣的景色。

記憶中的自行車與行李包，和詩中的馬與旗幟混淆在一起。里爾克的這首詩雖然表面上寫的是一個浪漫主義時期的軍旗手，但其精神狀態和迷惘的情緒，卻是典型的世紀末情緒，失敗的情緒。鄢霞的半途而廢讓我覺得當初的離別都失去了意義。

我拒絕去看她的檯球比賽。可能她生氣了。

此後她不辭而別。很久，完全沒有鄢霞的音信。

齊魯青未了。要不斷移動你的身體。又過了大約十年，才聽到一個不算確切的消息，說鄢霞嫁了一個法國人（或美國人），還生了個孩子。他們還一起加入越野汽車隊，再次進入了羅布泊。也不知道是真是假。生活動盪，我們早已失去了聯繫，彼此心不在焉。咱們誰也管不了誰。她還活著嗎？而自從那次回北京後，我也再不想騎自行車。甚至連續很多年，每次我上街看到自行車時，我都會不由自主地覺得難受、眩暈或反胃。我會聞到在那年大雨中站在路邊嘔吐的氣味。中國是自行車大國，全國有若干億萬輛自行車。北京就有上千萬輛，每天晨昏，都有密密麻麻的騎車人，洶湧翻滾，從黑暗的城市記憶裡嘔吐出來，覆蓋滿大街與廣場。

我有時會在蝗災一樣的騎車人森林中尋找鄢霞。

二〇〇三～二〇〇九年

打坐

打坐是古人發明的一件怪事。尤其中國人和印度人。

小時候在小人書、武俠書裡，都能看見古人打坐。那好像是一種能練出絕世奇功的必要動作和姿勢。後來讀《引書》或魏伯陽《參同契》等書，對此略微有些瞭解。但也並不在意。總覺得有點故弄玄虛。逛寺廟時，見佛像與和尚也都是坐著的，兩眼一閉，啥也不管，憑啥要給他磕頭？第一次看見身邊有人打坐，是我十二、三歲在重慶上中學時。重慶六中有個同學叫潘永征，從小就愛好中醫、針灸、氣功和玄學等當時看來很神祕的東西。有一天我和其他同學去他家玩，大家正在熱鬧時，潘卻忽然不見了。大家去找，竟發現他已獨自一人回到臥室裡，雙手拇指交匯，跏趺而坐於地上，閉目調息。

潘的身邊還放著一堆中醫書，穴位圖等。這對我們這些尚處於混沌狀態的少年們來說，顯得高深無比。

潘驕傲地說：打坐越早練越好，可以延年益壽。

但我在想，操，才十幾歲就想著延年益壽，人咋就那麼怕死呢？

第二個在我身邊打坐的人，就是回松了。回松這個人更怪。他本是音樂學院的學生，比我大兩歲。我們少年時便相識，經常在一起讀書、喝酒、寫詩，可以說情同手足。在中學時，回松的床頭就放著很多關於梅花易數、六爻、六壬、四柱和紫微斗數等玄學的書。後來，就常能看見他晚上打坐。當然，在抒情氾濫的八〇年代，這並不耽誤寫詩。有一段時間，回松乾脆就整個上午喝酒，整個下午寫詩，整個晚上打坐。琴都不練了，儼然是一派魏晉風骨，清談玄奧，彷彿是個年輕的古人。在滿世界的偽資本主義浪潮中，他進行著自己的懷舊，自己的少年遊。那位死在史達林集中營的俄羅斯天才詩人曼傑利施塔姆，在創立「阿克梅主義」時曾說：「阿克梅派的精神，就是對世界文化的懷念。」回松並不真關心詩歌，更不關心曼傑利施塔姆。但我卻認為他骨子裡註定是一個優秀的「阿克梅主義者」——雖然他自己不知道，也不承認。

打坐，是我們共同「玄學生涯」的第一課。

當時跟中了邪似的，我記得全國的人都在玩打坐。在寫詩的、作曲的、畫畫的或者搞藝術的人堆裡，你總能夠碰到些許通曉古代文化的「高人」，大談國粹、氣功與周易，且動輒就面牆而坐。坊間流行著南懷瑾的書，而高人們假裝要與眾人保持距離，但又隨時和大家在一起，耳聽八方。當年音樂學院宿舍裡還有好幾個人也打坐。其中一個叫胡建兵，大家叫他老胡，也癡迷於此。我記得老胡說：打坐時，如果你覺得閉眼後周圍都在旋轉，那就是你感到「磁場」了。

我也試了一下，倒的確有天旋地轉的感覺，但更像頭暈。

回松後來對自己的玄學觀，是有批判的。他說：在那個特殊的年代，中國人或多或少都有一些心靈創傷。生於五、六〇年代的人都有一種暴力傾向，會很不安分，會躁動。於是產生了種種叛逆的想法和行為。而八〇年代中國又是文化饑渴、異化與激進的時期。於是，不管是西方思潮、現代詩、巫術、氣功或者打坐之類，只要是陌生的東西，都會被人搶購一空。其意義無非就是對意識型態單一的一種叛逆行為。從本質上來講，這些行為都並非學術性的，而是一種民間自發的對毛時代的一次矯正，或矯枉過正。

說到回松這個人，他出生於一個「反動家庭」和一個「革命家庭」的交叉死角。其外公是原國民黨中央情報機構的將軍，後隨蔣介石撤退到臺灣。外祖母則是華北某大地主的女兒，官拜少校軍銜。回松母親是戲曲優伶，而回松的父親則出生於百姓之家，自幼從軍，在三大戰役中出生入死，為共產黨屢立戰功，是某空降師大隊長。因為這些複雜的原因，回松父母之結合，就給回松本人打上了極強的時代烙印。他從小就會背全本《毛主席詩詞》，但也讀唐詩，是那個年代的「神童」。如他自己所說：「我身上有著國共兩黨的雙重糾葛，彷彿是提前體現了一國兩制。」

回松說自己是陰與陽，虛與實、剛與柔、左與右、傳統與現代、革命與反革命的怪胎。回松發現，對中國人來說，歷史會被一再重複，好像這個民族得了集體健忘症一樣。在這種大環境下，打坐，也就是讓你別忘了自己是誰。

於是回松喜歡打坐，同時也做冷靜的社會調查。他說：八〇年代，我就觀察了身邊那些所謂積極分子。這些人無不是一些賤民的後代。他們像在足球賽場上一樣為的只是出風頭，根本沒有政治覺悟，也沒有起碼的思想體系。他們的感召力與平時打架時一樣，無非是仗著人多勢眾，靠的是臭味相投。他們對祖國的熱愛，完全抵擋不住萬寶路、駱駝、耐吉、愛迪達的誘惑，他們對腐敗的痛恨，也絲毫不能改變他們對校長、教務主任的奴顏卑膝。再看看他們的組織能力，只懂得畫地為牢，唯我獨尊，好像他們就是救世主，沒有他們中國就會完蛋，完全不懂「星星之火可以燎原」和「深入基層，到群眾中去」的「偉大真理」。試想，這樣的人能夠肩負什麼愛國的使命嗎？一群烏合之眾罷了。

大學畢業後，回松分配到燕山化工樂團，擔任演奏員。

但是，相當一段時間內，他最傾心的事情仍是打坐。

燕山在北京西郊。一九九三年前後，我還常去燕山找回松玩。我們坐在山下的小酒館聊天。還一起去房山北京猿人遺址、公園、竹林和書攤等地晃悠。晚上就在他的單身宿舍過夜。那段時期，到處都在流行著各種真假玄學思潮，中功、南懷瑾、瑜伽、算卦和看相。你在北京的每一座公園裡，甚至在街心花園裡，也都能隨時看見成堆成片打坐的人，遇到很多莫名其妙的自稱會算命的「半仙」。

中國人迷信什麼都是一窩蜂。反正不是這功，就是那功。很多在路邊打坐的，都是些無所事事的家庭婦女、老頭、小市民或看不起病的窮人。傳說打坐能治病，這讓那些無保戶或掏不起醫藥費的人，在「封建迷信」中看見了自救的希望。

這種帶有荒誕派戲劇風格的「現代面壁」，會把人帶入入定的幻覺。傳統說法，打坐的基本內容有三：即不動心，數息和破生死關。據說，入定之後，人就能看見很多幻象，諸如什麼噴泉、蓮花、觀音菩薩、山水、經文、字、符號、女人裸體、骷髏、童年或死去的親人之類。據說看見這些東西的人，不能被引誘。不能就此睜開眼，或去跟隨那些幻象捕風捉影，而是要繼續堅持枯坐。這樣才能最終「打通任督二脈」與小周天，經絡全通，並進入「坎上離下，水火既濟」的境界。甚至還可以長生不老，達到無生無死。等你真的入定了，可能時間就消失了。你一閉眼，就可以是好幾天，幾個月都沒感覺，剎那就過去了。

打坐把道家胎息、佛家禪定、儒家正襟危坐和革命時期的靜坐，全都結合成了一個姿勢。對我們這些懶散的人來說，無疑具有巨大的誘惑力。

於是，有一段時間，我也信以為真，學著打起坐來。

不管是手印、內視、閉關、止息、吐故納新，還是參閱丹道「內經圖」、參禪、印度教奧義書、瑜伽典籍、涅槃思想、羅教、抱樸子內篇、伍柳仙宗或張三豐全集，你都會看見很多類似的結論。這些結論互相剽竊，轉化為明清之後眾多的民間祕密教門。然後又轉化為近現代以來的各種新興宗教、功、法、道或異端玄學理論。但總而言之，就是告訴你，只要雙腿一盤，用一定的方法堅持若干年，你就可以一勞永逸了。這何樂而不為呢？原來中國人就靠食氣、吞津或餐風飲露，就可以進入永恆。這成本也太低了，簡直是無本買賣，誰都願意做。

我也硬著頭皮堅持了一兩年。五心朝上，一柱擎天，偶爾還自以為如醍醐灌頂，太陽穴在跳動。可我坐來坐去，除了有時因睡著而做夢外，啥也沒看見。據說這就叫「昏沉」。昏沉只是打坐的第一個階段。然後你就會越來越清醒。呼吸越來越細微，漸漸停止呼吸……你就入定了。

難道生命不在於運動，而在於不動？千年王八萬年龜，不就是因為動得少而活得長嗎？到底動還是不動？我可等不及了。因為我想來想去，再這麼坐下去，要浪費多少時間呀。就算我能活到兩百多歲，可如果每天都這麼坐著，啥也不能幹，那意義又何在？

於是，索性躺下睡罷。明兒還得上班呢。

據說打坐還能辟穀，也就是不吃飯。也不知為什麼，中國自古至今，始終都有一幫人，在琢磨如何不吃飯也能活下去的辦法。我記得在八〇年代末，就在廣場上，有一天就來了個練氣功的，專門教大家打坐。他說：「要舌尖頂住上顎，腿雙盤，脊椎垂直，閉目養神，最好不要說話，不要運動……這樣大家就能抗住饑餓，堅持到底」云云。當然，那些按照他的辦法打坐的人仍然因饑餓暈倒，被送往醫院搶救。看來臨時抱佛腳是不行的。打坐和革命，都得慢慢來。

現在想起來，打坐就成了一件難忘的往事。一場我和回松的燕山夜話。那時回松一到晚上就打坐，有點走火入魔。屋子裡還總是放著音樂。昏昏沉沉的一坐就好幾個小時。有一次，回松據說是入定了。突然一個朋友進屋來，看見他正襟危坐，不禁屏住呼吸，一聲也不敢吭。

他在幹嘛呢？進屋的人非常謹慎地小聲問我。

打坐呢。我幫回松答道。回松已進入化境。

打坐……打坐還能聽音樂？他繼續問。

聽音樂是他打坐的習慣。我說，每個人打坐都有自己的習慣。像我的習慣就是在打坐的時候和別人說話。

誰知我話音未落，回松自己先憋不住了，噗哧一聲笑出來。原來他根本沒有入定，而是一直在聽我們侃大山。他差點笑岔氣了。

不久之後，回松還不幸得了腎炎。中醫讓他一天必須走六個小時以上。通過走路，他的病才漸漸好轉。看來，打坐還不如走路有益於健康。

那麼，適當的打坐是好的嗎？我想當然是。但這不過就是一種調理心態、呼吸、內分泌和生理狀況的傳統方法。打坐就是休息。入定也是一種靜慮思想，甚至是對存在與虛無的終極領悟，但絕不是可以鍛煉「白日飛升」的神學。歷代打坐的典故，其實以達摩面壁之事最為聞名。但《景德傳燈錄》卷十九裡，記載了隨州雙泉山梁家庵永禪師的一句話：

達摩九年面壁意如何？

師曰：睡不著

失眠是為了思考，反之亦然。這才是對「打坐」之境界最具有平常心的一種詮釋。九〇年代之後，回松去了南方生活，娶妻生子。後來他又搞了風水學。他的職業就是專門替人看陰陽宅，堪輿居所與墓地，或用六爻、紫薇斗數等幫人算股票，預測生意。而有一次我讓他給我算算命，他卻說：你不用算，因為吉人自有天相。他似乎成了個現代方士，卻又幽默而灑脫地面對玄學。但即便到了前些年，他的玄學「幻聽」仍讓他的「準精神分裂症」有些嚴重，以至有一次（雖然我們已很多年不見面了）甚至還會覺得我與他遠方的家人也有祕密聯繫，無端向他家人彙報他的行蹤與地址。看來他一方面生意興隆，但內心也「病得不輕」。很難說這是一種什麼心理狀態，也許來自沒有安全感吧。

而「打坐時代」做為這一切的起源，也逐漸被我們忘記。我最後一次看見還有人在癡迷打坐，是二〇〇一年從電視上。那一年，有個打坐的少女因自焚，在廣場被自己的幻覺燒成了恐怖的殘廢。這個少女也是音樂學院的，就像我們當初一樣年紀。據說她平時是一個很正常、樸素的女孩。但電視上，在那一團團滾滾升起的濃煙中，我看見她和另外一些人在打坐中燃燒，倒下，或死或殘。我震驚了。這讓我再次對這個姿勢的荒謬性、鬼氣和可怕的象徵感到觸目驚心。

我在想，我當年若一直打坐下去，會不會也化為一尊漆黑的焦炭。

二〇一〇～二〇一九年

卷五

六、2公尺音樂之幕

每個人腦中都有別人不能破譯的記憶密碼。而記憶是一個暴君，他不管你是否願意，隨時會打攪你，攻擊你甚至消滅你的感官。譬如，當我終於遇到一個陌生的、頭髮棕黑的美人，寧靜地站在我的窗前梳理植物時，我首先不是為她的容貌感到驚訝，而是忽然覺得我認識她。就像忽然又聽到了德布西的鋼琴曲〈亞麻色頭髮的少女〉一樣，腦海中閃現出了十七歲的時光。請相信，我這不是在調侃，學不是為調情，也不是炫耀對審美的敏感。

少年時代，我曾和其他同齡友人一樣，天不怕地不怕，動輒憤怒，經常犯渾，沒事就坐在音樂學院那前清建築的臺階上扯淡，或從宿舍的窗臺上往下吐唾沫。我們曬著太陽，吹著啤酒瓶，大喊大叫，或者午夜出發去附近的小黑店喝酒。少年時代就濃縮成了一個全封閉的景象，一個往事的幻影，好像從來就不會有所改變，也不會懷疑是否記錯了。音樂的記憶就像胎記、宿疾和指紋——非你莫屬。你多少年後再聽同一首曲子，也還是這樣，就好像清朝的人聽到了京戲，民國的人聽到了古琴和周璇，六〇年代的人聽到了〈梁祝〉和樣板戲，八〇年代的人聽到了抒情歌曲、交響樂、搖滾和鄧麗君，這世界上有千萬種音樂。每一種好的音樂都不乏優點。但只有一種音樂，會像遺傳基因和本性一樣滲透進我們的血液，長在我們的肉裡，那就是有生活記憶的音樂。這有點像人在童年時的味覺烙印，終生難以磨滅。譬如至今，我每次只要一吃豆漿油條，就會非常直接地想起七〇年代的氣味，想起小時侯在重慶住過的那條街，那大街上的石頭、煙霧、車的喧囂、樹、早晨的風，以及那些早已消失在生活中的人。

我的聽本能——或音樂本能，來自我的家庭。

「音樂」就長在我的肉裡，跟穴位一樣，拿手術刀都拔不出來。

雖說在娘胎裡時父母就給我放音樂，小提琴、鋼琴或搖籃曲等，但那時候人還沒有記憶，只有聽本能。最早的聽本能是從一歲到十歲，基本上還是後毛澤東時代，在重慶歌劇團的院子裡。我拉過小提琴，也彈過不少鋼琴練習曲，但對於聽的記憶大多是一些「時代背景音樂」，如樣板戲和電影裡的歌曲，是父親在樂池裡指揮排練，而臺上是〈洪湖赤衛隊〉或〈東方紅〉。院子裡有時能聽見人在練琴、吹號、吊嗓子，十分刺耳。毛時代的高音喇叭、喊叫與遊行的聲音，又總是在不經意的時刻，將一切打斷。

真正的純音樂記憶，開始於我一九八四年到北京，住進中央音樂學院之後。那是中國正在醞釀「八五新潮」與新文藝復興的時代。

我住在音樂學院內一間偶爾會漏雨的平房裡，只有六平方公尺。這是一間靠牆所築的老琴房（故另有一說云此屋修建於唐山大地震時期）。床底下有老鼠，牆縫裡有土鱉。如果屋子裡升了火爐，煤氣熏人。牆壁的外面不遠處，還有一個附近街道的垃圾站，所以牆壁後的水能透過來，很陰森。屋子裡有一張破舊的上下床，有時還有人來練琴。那是些潮濕的冬夜和焦慮的下午。在少年時代幽居的情緒中，六平方公尺的地方，產生過無法計算的音樂記憶和激烈的聽覺衝擊。暴風雨一般的音符幾乎就長在了牆灰上、門縫裡、書籍中。我聽熟了父親儲藏的全部錄音帶，以及朋友之間經常會談論的所有曲子。當時為了節省地方，我家的磁帶全都凌空擱在一塊木板上，而木板釘在牆上。磁帶大約是一百五十盤。每十盤一盒，壯觀地排成「一」字形。北京那時候冬天很冷，每天水管凍上了，都得用開水才能澆開。風雪橫掃門檻，朝霞餵養細菌。我在屋裡總是一邊燒著開水，一邊聽音樂、讀書。水蒸氣凝結在窗玻璃上，形成海市蜃樓一樣的冰花。屋子裡除了床，還有一架鋼琴、一把小提琴、一個過冬的大鐵爐子、一串煙筒、一張破木頭桌子、兩把蹩腳的椅子、一個畫架和一個書架。由於書架小，不少放不下的書就堆積在床頭。另外還有亂七八糟的衣服、皮箱、盒子以及鍋碗瓢盆等。

你能想像六平方公尺的空間能放下這些東西嗎？的確放下了，只是擁擠得像個雜貨鋪。

你坐在床上幾乎就可以開門，可以看見窗外的一切。

而正是這樣一個極端狹窄的、彷彿是被醇親王府所壓縮的零空間，卻是我的音樂廣場。那時我十三歲，剛到北京。記得就在我住下的第三天，有一個人就推門進來了。當時我並不知道他是誰，只是看上去面熟。小時候好像見過。他個子不高，面色黝黑，微微發福，端著鐵缸子，似乎剛從食堂買完飯出來。他便是在少年時代對我影響極深的小提琴家王泓。他也是重慶人，而且是曾參加過一九七九年越南戰爭。早年我們因曾都在重慶歌劇團的大院子裡生活，所以他家與我家是世交。小時候，我便經常聽人說起他：能打架，個性狂野，曾經是院子裡最調皮的大孩子之一。王泓喜歡喝很濃的沱茶、散裝啤酒，時常動不動就請客吃飯。他對朋友，尤其對我特別好。當時他除了進修音樂，還兼修藝術哲學和老莊哲學。他有時整夜地跟我談《老子》。我們經常在一起喝酒，因那時我父親已完全不管我，而王泓則幾乎成了我的臨時監護人。他在力所能及的情況下給了我最大的照顧。正是在他那裡，我還第一次注意到了「音樂以外的東西」：即哲學。那時街上的書還不多。從他那裡，十三歲的我有生以來第一次看見了一些我童年時從未見過的外國名字和書，如康德、黑格爾、謝林、尼采、古希臘羅馬哲學、十八世紀法國啟蒙哲學、沙特、海德格、佛洛伊德、阿德勒與榮格等。那個時候，王泓常常早晨八點鐘進琴房，帶著兩個饅頭，一杯茶，然後整天都待在樓上不下來。直到晚上十點琴房關門，他才出來，吃第二頓飯。他住的地方也只有五、六平方公尺，是一個狹長的平房宿舍。那裡是別人家的倉庫，堆滿了資料、行李和莫名的家具，還有幾捆幾乎是發霉的書。他說：「這總比我在越南時睡的貓耳洞大多了。」那是我第一次看見一個人如此地有求知欲，對智慧和文化藝術如此地著迷。他在無形中第一個啟蒙了我對書與思想本身的景仰和愛。一般人很難看出，這個整天瘋狂練琴讀書的人曾打過仗。王泓總說：「我這不過是廢物利用罷了，因為我不想回重慶。重慶太閉塞了。」後來，這「廢物」終於變成了國家廣播交響樂團的首席與音樂學院教授。

那時，王泓常會來我斗室，與我一起享受那些磁帶。盒式磁帶，在那個時候被叫做音樂的「罐頭食品」，也就是垃圾食品。因為磁帶每次聽都是一樣的，缺乏現場演奏的有機性，所以曾被視為營養單調的音樂僵屍。但有什麼辦法呢？在沒有新鮮魚肉的時代，我們不得不反覆吃這些罐頭，以滿足那個時代對音樂匱乏的渴求。從家裡的磁帶開始，到圖書館的藏品，到朋友們互相交換、流傳的稀有打卡帶——小提琴曲、鋼琴曲、長笛、大提琴、黑管等等，這些樂器與和聲所承載的無數的音樂作品，無論管弦樂曲、交響樂或協奏曲、獨奏與重奏，歌劇或舞劇序曲，再加上逐漸流進中國地下的電聲音樂……都是在這個時期，以暴風雨般的方式轟炸著我的耳朵。但我當時崇拜的，主要還是各種西方演奏家，如霍洛維茲、魯賓斯坦、阿格麗希、柯岡、斯特恩、伊薩伊、大衛·歐伊斯特拉赫、海菲茲、朱克曼、克萊斯勒、鄭京和、狄蕾、帕爾曼、謝林、羅斯托波維奇、卡薩爾斯等，還有一些印度音樂如手鼓和錫塔琴手的演奏。作曲家們自然不用說，但指揮家我們並不覺得如何了不起，因為十九世紀才有第一個專業指揮。過去都是作曲家自己指揮。華格納、托斯卡尼尼、卡拉揚、福特萬格勒或蕭提等，也是因為歷史原因才受到我們關注。

總之，你能想像一個人在七年中能集中聽多少音樂嗎？那間斗室我住了七年多。每天，都有一臺磚頭錄音機，在不斷地為我和王泓，以及一切到訪的客人們播放著各種音樂。在這些音樂陪伴下，我開始寫詩、讀書和瘋狂地畫畫。當時讀過的書有些都忘了，畫過的畫也都差不多散失了。但是「音樂」符號不會丟失，而是呈冪次方增長。

我記得，後來看俄羅斯詩人曼傑利施塔姆在〈阿克梅派的早晨〉一文中，曾有這樣一段話：

一個數學家能不假思索地算出一個九位數的二次冪，這場面叫我們驚詫不已。但是我們常常忽視，一個詩人也能求出一個現象的九次冪。藝術作品簡樸的外表時常給我們以假象，使我們無視它所具有的神奇的、濃縮的真實。

冪是一個數學術語，指同一個數的不斷乘方。最多可達九次。

我的斗室是六平方公尺，而六的九次冪，那就是一〇〇七七六九六。

這是一個極度誇張的數字，大概來說，就是一千多萬。而且冪與「謎」諧音——用以形容我龐雜、密集而多元的音樂記憶，真是再貼切不過了。

藝術家對現象的回饋與幻覺，是永遠無法計算的。

一個音樂傾聽者，重要的不是聽什麼，而是你在聽的時候或聽的年代裡成為了什麼？聽，是一種塑造。

多年後，我曾故地重遊。我坐在音樂學院前院醇親王府大殿的槐樹下，想起二十年前曾坐在這裡，也是這樣一個下午，也是這樣一種陽光，我和王泓，或那些少年時代的友人一起，拿著剛從食堂買的飯，抽著煙曬太陽，狂笑著，並對路過的女生吹著口哨。那是一九八九年以前的下午和陽光。接近「古代」的下午和陽光。只是那時誰也不會料到今日所言：「沒想到八〇年代竟然就是這半個世紀以來最好的時代。」在音樂學院的有些角落裡，還殘留著當年的痕跡、影子或建築。有一些熟悉的面孔像幽靈一般遊蕩過去，我想不起他們的名字。今天新的學生就像我們當年一樣，臉上帶著驕傲、激烈而優美的青春在走來走去。我想起一九八七年夜晚的雪、也想起後來絕食的同學；想起一些人自殺了，一些人瘋了，一些人病死了，一些人永遠離開了；想起二號樓門口的槐樹、圖書館；想起那個革命的春天和滿院子揮舞的紅旗、條幅與口號……當然，最重要的是，想起聽過的那些音樂。彷彿所有的旋律都混沌在一起了。這裡就是「我的音樂學院」，是我幽居過近七年的地方，是我早年夢想的核心：就在那六平方公尺的小屋裡，我幾乎幻想過所有的天空，喝完了融入血液的酒，也讀完了該讀的書。

這是一間如維吉尼亞．吳爾芙所說的那種《自己的房間》。

我記得當時有些朋友來找我，通常都是不敲門，直接拉門而入。有時候甚至是半夜，也不管我是否睡了，直接就進來找我聊天。有些朋友晚了回不去，就把鋼琴的底板拆下來，搭在兩個板凳上，變成一張「床」睡覺。

而那台磚頭錄音機，就是到半夜，也很少休息。

很多年後我發現，那時候的音樂就算聽再多，卻依然有一種乾淨和純粹。因為那些音樂都屬於同一個美學範圍。所有雨都是一滴雨。

但現在就不同了。在今天的大街上，我們能聽到太雜的「聲音」。據說，現在走丟的狗，一般都找不到回家的路了。這是因為大街上的味道太多，不像過去，狗憑藉自己熟悉的嗅覺就能找到家。汽油煙和香水塗抹了一切。音樂（或聲音）也一樣。汽車喇叭聲、人聲，加上超市與商店裡播放的音樂、電影音樂、宗教音樂、世界音樂、廣告、吆喝、尖叫、爵士樂、搖滾、重金屬、港臺流行歌、曲藝說唱以及網路上的 MP3……這些彙聚成混亂的一團，抹掉了明顯的標記。我們很難說得清楚，哪一種音樂是這個時代的準確記憶。

如果時光到了未來，我們也未必能找到返回今天的聽覺道路。

但是過去就不同。我們很容易在聽覺中回到過去。那些曲子其實成了那時候生活的一種記憶錄音。譬如，那時候聽得最多的，是拉威爾的管弦樂曲〈達芙妮與克羅伊〉，以及蕭斯塔科維奇第五〈革命〉。如今一聽到這些曲子，就如一聽到華格納〈唐懷瑟〉序曲，或布魯克納的交響樂的時候一樣，我不可能去幻想什麼古希臘或德國神話，也不會想到俄羅斯的冬天。這些其實與我無關。在那一剎那間，我腦中的第一反應，是立刻浮現出王泓在窗外端著茶杯的身影、還有鮑家街的樹蔭，與醇親王府（音樂學院）冬天的樣子、院子裡的樹、紅眼樓、地下室澡堂、五號樓後的舊琴房、籃球場上的叫聲，以及那斗室窗外紛飛的大雪。

聽的塑造，或許就是讓你變成一個尊重過去的人，一個懷念的人。有時候，一首其實很難聽的曲子，也會因曾屬於你的某個人生時期，某一場洗腦式的記憶符號，便又重新變成一種讓你感動的聲音。

這是對一個人的私生活、往事與狹窄空間的懷念，也是對情緒和大自然的懷念。在這種抒情的懷念中，有些人是音樂家，有些人是聽眾。據說，耳朵是人類在胎兒時期就發揮作用的第一個甦醒的器官。梅紐因說：「當我們還沒有看、沒有觸摸、沒有品嘗的時候，我們就已經開始在聽了。」胎兒都是依靠傾聽母親的心跳平衡羊水裡的身體與情緒的。但是，我們無法懷念子宮。儘管如此，聽——作為一種特殊的「懷念本能」卻留了下來，一直延續到我們長大成人。聽是獨立的，不用大腦思考。從音樂到詩歌的閱讀，到愛人的情話，到朋友的交談，到暴力與武器的喧囂，到工業機器與鄰居的尖叫，到北京秋天樹葉的沙沙聲，到雷聲、雨點聲或山水中一切自然運動的風聲……無一不讓我們懷念生命的存在。對於六平方公尺斗室的音樂記憶、美與符號，就在這種懷念的九次冪中不斷增長，終於成了一個讓我永遠不能統計的天文數字。

聽——不僅來自過去，也會詮釋過去，成為過去。

所以，當我偶然看見陽光灑在了哪個姑娘棕色的長頭髮上，聽到她發出笑聲時，我就在想，我也許本來就認識她，因為她就是音樂。

二〇〇七～二〇〇九年

箭樓下的芝諾

前些日子，我回了一趟在前門西半壁街老屋，把一盞老燈取回來。這是一盞馬燈。這樣的馬燈在舊貨市場還經常看到，不過對我在那胡同裡的十年生活卻有著久遠的涵義。那時，燈掛在我的牆上，沒有火，也沒有光輝，卻是一場記憶。對它的注視可以從某一年戀愛的冬天、廣場的禮炮聲、雨水、妻子、一直回想到我前幾年寫的隨筆〈燈髓〉。我在這間老屋與燈下，居住了大約十年。老屋現在漆黑一片，天花板漏了一個大洞，早已漏雨，再也無法居住。它的黑暗很像是英國文學家H．G．威爾斯的那片恐怖小說《紅屋》裡的樣子：地上全是垃圾，櫃子、書案和廢書堆砌在潮濕的腐爛中，好像是古代的地牢。蠟燭隨時會熄滅。殘存的天窗令陽光也顯得破碎。我走進去，甚至都不認識這間屋子了。

我在這裡生活過嗎？那是我睡過的床嗎？

那些茶杯、檯燈與椅子，都曾經被我親切地撫摸過嗎？難道我真的曾在這張書案前笑過、愛過、吃過飯、讀過書……？這些想起來全都是一場虛幻。我不是當年的我。

記憶睡著了，就好像是往事的燈光。而有時候我甚至分不清楚是過去的我睡著了，還是現在的我睡著了。記得古希臘狂哲赫拉克力特在他的《殘篇》著作裡有這樣一句話：「人在夜裡為自己點燈，當人死時，就是活著。睡覺的人眼睛看不見東西，那是因為他被死人點燃了。而醒著的人，卻是被睡覺的人點燃了。」人生的晝夜或許也是這樣的，過去與未來，就如同沉睡與甦醒，生與死。有時候過去並沒有消失，未來卻反倒很絕望。有時候又反過來。熟讀《五燈會元》，你也能看見類似的思想機鋒：即真理總是不確定的。

你在這個世界上活著，總需要顛三倒四地折騰好幾個回合，才會明白什麼是你自己。相對每一次當下的迷惘來說，往事也有可能是一種對未來的注釋。這也就是古人為什麼總強調「知人論世」和「察往知來」。

老屋子就和老書一樣，只有當你回顧時，你才會真正充分地認識它。當時都是感覺不到的。

譬如去年，俄羅斯作家艾特瑪托夫死了，終年七十九歲。

他的死也讓我想起很多年前看他小說的那些憂鬱的少年時光。

艾氏的書，如《查密莉雅》、《白輪船》、《一日長於百年》和《死刑臺》等，都曾深深影響過從五〇年代到八〇年代的不少中國人。記得那時我經常在回老家的火車上讀書。我現在還記得有一次我躺在火車窗前，正看到《死刑臺》裡寫牧師、基督與鐵路的一段，小說中的事物與當下的環境交融為一體了，讓人不知身在何處。那書中的雨水幾乎讓我所在的整個車廂也變得濕漉漉的……現在大街上書太多，很多讀書人都把這個作家忘了。把他劃入前蘇聯那幫帶有意識型態標籤的過時作家裡去。其實，並非如此。艾氏的文字曾那麼深刻地進入過我們少年時代的心靈，他已在不經意的時刻，默默地化為了我們寫作與往事的一部分。而這些在當時就有所預感。

所以，我回前門老屋時很傷感。

兩年多沒回來了。從廣場到珠市口那邊全變了。前門大街被攔腰切斷，正在修建醜陋的商業樓和步行街。一九二二年建的珠市口電影院（過去叫開明戲院）也拆了，那戲院曾是舊時梅蘭芳、楊小樓、孟小冬經常演出的地方。據說梅的〈洛神〉第一次就是在這裡上演的。整個路口，僅留下那一座一九〇四年修的哥德式基督教堂。那個晚清、民國、毛澤東時代和八〇年代的前門大街，已經蕩然無存。只有箭樓沒動。箭樓，即正陽門箭樓，始建於明正統四年，西元一四三九年。它的建築形式為磚砌堡壘式，城臺高十二公尺，矗立在廣場的最前方。箭樓門洞為五伏五券拱券式，開在城臺正中，是內城九門中唯一開門洞的巨大城門。在古代，箭樓下只能走皇帝的龍車鳳輦。箭樓上下共四層，東、南、西三面開箭窗九十四個，供對外射箭用。再加上城臺上的三個門，以及正面與背面的兩個大門，共九十九個門，正合「九九正陽」之數。

小時候我們抽一種香煙叫「大前門」，煙盒上就是這個箭樓。所以每次我一看見箭樓，就感覺到一股煙味。這種煙味似乎和記憶的硝煙混淆在一起，變成了烏煙瘴氣的意象。

我對箭樓雄渾之封建美，本身有一種異化的偏愛。

或許有點像三島由紀夫對金閣寺的那種異化的偏愛？差不多。

尤其是，我總愛幻想箭樓上面，在古代戰爭時期，有無數弓箭手在萬箭齊發時的樣子。那一定是一道很壯麗的血腥景色。

這個幻想多年來都沒有變過，就像是一支芝諾之箭。

從西半壁街的老屋一出胡同，就能看見箭樓。而徒步走到箭樓，大概只需要五分鐘。胡同在前門大街的這一端，箭樓在另一端。而作為一條半截胡同，「西半壁街」這個名字幾乎就是為其本身的命運所起的。過去它是完整的，而現在它果然被拆得還剩下殘破的一半。胡同裡，有些人還認識我，有些人不認識。我離開的這幾年裡，大雜院裡的瘸子死了。隔壁的老太太九十歲了卻還活著。我家小院子的香椿樹依舊，每年春天，依然會有街坊來摘香椿葉包餃子。他們站在我的屋頂，拿著竹竿，一竿子一竿子地打，香椿葉芽就落滿屋頂、過道和院落……那時，整條胡同裡都能聞見香椿散發的刺鼻氣味兒。那是清朝與民國的氣味兒，舊北平的氣味兒。其實，很少有人知道，這條西半壁街胡同的第一號，當年就是晚清著名的王五鏢局之所在，就是那位大刀王五（王正誼）生活的地方。據說，當年譚嗣同的囚車從這裡過的時候，王五帶著一群江湖弟兄就是從這裡衝出去，身懷利刃，試圖劫法場，結果未能成功。譚嗣同終於在菜市口法場血濺三尺，身首異處。菜市口法場離這裡只有一站之遙。

往西一點，二、三百公尺處，是清人紀曉嵐故居，他曾在這裡編撰《閱微草堂筆記》和《四庫全書》。往北一些，是過去居住著無數暗門子的著名的所謂八大胡同。賽金花、小鳳仙們曾在這裡出入。往南二百公尺，就是天橋與天壇。過去我每天早晨都去天壇樹林裡晨練，習陳氏老架太極拳十多年。樹林裡每天都有無數怪人在練功，有趴地上的，有掛樹上的，有對著一棵樹不斷繞圈的，也有散打和習各種冷兵器的……天橋本是舊北京民間把式的集散地。這裡至今還散居著很多的民間武術人和江湖人，子午卯酉，伸筋拔骨。前門大街位於帝國與北京的中軸線上，即所謂：龍脈。從這條線往北，一分不差地建築著箭樓、前門樓、毛主席紀念堂、紀念碑、天安門正門、端門、午門、太和殿龍椅……一直到神武門和地安門，一直到景山之巔、鐘樓和鼓樓。正是這條線把北京從正中分成了東西兩城。這些建築像一排筆直的紐扣一樣，將這個帝國權力的現代龍袍繫緊。而我就住在這排紐扣的最前端。每次廣場上有節日或外賓來訪，二十四響禮炮震動，我的屋子也就跟著震動，並抖落一層灰土。帝國的威懾感似乎從未消散過。皇城根下的賤民們只能在權力的身邊顫抖。

我生活中最主要的區域就是前門大街。為此，一九九三年冬天，我就寫下了〈大街〉一詩，其中有幾句：

依偎著走過融雪的亞洲
把潮濕的小路，留給白天嚴禁奔跑的
馬車：動物的氣味充滿中國
在香水與獸腥
渾然一體的大街上
不時有一個乾淨的人在等候：
如果人們滿足，他也滿足
如果人們憤怒，他才憤怒

大街是什麼？當時的我看來，大街就是普通中國人憤怒的舞臺。我經常在前門大街上看見有人吵架、打架、車禍和混亂的交通。尤其是外地人。大多數外地人是從廣場逛過來的。如果說廣場像個胃，那前門大街就像是一截盲腸，似乎專門接收被排泄的人群。而誰到了這裡都會覺得擁擠堵塞。

當時，前門大街還讓跑馬車，而又永遠都在堵車。

我記得，在西半壁街裡有一個智障病人，總是站在十字路口來指揮交通。他總是模仿員警的樣子，手勢很專業，很荒誕地指揮所有的車、馬與行人。雖然誰都沒理過他，知道他有病，但他心裡肯定覺得世界是在他的手勢下才井然有序的。因為他的臉上總洋溢著成就感。我們一直不知道他叫什麼名字，所以就乾脆管他叫「托托」。這是因為當時有部法國電影叫〈托托小英雄〉（*Totò the Hero*），裡面的主人公，也就是後來演〈第八天〉的那個弱智兒演員。於是我們便也叫一切胡同裡的弱智為托托。那影片曾讓我很感動。西半壁街的托托，也長得和世界上所有的白癡一樣，有顆扁平如馬鈴薯的腦袋、短眉毛、斜眼、大耳朵、有幻聽症。有時候路過公共廁所時，就能聽見他一個人蹲在裡面嘟囔著罵人，聲音忽大忽小，似乎是在和人對話，又好像是在批判誰，恐怖而囂張，猶如夢魘。

尤其托托指揮交通的樣子，激烈、真誠而狂熱，讓我終生難忘。

他也好像有一種天生的，類似人民領袖那樣的尊嚴感，站在路口，高聲叫喊著讓這車停下，那車過去，有時還衝我大笑，露出發黑的大牙。

我那時就在想：難道我們和他真的就那麼不一樣嗎？

在生活的漩渦中，難道我們每個人不也都是那樣自以為是？你以為你周圍的一切都是圍著你在轉，你以為你能左右自己的生活。你甚至還會覺得自己是世界的主人。其實這都不過是一種幻覺。

前門大街上與大柵欄連接，還有很多老字型大小店鋪：如全聚德、瑞蚨祥、都一處、老舍茶館、便宜坊、內聯升等，還有郵局、天主教堂和古籍舊書店。而由於這裡過去也是梨園行與天橋戲院之所在，故西半壁街裡還有一家北京劇裝廠。而十字路口周圍都是賣京劇行頭與服裝的小店鋪，裡面布滿了雉雞翎、髯口、銅錘、龍袍、燈籠、穗子、刀槍棍棒……整個像是一齣巨大古老的戲。每次一出門，你會有一種上臺的感覺。胡同裡的鄰居、青苔、鄰居的花盆、市儈、老人和斑駁的門，依舊散發著往昔的光澤。牆頭荒草，石板龜裂，落日在盡情地出將入相。

上世紀九〇年代後，我就在這裡住了近十年。

當然，一切景物中，我最愛的還是箭樓。

五〇年代拆毀北京城牆時，梁思成痛不欲生，林徽因乾瞪眼，看見箭樓的偉大和美，也就可以想見他們當年對這一行為的悲痛、憤怒和無奈。一個箭樓尚且如此動人心魄，若北京整個城牆保存完好，外九內七皇城四，那將是多麼龐大的一個帝國建築標本，全世界沒有第二個。但是，領袖要拆除人民對傳統的景仰之心，首先自然要拆除傳統的堡壘。堡壘沒有了，人心就失去了依靠和見證。而今剩下的一座箭樓，不過是帝國核心的一塊最美的殘骸。

在燈下注視老屋，我還忽然發現，自己從小到大，直到現在，也從來沒在一個地方的居住時間超過十年以上。可見，無論你自認為會永遠待在哪裡，其實都是暫時的。人生最大的運動之一就是搬家。我大約搬過十幾次家，僅在北京就住過七、八個地方。每個地方都有讓我懷念之處。其中最懷念的，除了音樂學院，就是西半壁街了。我發現，搬家，會讓人的生活軌跡像被砍斷的蚯蚓一樣分成若干段，每一段都在扭動，甚至復活，似乎永遠也不會死。然後，隨著歲月流逝，每一段又都會自己獨立成章，最後在記憶中長成一段完整的生活。

人生是臨時的，搬家也是臨時的。一切都是臨時的。

而這種臨時，又始終一動不動地存在著，連續著。譬如現在，我雖然居住在很寬闊的大屋子裡，但心裡從未離開重慶的閣樓、音樂學院的斗室，或者箭樓下西半壁街胡同內的老屋等等一切過去生活之所在。我似乎一動未動，又總是在移動。我總是在超過我自己，而又追不上我自己。那過去幻想過的，從箭樓上射出的一箭，似乎總是在刺穿我的記憶，而又總是在迅猛的飛行之中，凝固為一條靜止的線。

常言說，人生是個加速度，小時候覺得總也長不大，而中年以後，就會覺得每天的日子跟飛似的，一眨眼就老了。

真的是這樣嗎？我也懷疑這是人長大後的心理問題。

據說，古希臘數學家芝諾是巴門尼德的得意弟子。悖論史上著名的所謂芝諾悖論（Zeno's paradoxes）就是芝諾提出的、一系列關於運動之不可分性的哲學悖論。這些悖論由於被記錄在亞里斯多德的《物理學》一書裡而為後人所知。最著名的兩個是：「阿基里斯跑不過烏龜」和「飛矢不動」——也就是所謂的芝諾之箭。人挪活，樹挪死。人的搬家，就像是一支射出後又迷失的箭，總是會充滿變化、轉移和迷途，直到你變成強弩之末。過不好要搬家，過好了也會搬家。生活總是如同「芝諾之箭」一樣——即「射出的箭永遠不會在它在的地方，更不會在它移動的地方」。於是，對於過去前門大街上走過的我，與今天的我，我似乎都從未移動過。我已不在我生活過的地方，但也更不在我沒生活過的地方。而這就是一種永恆的在。我是箭樓下的芝諾。也許托托也是。每個人都是。於是，我懷疑運動存在。我也懷疑人生會真的流逝。如愛過的人，我還在愛，一直都愛。住過地方，你也還在住，不曾離開。生活不靠地理來定居，人生也就不靠時間來定義。我們需要解決的是內心與往事的矛盾，而不是時空的差異帶來的遺憾。時空都不過是心的奴隸，當你快樂時，活著就快得像白駒過隙。而當你陷入莫名的痛楚與焦慮時，則將如艾特瑪托夫所言：一日長於百年。

二〇〇七～二〇〇九年

小帝國寫照

一

落花如斬首：是這個生鏽且疲勞的帝國給人的終極印象。

除此之外，還有充電的微風，雲集在電車中沉睡的公司職員，頭髮和皮靴千篇一律的現代少女，呼嘯而過的轎車，布滿各處的墓園、神社、酒鬼、老人、偶爾飛過頭頂的自衛隊軍用直升機、明治時代的樓、被異化的漢字和千年禮教的變形。這一切在一年一度櫻花氾濫的光輝中閃耀，展現著國家、禪、以及近代資本主義交叉混淆的美。同時也使人感到：古典的遠東真的已一去不復返了。

曾經純粹過的民族，今天已不過在渾渾然地混日子而已。

誕生過山本常朝和紫式部的太平洋極端島國，似乎再也難以從刀刃與胭脂中抬起頭來。浮世繪退化成漫畫，民族英雄退化成暴力團，歌舞伎町退化成紅燈區，茶道、劍道、弓道這些從漢族文明中脫胎的國術，也退化成欣賞品，失去了真實及尚武的意義。人們不再用靈魂去學習，而是有「興趣」而已。在人煙稠密的色情區裡，現代基督徒們高舉著「基督之血能洗清罪惡」的黃旗站在街邊，與上野公園旁在櫻花樹下飛馳的右翼黑車分庭抗禮，從不同的方向撕扯著這個島嶼。在「日本民族精神」與「經濟蕭條期」之間，幾乎沒有為大和本身留下任何純潔的位置。從第二次世界大戰以來，甚至從一八六八年以來，其實日本從來就沒有能恢復它古典的美麗和光輝。它早已黯然失色了。

一切都是徒勞的。

蓬萊仙島與超級大國：都像是一場空想。

二

我於世紀末來到這裡。在頹廢的太陽下注視著這個與中國有著千年之仇的民族。我是從仇恨的教育中來的異鄉人。外國人。我的話不被任何人所傾聽。我來自一個偉大的陌生，或對一本書的真正理解：走向行動。記憶中：蝴蝶夫人、魯迅、郁達夫、周作人、同盟會、漢奸、伊豆的舞女、倭寇、鑑真、甲午海戰、蘇曼殊、吳清源、胡蘭成等，一直到累昏在體力勞動中的中國臨時工。這一切都像圍繞在曼陀羅圖中的花邊一樣，朝向一個神祕的中心。歷史的指揮也許在那裡才會形成一朵恐怖而深奧的並蒂蓮：中華帝國與日本帝國。

一個自覺是世界的中央之精華。另一個則誇耀說：這裡是太陽之巢。

然而對於地球那一邊的人來說，這兩者都被稱為「遠東」。如果把這遠東比喻成一隻亞洲之手，則這是一隻有六指的手，中華是五指，日本正是從漢族文明中枝生出去的駢枝，莫名的一根指頭，獨立存在，又難以完全分割，並使其餘的五指充滿煩惱。這朵一大一小的，五千年和二千年的古怪並蒂蓮，自從出現在我面前以來，就以其含毒而又幽深的芳香刺激著我，使我眩暈、噁心、沉思。

三

「如果自己在實現目的時有了障礙，那就把神也打倒」。這是武士道元典《葉隱聞書》中的一段話。這也正是近代日本的行為，選擇和悲哀。是勝利，也是罪。是單純的惡德，是英武的暴怒，也是廢棄了「葉隱」的葉隱精神。

四

自從遣隋使從中國回到這裡，一千四百多個春天過去了。太平洋戰爭和兩顆原子彈沒有能摧毀龍安寺和湯島神社，佛教和儒教，北海道的雪和鐮倉的落日，充滿禪意的溪花與劍道。甚至可以說：這個十分乖僻十分尖銳的極端民族身上，至今還殘存著在中國都已絕跡了的中華上古春秋精神。侵略的罪猶如一團難癒的瘡，使日本的近代潰爛，但似乎一直未能觸及它的精髓。這精髓便是從中國上古士大夫和武士們「尊皇攘夷」和儒家人生觀（甚至朱熹與王陽明的行動學）的傳統演變而來的——葉隱精神。

千年前對漢族的模仿，和千年後歐洲文明的衝擊，以及美國軍艦入主沖繩，這一切對日本人的心理扭曲是殘酷的。一九三六年的二·二六事件，一九七〇年的三島由紀夫剖腹事件，包括一九九五年的歐姆真理教地鐵沙林毒氣事件，嚴格地說：都是某種變形的復古主義事件。的確，日本很難忘記它那幽雅的過去，很難忘記它的庭院、和服與英雄。

譬如三島由紀夫，他的自殺就讓我想起中國東周時代一個小諸侯國的士大夫：泓演。泓演的國君慘死疆場，被敵人亂刀斬為肉泥，惟有一塊肝臟較完整地保留下來。為了維護君王屍骨的尊嚴，泓演於是剖腹，將肝臟塞入自己腹腔，以流血的肉體權且充當君王的棺材，並隨君死去。二千多年前的純漢族皇權精神，連中國人自己都忘記，明治維新後幾乎絕跡的武士道忠君儀式，似乎到了一九七〇年才在一個文學家身上真正結束。

有人覺得三島並不能代表日本，真正代表日本靈魂的作家是谷崎潤一郎。

無疑這是片面的——他只看到了一個傳統：即由清少納言《枕草子》與紫式部《源氏物語》所構成的女性的，淡妝豔情的傳統。儘管谷崎的書其實很濃郁繁雜。而日本還有另一個傳統，即《葉隱聞書》——這是日本男性的絕對美，三島的骨子裡並非一個簡單的，王爾德或薩德式的唯美主義者，而是有著強烈歷史傾向和民族意識型態的現代吉田松陰。三島有很多作品其邪惡之美都可與〈刺青〉媲美，但谷崎絕對寫不出《葉隱入門》、《奔馬》或《太陽與鐵》。

五

和服也叫吳服，是春秋時從江南吳國傳到日本的。後來，當我在東京神田川河畔的電車站，看到一個穿著丹青相間和服的美貌女子時，我首先的感覺不是日本，而是東方。

於是，我越來越關注和留心於純古代東方殘存在這個現代資本主義強國裡的斷金碎玉：淺草寺院中被電腦圍繞的僧侶，新幹線旁放一張小木臺，點一支小蠟燭用「周易」算命的賣卦人，背著竹刀木劍上學的中學生，像唐朝武士般肥胖的相撲運動員，從一千日圓紙幣上的夏目漱石像，直到以老子「上善若水」的成語而命名的清酒，從日語中密集的古代漢語，直到京都深處庭院中一棵未曾見過的樹。

我幾乎相信我能有一種驚人的發現和相遇。

伴隨著地震，颱風和梅雨的發現和相遇。

比刀，摺扇和茶更深的，相遇。

六

然而我失望了。

其實，東瀛已廢，毋庸置疑。

日本人的生活是很空虛而疲勞的。人們什麼也不關心。當國家處境、歷史問題與人文思潮等對一個人的私生活再也不發生一點影響時，當天皇，神教或民主革命都蛻變成一個學術名詞時，社會氣氛就會特別無聊。

從行為變成研究，從維新變成等待——日本人的確已今非昔比。這就像他們對山水的認識上一樣：永遠不能超越庭院。過去，在葛飾北齋，小林一茶，千利休，日蓮，芥川龍之介等一代代人身上，山水還是人生上的。而現在，整個日本都像一片打掃得乾乾淨淨的，放大了的庭院。就算走到北海道也少見那種只有真正的原始森林才有的暴烈，野性和混亂美。所以，當我後來在工作中看見一位客人爬在剛擦洗完的地板上，到處尋覓一粒肉眼看不見的渣滓時，我深深感到了這個民族今天的脆弱。

也許，一星灰塵就足以惹得他們「憤怒」。

有一天下午，才五點鐘左右，我剛打完工走在回家的路上，一扇居酒屋的門突然猛地開了，一個過早喝醉了的老工人被一位女招待滿臉厭惡地推出門外，栽倒在地。老工人不停地叫喊著，咒罵著，但酒店的人再也不讓他進去。我看著他孤獨地拿著一瓶酒搖搖晃晃地走遠。當時我想：難道這就是所謂「戰後再出發」的奇蹟——疲勞？

「人民」疲勞過度，是今日帝國財富的代價。

疲勞帶來的最終精神危機不是色情，就是恐怖。這是千古不易的真理。所以有了神戶少年殺人事件，所以有了地鐵沙林毒氣事件，所以有了眾多的酒鬼和癡漢（色情狂），包括在日外國人變態暴力事件。日本脫離了中國文明而獨闢西洋維新之蹊徑，可以說一利一弊：避免了儒教的陳腐，但扭曲了東方的純潔。

後者給亞洲帶來了戰爭，亂，以及後工業文明的白血病。

日本像一個唯美的凶手，在橫掃東方時，自己也受到重創，並始終處於失血的蒼白之中。二戰的失敗使他們必須變成工作狂，用美國式經濟體系輸血，以維持日本社會的生命和榮譽。血當然是可以轉換的。中國式的血老了，那就換歐洲的，歐洲老了換美國的。就像將 O 型血輸入 A 型血的病人一樣，仍然可以活著，只是不知哪裡總覺得有一種神祕的不舒服。

陳舜臣所謂的著名的「尊血主義」，變成了「輸血主義」。

一切都要進口。外來語辭典居然和國語辭典一樣厚。

誰都不去朝拜天皇，但又都不想正面承認：天皇是一個廢帝。

七

日本不得不進入用技術指導思想的時代。

全球資本主義化，冷戰，以及泡沫經濟，摧毀了昭和政治家們的理想。機器的密集使日本再也不可能誕生像谷崎潤一郎或泉鏡花這樣的作家，也永遠不能再像黑澤明在電影中那樣，對古代武士的刀與現代工業的槍之間的矛盾，作如此深刻的反省與比較。我們在川端康成和大江健三郎這兩種作家的作品身上看到的，也正是兩種時代的日本背景：美與壓力。

在東京時，我曾特別著急我再也看不到那個舊日的，樸素的日本。

一個身著歌舞伎戲服，站在新宿複雜的電線、看板和燈光下人流中的優伶，偶然闖入了我的眼中，使我若有所悟。他好像在等人，但通過他的裝束和周圍的高樓，大螢幕電視，電車等所形成的鮮明對比，以及他臉上的疲倦，無助，我越發意識到「用技術指導思想」為什麼是民族文化精神的大忌——因為正如我們中國人常說的那樣：這叫「鋼（剛）多氣少」。

東京不是我心中的蓬萊，帝國，或妻子的故鄉。

體力工作的疲勞也不時讓我沮喪。

接下來是一段完全機械化的生活。失望的黑暗一直延續到後來——我終於見到了鐮倉，太平洋的日出和京都的光輝。

體力工作使我真正體驗到了肉體的意義。純肉體的疲勞是清晰的。其實，肉體的一切都是清晰的。相比之下，一種精神如果不附諸於行動，那麼這種精神就反而沒有意義，很模糊。

行動是這個國家真正的宗教。

八

無論是抄襲文明，軍國聖戰還是經濟激進，日本人的行動美都走在理論美之前。在原子彈留下的廢墟上，一個外國人（無論他是否仇視日本）如果說完全不被它的行動主義和今天國家實力的奇蹟感動，那是撒謊。日本人的勤勞，細膩，堅毅和形式主義唯美都是一流的。而且，那些曾體現在古代日本人如武田信玄、一休禪師或吉田松陰身上的優點，那些曾體現在太平洋戰爭或左翼學生運動中的勇氣，照樣體現在現代日本人普通的日常勞作裡。

正是這種看似死板，好像茶道和相撲中的規則一樣一絲不苟的精神，使他們挽救了一個戰敗國的元氣和災難。從軍國怪獸到經濟動物，日本的復甦有時似乎意味著：呆板、單純和規矩，並非壞事。

用得好，照樣是了不起的行動。

唯行動創造歷史。

譬如我曾看見我所在公司的社長連夜一人睡在工具車裡，甚或二十四小時迴圈工作（並非為錢，常常是習慣），我有所觸動。這個大塊頭老闆是一個說話稀裡糊塗，但城府極深，而表面十分皮實的日本工人。二十多年的體力工作，每天的重機械搬運和擦洗大樓的高空作業，使他有了一副抗疲勞的身體。他看上去很粗，但在一次談話後，卻借給我一大堆書：《方丈記》、《講孟劄記》、《聯合赤軍回想錄》、《日本的右翼》等等。

我說：「社長也喜歡藏書？」

他回答道：「不，都是家傳的。」

我漸漸明白了，梁啟超與周作人當年為什麼特別欣賞日本人的行動主義和唯美主義，漸漸明白了三島由紀夫為什麼要寫《行動學入門》，三〇年代中國為什麼敗得被占去一大半江山，孟子為什麼比孔子更受日本人的關注，為什麼只有譚嗣同、北一輝、希特勒、甘地、洛克斐勒、毛澤東、畢卡索、以至永山則夫或麻原彰晃這樣的行動論者（無論善惡），才會讓他們欽佩和震驚。

九

在治天下的問題上：儒家講「兼濟」，道家講「懷柔」。

這也正是日本和中國的區別。日本人的行動是外向的，中國人的行動是內向的。然而西方人常常認為日本人很內向。這是為什麼呢？其實，並非他們的行動內向，而是他們行動的表達方式內向——這就是「禮」的傳統。但一個開始就十分有禮貌的日本人，也許會越來越讓人不喜歡，或者費解。而一個開始不修邊幅，吊兒郎當的中國人反而會越來越有魅力。「因為中國人重視內心生活，忽略外表形式。」辜鴻銘先生早就這樣說過。中國人一旦與別人交流，則容易動情。而就算在日本人和日本人之間，也有一種微妙的「距離感」：他們永遠是客氣的，但一關係到利益和行動，則毫不留情。

在軍事上的「先禮後兵」，也體現到商業和生活中。

劍道和相撲比賽前後禮節一大堆，但出手如電，迅猛無比，一招制敵。

日本人的快、美和忍（禮教的變形）三位一體，與古希臘哲學家柏拉圖所謂的：「美就是敏捷」異曲同工。《論語》所謂：「訥與言，敏於行」；「仁者必也勇」等等，也深融於他們的血液中。

這就導致了一種「虛禮」似的社會風氣。

日語敬語是文法習慣，遠不是道德。

一切禮儀都是為了最後採取絕對制勝的行動。

一九九八年晚秋，在鐮倉的一家小雜貨店裡，我買到了一把作為紀念品的短刀。這是一把沒有開刃的水磨懷刀（脅差），即古代日人剖腹所用。這似乎又是一個工業退化時代「葉隱精神」的象徵：某種含蓄的鋒利。我甚至忽然明白了那個一直對我很好，有說有笑的社長，為什麼會突然將我解雇（根本不知道何時得罪了他）。而且他也不說任何理由。他深藏不露的世故：正是這種含蓄的鋒利。

十

靖國神社的牌樓是巨大的，震撼人心的。

從神保町書街買完書後，可以沿著日本武道館的方向步行走去。一路上經過許多等待看音樂會的年輕人、少女、痞子、公司職員和櫻花樹，我到的時候落日向西了，像一頭光輝的紅鷹，停在突然升起於大街上方的靖國神社牌樓上。龐大的「開」字形的牌樓向大地上投下更長更大的影子，像鷹爪般伸向整個大街，使人、車、樹都顯得小得可憐。

我感覺到：這是真正的帝國落日和帝國陰影的景色了。

這種肅殺的美，連天皇城的二重橋和廣場也黯然失色。

這個讓中國和亞洲國家特別敏感的神社，卻也的確有一種帝國中心聖殿的神祕魅力。黑色的唐式建築，幽暗的石燈，不可思議的寂靜，空空蕩蕩的綠樹林中一面太陽旗冷冷地飄著……使人不寒而慄。

這就是它了：民族英雄與國際戰犯渾然一體的「墓」——招魂社。

靖國神社始建於明治四年（一八六九），供奉著自明治維新以來，由各地小招魂社護靈的，在歷代戰爭中陣亡的將士英靈的牌位。明治七年，自明治天皇首次參拜後，靖國神社上升為中央招魂社。其牌位之多，到太平洋戰爭結束時，已經超過二百四十餘萬名。從江戶幕府末年的殉國者算起的話就更多了。東條英機只是其中之一罷了。所以「參拜問題」實在是一個複雜的問題，就像中國人若將關羽、岳飛、袁崇煥和孫中山等人都集中到一個祠堂裡，你很難說那就是一個「帝國祠堂」。但在外國人看來，靖國英靈都是天皇神權的「犧牲品」。正如群蟻對於蟻后，群蜂對於蜂后是犧牲品一樣。日本和別的集權國家和神權國家有一個最大的區別：就是它並沒有個人意志和個人崇拜。它實際上不存在類似墨索里尼、史達林或何梅尼這樣的人物。上至總理首相，下到武將、士兵和草民，都圍繞著一個虛構的圓心而行動，只不過有些人離這個圓心近一點，有些人遠一點而已。

這個圓心：就是被架空的天皇。

天皇是一個符號——就像櫻花、卍、或太陽旗圖案一樣。說為天皇而戰，和說為櫻花而戰沒什麼區別。日本古代成語云：「花是櫻花，人是武士。」指的就是這種奇特的象徵主義精神。

由於天皇的重視，靖國神社的地位漸漸超過了伊勢神宮（日本國家神道總院）。這似乎也意味著：一個政治神話取代傳統神話的時代來臨了。也正是靠著這一東方烏托邦的變形，日本發動了近代戰爭，又在戰後資本主義的建設中，以驚人的，可以說是鐵血教徒般的毅力，創造了奇蹟。政治帝國，文化帝國和經濟帝國，其實都在一種神道精神的不斷行動（工作）中三位一體了。

對著靖國神社內宮的深處，我舉起了照像機。因為我看見一個極美的白衣內侍身影一晃，好像某個古代武士的幽魂——突然，身後一隻戴白手套的手緊緊地抓住了我：是一個全副武裝的神社員警。他在制止我的同時客氣地說：「對不起，神社有神靈，不讓照像。」當時，我十分不理解，這個腰裡掛著電棍和電子對講機的現代巡警如何會相信真有神靈。後來，當我再轉頭去看那個內侍時，只見一塊雪白的簾幕在冷風中飄蕩著……它似乎在努力讓我領悟：日本的靈魂是東方一脈相承的，也是中國式，儒家特有的傳統——子曰：「敬鬼神而遠之。」

十一

我終於看到了鎌倉：混血的帝國風景。

這便是那個曾讓成吉思汗鐵騎罷兵海上的鎌倉時代的遺址。

海，寺，江之島，古玩店和陶器屋，還有歐式建築，神社的傳統婚禮，以及在電車站化緣的佛僧。最讓我激動的，自然是鎌倉文學館：因為這裡有著一種著名的中世紀的寧靜，和東西合壁式的奢華（它本是明治貴族舊前田侯爵家的一棟別墅）。

這裡存放著明治、大正、昭和以來眾多在鎌倉一帶居住過的文學家，俳人，歌人，詩人和翻譯家們的手跡，遺物與照片。這正是我所熟悉的作家們如川端，芥川，三島，澀澤龍彥和中原中也等等留下的美麗痕跡。這也是我在日本黑暗的疲勞工作後得到的第一個來自人文的安慰。

鎌倉文學館在昭和十一年按照歐式風格改建，變成了一座有許多露臺的臨海洋樓。三島由紀夫在寫作《春雪》之前，曾在此細心觀察過。所以，這裡的園林，風景和貴族氣派的結構，後來便成為《春雪》一書的背景舞臺。由於我早在少年時代就讀過這本書，並因其絕對唯美的筆法所感動，這幢樓對於我就有著特殊的魅力。它的露臺面朝大海，巨窗前的草地一直遠遠地伸到海濱的樹林裡。草地上還立著一尊青銅的裸體女雕像。雕得倒一般，完全是西方式的，我一開始還不明白她的妙處，而且覺得不太協調。不過，當我從一樓大廳的視窗瞭望大海時，我才恍然大悟：原來這尊女雕像的臀部正好清楚地浮現在窗框裡。

明月般渾圓的臀部，展現著帝國貴族當年典雅的色情。

一座花園圍繞著這幢樓。而且我還發現，在一些林子深處，還有很多神祕的小山洞。洞口黑暗，寒氣襲人，讓人有一種看到古代豪門飼養凶犬軟禁民間女子的幻覺。這是一種集陰森，浮華與傳奇野史為一體的幻覺。一種將東方封建美與西洋建築學在日本海邊渾然天成的幻覺。

這就是明治精神的美。

尤其還有這幢樓的露臺的意義——它使我領悟到了前不久買的一本書：日本建築學者飯島洋一所著的《從三島由紀夫到歐姆真理教》。這是一本怪書。他想把日本戰後的這兩大事件，歸結為露臺（象徵空間）的消失。初讀時我十分不解。然而，如果一個外國人在現代的東京生活一段時間，然後突然將他移到鐮倉的海邊露臺上，在晚霞中聽風飲茶，他一定也能立刻感受到此書的涵義。

明治時代的鐮倉和整個日本其實就是一個露臺的時代。

露臺和庭院：是日本人在國際化和民族精神上的兩大空間。一個瞭望世界，一個審視自己。

但是戰後密集的現代化建設，使這兩種空間越來越小，幾乎被消滅了。

於是，走向壓抑的三島在國家自衛隊露臺上演講後切腹自殺；真理教教徒們在地鐵（象徵一種被電扭曲的無空間庭院）殺人，似乎都是命中註定的，不可避免的了。

十二

對於帝國的知識分子來說，鐮倉的誘人之處就在於它那種介乎於《平家物語》和《徒然草》之間——或曰武士道與佛教之間的特殊氣氛。

事實上佛教在當時的武士階層中是很受尊敬的。從中國傳入的禪宗，由於對於坐禪的精神要求特別嚴格，就與歷經戰亂的武士們的心不謀而合。當我凝神注視著鐮倉大佛時，這尊十一公尺高，一百二十一噸重，七百年前出自無名氏的青銅巨像，雖然遠遠小於樂山大佛，也沒有敦煌莫高窟的壯麗，但其在慈悲面孔中所隱約閃現的目空一切的殘酷，以及一左一右兩朵銅鑄的墨荷花座，都讓我暗暗吃驚。

因為這種用最濃重的物質——銅，來表現最相反的佛教概念——空，與武士們用刀來表示對生死虛無的思想，如出一轍——都是用金屬。

像金屬那樣高貴，但無生無死。

像金屬那樣濃烈，但無生無死。

正是這兩者將武道意志與禪宗精神在歷代日本人身上統一起來了。

這一絕對東方的靈魂形象，也使我在後來的生活中，看清了更多的古怪現象。以至於當我在秋葉原電器街，遇到一群穿灰大衣的，居然會說漢語的日本基督教宣傳者們時，我能不像別的人那樣避之惟恐不及，而是接受他們的宣傳書，和他們交談，握手，撫摩他們孩子們的頭，瞭解他們的生存處境。因我知道，他們是信仰的產物，而不單純是社會騙術的奴隸。他們並不真正危險。

一切現代的危險在古典的勇氣面前，都是脆弱的。

十三

日本是個魚龍混雜的群島。

在它絕對唯美的光輝映照下，也有著星羅棋布的暗影：暴力團。但我個人認為在那裡無論是中國人的黑社會，還是韓國人的，中東人的，歐美人的或南亞人的任何極端組織，都像日本人本身的暴力團體一樣，是有區域性的。而且，他們的針對性也非常清晰。其中最清晰的，當然要數今天的右翼。

右翼是一直是我特別關注的一道鐵幕風景。

很顯然，如今的右翼已經與西鄉隆盛、北一輝，或者石原慎太郎、三島「楯會」的時候截然不同。開著刷得漆黑的麵包車在春天滿街疾馳，要不然就用擴音器大喊一些民族主義的口號，播放一些老軍歌的錄音……這已經不再有什麼創造性。他們可以讓一個新到的外國人吃驚，久了，就會厭倦。關鍵是失去了一種人文向心力——知識分子成員的減少。如果沒有新人文精神的輸血（就像當年北一輝從中國革命中得到啟發一樣），那麼就算滿街都是櫻花和服，以神武天皇的名義再打一次「八紘一宇」的聖戰，和世界尖端技術主義或中國這位民族主義巨人再較量一下，恐怕結果仍然是悲劇性的。

右翼銳氣猶存，但卻顯得毫無古人的智慧。

它只剩下了宣傳。它已不再是一個國家神話。

十四

俯視：是一個優美的詞。

如果誰從日本大街上的高空往下俯視過，誰就能感受到這種優美的寫意性。

我就曾因做一份擦洗高樓玻璃的工作，而掛在關東一些城市的高空上，有時長達幾個小時。但這讓我有了從上往下仔細掃視帝國線條的機會，記得坐飛機從日本列島上空降落時，所看見的版圖是斑點狀的。一個一個小島，像一排排越來越大的省略號，一直點進九州大陸，似乎要將海洋省略掉。

然而從高樓上看來，這些密集的省略號就不再是礁石，而是人頭。

所有的人頭都是統一的。這一點，是在大街上看不見的。大街上看到的主要是服裝。有人說日本人都是「拷貝」，是的，如果在丸之內大街上散步，所遇到的人很可能有同一種態度對待別人。可事實上日本人的個性差異非常大，只是共同的社會約束力使他們變得很相似。這正如群島在海水的包圍中，都只能冒出一個或大或小的尖兒來一樣。

隨著日趨絕對的西方式自由，這種禮教後遺症也在老年化。

歌麿、北齋、或者井原西鶴等等這些春宮浮世繪和色情文學大家，當年怎麼也難以想到，如今的女中學生從小就在歌舞伎町掛著放大的色情照片的路上走來走去，上學放學；女藝人們也可以隨隨便便在電視綜藝節目裡脫掉內褲。

色情是現代日本人孤獨生活的定海神針。

沒有色情業，在禮教和資本主義的雙重海浪下，日本人的個性早就被淹死了。

色情在日本是唯一成功的個性革命。

日本婦女的性格也是微妙的。我們在陳壽〈三國志・魏書・倭人傳〉中讀到的「婦人不淫，不妒忌」，或者新渡戶稻造先生在《武士道》一書中介紹的，勇於殉夫的，理想的「武士的女兒」（就像三島由紀夫《憂國》中的麗子），這些與每日在超級市場出出進進的家庭主婦，與公司裡疲勞的女職員，與原宿的女「龐克」，與穿和服的，穿破褲子的，或者夜晚公園裡什麼也不穿的女暴露狂混在一起，幾乎把一種最優美的特徵弄模糊了：那就是羞澀。

而那本是最東方的個性。

日本的死板，和日本的唯美，常常是一碼事。

十五

每個外國人在日本都能遇到不計其數的社會角色：老闆、上司、同僚、女人、頸子洗得雪白的公務員或染頭髮的痞子，以及眾多別的外國人，當然還有一些同胞：醫生、律師、留學生、藝術家、在日知識分子和成千上萬的，不知為什麼但又非要來日本打工的內地人，還有偷渡成功的文盲，流亡者，在逃犯人，無數因簽證過期而「黑下來」的「闖將」、騙子、陪酒女郎、開了店的華裔小業主和偶爾客居東京的大陸名流。譬如光我曾打工過的一家塑膠瓶廠裡，就有一個上海人，一個香港人，一個臺灣啞巴，一個和日本姑娘結婚的浙江小青年，以及一大群菲律賓、巴西和越南老婦人。所有這些人來到這個陌生的帝國後，卻都有著一種無產階級式的急躁：因為錢。

有時走在大街上，能看見正在搬運貨物的黑人；半夜修路的朝鮮體力工；也能時不時遇到專來日本消耗公款的大陸官僚，或者走進成人店的西服邋遢的農民企業家……但這一切和日本社會究竟是一種怎樣的協調？那曾經敵視多年的民族情緒是怎樣轉換成單純的經濟觀念的？共產主義烏托邦的失落者，第三世界國家傷感的「叛徒」們，一度在「漢奸」和「帝國主義」這些名詞面前高舉一隻拳頭的道德家，和著那些來自中東，印度和各種文明古國的不肖子孫們一起，是怎樣在「資本主義」這盤大雜燴裡變得垂涎欲滴的？

於是，無論當我第一次在住處門口的牆上看見「日本共產黨」的宣傳畫時，還是在日比谷皇宮，在御茶之水，在銀座銀行門前或無數車站階梯上看見形形色色的乞丐時，我都不禁有茫然若失的荒誕感。荒誕就在於：他們根本就互不關心。那些總是強調人類平等的人——骨子裡都不過是「賤民」。

在社會角色的背後永遠有一種來自社會整體的分割與孤獨：即所謂階級。

「人民」是一盤散沙。這一點，哪裡都一樣。

十六

我終於見到了金閣寺：見到古代的光。對於現代人，它是絕對美，是奢侈的符號，是明鏡，是生鏽後又被重新磨亮的刺刀。對於我，除了與小說印象的再審美之外，它確實像我在穿越了一千個夜晚後遇到的第一盞觸目驚心的燈。

它抵消了我在日本的全部疲勞與黑暗。

它在一剎那讓我理解了一切我對這個小帝國的迷惑。

華麗，耀眼，空靈，如同湖中心一艘金色的畫舫。這是純粹東方的靈魂建築，是阿房宮和迷樓的傳統，是古中華造型美，禪宗，和日本貴族精神的結晶。我望著它，好像望著一個乳房的幻覺，一輪月，一團三島由紀夫式的火焰，或一朵必死的金雲。這種奪人魂魄的光輝和頹廢，也令我想起南唐後主的花園或宋徽宗的宮廷。金閣寺很小，只是墨綠山水中一個燦爛的點，但就這一個點，已好像一顆直刺西方文明的極端之星。在它鋒利的光尖下，無論是巴底隆神廟的傳統，還是哥德式教堂，凡爾賽宮，亦或納粹設計的龐大的日爾曼尼亞中心，紐約的摩天大樓……盡都黯然失色。

因為它和一切實體建築的含義完全不同。它的主義是：色即是空。

它用高純度黃金一點點築成，粘貼，契合。在它的鏡湖池，葦原島，書院，方丈，泉水和松樹的圍繞下，從水中漸漸升起。它的「空」的美麗，恐怕連埃及金字塔也要自愧不如。因為金閣寺不是陵墓，它不是用巨大無比的氣派來表現死亡的神祕和偉大，恰恰相反，金閣寺是室町時代足利義滿將軍生活的地方。它在改名為「鹿苑寺」的前前後後，都和禪宗的色空論是統一的。一個政治人物（包括修建銀閣寺的足利義政）把自己的浮華別墅和虛無思想如此緊密地相聯，而且形式如此唯美，只有東方人才有這麼超然的極端境界。

在金閣寺的三層樓上，有一塊天皇御賜的扁額，上書：「究竟頂。」

這正是源於佛教《心經》的「遠離顛倒夢想，究竟涅盤」之意。

所以後來金閣寺被燒似乎是註定的。它必須毀滅。否則，就不能在歷史中完成它色與空的主義；就不是純東方式建築；就不能成為絕對美。

金閣寺：對我的刺激是必然的。這還不僅僅因為三島和水上勉的小說。我到京都的那天下著雨，而雨水是最容易讓我想起古代中國的東西。一聞到雨味，古中華帝國那種潮濕的景象便浮現出來，好像從茶水深處偶然浮出的片片茶花。與妻子一到京都，我就直奔金閣寺，雨水中妻子的臉和光輝的風景，異鄉的古中國幻覺，都似乎在對金閣的注視中混在一起了。我發現這兩個帝國的古人在對豐滿生命和一切皆空的處理上，有著多麼驚人的相似。金閣寺當時在我眼裡，並不完全是日本，更多的是日本對中國的一個比喻。

它是一粒純正唐朝的種子。禪的種子。

那個有點被印度化了的，但又保持著中國貴族的排場，視黃金為糞土，但又有著東方專制主義神祕的奢侈感和集權美的唐朝。它那豔俗的形狀，尖銳，典雅，含金濃度，猶如一枚千年閃光的羽箭箭頭，以整個山水為彎弓朝向宇宙時空，不知何時射出。這一切使我凝望良久，幾乎竟忘了身在何處。

十七

看過了「枯山水」（一種用小石子堆成的水圈波浪，源於佛教思想「有＝無」，類似西藏密宗用沙畫曼陀羅圖，畫完後即讓風吹散），也就明白了日本的一切形式美。明白了京都的竹林，茶莊，俳人的小草屋，點心，神社和其他現代日本人性格的一致性。明白了日本生活中「假」的含義。因為連生命本身都有著一種偉大的虛假性：不久就會死去。也明白了三島由紀夫在《太陽與鐵》中為什麼說：花朵之美，因其必然要死。「武為落花，文為培育永恆不朽的花。不朽的花，就是假花。」

同樣，沒有永遠不乾涸的水。不朽的水，就只能是龍安寺那種「假山水」。日本帝國的「武」已在二戰中墜落。要想再重造不朽的帝國，就必須是一個架空了天皇的假帝國。正如曹沾之詠：「假做真時真亦假，無為有時有還無。」

獨自坐在龍安寺或銀閣寺的那一大片「石水」的庭院中，不禁為兩國古人在對世界的參悟中如此異曲同工而感動。

十八

我是春天離開那個帝國的。那個像蒙古人，金人，滿人和歐美人一樣，在中國製造了戰爭和屠殺，也製造了歷史和文明的，優美，殘忍和潔癖的帝國；那個融小丑和英雄為一體的，又在疲勞與色情中殉道於經濟的帝國。我的確沒有遇到什麼大事件，卻又好像有了一種更廣闊的相遇。

那是四月的帝國，櫻花像億萬粉色的軍隊雲集在它的每條街道上。當櫻花初現時，我只覺得好像是無數少女的，還未隆起的片片乳暈，飄浮在全日本的半空。然後，越來越多，越來越濃……如同黃禍時代席捲整個歐亞大陸的韃靼人營帳，漫山遍野，一望無際地，只在幾天之內就霸占了帝國的全部視野。

但這還不是讓我澈底震驚的。

我震驚的是：這些像濃雲般重壓在枝頭的無限櫻花紛紛飛落的時候。只在一周之間，但見億萬花瓣，鋪天蓋地，飄飄揚揚吹向島國的任何一個角落：吹向東京，橫濱，大阪，京都，奈良，鹿兒島和北方四島，沖繩美軍基地和長野的森林裡，廣島廢墟和多摩靈園；吹向皇宮，電車站和帝國大學，吹向每一個下班的行人身上，吹向女中學生和老職員的臉龐；花瓣們不僅是零星而落，有時是暴風雪似地橫掃大街，猶如密集的群星向著太空放射。它們在高樓，樹枝和蛇行的車流上空打著轉，彷彿無數粉紅的幽魂之船最後橫渡人間。它們裹著泥土，拌以灰塵，時而高過鷂鷹，時而沾著鞋底，帶著一種蝴蝶夫人皮膚般的遺香，箭羽蝗災般向著四面八方飄舞飛散……正如《五燈會元》中的一首詩所云：

花開滿樹紅
花落萬枝空
惟餘一朵在
明日恐隨風

這是某種最後的，帝國的胭脂。某種最後的，如血的絕對美。我知道我到此刻才被真正感動了。這種感動與民族矛盾或文化衝突毫不相干，它完全是人生上的。因為，當誰看見了這個本來以「刀花合璧」而自負的地方，在它的刀（武力）已然被封存之後，花，卻依然如群雄們的斷頭一樣照舊紛紛落下時，都會被感動。再加上這種毀滅之美在這個小帝國居然又是一年一度的，怎還能一點感覺不到它的神秀，它的速度，和它在一剎那中的偉大光輝？

一九九七年 東京～一九九九年 北京

論絕交書

一千七百多年前，魏晉嵇康寫下著名的《與山巨源絕交書》及《與呂長悌絕交書》，後者中云：「古之人，絕交不出醜言。」什麼是醜言？我以為醜言者，非指人身攻擊之言，而是指謊言。兄弟密友，少年長情，無論時間如何流變，理想怎樣異化，萬萬不能更改者，惟「至誠」二字而已。就是割袍絕交，斷手裂足，也不能向對方撒謊。譬如南朝宋劉義慶《世說新語》裡說的：

管寧、華歆嘗同席讀書，有乘軒冕過門者，寧讀如故，歆廢書出看。寧割席分坐曰：子非吾友也。

這算是最有名的割袍斷義（管寧割席）的典故了罷。大部分人都會認為，管寧實在有點過分了。不讓吃豬肉，還不讓看豬跑？直到很久以後，大家才能明白管寧的預見是有意義的。最關鍵的是，當管寧決定結束他們之間的友情時，他並沒有欺騙華歆。這就是「絕交不出醜言」。中國文化有不少形式主義。尤其在古代，結拜有結拜的規矩，如磕頭、燒香、拜把子。絕交也有絕交的講究，如割席子、撕衣服、再寫封信闡述意識型態之類。但是，絕交並非文本化的一個行為。譬如嵇康與山濤的絕交並不是真正意義上的絕交。嵇康死後，他兒子的職位就是山濤安排的。嵇康一死，阮籍於次年也病故了。接著，向秀去洛陽應舉，見了司馬昭，出任散騎常侍。王戎官至司徒。山濤官至尚書右僕射。所謂的竹林七賢，大部分人都走出了竹林，散了（按陳寅恪先生觀點：洛陽本無竹林。而魏晉已有浮屠之學。學術上之所謂「竹林」，實為當時人借鑑早期佛教的「竹林精舍」一語，來比喻魏晉名士的出世精神）。我以為，《世說》中管、華之間的絕交，也是被魏晉風度寫作所理想化的，生活中不可能這麼絕對。

他們頂多是慢慢地疏遠，從少來往到不來往……這是一個過程。

但是，魏晉有魏晉的特殊人文氣息。這種氣息足以讓士大夫階層的人，不願意為利益違背自己純粹的獨立意志。最起碼，在大家還有一個約定的時候，不會有太大的差池。歷史上的「竹林」也並非七個人，而是一個群體。嵇康是這個群體的重要領軍者。如果他沒有死，或暫時不和山濤、呂長悌等人絕交，那可能竹林瓦解，眾人作鳥獸散的時間還會向後推遲。

再如南朝梁人劉峻的《廣絕交論》，他所針對的完全是六朝時期氾濫的利益之交，即所謂，即勢交、賄交、談交、窮交與量交等「五交三釁」。他寧願絕交遊，也不願隨波逐流。但那是對漢人朱穆《絕交論》的再發揮而已。相比之下，受到異族衝擊之後的絕交事件，就顯得很單純了些。

最有名的例子，是在一六八六年～清康熙年間，即距離英國光榮革命僅兩年的時間，一篇題為《陳省齋與李安溪絕交書》（即《陳夢雷與李光地絕交書》）的文章傳入北京。這篇絕交書引起一時的士林爭誦，也引起了康熙的注意。《絕交書》的作者叫陳夢雷，字則震，號省齋，福建人，是清初著名學者，十九歲中進士，官授翰林編修。他博學多才，但十分倒楣，一生中兩次被謫戍邊外。他晚年主持編纂的大型類書《古今圖書集成》，是讀書人都耳熟能詳的一部巨著。

《絕交書》是陳夢雷第一次遭貶謫時所作，講述了他與早期密友李光地由相與莫逆而割席絕交的始末緣由。原來，在康熙年間吳三桂與三藩謀反初期，他們為了立功，曾相約去當叛軍做間諜。靖南王耿精忠在福州舉兵反清時，在福建遍羅名士，強授官職，脅迫士人同反。陳夢雷遁入僧寺，結果因為他老父被抓起來了，所以也不得已入了耿的幕僚。後來陳夢雷首先探聽到反軍的情況，於是將情報告訴李光地。而李光地寫成蠟丸書，送往北京。據說當初，李光地是出於對陳夢雷身家性命之安全的考慮，怕蠟丸書落入敵手，招殺身滅門之禍，所以，在蠟丸書中完全沒提陳夢雷的名字。但康熙削平「三藩之亂」後，大家發現，李光地不僅在上蠟丸書時沒有提及陳夢雷，而且李就是在贏得了康熙的高度讚揚，超升為侍讀學士之後，也對陳夢雷的事情一字未提。而陳夢雷這時卻則因與三藩的關係，論「附逆」罪當斬。後來陳雖然從寬免死，謫戍瀋陽，照情理李光地也應按照約定挺身而出，為陳夢雷辯白冤屈，說明真相。但是李卻背信棄義，貪天之功為已有。

陳夢雷在《絕交書》裡說他：「縮頸屏息，噤不出一語。」也就是說，李光地始終一個字都沒說。

這樣做的結果，當然是李光地得到高官厚祿，一生富貴亨通，而陳則淪為囚犯，遠謫苦寒之地，背井離鄉達十五年之久。所謂的友誼導致的一榮一辱，人情之薄，人心之惡，真可謂以此事為最。

真朋友都是做了還不一定說，而假朋友是說了還不一定做。

古代文人之間的友誼，大多來得太簡單。對於善於修辭的古代中國文人來說，友誼的經驗大多來自書本，口語，而不是共同的閱歷。從私塾先生的嘴裡，那鮑叔牙和管仲、羊角哀與左伯桃、廉頗與藺相如或者劉關張等所謂「八拜之交」的故事，似乎就已經把友誼這門其實是很詭異的哲學，用最簡單的方式種在了中國孩子的心裡了。可是，這並沒有經過生活的驗證。明朝時，義大利天主教神父利瑪竇來中國，為了多結交中國朋友，他就出過一冊用中文寫的著作叫《交友論》。該書寫於西元一五九五年，明萬曆年間。他在書中寫道：

吾友非他，即我之半，乃第二我也。故當視友如己焉。

友之譽，及仇之訕，並不可盡信焉。

利瑪竇也很矛盾。但這是一種西方式的矛盾。即他在絕對友誼中，也並不把友誼本身作為真理與是非的第一參照物。

但是中國人就不同了，往往要到最後，才發現一切當初的承諾都是有目的的交往，甚至是婊子立牌坊，流氓假仗義。

還記得「人生而自由，卻無往不在枷鎖之中」這句老話嗎？這是法國思想家盧梭的《民約論》第一句，曾感動過無數代人。友誼也是這樣。人生來就會遭遇友誼，尤其是男人。少年時代每個人都有一大堆朋友，而隨著時間流逝，每一種友誼，都可能面臨一種虛偽的枷鎖。所以最後留下來的朋友，並不多。盧梭寫這句話的時候，西方文明已經開始漸進東方。只是大家忽略了，歷史上的盧梭，也曾是寫過無數《絕交書》的人。

他蒙受屈辱時，甚至給朋友們一一寫信去絕交。

盧梭在困境中對個人尊嚴的堅守態度，一直令我擊節讚歎。在歐洲啟蒙時代的黑暗面前，誰能像他那樣孤高？我想，只有盧梭。面對誤解與誹謗，他沒有像中國士大夫或文人那樣去四處申訴、找關係、遞狀子，或者痛哭流涕，毫無尊嚴地巴結權貴。他知道在那種情形下，任何行為都是蒼白的，只能遭受更多的蔑視與嘲弄。他也沒有靠寫詩或喝酒而度過劉伶式的人生。而是集中精神寫作《懺悔錄》、《愛彌兒》與《一個孤獨漫步者的遐想》等書，用思想為人生的遭遇和世界的誹謗復仇。在我眼裡，與朋友「絕交」後的盧梭，是看透了春風得意馬蹄疾的朋友，無所謂任何人錦上添花，也無所謂任何人來雪中送炭的人。很有點嵇康和魏晉名士的味道。

我記得培根〈論友誼〉說過：「沒有朋友可以傾訴的人，就是自己吃自己心的野人。」

我也記得蒙田〈論友誼〉的名句：「因為他是他，因為我是我。」這大概是最接近絕交性質的關於友誼的論調了。

我還記得美國人安布羅斯．比爾斯（Ambrose Bierce）《魔鬼辭典》裡對「友誼」詞條的詮釋是：「這是一艘船，在風平浪靜的晴好日子可以兩個人乘坐，在颳風下雨濁浪滔天的惡劣天氣則只能一個人乘坐。」

但是，我忘了誰說過這樣的話：我們要珍惜友誼，有時可以不惜生命來保護友誼。但是，我們絕對不是為友誼而活著的。

各時代的各種人，都有對友誼或絕交的不同看法。而在友誼或絕交的問題上，類似魏晉那樣極端的例子，大約只有日本作家三島由紀夫。據說他有一次與朋友約會，結果那朋友晚到了二十分鐘。日本人最重視時間和守信。三島等急了，一怒之下，當即宣布與之絕交。這幾乎是一種荒誕的、復古主義的偏激行為。二十分鐘之內絕交，這種行為在今天的我們看來也只能半信半疑。一般朋友的絕交可以張揚，以表示姿態。親兄弟之間若絕交，則往往表面上很含蓄。譬如二周，即魯迅與周作人之間的絕交。他們之間未曾有過什麼「絕交書」，但後期的確是老死不相往來。不過周作人若有什麼好文章，魯迅還是照樣發表。

但到了六〇年代，絕交就不再是一種個人行為了。親友之間也動不動就「劃清界限」，動不動就成為敵我矛盾。而且很多則是通過一種公開的「絕交書」來表現的：那就是寫檢舉信，或貼大字報。絕交被異化成了不得已的一種生存方式。人性的卑鄙、羸弱和恐怖都暴露無遺。這就不去談它了。

我只再說說我自己。我有史以來，絕交的朋友只有兩個。其中一個就在前幾年，而且是寫了公開信的。我們絕交的原因其實有很多，但最重要的一部分，是我不能接受他為了一些蠅營狗苟的利益進入□□，充當□□的奴才。我還記得其中的一段，大意是：

當今天下，為勢利所趨、權貴所犬者，其不得已之情又豈在真假言語之間？某人所謂：「今天看來，因友誼而走到一起的利益，其牢固性卻遠未必比得上因利益而走到一起的友誼。」此語殘酷而深刻，念之不覺無窮卑鄙。某與我皆為音樂舊人，友之近二十載，曾長年同室，抵足而眠，可謂弱冠兄弟。歎早歲無憂，以心相照；也曾共歷青春，肝膽知己。論其人抱負，雖不求大雅，偶然多情，卻本來無甚痼疾，人生旨在藝術。然去秋以來，竟以不惑之年投身於朱門，食腐於□□，以梅花阿諛□□，寫旋律粉飾太平；為斤斤利益，仕途苟且，而放棄他自己多年之真實。酒池肉林當匹夫，石榴裙下做小人，此等猥瑣諂媚之事，吾等深惡之。若我姑息其奴性，則必終生引以為恥。於是今日決絕，以禁孤心。非敢效法竹林，只求端正性情。

我的這些話說得未免有點冠冕堂皇，矜持偏激，大部分還有點唐吉軻德，不過態度是真實的。因為，在當時的我看來，一起經歷過八〇年代的朋友中，還能豁出去攀權附勢，這是不可思議的。所以，我認真地寫了一封〈絕交書〉給他。並表示不必再覆信，也不必再見面。可能我的行為也有點偏激了，但我並不後悔。我就是很直觀地覺得，我們不再是朋友了。在我看來，一個人二十五歲以後就很難再交到純粹的、明淨的朋友。朋友就和書一樣，本來是一種鏡鑑。如果這面鏡子裡已經不能映照自己，那就可以不再要這面鏡子了。

利瑪竇在《交友論》裡還說了一句：

今日之友，後或變而成仇。今日之仇，亦或變而為友。正（諍）友不常，順友亦不常。

用現在的俗話來說，類似那句「沒有永遠的朋友，只有永遠的利益」。所以我說，利瑪竇對中國式友誼的認知，是比較深刻的。《水滸》梁山泊的理想主義友誼，其本質來自對金錢與暴力的依賴性。尤其是金錢。宋江不是靠友誼混出來的，而是個見人就使銀子的衙役、地主。而更多的權力、差不多文化、模糊主義、利益共同體或者面子等這些亙古不變的傳統國民性問題，支撐著友誼的大局。其實一點也不古典，而是很後現代。

話說回來，國人十三億，蠅附蟻聚，攀緣膻腥，當爪牙的惡棍多了。而我絕交的那位一人之所為，渺小如塵土，本不足掛齒。且若問其他朋友，則大多也都會說：「無所謂吧，不至於吧？大家都是朋友。」……云云。但這樣的分子漸漸多了，我們的社會自然就再無正義感可言了。全都是明哲保身的狐狸。誰都是無辜的，誰都要養老，誰都想過好點，這有什麼錯？當然沒錯。但是為五斗米折腰嗎？不是。車房不缺，迫在更多利益而已。之前也有人勸我，說什麼太極端了吧，太偏激了吧？這是很可笑的……要說聰明，我眼睫毛都是空的，難道還不懂世俗分寸？要比趨利，誰能有太監趨利？而他就是當了太監，也得有知交。最基本的兄弟原則（哪怕是潛規則）還是要的。否則，就算他混到魏忠賢、劉瑾或李蓮英那樣的境界，也會死無葬身之地。總得有個人給他收屍吧？沒準未來那個收屍的，卻還是今天與之絕交的呢。有人和他絕交還寫信，就不算出了「醜言」。大多數類似他的賤民，早已被生活的虛偽和權力的煙霧所遮蔽。

猶記古哲亞里斯多德曾云：「我的朋友，這世界上本沒什麼朋友。」而我們每個人都可能朋友遍地，星羅棋布，見面喝一壺就可以稱兄道弟。但是一遭遇到半斤鈔票，八兩朝服的事情呢？一場多年的感情卻往往顯得弱不禁風。

若果真如此，又要爾等何用？不如去之痛快。

這年頭誰沒誰不能過？「絕交」之為物，不過如此。

二〇〇七～二〇〇九年

青餅

有時候，真懷念小時候在重慶大街上坐過的那些茶館，幾把竹椅子，一杯下關沱，一坐就是一下午。四川茶館以擺龍門陣為主，不太講究茶本身。而現在各地茶館則以品茶為主。舊日四川，喝茶只是個生活手段。在無限懷念的「萬惡的舊社會」，連袍哥黑道的都「吃講茶」。花上一塊錢，你就可以在茶館泡到三更半夜，看人家吹牛、按摩、掏耳朵、聽評書或川戲……而要說品茶，則哪裡也不如在自家院子裡。尤其是在南方那種有一圈小籬笆，種了二三花草，有一口井，一棵老樹的院子。雨後，你放個石頭桌子，放上茶盞。再置一張琴，一把蒲扇，夏日晚風習習，看散書滿地。或看草間飛蟲，如燈籠東飄西搖，晚霞滴血。

此時，或可獨與天地精神相往來，不亦快哉。

茶，就是我幽暗而苦澀的少年時代，是被壓縮的青春。

茶之為物，可比當世之人：熟普渾而不濁像個老頭，青茶霸氣十足像狂僧與英雄，鐵觀音像美人，凍頂烏龍像偽君子，綠茶像士大夫，單樅像懸居峭壁之隱士，白茶像少女，花茶則像市井商俗優伶名娼等；喝茶之過程又如音樂或古琴本身：茶壺是斫琴，茶海是琴案，茶葉是琴曲，茶具是環境，茶盞是琴弦，茶水是樂譜，沏茶是彈，喝茶則是聽。

於是，直到舉盞出湯的一瞬間，你方可真懂什麼是真音樂。

過去愛茶的文人太多，自號為茶的更多。如日本俳人小林一茶。周作人也自號為「苦茶」。為什麼茶好？就是因為其清苦而有回甘，與一切有意思的生活、思想、文學或藝術之感受略有雷同。如我們在閱讀悲劇時可能會進入其中情境，也充滿痛苦。但這「痛苦」本身也正是快感之所在。

而眾多茶中，我獨最愛是青餅與沱茶，或曰生普。

尤其是青餅。我說它霸氣，那還只是比較表面的。青餅的性質其實是一種空靈的苦。如少年銳氣，揮灑囂張，卻又有一種內在的孤獨。

我曾寫過一篇「藍移」，談對藍色的視覺迷戀。而青出於藍而勝於藍，我對青餅的愛也有一部分來自這個「青」字的魅惑。尤其當這個字出現在人名中時，我就更有一種幾乎是怪癖式的愛。譬如燕青、狄青或江青。譬如〈白蛇傳〉裡的青蛇。再譬如那位明代萬曆年間，那位夭折的女詩人馮小青。尤其後者，她在我的幻想中最是有著志怪幽靈一樣的神祕。記得明人張岱寫有一篇〈小青佛舍〉，民國潘光旦也寫過《馮小青研究》，柳亞子編輯過《小青遺事》，都說她是揚州人，本為明代廣陵名儒馮紫瀾之女。馮紫瀾因文字獄，得罪了宰輔申時行，於是被抄家流放，小青則被發為官奴。她本是一個長好讀書，十歲就能背誦「心經」，又解音律古琴，善弈棋與書畫的美人，卻在最燦爛的年紀流落到勾欄深處。後來雖得武林富人馮千秋相救，為其小妾，但馮家正房大婦嫉妒心極強，凌逼萬狀。最後小青被軟禁在杭州孤山的一所佛舍裡。她每日鬱鬱寡歡，臨池自照，與影子說話，於是有了著名的「瘦影自臨春水照，卿須憐我我憐卿」之句。顧影自憐，即來源於此。最後小青因絕食與肺癆而死，年僅十八歲。她幾乎像是林黛玉的原始雛形。且自那之後，明清間關於馮小青的故事而寫的戲劇、話本小說等有二十餘部之多。她的典故還讓人想起了古希臘神話中那位因看見自己的倒影太美，鬱鬱而終，死後變為水仙花的那個美少年納西瑟斯（Narcissus）。以及近代因此典故而出來一個心理學名詞：影戀。

馮小青在古代孤山的寂寞中，度過了彗星一樣短暫的少女一生，不僅在豆蔻之年受到過性的蹂躪、打擊與冷落，而且每日只有青燈照壁，冷雨敲窗，形影相弔，靠著讀湯顯祖《牡丹亭》等書以度漆黑無邊之長夜。寫下如「已覺秋窗秋不盡，那堪風雨助淒涼」等優美絕倫的詩句。留下過一本詩集。當然，我最喜歡的，也就是她最著名的那一首：

冷雨幽窗不可聽
挑燈閒讀牡丹亭

人間更有癡於我
不獨傷心是小青

我第一次讀到此詩時，就很是驚異。因為我認為，此詩似乎不僅指愛情，就是對佛學、神學或天下蒼生之學的幽怨，其道理也相近。可見情能覺人，非人覺情。這個創造了「顧影自憐」神話的古代女詩人雖然是被遺棄在孤山的怨天尤人者，看似一個打入冷宮的小妾，但由於情的催化，其心境卻可與任何英雄領袖、帝王高僧相通：這就是人性。正如明代一則禪宗公案裡說的：有一所寺院裡竟然刻著《西廂記》的，眾人都不知為何，老僧卻說：香豔之詞中「怎待他秋波那一轉」，最接近機鋒。

馮小青用「影戀」之情克服了人生最大的痛楚和對世界的憤怒。這難道不是和一切神學同樣偉大的精神嗎？

二十世紀基督教神學家卡爾·巴特，在其偉大的《羅馬書釋義》中說，基督教最主要精神就是「人永遠是人，人不可為上帝」。這也是基督教與佛教的根本區別。佛教認為人人可修行成佛，且羅列了從沙彌、羅漢到菩薩等無數個等級森嚴的宗教制度體系。而這本身就是反平等的。人和神佛之間，最大差距不是智慧的差距，而是「情」。其實這也是人和人之間（善人與惡人之間）的最大差距。情生分別美與醜之心，生人與我、物與我、昨日我和未來我之心，但人又不能真正消滅情，因為這是人性的責任和本能。歷史、偶像、閱歷見識或一本神聖的經典著作，往往都不過是為了這一生的此情此境做準備的。從古希臘哲學到存在主義，都無法，也不曾解決過個人對生活中這個本質的嚮往。馮小青一首詩，也就是全部情感思想的主題與縮影。因為一切藝術，就像音樂、繪畫、文學、電影甚至戲曲，講究的也是個情境。所以如果你面臨再大的打擊、苦難或危險，都不必傷心。生命就是一個情境。這裡不管有沒有鬼神，眾生都平等。故《石頭記》一書「大旨談情」。唯情之奧義，能削平一切苦與罪的不平等。

那麼，情字怎麼寫？心與青的合一罷了。

想到這裡，我的心裡也暗自一驚。

不僅是情字，奇怪的是，漢語中那些形容美好與純粹的那些字，如情、倩、靜、睛、清、靖、晴、請、靚等，似乎卻皆從青。青色，真是最典雅、高貴與古樸的色。於是，由喝青餅與對青字的偏愛，除了對所謂的「青天大老爺」這種準政治哲學謊言，或者「青幫」這種偽善的綠林傳統之外，我也不自覺地愛上了其他帶「青」字之物。如上古的之青銅、星相之青龍、繪畫之丹青、瓷器之青花、京劇之青衣、或讀書人之青燈黃卷云云。甚至青樓二字，也因其含蓄與懷舊而平添了一種略帶色相的傷感美。

而離我每日生活最近之青，自然就是青餅茶了。

那在茶色中顯露出的凌晨一樣的黛色，似乎正是這個字所包羅萬象的一道化身，一片可以品嘗的大海。

記得有一日，我還買了一隻異常優雅的青瓷茶盞，終日流香，愛不釋手。青瓷即所謂的

「雪拉同」，所謂的「祕色」。買的時候，此杯在那家龍泉青瓷店內僅僅剩下一隻，本為店員所用。後卻不小心被另一店員無意中賣給了我，得來全不費工夫，於是一路暗喜。我知道青瓷，即在坯體上施以青釉，在還原焰中燒製而成的瓷器。歷代稱縹瓷、千峰翠色、艾色、翠青、粉青等。唐代越窯、宋代龍泉窯、官窯、汝窯、耀州窯等，都屬於青瓷系統。但我喜歡青瓷原因，不僅是因為它有玉石的溫潤，但沒有玉石那麼絕對孤高，不僅是它在高貴之外還帶有一絲布衣出世之氣，或有此一盞在手，似乎什麼茶都顯得好看好喝了。我喜歡它根本也是由於我對青之一字情有獨鍾。

我與家人，皆是最頑固與風魔之青茶嗜好者，寒舍茶室中，光是藏此茗之數量就近百餘餅，終日壺天神隱，洗心流觴，不覺日短夜長。

恍惚記得從小到大，所喝過的茶大約也不下百餘種，但每一種都喝膩過。唯獨青茶，一開始覺得青澀，清苦而且不太討人喜歡，但時日越長，年紀越大，才越發覺它的好。大味若淡，似乎這才是大自然本身的氣質。大自然就是青色的。連少女都叫青娥（眉黛），而愛一個人則叫青睞（眼目）或者垂青（頭髮）。於是理解了，所謂人心加上自然，才是情。於是理解了，許慎《說文》云：「青，東方色也。」這是中國的底色。也理解了那句被曹操所引用過的本來自〈詩經．鄭風〉中的青衣與青玉之名句，無論象徵女性、茶、愛還是生活，也都是中國人對一切美好之物所表達的最深之情罷：

青青子衿，悠悠我心。縱我不往，子寧不嗣音？
青青子佩，悠悠我思。縱我不往，子寧不來？挑兮達兮，在城闕兮。一日不見，如三月兮！

二〇〇八～二〇〇九年

一頭鵝的語境

六十年來狼籍
東壁打倒西壁
而今收拾歸來
依舊水連天碧

此詩傳為南宋禪僧道濟所寫。若假借象徵主義之方式來詮釋，此詩可指文藝創作、意識型態，甚至還可以指我們生活中的變化，矛盾或人性之宿命論。人其實即一種在困境中的掙扎、悖論或宿命之產物。一旦豁然開朗，回頭一看，則不禁會大笑自己過去之狹隘。記得《五燈會元》中有一段記載云：「陸大夫問南泉：古人瓶中養一鵝，漸長大，出瓶不得。如今不得毀瓶，不得損鵝，和尚怎生出得？泉叫：大夫。大夫應：諾。泉曰：出也。」

此一段鵝與瓶的話頭，也曾啟迪了我對語境的認識。

昔年我曾寫過一詩曰《鵞字》，抄如下：

王右軍養鵝
在石頭與宣紙中
復活成字：下鳥上我
符合男子生理結構
駱賓王七歲寫就
鵝、鵝、鵝

渝州有山名鵝嶺
北京有餐廳叫鵝掌門
兒時我便喜食
鵝蹼、鵝翅、鵝頭
牠們也逐漸長大
變成了我的肉

出不來了

但我不是瓶子
不，你就是
那鵝在哪裡？
已在你肚子裡
肚子裡不是死鵝嗎？
人鵝不分，字如其人
無所謂生死

鵝究竟在哪裡？
就在詩裡
不，文字皆假鵝
那還找什麼？
找真鵝
君為真男子麼？
下鳥上我

鵝是中國文化符號，尤其在書法、禪宗和古詩裡。而南泉普願（西元七四七八三四）是唐代禪宗高僧，俗姓王，稱「王老師」。師承馬祖，門徒即更有名的趙州和尚。與其相關之著名公案很多，如南泉斬貓、僧氣俗氣、喚鵝出瓶等。但我最喜歡的便是他口裡的這一隻奇怪的語言之鵝。

從某種意義上來說，我們每個人都是這隻呆頭鵝。

因我們總是集體無意識地處於一種語境裡，想出又出不去。

那麼，何為語境？語境或不是張愛玲、胡蘭成式的幽美修辭，也不是納博科夫、尤內斯庫或品欽式的跳脫思維與文體。語境可謂是一個生活的忽大忽小的窟窿。小到土壤、家庭、愛情、利益、母語；大到民族、國家、世界、宗教或自然等，皆可為語境。你進去了就很難出來。語境即人生大夢與折疊記憶空間，如《鵝籠書生》（即南朝吳均〈續齊諧記·壺中人陽羨書生〉所記載的故事），你在其中會遇到很多層出不窮的人與事，這些人與事又會再吐出更多的人與事。你存在的時候，它們如呼吸一般，片刻不能離。一開始你會愛得死去活來，若有須臾分別即痛苦萬分，甚至動輒哭喊，動輒要命。一旦消失，便又一切皆幻，好像一切並未發生，就像痛風。

人到中年後，我亦因酒肉過度而偶發痛風，腳疼。此風侵略時忽然而來，折騰幾日，足不能落地，消失後則忽然不見蹤影，恍然如夢。或幾年不犯，若誤食一次鵝肉，便又引發舊疾。於是庚子年後，鵝肉便終生戒了。大概我是寫了小說集《鵝籠記》吧，鵝已是我的聖物，本來就不該再碰的。再次痛風時，我才終於看懂了《陽羨書生》祖本之涵義，即主人公最初乃是「臥路側，云腳痛，求寄鵝籠中」，於是才會發生後來那些吞吐語境，超越大小觀念、折疊愛情奧祕與空間的奇異故事。此鵝此籠此文字，在我手裡翻來覆去看了多少年，記不清了。但直到今日才真正讀懂：即這位精通幻術、偉大而神祕的十、七八歲書生，原來是患有痛風。幻想是痛苦之神的禮物。

語境還像我們生活中的乙太，情感的膠水，使一切日常瑣碎點滴、每日每夜耳濡目染之物黏連而不散去的東西。而一旦你出了這個語境，你會發現沒有它也沒什麼。再大的痛楚都會過去。如苦戀之人當初撕心裂肺，待澈底分手後，常常便忽地就不愛不恨了，通常也不關心了。太上忘情，剩下的只有「義」，而這只是一種哥德式情感與形式的廢墟，或是社會習俗產生的品德。「苦難沒有認清，愛也沒有學成」，戀人失敗，哲人誕生。

這是怎麼回事呢？

曾幾何時，那些深入骨髓，沁人心脾的美和情感，或那個衝擊與控制你靈魂的人，突然變得如此的陌生與次要。動人的往事，燦爛的記憶與悲痛，一夜之間忽然變成得像高燒退卻後之風景那樣遙遠，如一陣令人厭倦的耳鳴。喚鵝出瓶、倩女離魂、女子出定、水牯牛過窗等公案，講的都是類似之理罷。

人都有一個自身的壓力調節器，一個泵。當壓力逐漸加大到一定限度時，泵就停了。這便是出離語境。痛風一結束，書生便把一個一個吐出來的人物又都陸續吞了回去。

當然，出離語境的可能有兩種——頓出與漸出。頓出就是與過去的語境一刀兩斷，雖然殘忍，卻乾淨利索。漸出則是依靠時間，在漫長的歲月中逐漸忘記煩惱，或用一個新的什麼荒謬的語境，來讓上一個語境帶來的傷口慢慢癒合。大多數人都是漸出的產物。那些走在大街上的，在渣滓與滾滾塵土中消耗掉自己生命的眾生，他們只是偶爾會想起自己過去曾經為之煩躁的童年，為之痛苦的愛情，為之消耗人生的事業或為之犧牲的時代。因他們已經不再在那語境裡了。當初在廣場上高喊口號的人，如今正是路過廣場時最冷漠的人。正如未來的某一天，他們再也想不起現在的各種忙碌、欲望、憤怒與焦慮，只是些坐在醫院裡苦熬夕陽與病痛的普通老人。

人是會變的嗎？我說，不是會變，而是瞬息萬變。每一剎那後，人剩下的都只有心與記憶，只有過去事件（哪怕剛剛只過去了一秒鐘）留在腦海裡的痕跡，頂多只有一具意識型態的棺材，裡面則空無一人。除了過去，你始終就是一個被冒充的人。但是，就連「過去」這個東西，也還是會出離語境的，一直到你真的死去。你本不是任何人，也不是鵝，甚至都不是一句話。當你是你時，同時你就什麼都不是，故而還算是你。人世間也沒有什麼不屬於無常。人生是有盡頭的——這句話兒時聽到肯定沒感覺，中年後，面對或遠或近，各種人與事物的逐漸凋零，才會深有感觸，並重新開始了一場漫長的緊張與畏懼。爭奪、懷疑或難過也可以，但千萬別殺紅眼了，把這一身臭皮囊，真看成了超級市場中的鵝肉。就算你是一塊鵝肉，不管在瓶內瓶外，過時了也還是要臭的。何苦。生活本來如此。人老腿先老。舞臺上的中年韓信衣錦還鄉，酬謝漂母，大擺宴席，而自己卻再也不能像早年那樣，餓得可以幾口就吃下一整隻雞，酒也不敢喝了。過去的激烈、美、仇恨、思想與生活中的那些人，也全都不過是些細口瓶子。

此時此刻的寫作，亦正在瓶子裡。那些最偉大的人，也不過是一個個在瓶子中不斷地「東壁打倒西壁」之人。世界狼藉，最大的封閉也是透澈的。內外一體，進出同狀，能以無言作語境時，便請喊上一聲：

出來了嗎？——出來了。

這是哪裡？——天與地。

今日在做什麼？——無相蕭然，我相嘿然，吃喝拉撒一口氣。

明天還要往何處？——冷花向陽，孤鬼聽雨，哪裡來的便回哪裡去。

二〇〇七～二〇〇九年

二〇二〇年修訂

回籠覺（一）

早晨起來能幹什麼？

學者林克過去曾對我說：早晨起來只能打雜。

所謂打雜，就是打掃衛生、墩地、擦窗戶、洗洗過夜的碗之類，然後就上街去買菜。或在樓下伸筋拔骨，跑步練拳。或乾脆折騰倉庫，收拾雜物，把幾百年不見天日的舊衣服都翻出來曬一曬。

總之，有些人受不了早晨的靜，必須得動。

早晨打雜的種類很多，譬如還有：

1、擦桌椅板凳。

2、抹去琴上灰塵。

3、做飯、煮茶。

4、修補舊書、整理檔。

5、澆花，鋤草。

6、洗廁所，浴缸。

7、清理香爐灰。

8、倒垃圾。

9、最後再給自己洗個澡。

……如此等等罷。

但我過去並不是這樣。少年時代，我就很喜歡早起就縮在床上看書，一直看到中午，並在午飯之前再睡個回籠覺。對，回籠覺。為此我曾經曠課、翹課、躲避朋友。我故意不修邊幅，一派散淡，幾乎每天都是一副大夢誰先覺，平生我自知的樣子。但這實在是太不健康了。可在相當一段時間內，我惡習難改。我整個上午就是縮在被子裡看書，抽煙或發呆，睡回籠覺，啥也不做。因為睡回籠覺有一種非常繾綣的感覺。「繾綣」是什麼？這個做作的詞兒，來自〈詩經．民勞〉：「惠此中國，國無有殘。無縱詭隨，以謹繾綣。」它本來的意思是指在紊亂的權力糾紛中，很多人的矛盾雲集、糾葛凝結、亂七八糟混在一起無法分開的樣子。後來又用來比喻人和人之間的相互依戀，尤其是愛情中的纏綿狀態。再後來，還指人的一種萎靡狀態。繾綣是純粹的文言，極難翻譯。因為它是一個情態，不是名詞，甚至不是形容詞。情境與狀態是我們生活中最難表達的東西。譬如，究竟你和別人「繾綣」的時候是怎麼樣一種感覺？哭笑打鬧只是表象。離開這兩個字，你什麼也說不出來。對此，文學的本質是無力的。有些詞語就是個黑匣子。

有些早晨，我就喜歡繾綣在自己的床上。

哦，連續沉睡真好。睡覺的人在床上，猶如飛機在天上一樣平靜。

而我們每個人的念頭就是自己的黑匣子。只有在半睡半醒時（即回憶時），我們才能準確地與那些已經消失的美人、古書、香囊、殘琴、風景和初戀往事重新在一起。而突然驚醒就好像是飛機失事。繾綣也真是個好字眼。偶讀韓愈寫離別的句子：「臨當背面時，裁詩示繾綣。」我不覺大慟。所謂輾轉反側，寓意深刻，此之謂也。

睡回籠覺就是一種繾綣的態。萬物都有態，卻不在書本之中。中國人太喜歡審美的「態」了，哪怕對無情之物也會有態。譬如瓷器，茶或戲曲，那其中蘊涵的東西是一種最微妙的直覺，你不身臨其境，親口品嘗或親眼目睹，沒有親身體會，是永遠無法明白的。一個瓶子好看，必是有態。一把茶壺、一棵樹或一個少女，也都是因為有態，從而顯得迷人。一齣戲，一首詩也有態。舞臺上就一桌一椅，兩個人，轉兩圈就說是走了千山萬水，你還信以為真。這就是態。有靜態，有動態，有媚態、有變態。我記得我曾經愛過一個人，就是因為很喜歡她走路時的姿態。情是長久的，態是當下的。此情可待成追憶，只是當時已惘然。人在愛情當下時，那種惘然無知，無所適從，癡傻發呆的感覺，就是態。或曰「失態」。以此類推，中國的政治制度、歷史上那些殘酷的鬥爭、血腥的暴力、古怪的藝術與生活方式，乃至這整個文明的存在性質，都可以總結為一種情態、時態或事態。那也是渾然一體的、看似一盤散沙其實卻永遠互相黏連糾纏而不散去的特性，即繾綣。對態的思考，幾乎可以說是讓智慧有了一個具體的指向。

好了，關於「繾綣」這個詞我詮釋得太多了。總之，我想說的是，讓我經常產生回憶之態的，就是睡回籠覺。

早晨萬物甦醒，卻是人的回憶最清晰的時刻。

那些年我十五、六歲，天亮一睜眼，第一件事就是伸手去抓書和香煙。我喜歡躺在床上吞雲吐霧，翻閱典籍。有時還會打開磚頭錄音機，聽一耳朵音樂。在側身去拿茶杯，品茗啜香的時候，一種難以名狀的惰性和慵懶頹廢的幽雅，就會讓我覺得異常地寧靜。我對世界很厭倦。卻對書中人物、怪事、插圖和文字從不厭倦。世界一旦符號化了，最醜惡的東西也似乎可愛了。少年不識愁滋味。我夢想著一些詭譎的革命、古代戰爭、色情的太虛幻境、民國大混亂、歐洲樹林的秩序或六〇年代血腥的愛情傳奇。我和自己完全沒有經歷過的時代角鬥，活在別人的敘述中。有時，我乾脆就和荒謬的意象糾葛在一起。我相信夢和占夢。我對自己的前世曾在廣場吐火深信不疑。我把自己遮蔽在床單之下，褥子就是我的海底兩萬里。在回籠覺的時刻，我能看見童年、重慶的大街、吊腳樓、七星崗的洞子、嘉陵江邊的紗帽石、中學時代、舅舅、少女、刺刀、神佛或一座充滿禁書的圖書館。我還能聽見山水的呼嘯越過床沿，而大海就懸掛在牆壁上。門外的現實太沒意思了。一旦真的醒來，就還是老一套：到處都是勞動、疾病和黑暗的人群。大街上每個人都像烏鴉一樣嘰喳叫，上班、鬼混、爭名奪利。為了拒絕起床，早一點重返夢境，我就會像蛟龍一樣和床頭床尾糾纏不休。我會打倒檯燈，怒斥枕頭，批判拖鞋、反抗開門。或者和一陣從窗外吹來的涼風打一場架，然後便在一種對痛楚的幻想中翻個身，再沉沉睡去。

二〇〇八～二〇〇九年

回籠覺（二）

——論某日午睡後三點三十六分十七秒之原罪

西學所謂的「原罪」是不可贖的。而我說的原罪，不僅是性。無論你成為了聖奧古斯丁、舍斯托夫、卡爾．巴特、帕斯卡、玄奘、趙州還是無門，有一個「罪」永遠都是你的胎記，你的母語，你的指紋……在原罪面前，性只是很渺小的一個替罪羊。被放大的是作為人性——即一個生物種類的局限。造物以此告訴我們所存在的這個世界，這個性情，這個肉身，都不過是他畫地為牢的作品。就是性情最叛逆的人，顛倒欲望，打倒倫理，橫掃一切圈禁的傳統文化，社會意識與生活規則，也終於逃脫不了對原罪的孤獨的承受，從童年的恐懼直到老年的恐懼：如怕生，怕愛或怕死……因為生命似乎就是一場符合邏輯的苦役。

我上午愛睡回籠覺，但卻很害怕午後睡午覺。因為午覺醒來的時候，通常就有原罪式的絕望感。太陽灼熱，口乾舌燥，四周跟死了一樣寂靜。午覺後的時間有一種凝固，好像是牆上掛鐘的那一根秒針忽然不動了。世界正胎死腹中。

這時，我時常覺得內心裡有一種火焰，要將我吞沒。我不知道那是什麼。因為這火焰，那些對我好的人，或愛我的人，會成了受苦的人。這是罪過。午覺的罪過。我的罪過自然就會有我的懲罰：是天譴、是人禍或者是報應，都可以。儘管放馬過來。而這一秒鐘的負罪感，或也是永遠的大解脫。

所以，白天通常再累，我也盡量不午睡。不是怕耽誤時間，是怕引起幻覺。白日夢總是殘酷的。而且我從小就很怕看機械鐘錶，總覺得秒針的那種圓圈運行是非常瘋狂的。好像有一個什麼力量在惡作劇似的旋轉它，並連帶著把我帶進漩渦的深淵裡。注視秒針旋轉會有一種人生正迅速變老，立刻會毀滅的感覺。

現代的鐘錶都是六十進位。其實，關於進制的文化很多，譬如月分是「三十進位」，而一天是「十二時辰進制（或二十四小時進制）」，而小時、分鐘與秒鐘則是來自古巴比倫數學的「六十進位」……這些東西的來歷有中有西。如中國古代日晷上的刻度是分漏刻計時。計時方法分一晝夜為一百刻（一刻相當於今天的十四．四分鐘），因而古代語言中就有「刻」的說法。如斬首要等到午時三刻。原來一晝夜要分為一百刻。後來，因一百不能與十二個時辰整除，就先後被改為了九十六刻，一百零八刻與一百二十刻等（據說到清代正式定為九十六刻）。就這樣，一個時辰等於八刻。一刻又分成三分，一晝夜共有二十四分，與一年的二十四個節氣相對。當然，這分不是現在時間裡的分鐘，而是「字」。即在刻之間，用兩個符號來刻下的記號，所以叫字。字以下又用細如麥芒的線條來劃分，叫做「秒」。因為秒字由「禾」與「少」合成，禾指麥禾，少指細小的芒。秒以下無法劃，細如蛛絲，於是就叫做「忽」；「忽然」一詞就是這麼來的。忽指極短時間，然指變，合用意即在極短時間內有了轉變。這些本來都記載於魏徵所編撰之〈隋書・律曆志〉。但是現在我們很少有人知道。還以為分與秒的概念都是從西方來的。就像鐘錶本身，也是中國人最早發明的——即宋朝科學家蘇頌發明了水運儀像臺。這一點，我恰恰是在讀美國學者丹尼爾・J・布爾斯廷所著之《發現者》一書時才知道的。西方有鐘錶是後來的事。中國古人最大的問題是不重視自然科學的發展，並不是沒有自然科學。這有很大區別。人文科學的泛政治化，迫使自然科學變成了類似術數一樣的外道，這是對中國傳統精神的恥辱和誤讀。

無論如何，我都極端害怕注視秒針時的緊張感。秒的不斷閃耀，咳嗽，類似佛學中的剎那生滅，或是「非斷非常」的那種貫穿始終的連續忽生忽死。而人不能總是面對生滅。心臟也受不了。所以我們現在一般問時間，問個大概就可以了。除了體育比賽或操作炸彈計時器，很少有人會去看或問：現在是幾點幾分幾秒？

與其感受，不如麻木地忘卻「秒」的存在，就像忘卻一種文化。後來的電子錶似乎弱化了這一感受，不過陰影還在。我一想到秒針的滴答聲，心理上首先就進入了類似百米賽跑的那種激烈悸動、血脈賁張的速度之中。

尤其下午的午睡起來看錶後，我就有這樣的感覺。

我在哪裡？現在幾點？這是誰的房間，為什麼我會在這裡？我從哪裡來，我是誰，以後往哪裡去？我看了看時間，忽然覺得自己不認識自己了。每天都是如此孤獨地爭分奪秒，就像充滿了原罪的一場苦役。可骨子裡我其實是一個閒人。不想面對時間。我什麼也不想做。那麼我究竟該如何生活下去？在生、死與愛的時候，病痛與天賦的時候，這個嗜血的問題都猶如一頭燦爛的猛獸，在追擊著我。它尖叫著、巨大詭異的蝙蝠翅膀拍打著我的靈魂……難道它就是惡魔嗎？從童年的高燒起，直到此刻。哦，一個隨便的毫無意義的午睡後的此刻——即二〇〇五年十二月三十日下午三點三十六分十七秒……它驅趕著我的思想，雖在無邊的境界與寂靜中獨步真理，卻又像那些永恆的星球軌道之旋轉一樣不得安寧。

我知道一切生活之罪，本身都是一種原罪。

但一切都有罪，或許恰恰唯獨生殖器無罪。每個人都有著每個人的原罪，一個與一個不同。生於急躁，死於懶惰。而真正的原罪並不是一切宗教神學所審判的那樣，是對性與智慧的盜竊。

原罪是短暫人生與時間主宰的一場祕密交尾。

原罪從不以我們肉體之速死為秒針，所以它是不可救贖的。

二〇〇五～二〇〇九年

錄影帶、禁區與單面人

在上世紀八〇年代中葉，看錄影還是一件很詭譎的事。我現在都記得，第一次看錄影，是在重慶。當時我才十三歲，寄宿在我父親的一個朋友家。一天，他們家人說晚上要看錄影了，是港片〈上海灘〉。這在那個年代算是件不大不小的事。到了晚上，屋子裡擠滿了人，有樓上樓下的同事和朋友，還有八竿子打不著的親戚。那時候看錄影，屬於「集中釋放」。幾十集漫長、囉嗦、無聊和鬼扯的電視連續劇，會被濃縮在兩三天裡就看完。看的時候還一個個瞠目結舌，感歎不已。而狹窄的屋子裡則烏煙瘴氣，幾乎缺氧。滿地都是煙頭、口水和瓜子皮。看了一部又一部，直看到讓所有人都噁心了才作罷。

那時，錄影帶是精神生活的一個禁區。人就喜歡禁區。

你若不禁，大家還不稀罕。對那些因年代、時間、政治或商業等原因被塵封的影片，未必就不會起死回生。譬如說，我敢擔保，假如有一天有人宣布〈東方紅〉是禁片，不許再看了。這一定反而會讓很多人重新去收藏它、偷窺它或解構它，甚至為之陶醉。人們對禁區本身的關心，大於對被禁內容的關心。

最奇怪的是，被禁的東西，往往都是政治和色情，而不是暴力。好像暴力是一種很正常的狀態。這一點倒全世界都一樣。

八〇年代以後，歐美與港臺的暴力、動作、槍戰、恐怖、科幻與血腥的影片通過錄影帶的方式，大量流入中國內地。對於當時基本處於失語和商業文化饑渴的中國人來說，這無疑是非常大的刺激。錄影帶，就像七〇年代的地下書籍一樣，在各種人們之間，尤其在知識分子之間流傳。它傳達了許多我們聞所未聞的思維方式、影像、故事和異端文化。包括一切國家電影院不可能上演的影片、電影史上的經典、奧斯卡、坎城或柏林電影節中的作品、實驗電影、歌舞片和紀錄片等。而且，就算如此，也只有少數人，有機會看到〈迷牆〉、〈四海兄弟〉、〈賓漢〉或〈鬼婆〉等影片，能接觸到高達的〈中國姑娘〉或法國人拍攝的〈魔龍傳奇〉。那時候，出國還是件很不容易的事，在封閉而又漏了一絲縫隙的大制度環境下，大部分普通階層的人，對西方歷史、現狀和資本主義社會的幻想，以及對西方人如何看待中國，都是通過錄影帶來瞭解的，而不是書籍。

八〇年代，看錄影往往還很危險。鄰居很容易認為你在看禁片，毛片或者做什麼「違法」的事。那時還有一種傳言，說員警有一種車，安裝有雷達天線。到了晚上就沿街蹓躂。誰家要是在看禁片，雷達那邊車裡監視器就會出現一樣的畫面。而雷達將指出你的位置所在。然後，員警會先拉閘，再進樓抓人。因為拉閘後，錄影機裡的錄影帶退不出來。那將是你的犯罪證據。

這種傳言導致很多人看錄影時，總是緊張兮兮的。

北京雖然每年都有「外國電影周」，但電影周的影片數量太少，完全不能滿足一座大城市的需求。再後來，錄影廳就出現了。因為國產片太爛，所以電影院很冷清，而錄影廳則生意興隆。但由於錄影廳往往都很狹窄，環境嘈雜，那裡於是就總是戀愛、打架和一些非法交易者出沒的場所。

一九八七年我去海南島，滿大街都是錄影廳。幾張破條凳，一塊骯髒得幾乎發黑的螢幕，就算是一個放映廳了。其設施之簡陋、混亂，幾乎和過去的露天電影差不多，只不過是投影錄影。而且，錄影廳裡也是烏煙瘴氣，空氣中散發著刺鼻的怪味，放映的也通常都是些惡俗的爛片。因為海南那時是天高皇帝遠，誰也管不著。廳門口的售票處黑板上，經常寫的都是恐怖片、三級片、甚至更荒誕的醫療錄影，如給豬狗配種、或鄉村結紮、生育、變性手術之類的片子。

錄影廳裡的人也大多是昏聵的群氓，文盲和無聊的人。

但是，你能感覺到這是一個對一切禁忌的影像、資訊與性文化，性行為有著多麼饑渴、多麼壓抑的一個國家，一個種群。

一切只要能和性行為貼一點邊的東西，都會被大肆利用。

錄影帶自出現以來，很大地滿足了各種人類的隱私和怪癖。如一九八九年，美國二十六歲的導演史蒂芬．史匹柏（Steven Soderbergh）在處女作〈性，謊言，錄影帶〉所描述的那樣。該影片後來獲得了坎城金棕櫚獎，成為小製作獨立影片第一次打入主流社會的典範。而這部兩周就寫好劇本，五十天就製作完成的影片，只不過講述了一個性無能者（愛無能）面對現代世界的誘惑時，複雜的心理路程。主人公依靠不斷地與一些女人談話（僅僅是談話，雖然談話內容相當露骨），並將談話過程錄影——這一奇怪的生活方式，表達自己對情感的認識。事實上，我一直認為，後來菲利浦．諾伊斯（Phillip Noyce）以莎朗．史東為主角拍攝的商業影片〈銀色獵物〉（*Sliver*）最早的靈感，就來自這部影片。只不過他把那些談話，完全變成了做愛的現場。

我第一次看到〈性，謊言，錄影帶〉這部電影時，也是通過錄影帶。一開始這個名字吸引了無數的觀眾。大家都以為是色情片。結果看到後來，一個色情鏡頭都沒有，而對話中卻透露出無數精彩的語言，以及對人類性行為和思考。於是才發現這是一部了不起的實驗電影。

尤其是，這部電影的片名有深遠的寓意。

歷史上的所謂禁區，無非就是性（自由），謊言（政治）和錄影帶（即這個世界不公平的證據）。

九〇年代之後，我做了很多年的紀錄片編導工作，便有機會接觸到了大量的錄影帶。布紐爾、格里菲斯、高達、大衛．連、馬丁．史柯西斯、法斯賓德、柏格曼、安東尼奧尼、帕索里尼、塔可夫斯基、黑澤明或史蒂芬・史匹柏……當初正是因為有了錄影帶的出現，我們也才有機會看到那些早就如雷貫耳，卻無從窺見的導演和思想。某種意義上說，錄影帶給我們的思維解放和對當代人困境的直觀理解，甚至還多於文學和書。在中國，錄影帶在九〇年代才被光碟逐漸取代。可是在日本，直到現在為止，幾乎所有的居民區都有著龐大的錄影帶出租店。錄影帶仍占據著相當大的市場。一九九八年我到日本時，走進錄影帶的出租店裡，立刻被光怪陸離、密密麻麻、絢麗奪目而又分類仔細堆積如山的各種錄影帶資料驚呆了。大廳裡，他們首先按國家、導演、風格或演員來分類，而且非常細膩。而色情片則專門開闢一間屋子，裡面的分類幾乎羅列了人類的全部畸形的性傾向、怪癖和變態，以此作為標籤與嚮導來為錄影帶的租借引路。如制服誘惑、白人、援助交際、同性戀、羅麗塔（非納博科夫的小說或庫柏力克的影片，而是指戀童癖）、人妻、亂倫、虐待狂、鯨魚噴水……一間小屋子所做到的，竟然比電影學院圖書館的分類都細膩。當然，就是在日本，生殖器的完全暴露也是違法的。所有影像裡都有馬賽克。這雖很虛偽，卻也充分體現了色情業在日本乃至資本主義社會的發達程度。也充分體現了影像作為一種現代語言，它所能觸及到多麼深的社會角落。而在大廳裡，冠冕堂皇的東西照舊。那一年，我第一次借到了蘭妮・萊芬斯坦為納粹做的宣傳片〈意志的勝利〉和西方人拍的〈天安門〉等紀錄片。這樣的影片在中國，不是只有電影學院的圖書館裡才有，就是絕對禁區，一般人很難見到。後來，幾乎人人家都有了錄影機，然後是 VCD 和 DVD 影碟機。各種影片的拷貝通過大街上的碟店廣泛傳播，稀有影像資料也不再是某些圈子的特權和利益，而成了商業社會裡的一件小事。但是，禁片的概念還是存在。不僅國產的，涉及政治敏感區的會被禁，西方的異端影片和色情片也依舊定期會被掃蕩一下。

前幾年，作家余華也曾經寫過一篇短文叫〈八〇年代的錄影帶電影〉，談他記憶中的錄影帶，以及一九八八年第一次在北京看到柏格曼的〈野草莓〉後，一個人走了二十多里夜路的激動心情。這種心情我很理解。在那個年代，看錄影帶本身就是一種對「自由主義的體驗」。甚至是一種對官方文化的默默反抗。無論是政治、思想、性或藝術，只要一通過錄影帶被看到，似乎就帶有地下性質。類似的激情其實很多人都有過。只是余華並沒有深入分析這種激動的根源。我們生活的這個世界，實際上就是一個巨大的「性、謊言和錄影帶」式的環境。我甚至認為，我們在近代的文化精神，似乎始終就處於一種對所謂「西方馬克思主義」的譫妄之中。八〇年代的中國人都像是瑪庫色所謂的「單面人」，始終在幻想資本、烏托邦和性的完美結合。即滿足於「一種舒適、溫和、合乎情理且民主的不自由」（見《單向度的人》）。直到最後在經濟生活下全面崩潰。而從某種意義上來說，所有自由、政治與不公平的證據，又始終都是一團不可解的「高爾丁怪結」，無論當代的亞歷山大如何砍開繩子，最後它都會再縮回去。無論是傳統社會，集權社會還是民主社會，禁忌總是禁忌，疙瘩也永遠是疙瘩。

關鍵在於，我們如何看待與解決我們自己的心理。

集權時代的壓抑固然不好，而純粹資本主義市場化的自由表象，也是以犧牲人性中很多特點為代價的，譬如羞恥、理性和隱私權。譬如文化。因為過度氾濫無節制的影像可能性，也會帶來類似我們在美國影片〈八釐米〉中所看到的那種悲劇和恐怖。而且現在網路的傳播則更瘋狂，毫無道德底線。你可以設想，假如去年的「豔照門」事件不僅是圖片，而是影像資料，那它所激起的波瀾恐怕更加一發不可收拾，並會嚴重影響很多人的命運，導致災難性的後果。

與此相比，八〇年代雖然落後，封閉，錄影帶少得可憐。但是那時整個社會的求知狀態和好奇心理，相對要單純很多。

窺視癖在那個年代還是一種來自外國的傳說。

記得直到九〇年代初，我還住音樂學院時，正趕上由北京電影學院老師來主講的電影選修課。一盤盤已經髒得發黑的錄影帶，在階梯教室被大家當作寶典一樣圍觀。就因為那裡有著在外面看不到的純粹電影。別的課，曠課的學生很多。可是一到電影課，教室滿員不說，連後排過道走廊上全都站滿了人。我記得有一次電影課老師不無嘲諷地說：「你們這哪裡是上課？你們這就是來看電影來了，還不買票。」在滿屋哄堂大笑之下，投影上開始播放法斯賓德的〈瑪利亞・布勞恩的婚禮〉。而當我們認真聽講德國戰後歷史、攝影、光、表演、導演、聲音連接、蒙太奇、電影音樂、編劇手法等等技術時，大家的心裡也從未離開過對性的好奇。那片子現在看來太沒什麼了。可在當時，在那樣的時代和年齡，我們都很清楚：我們不僅是來看電影的。我們擁擠在這麼一個黑暗的場所裡，還為了能窺視一點點自由，哪怕是別人的、過時的自由。

二〇〇九年十二月

惡的許諾

在幾千萬年中，每一瞬間都有幾億萬個細胞不斷地分裂、誕生、成長、衰老和死亡。每個人都是其中一個。早晨，我看著一隻玻璃壺中正在滾沸著的水，無數的氣泡出現、上升，然後破滅。這就是所有生命的繁衍。每天，都有無數人在性交與懷孕，有豆芽一樣的胎兒在子宮中漂浮旋轉，猶如真空中的宇航員。同時，在每座城市的火葬場爐子裡，又有無數的僵屍正化為灰燼，死亡的黑煙在高空飄散。從精子、胎兒、搖籃、童子、成人到老頭與墳墓，參差起伏，密密麻麻。人，作為宇宙時間裡自生自滅的物種，就像是這壺沸騰開水中的億萬個氣泡，隨時都在產生、變大、擴散、浮出水面，然後崩潰……只是看上去似乎很慢，一般幾十年才一次生滅。

水裡面有什麼？除 H_2O 之外，水裡面什麼也沒有。

但是純淨的水。天底下沒有純淨的水，因此水能導電，這是常識。水裡有很多雜物，不僅有細菌，有漂白粉，有土渣，還有水鹼。

世界也是如此，其實什麼也沒有，但是每天都有人在出生入死。

記得有一年夏天，藝術家武權送我一張他的先鋒影像作品〈觀音〉，拍攝的就是一鍋開水從加熱、沸騰到蒸發乾淨的全過程。當時我沒看懂。覺得很枯燥。後來看清楚了，原來是開水燒乾之後，那鍋底呈現出的水鹼形狀，竟然很像一個在光暈中盤腿端坐著的「觀世音菩薩」。這是一個十分詭異的浮雕式圖像。藝術家的想法經常都很荒謬，發現其中的妙處則需要時間。

古人說：水至清則無魚，人至察則無徒。

這句道家的話看似物理學和中國式的保守主義，似乎是勸人活得要糊塗點，別太清醒了，否則死路一條。但這話中卻也蘊涵著神學。自然規律可以代替神性本喻嗎？美國女漢學家艾蘭寫《水之道與德之端》一書，就探討了中國這種拜物思想與古希臘、猶太—基督教之間的差異。她認為可以。中國人最崇尚水的方法，有所謂的水崇拜。上善若水。勝兵如水。靜如止水。偌大的文明造就了一個偌大的水碼頭，人人都懂善為人下。佛觀一碗水，八萬四千蟲。從李耳的肉眼到悉達多的教義，都是連魚和浮游微生物也不放過的。地球就是一勺水，而且勺把子和勺底子並不大。海水多於大陸。但所有這些都還在形而下。真正的形而上是無偶像的，哪管它這神哪佛，也不管它地、水、火、風，所有的一切都不過是物競天擇，弱肉強食，乃至植物榮枯代謝，直到江河湖海的蒸發、降雨、封凍、融化、再蒸發……即一種運動的狀態。這就是生滅。

如偽《陰符經》所云：「天生天殺，道之理也。」

萬物都有生滅，人類的社會、傳統、學說或制度也一樣。

很多東西古代都有過，只是換了一幅現代的面孔，又轉回來了。於是，一代代的人就不斷地被吸引，也被欺騙。古希臘人所謂「太陽底下無新事」。但既然無新事，為何大家還是反覆被迷惑，被折騰，甚至自己也成為混沌迴圈中的一個幫凶呢？這就是因為有許諾，即「理想主義」。宗教理想主義，政治理想主義或人文理想主義，在大腦裡的發源處都是一樣的。動物無理想。為什麼要許諾？在我看來，人類的許諾，和曹操的望梅止渴，其性質與用意都差不多。大凡越是艱苦卓絕的環境下，越容易產生各類來自頭腦們的許諾，以保持大局不崩潰。如在洪秀全時代，會許諾「還你一個清平世界」，而西方德先生和賽先生若來了，也許諾「還你一個清平世界」。在中世紀，無論中國還是西方，宗教許諾都是苦難與暴政統治下的人們最重要的精神寄託。亞歷山大攻陷北印度之後，死亡遍地，佛教才開始昌盛，之前，釋迦牟尼不過是一個哲學團體的領袖。這樣的團體在古印度教流派與城邦裡很多。最近基督教考古發現，英國學者拉爾夫．伊利斯在《耶穌：最後的法老》一書中的說法：當年拿撒勒人耶穌的真實身分，其實是羅馬統治時期一個地下小股起義軍的首領。他的被捕是因為起義失敗。佛陀與耶穌，最擅長的都是許諾。即：如果你相信，你就得救。記得尼采在《反基督》中云：「佛教從不許諾，僅僅堅持。基督教則是一直許諾，但從不堅持。」這個十九世紀的德國狂人沒有真正理解佛教，且斷章取義。誰說佛教不許諾？因果報應與六道輪迴裡許諾得多了。雖然這些並非是釋迦的本意，但卻抓住了一代又一代人的賭博心理。只是許諾不要糧票，吹牛不上印花稅罷了。儘管如此，尼采也算是憑天才抓到了一些神學的精髓。彌賽亞大復仇是許諾，彌勒降臨也是許諾。蘇聯集體農莊或美國自由競選也都是許諾。許諾的根源都是一個，就是想炮製一種永恆的人間制度，以抵抗人對死亡與惡的恐懼，安慰人在苦難生活中苟且與對權力及不公平等的煩惱。許諾代表的是對你敢於堅持的獎賞和恩賜。

於是問題就出現了：很多人為了堅持與成功，兌現那個誘惑人的許諾，結果並未遂願。而且，往往還有不少人搞得家破人亡，挫骨揚灰，死無葬身之地。名不見經傳不說，甚至連最普通的人的生活都過不了。有些人變成了「宗教語言譫妄症患者」，見誰就煽動誰的宗教傳銷者或意識型態傳銷者。而有些人之所以不成功，據說是因為不願意改變方法。他們寧肯改變先前信仰的偶像，也不改變方法。還據說，一個人想成功，就一定要注意方法，改變方法——也就是說你信任許諾，但並不一定要堅持道義。為了達到彼岸，你可以不擇手段。那些以道德審判為藉口打擊別人的，不也正是來自道德許諾嗎？而成王敗寇之道，也就成了唯一的史官之筆了，這也不算什麼新鮮罷。

只有一點很讓人迷惘：如果改變後的方法與信仰許諾的道義是矛盾的，那該怎麼辦呢？

譬如說，為了實現某神佛或某主義許諾的清平世界，需要先去殺人越貨，剷除異己，迫害無辜者，甚至是自己的親友，那將如何？就像齊克果在《恐懼和顫慄》中分析「亞伯拉罕殺子」的心理一樣，上帝讓你殺掉自己的孩子，以驗證對信仰的忠誠。你該怎麼辦？懷疑還是反抗？如果你不去做，你就失去了兌現許諾的機會。中世紀黑暗時期的恐怖、宗教裁判所、僧兵、大革命、納粹極權主義、史達林的哲學等眾多現象，哪一樣不是帶著堅決的信仰而開始的恐怖的方法呢？哪一樣不是先許諾了一個烏托邦，卻並不堅持曾許諾過的道德與方法，在前往烏托邦的道路上搞得滿目瘡痍，民不聊生，飛沙走石，一路瘋狂？最後，那本企圖搶奪金羊毛的血腥戰船與殺手們，卻停靠在了一個普通的島上，永遠過起了平庸的生活。再譬如，在商業社會，如果我們必須反對藝術中的美好，正義和憤世嫉俗，才能成為所謂的「成功藝術家」（而且衡量這個成功的標準是什麼？），那麼我們是不是也該遵守不擇手段的方法論呢？

人們在這個十字路口徹底迷惑了，暈了，散了。

結果，就導致了現代人信仰的普遍大匱乏、大貶值與大崩潰。因為，如果我們要逃避那殺子一樣痛苦的選擇與考驗，那我們就乾脆不去參加任何有關許諾的賭博。我們不如什麼都不信。

一切以許諾為前提的價值觀，無論是來自宗教、政治還是傳統文化，全都被為謀生而疲於奔命的人拋棄到了垃圾堆裡。我們信什麼？告訴你，什麼也不信。我們只信正在拿到手的和已經拿到手的東西。差一點都不行。哪怕一分鐘之前都還不拿到手的東西，我們都絕不會信。而為了順利地把你要的東西拿到手，就需要計算利益的多少和準確性，以便操控事態與人際關係的發展與變化。於是，這就有了所謂的：量化時代的來臨。

因為沒有什麼是不可計算的。整個世界的存在，無論物質還是情感，現在都可以像《數位化生存》所說的 Bit 一樣被衡量，究竟價值多少。而貨幣與拜金主義在今天的意義，已經遠不僅是商業價值觀了，而是惡魔一般地蛻變成了中國浮士德式的思想價值觀。我們的傳統被量化、文明被量化，每個人的良知、學識、生活、愛情、友誼、精神與信仰等也被量化。宗教或文革中的梅菲斯托叫權力，現在則叫利益。所有構成你存在的東西，全都以你成功與否來作為座標參照系，衡量你的價值。而你的記憶體越大的，據說才能越接近那個所謂的許諾：因為運算這一切需要有很大的心靈空間。

量化之神許諾給你的，與當初那些個神祇、那些個領袖和思想許諾給你的是那麼地相似——即如果你達標，你將獲得世界和幸福。

而一路上，你則將成為這位新主人那神祕戒尺的俘虜和走狗。

於是新情況又出現了——在我們今天生活的時代，到處都能見到成功的政治家、企業家、藝術家、文學家。但是，你在其中幾乎找不到一個有偉大的人文情懷和人格魅力的。在二十世紀初，一次演說、一篇雜文、一部小說或一首詩裡的思想，就可以震撼一個社會，一個國家甚至一代人的心靈。僅僅是因為那時充滿戰爭、災難和革命，所以才會出現那些大師嗎？不是。我認為，就是因為那個時候，一切都還沒有被「量化」。量化就像所謂的經濟全球化。量化這東西現在已經是世界潮流，浩浩蕩蕩……個人的敏感和反抗顯得太渺小了。就連「純粹理性批判」式的話，也容易被人誤解為牢騷、憤青、不平衡等。這個量化時代之強大，甚至連基本的人文精神都容不下了——你對一切苦難與不公平都必須跪下來說：我同意。因為存在皆合理。而只有當你把一大疊貨幣，像懷恨在心一樣揣到懷裡的同時，你才發現你又是反對這個意識型態的。

這之前，生活的壓力不允許你思辨，也來不及思辨。

如果用十八世紀西方歷史來比喻，中國目前爆發的似乎是一場內心的「資產階級革命」。而幾千年來，中國從未出現過真正意義上的「資產階級」，全都是皇帝、貴族、士大夫、官僚以及他們的家族本質，即農民。現在則人人爭當資產階級，尤其是知識分子和文盲商人。而且每個人還都站在自己現在的階級說話，明天誰的階級變了（無論是變窮變富），則又會說另一番話來修正自己。知識的作用在中國歷來就是拿來庇護階級差異和為利益共同體辯護的。

其實我們一直知道什麼叫許諾，也知道自己不一定能堅持，或者遵守諾言。就好像只有少數中國人會守時一樣。我個人的閱歷最能說明問題，凡是與朋友有約，從我小時候記事起，一直到現在，永遠都是我在等別人。而那些姍姍來遲的人，並不因此而愧疚，我聽到最多的解釋不過都是一種寒暄，下次還照舊。愛情不許諾忠貞，友誼不許諾忠誠，朋友約會與社會契約協議也不許諾尊重。雖然大家一直口頭上甚至下筆去承諾自己一定遵守。但那有什麼關係，中國司法不保護弱勢群體。而就算司法獨立了，保護弱者了，也管不了情感與家務事，更何況越進步的司法還越會完善保釋制度呢。保釋制度的基礎是什麼？錢。再民主的審判程式，沒有交錢，照樣滅你。保釋許諾給你的，其實和宗教與拜金主義許諾給你的一樣：只要相信我，你就會得救。

而且，你別以為你只要什麼都不信，就能躲避掉那縱橫古今，霸占人性的「許諾主義」所布下的天羅地網嗎？未必。

在一個至今沒有真正宗教精神，只有依然如費孝通在《鄉土中國》裡所描述的那種宗法社會與鄉土主義至上的國家，偶像崇拜就會變著花樣叫你磕頭。那一尊真名叫做「奴性」的金身，就會從農業社會的佛像，變成集權時代的毛主席像章，再變成商業社會的帳號與量化。用俄羅斯神學家別爾嘉耶夫的話說，我們都是「被奴役的人」。不僅被錯誤的思想奴役，也被美、自由、自然、集體主義或金錢所奴役。奴役得久了，便什麼都不信了。奴役得久了，心裡便有了魯迅所說的：「自看透世態炎涼之後，我就恨這個社會。」奴役得久了，於是這裡的政治沒有道義，這裡的文化沒有自由，這裡的愛與婚姻沒有無私，這裡的商業也沒有信譽。國營店裡的服務員都跟仇人似的，而私營店裡服務員的臉又都跟喝了糖尿一樣，裝喜興都裝得那麼假。在中國生活，你沒法不宿命。要不祖宗三代都會一腦門子官司。你們家要沒有區人民法院的親戚，從小買根泡泡糖都有可能憋屈死你。雖然每家小鋪子門口都寫著「童叟無欺」。

那麼，在長達千年的許諾與欺騙交叉編織的大環境下，中國人靠什麼來支撐著自己的道德神經，盡量維繫而不崩潰呢？無疑，還是宗教與傳統文化中那些最具有欺騙性的思想體系。無論是信天命，信佛還是通道，其根本都是胡適當年所說的那種「靠天思想」。而你何以驗證佛教的體系、儒家的體系或道家的體系就不是一個巨大的真理或巨大的騙局？都無法驗證。這是二十世紀很多學者研究過的課題。你又何以驗證「宗教不能驗證，只能信仰」這句話不是荒謬的——同時又是絕對合理的？這些說到底，都無法驗證。人本來可以通過自己的行為與別人的行為，來驗證每個人的教養或情感的差異，智慧的級別或愛的深淺。但是，在那個「偉大的許諾」籠罩下，你無法驗證你所看到的是善的和可信的。宗教神祕主義、鐵幕政治與商業潛規則，都設立了密密麻麻的對付各種質問的詮釋、神話、教義、故事、傳奇與方法，包括非正義的手段，它們建立的語言結構和利益誘惑體系，早就像原始森林裡的樹枝一樣繁茂，遮蔽著獨立思想的陽光。誰進去了，都會覺得自己是一隻孤獨的野獸，前方沒有食物，周圍全是陷阱，生活只是從一個黑夜到另一個黑夜的奔波。

你只能把自己交給命運、神學和一些胡思亂想。總之不是交給自己。因為自己總是短暫的或不確定的。但話又說回來：我是相信宗教的，但不相信一切「許諾」，就像不需要相信用一切視頻檔（無論是影視作品、先鋒影像還是記錄什麼「奇蹟」的紀錄片）來證明神佛的存在一樣。因真正的宗教不需要驗證，否則佛（或基督或任何的神祇們）就可以到處顯靈現身來召喚世人了，何必藏起來？宗教只需要相信，不需要驗證，包括學術研究。用許諾、視頻或傳聞來驗證它，恰恰表示的是懷疑、現象和空相，而不是相信。更不是真理。還是特土良那句古老的格言說得好：「正因為荒謬，所以我相信。」

當然，有時候我會潛心於神學或佛學方面的研究，寧願皓首窮經也不願相信任何一種思想會是絕對完美的。但有時候，我就是個迷信的人。我與這兩個都是朋友，而且始終處於「三人行必有我師」的狀態。

所以，我們也不要對那些放棄追求的人表示憤怒。誰都有憤怒，但並不是誰都有堅持的義務。誰都有需要養活的親人和生活的艱難。而一切的許諾本身就有問題。所以，以主的名義、佛的教唆、子曰、書云、天地君親師之所謂，以歷代帝王的旨意、一切領袖和導師們的最高指示，以狂哲並情種的吶喊，以英雄與蝴蝶的口吻，以從上古惡魔到今天所有飛禽走獸們的語氣，以大自然、核武器、細菌和海的夢囈——我們可以默認：人類的結局都逃不過一片灰燼。於是，這個早晨，我看著一隻玻璃壺中沸騰的水，無數氣泡的生滅，我知道這就是一切之理——同時也就是神跡。所有之外的東西，都不過是虛妄的、奢侈的意象罷了。有何進步可言？那量化時代對你許諾的東西，遲早有一天也會把你打入地獄裡，就和過去它打擊那些企圖兌現宗教許諾或烏托邦許諾的人一樣。你相信嗎，最後你可能連量化與利益也不會再相信，只覺得一切都是空的，而這也正是真理的奧義。

二〇〇八～二〇〇九年

說瘸

今天在樓下看見一個瘸子老頭。一個朋友說：「你看，那瘸子老頭年輕的時候肯定是個流氓。」的確，瘸子似乎總讓人想起邪惡的東西。但歷史上有幾個著名的瘸子我很喜歡，譬如拜倫。作為俊美邪惡的十九世紀英國詩人，他的腿瘸得非常唯美。記得早年讀布蘭德斯，他在《十九世紀文學主流》中，對拜倫的驕傲和狂放作了驚人準確地描繪，包括他怎麼吃飯，怎麼侮辱貴族婦女，怎麼接近唐璜的氣質，也談到了他的腿怎麼瘸得怪異。據研究拜倫、雪萊與波利多利友誼的美國學者胡布勒夫婦在《怪物》（*The Monsters*）一書中的考證，最早波利多利創作「吸血鬼」這一恐怖貴族的藝術形象，原型就是他的好友，性格殘酷的詩人拜倫。再譬如，小說家司各特也因患小兒麻痹症而變成瘸子。還有，同樣是十九世紀的法國象徵主義天才蘭波，從十五歲寫詩到十九歲，十九歲之後斷絕了文學生涯，走向行動，去非洲販賣軍火，後因沾染了膝蓋腫瘤而截肢，成了瘸子，又在痛苦的半斷身子中度過了幾年而死，年僅三十三歲。西方詩史上只有一個蘭波，正如音樂上只有一個莫札特，彗星一樣劃過去，再沒有了。也不該有。再有也是重複。儘管後來模仿他的人在全世界風起雲湧，但都是一些「拿破崙二世」罷了。對此，後來我還曾寫過兩句：

四兩乳房葬柳永
半截小腿殺蘭波

——《棒喝》

瘸子，就是半截的人。

半截的東西總讓人聯繫到藝術中的不完整美學。

中國歷史上最古老的一個著名瘸子，在《尚書》裡有記載，也就是舜的樂師：「夔」。據說他是一條腿。因為這個人在《山海經》裡也有，卻是一個怪物，頭有一角，只一足，形象類似古希臘神話中的潘神。後來夔又演變成了傳說中的山魈。三峽進入四川的地方有個夔門，也就是過去印刷在十元人民幣背面上的那個地方，據說就是夔的故鄉。不過夔應該是中國第一個御用音樂家，儘管他是不是真瘸子很難說。

第二個著名的瘸子是戰國孫臏。他著實是因刑罰「臏」而成瘸子的。而整個戰國時期，記載各種奇怪的瘸子（以及各類殘疾人）最多的是《莊子》，大約有十一個，如叔山無趾、申屠嘉、支離疏等。這些人以古怪的形體不被社會認同，卻是反儒家偽善的急先鋒。因為當他們忽然出現在諸如孔子這樣的將就體面的人眼前，總是能引起不小的震驚，讓平時假模假式裝清高的人流露出非人道主義的歧視。尤其是叔山無趾，他面見孔子時，孔子笑他無腿，甚至連腳趾都沒有。而叔山無趾說：「我那是年輕不懂事，不小心玩掉了雙腿。但我今天來找你，卻看見一個自詡德行高尚的人，雙腿還沒玩掉。我來是讓你注意，不要把自己的腿玩掉了。」叔山無趾的諷刺讓孔子聽後大慚愧。莊子「秋水」裡還有句話：「夔憐蚿，蚿憐蛇，蛇憐風，風憐目，目憐心。」憐就是羨慕。有腳的，羨慕多腳的，而多腳的其實最羨慕沒腳的。因為一個人沒有腿腳，是殘肢或殘疾，這在莊子看來都屬於小事。他「視斷腿如棄敝屣」，也就是像扔掉一隻破鞋一樣無所謂。民間道教傳說裡有個「鐵拐李」，八仙之一，是家喻戶曉的瘸子。據說他真身遊走之前是一個美少年，因為遊走時間太長，真身元神找不到肉體寄居，結果只好讓元神投入在一具路邊的死屍上。而那死屍是一個醜陋的瘸腿叫花子。

也許這是道教哲學在向我們講述一個象徵，即：人的肉體美醜並不重要。

我個人最崇拜的瘸子，是蒙古帝國的暴君「跛子帖木兒」。

帖木兒（一三三五～一四〇五年），是中東歷史上最有名的征服者之一。關於他的出身有兩種說法，一種認為他是成吉思汗的後裔，是一個突厥化的蒙古人，另一種認為他就是突厥人，只不過自封為成吉思汗的後裔。

帖木兒常以成吉思汗的業績來為自己壯膽，雖然他終究不算成吉思汗二世，但也同樣是征服了無數國家，洗劫了不計其數的戰利品。帖木兒的戰爭沒有一點頭緒，缺乏長遠的野心，基本上是一意孤行的野蠻掃蕩。他是個虔誠的穆斯林教徒，屬於什葉派。但他的敵人也多是穆斯林。歷史上說這個人身材高大，腦袋也很大個，有著古銅色皮膚。他驍勇善戰、凶狠、野性，在關鍵時刻能身先士卒，就像亞歷山大大帝，以一個士卒的身分衝到最前線搏殺。他是個文盲，但卻絕對聰明，是一些伊斯蘭教思想家的朋友。由於他曾在一次劫掠中被射傷了腿，因此也被後人稱為「跛子帖木兒」。他最有名的事情是，在中東剿滅一些國家時，殺人無數，並將人的殘骸骷髏骨頭堆積起來，一座又一座，每一座據說都有金字塔一般高。

後來，歷史上把那就俗稱叫做「骷髏金字塔」。

著名的瘸子真是不少，再譬如，二十世紀加拿大那位因患癌症，於是堅持長跑的英俊少年泰瑞・福克斯（Terrance Stanley Fox，一九五八～一九八一）。他在十八歲的花季被截肢，然後就開始了著名的為癌症募捐的「希望馬拉松」。他在人生最後的日子裡，橫穿加拿大，一共跑了一百四十三天，其間只休息了一天，行程三千三百三十九英里，更換了九條義肢，募得了二千四百萬加元的巨額款項。他的毅力舉世震驚，成為加拿大人的英雄。他的一半機械，一半肉體的形象，很容易讓人聯想起電影中的蒸汽龐克和超人。他還年輕，談不上什麼深刻的思想，而他的行動就是思想和啟迪。

瘸子就是半個人，另外一半可能是神，可能是妖，反正不像人。

書上的也好，現實中的也罷。他們一旦出現，就已經有些神祕了。近代中國有不少有名的瘸子，譬如陳寅恪。晚年他腿壞了，眼也瞎了，但靠記憶與口述還能寫出《柳如是別傳》。生活中，我們要是看見一個不太像人的人，尤其是裝有機械假肢的，要麼會害怕，要麼會發笑。據說拜倫一旦被人嘲笑的時候，就會惱羞成怒，大發雷霆地和人打架。蘭波截肢後也完全不出門，他害怕面對別人的歧視。雖然關於斷腿這樣的肉體悲劇，偉大的莊子可以把斷腿看成破鞋。但是，沒有道家那種境界的一般人，自然很難把自己的腿當廢品一樣看待。誰不愛自己的身體呢？不但愛自己的身體，還會嘲笑那些身體有缺陷的。

瘸子，在西南地區的一些方言中叫「稗稗」。這個詞語怎麼來的？野史小說過去叫稗官。稗官就是芝麻小官。而稗子是指壞了的穀子或大米。我想：「稗稗」的意思也許就是指身體壞了的人，而且總是帶著傳奇色彩。我記得小時候在西南地區還流行一首童謠，講的就是一個滑稽的「稗稗」參加了紅軍，結果因為行動不便，暴露了目標犧牲的故事，很喜劇。孩子們還故意一邊模仿著瘸子走路，一邊狂笑。因為人失去平衡的時候總是可笑的。所以，當我們看卓別林在電影中故意搖晃著走路時才會覺得滑稽。而幾乎所有的人，老了之後都要拄著拐杖走路。也就是說，大家都要變成不同程度的瘸子。不是因為殘疾，而是因為衰老。俗話說：「人老腿先老。」腿是健康之根。我絮叨這些亂七八糟的東西，原因就是：今天看到樓下的瘸子老頭顛簸的樣子，就覺得我們都該注意身體了。男人的腿，就像女人的乳房，很重要。沒事喝點湯，走走路，再練一下八段錦、太極拳、易筋經之類，總是好的。

別以為肚子底下的大腿就永遠是你的。你得知道，時間會帶走一切的，包括你的皮肉，你的四肢，你的血液、骨頭和靈魂。

二〇〇七年

說瘦

瘦其實是宋以後的審美。

先秦與漢唐都是崇尚剽悍、英武或肥胖的。

宋朝是文明失敗的朝代，也是文人意淫的時期。但那和現代人對減肥與骨感美的苛求還不太一樣。所謂「綠肥紅瘦」與「環肥燕瘦」之瘦，實際上是對憂愁的讚美，對痛楚的標榜。前年去了一趟揚州，知道了什麼是真「瘦」。瘦西湖、個園、乞丐、古街陋巷、或過去飼養的童妓都稱「揚州瘦馬」等，揚州很小，像江南的一間斗室，一個關節。揚州是瘦到骨子裡去了。我去揚州田野裡看一位琴友，那裡有野花、蝴蝶、糞土、還有一條殘疾的三腳狗。聞著泥土、微風和即將降臨的梅雨味道，走了很長的鄉村路，說了很多話，超痛快。幾乎有一種早年讀帕烏斯托夫斯基散文的感覺。但是這些都不如揚州的瘦給我的印象深。

整個揚州最瘦的是它的水，無論是運河還是護城河，都似乎只有一衣帶水之寬，彷彿從古代就開始萎縮了。乾枯的池塘、漂浮著落葉與渣滓……這種瘦絕對讓人聯想到南宋的腐朽，扭曲的民族心理，以及專制王朝的饑餓。其實世界上崇尚「瘦」之美的藝術品很多，譬如南傳佛教中的佛陀雕塑都很消瘦。基督教苦行僧讚美的主，無論繪畫還是雕塑都瘦得只剩了一把骨頭。英國維多利亞時代的婦女束腰，也只是一個尚瘦時期。而只有中國人的瘦，是滲透在生活中的：玉器要捧一個、竹字要砍一半、梅花要生病、古琴要斷紋，似乎非把本來健康的東西搞得個憔悴不堪，弱不禁風，才算是有了美感。

「瘦」的還有筷子、扇骨、杜香、瓜子臉、丹鳳眼、臘肉、榨菜、怪石、舊書、或者宋徽宗的「瘦金體」書法……脆弱的東西才遭人憐愛嘛。可真要瘦成了骷髏，大家又不愛了。我想「瘦」的確是很中國的精神，古詩與畫中尤其多見。凡是自詡所謂清、奇、古、怪的東西，大都是從「瘦」開始的。

瘦難道真的那麼好嗎？

我看是中國人窮出來了美學，苦出來的靈感。

說白了，是太饑餓了產生的變態幻覺。可瘦難道真的就不好嗎？說到這裡，忽然又想起中醫有云：「千金難買老來瘦。」可見當你老了，瘦倒是比胖重要了，起碼不會得高血壓、糖尿病、脂肪肝吧。人到中年，於是俯身看看自己的肚子，想想少年時代的腹肌，終於決定今天中午這頓飯先不吃了。

不吃飯幹什麼?讀書。

讀來讀去,就又想起了所謂的瘦詞。

即瘦的真正傳統,可追溯到《詩經》修辭學中的「廋詞」。因為先秦之「廋」字,本是隱藏之意。廋詞就是隱喻或隱語。《詩經》中的很多句子為了避諱來自政治或倫理的敏感,故有很多隱語。後來,詩人們直接用來比喻風景的古詩有如「水肥應返釣,田瘦合歸犁」,或「古道西風瘦馬」等。或者比喻詩人本身的如「郊寒島瘦」等。瘦的象形本身也是美學,即便在唐代那樣以肥為美的時代,杜詩仍云:「書貴瘦硬方通神」,以此來反叛書法的俗套。而「廋詞」隱語被廣泛使用,尤其是謎語和諺語。譬如說「般若湯」。這是和尚稱呼酒的隱語。佛家禁止僧人飲酒,但僧人們卻偷飲,可有不便直說,於是稱般若湯。梵語般若是智慧的意思。蘇軾在〈東坡志林.道釋〉中云:「僧謂酒為般若湯。」竇革在〈酒譜.異域九〉中詮釋說:「天竺國謂酒為酥,今北僧多云般若湯,蓋廋詞以避法禁爾。」就是這個意思。

無論詩還是酒,隱喻就是一種逃避。

而這種逃避本身,就意味著很多文明內部存在的問題和悖論。

瘦(廋),只是它們的藉口,當然也是一種審美品質。

畫家中,漸江的枯枝、鄭燮的竹石、八大之爪、擔當之雲……都是瘦的。記得在小時候的朋友、或中學同學裡,也經常都能看到一些瘦子。大約那時候大家都吃得不好,營養不夠。我自己就是黑瘦多病的。學校裡還經常就出一兩個外號叫「猴子」或「乾精兒」的同學，都是皮包骨頭，但性格暴戾的少年惡棍。後來長大了，發現一個有趣的現象：即自古代到今天，朝廷裡的宰相總是最瘦的，而皇帝總是最胖的，就覺得更稀奇了。暗自猜想，可能神權政治哲學中也存在某種詭異的「瘦詞」罷，念之一笑。

我關於瘦之思想最多的一篇小說，是十九歲時寫的〈瘦詞〉。

而我生活中印象最深的一個瘦子，則是八〇年代住在北京西城宗冒二條胡同裡的殘疾人柱子。

柱子，原名吳遇柱，北京人，因有小兒麻痹症而殘疾，瘸腿，手痙攣。整個樣子就像是胡同裡的卡西莫多。不過他很瘦，乾巴得像根臘肉。他說話時因臉部神經扭曲，口齒不清，但總是咧著嘴笑，很無賴。柱子是一直住在大雜院裡的，本來靠出租他家祖屋生存的一個房東。我和我的一個朋友都租過他的平房，所以一直關係還不錯。但是柱子酗酒，每天不斷地喝二鍋頭，直到把錢全喝光。然後他把房子賣了，再繼續喝。不久，賣房子的錢也喝光了。於是就到處賒帳喝酒。或者每次遇到我或別的朋友，就讓我們請他喝酒。我們也覺得他也很可憐，從不拒絕。從九〇年代之後，有時我去西城遇到他一個人在酒館裡，就一盤花生米，一瓶二鍋頭，他一個人還自斟自飲，樂此不疲。

柱子最愉快的一件事，是在八〇年代末的一天，他在復興門大街上湊熱鬧，因為他看見很多人往遊行的隊伍裡遞食物、水和飲料。當時柱子正餓，急忙上去也想蹭點免費物資。結果，正好一個員警走過來，阻止他搗亂。而柱子卻笑嘻嘻地咧著嘴掙扎著說：「你跟我一個殘疾人有什麼過不去的，我又不懂民主，我只是想喝啤酒。」搞得員警也哭笑不得。

後來很多年過去了，我也沒聽見柱子的消息。

九〇年代末的有一天，一個朋友告訴我，說柱子死了。

怎麼死的？喝酒喝死的。死在哪裡？說是就死在西城新文化街附近的大街上。怎麼會這樣？據說，他賣了房子後，就沒地方住，於是竟然就住在一家小飯館門口的破櫃子底下。那家小飯館我們還常去。那櫃子是店家放在門口存放菜與雜物的，面積不到半平方公尺左右，跟紙箱子差不多大小。但是柱子居然就能整個晚上蜷縮在裡面睡覺。你說他有多瘦吧。

據見過他的人說，他死那天下午，正是夏天最熱的時候。他爛醉如泥地躺在大街上，不斷地仰天大笑……

我不知道該怎麼評論柱子。這樣的人在中國其實並不少。他們對社會的恨和悲傷，與社會對他們的遺棄和歧視是成正比的。留在我印象中的，只有柱子的瘦削身影和一股酒氣。

俗話說「胖個和尚瘦老道」，和尚一胖就容易給中國人以福相的感覺，這主要是由於五代高僧契此與未來佛彌勒被理解為一個大胖子，而道家神仙則多是瘦子。灰頭土臉張邋遢，龜形鶴背水蛇腰。不吃飯的辟穀神話，似乎讓「瘦」的精神具有了一種仙風道骨。我童年在重慶，見鄰居家做喪事，請的道士都瘦得指長如爪，面色尖細，很覺神祕，認定這瘦是一種修為的象徵。

後來又看了紀錄片裡納粹集中營中猶太人恐怖的瘦，三〇年代民國難民們的瘦，六〇年代大饑荒下的瘦，以及非洲那些災民的照片，那骷髏一樣的少女與禿鷲在一起等待死亡，或者太陽下成堆的殘骸……就覺得「瘦」不再是什麼品質了。它就像是一句神佛上帝們的「瘦詞」，在隱喻世界的不公和悲劇。草菅人命的饑荒之瘦，和Ｔ形舞臺上骨感模特的瘦，出發點根本就不一樣，雖然都是拿人的肉體在耍大刀。藝術化的瘦子雖然顯得很精幹，很機靈，身輕如燕，卻也像是謀殺案裡的凶手或梁上君子。確有本西方偵破小說叫〈瘦子〉。還有部恐怖片叫〈瘦身〉。而在我的記憶裡，無論古代的「詩鬼」李賀還是八〇年代的破落戶柱子，都有些讓人心疼。

林黛玉有肺癆，那少女之瘦，似乎還有愛情的光環蔽體。

但《三毛流浪記》裡也同樣得了肺病的孤兒之瘦，或卡夫卡《饑餓藝術家》裡的主人公，可就真是一絲不掛了。他們在兩個不同的極端，為這個字做著詮釋。

瘦字裡面究竟有多少偽美學的祕密，今天那些吃飽了撐著的人看來是很難理解的。尤其肥胖和肚子已成了這個平庸時代的特徵。

寫到這裡，窗外已臨黃昏，天下人皆已饑腸轆轆。於是我趕緊再次低頭看了看自己的肚子，併吞著文化口水沉思：媽的，難道今天晚上這一頓也該免了？難道中國就不能出一個拉伯雷或巴爾扎克那樣的胖子天才？據說曹雪芹不也是胖子嗎？於是在落日中，我和柱子一樣，想起了比藝術更永恆的酒與肉。

二〇〇七～二〇〇九年

說鹽

子夜狂酒，醉筆舊詩，晨起看窗外浮雲，雨痕如豹。於是下簾掃地自焚香。真所謂：胸中有激烈性情，則萬物氣象日新，忘卻痛楚。最近常自己烹飪，人生若食天下。稼軒云：「問廉頗老矣，尚能飯否？」或者活著就是一場宴席？念之嘿然。川廚子常說：生蔥死蒜、千滾豆腐萬滾魚、麻辣是根本、鹹即鮮……其中卻有神學真味，血禪境界，只是百姓日用而不知罷了。老子曰：「炊者不立。」這世界上大凡真做實事的人，都是看不見的。因為他當時一定正「蹲」著。原來烹飪才是文明的發源，火的哲學？原來析骨為爨，易子而食，未必盡是吃人的典故？噫。夫飛禽走獸，六畜菜根，借從你我腹中過，七竅流轉，吐納骷髏，或以牙齒、肝膽與腸胃為地獄？白案菹醢成肉醬，紅爐蒸心燒靈魂，五百年前我吃你，五百年後你吃我。

於是敢問饕餮眾生，情為何物？

於是方懂飽餐一頓，過午不食，閒暇慈悲處，再看爾等橫屍如沙，七罪八苦……《論語》言「食不厭精，膾不厭細」。中國人都好吃，尤其是貴族。若先貴族而後窮人者，猶甚於此。正所謂：琴棋書畫詩酒花，當年天天都有它。如今萬事都在變，柴米油鹽醬醋茶。當然最好吃的還是叫花子。但烹飪之事，其道在火候，作料肉菜只是一種背景，一條途徑。猛焰焦炸，文火慢燉，其對自由熟爛、溫潤酥軟的把握，頗似成竹在胸之癲狂士，醉淫飽臥之烈丈夫。毛說：「不要著急，等湯開了再揭鍋。」專諸為刺王僚，三年學煮魚於太湖。自古英雄，多起於草莽屠狗之輩，嘯聚豪飲，大塊朵頤；而詩賦、音樂或書畫一流人物，自然更喜歡風流酒茶，珍饈玲瓏。「治大國若烹小鮮」。歷史巨變對流，有大人之手翻覆雲雨於時間之火中，此之所謂耳。

天底下什麼東西最好吃？我以為是鹽。

吃什麼都離不開鹽。此理放之四海而皆準。

不僅舌頭需要鹽，精神也需要鹽。

基督對門徒說：「你們要做天下的鹽。鹽若不鹹了，能用什麼叫它再鹹呢？就不再有什麼用，只好丟在外面任人踐踏了。」這是〈新約．馬太福音〉中的話。在北京，「天下鹽」是一家連鎖川菜餐廳，老闆黃珂是早年就認識的朋友，老重慶人了。而店主人還把烹飪菜譜當寫詩。在北京的川幫大多去黃珂家吃過流水宴席，席上總能看見無數成名的作家、藝術家、詩人、電視人、導演、銀行家、老闆、牌友或者混混兒。黃是望京川人的總瓢把子。黃家菜就大量放鹽。記得俄羅斯詩人曼傑利施塔姆曾寫過一句：「我的良心猶如丟失的鹽，在遠方的人行道上閃光。」看來用鹽比喻人性與良知是傳統，而以此來比喻川菜的狂放卻是第一次。「並刀如水，吳鹽勝雪」。人不吃鹽沒有力氣。紅軍不吃鹽就老打敗仗。鹽是一種必須的東西，一種命定的東西，一種骨子裡的東西。譬如大海不能沒有鹽。譬如在青海鹽鹼地生活過的人往往都很堅強。

川廚子們還常說「鹹就是鮮」。其實，鹹也是一種「賢」。

「你們要做天下的鹽。你們要做世上的光」——在基督眼裡，鹽和光有著一樣的地位。鹽能照亮教徒與詩人的味覺——照亮辛辣的靈感、滾燙的激情、苦澀的澹泊、酸麻的肉體……由於基督教的影響，英語中「The salt of the earth（天下鹽）」，後來就成了成語，指社會精英分子。因沒有精英的世界將是一個索然無味的世界，平淡的世界。而你是不是精英，廚師、詩人與基督徒們說了恐怕都不算，最好是自己去「天下鹽」吃一次就知道了。

中國從來是產鹽勝地。如四川自貢即是有名的「鹽都」。自古，鹽就是一個國家經濟的大問題。西漢桓寬寫《鹽鐵論》，雖然大體上是根據當時「鹽鐵會議」而整理出的經濟哲學思想，但也專門闡述了鹽在傳統農業社會中，在民間利益與國家權力之間的微妙性，主張「鹽鐵官營」。而自明朝中葉後，鹽就是最重要的外交與貿易手段。不僅四川，在淮北、淮南、山東等地皆盛產食鹽。在古代，在商業資訊與交通閉塞的時期，沿海地區的海鹽，和山西地區的岩鹽等，都是暴利。明代的鹽引制導致了鹽商、鹽票的氾濫，相繼主宰著中國人的利益之胃。在清代前後的山西商界著名的所謂晉商，最初也不叫晉商，而叫鹽商。包括後來江南的徽商，也都是大鹽商。因為他們最初都是靠販賣鹽巴而發跡的。

在過去，鹽民以每年農曆正月初六為鹽神婆婆的生日。鹽之神，稱「鹽神婆婆」。鹽民們對這一天十分看重，圖吉利，祈求鹽神婆婆高興，保佑全年的天氣好，鹽有個好收成。鹽民要在年前就備好香燭紙馬，到正月初六的清晨，帶全家能上灘幹活的人放鞭炮，燒紙磕頭，燒紙名叫「燒鹽婆紙」。

鹽可以防腐，醃製的食品可以長期儲存，不僅炮製了臘肉、榨菜、熏腸和豆腐乳等窮人美食，也延續了經久不散的所謂「醬缸文化」，故它在中國人眼裡也頗能像徵著永恆。故它也象徵著永恆。也許因為這個原因吧，在日本，鹽成了辦喪事時用的淨物，據說可以消除人身上的晦氣。參加葬禮的人，往往先抓一把鹽灑在地上。香爐裡也可以用鹽來插香。

當然，什麼事情都過猶不及。包括飲食。

我們吃飯的口味太重，有時候就會影響到味覺和健康。

中國菜之所以鹽放得多，主要也是為了殺葷腥氣。而殺葷腥之所以太多，則皆是因為人的貪欲太多。太饞嘴了是罪過。如上帝拋棄我等於貪婪食色之世界，神佛逍遙在眾生互相吞噬之方外，此皆葷腥太重所以造孽。如不放鹽，混吃了生冷之物，則會腹中酸疼，全身不適。你道是能吞其肉身，還其真相，按圖索驥，旨在解脫心猿意馬之意境？你太小看報應了。世上事，從來是大魚吃小魚、薑是老的辣，哪個沒有一大堆的道理？而難道這生命奔騰不息的本質，真就是要靠敲骨吸髓，食肉寢皮？靠五百年前你吃我，五百年後我吃你？還是靠達爾文的猿猴、赫胥黎的森林？靠「種類的永恆就在於個體的滅亡」？都不是。用弱肉強食與進化論，永遠解釋不了「你們要做天下的鹽」。

可以說，每一粒鹽中都有些神性。我們應該仔細品嘗。酸甜苦辣，獨尊一鹹。所以對很多煩心事和痛楚孤憤，老人們或過來者往往會勸你說：看淡一點。人生不過大味若淡，罷了。

二〇〇六～二〇〇九年

黑色的寫作

寫作。除了忙於生活的折騰外，寫作基本占據了我的所有時間。雖已寫了不少，但尚有大量的記憶淤積在心裡，一本隨筆集遠不能囊括。殘篇斷簡堆積如山。在少年時代，我見過太多的自稱是癡狂的藝術家、詩人或文人的人，全都習慣性地誇張、誇耀自己對寫作或創作是多麼地投入。有些人甚至立刻就能當著你的面表現得涕泗橫流，癲狂激烈，好像就他是文化殉教徒。而那之後，尤其是一九八九年之後，這些人都紛紛開始放棄，或改行、頹廢、衰老、下海、病故、鬼混……總之，不一而足地從高燒狀態，變成了麻木狀態。我們身邊到處都是各種「文學的屍體」。

大浪淘沙，該消失的人遲早會消失，本也不足為奇。

或許剩下來的，也就是最好的，最應該剩下來的。歷代如此。

我知道生活、年齡與瑣事的不斷打擊，對有些人來說反倒是寫作的刺激，而對有的人來說，卻起著對其靈魂水滴石穿，將其銳氣磨滅殆盡的效果。有時，長期寂靜和忙碌的太平日子對一個人的改變和摧毀，遠大於某一次劇烈的歷史事件，或者來自生活中某一兩次強烈的刺激。此亦一種「最低限度的平庸之惡」。所謂太平，就算沒有近代那些恐怖和苦難，那就是真的生活嗎？不。生活中，更多的「太平主義」哲學不過是人生的假象，是刻意杜撰的幻覺。人心從未有過真正意義上的太平，除非此人已成屍體。就是出家之僧侶，隱逸叢林，卻也會每日每夜地受著人性、欲望與記憶的煎熬，隨時都在與真理和情感心戰。遑論太平。

讓自己鎮靜的最好辦法之一，就是寫作。不一定是為文學。

一張大書案、一盞孤燈、堆滿在周圍的書籍、電腦與手稿……這是一個人最小的帝國：即對心靈的獨裁。

寫作時沒有人能幫助你，代替你，提示你。一個字也不能。周圍都是黑暗。而這也正是你最接近神的時刻。

莒哈絲曾在《寫作》一書中，說過很多準確的話。其中有兩句讓我很感動，很吃驚。她說：「作家是很奇怪的。是矛盾也是荒謬。寫作，這也不是說話，是沉默。是無聲的喊叫。」又說：「打開的書也是黑夜。」

黑夜一樣的黑色寫作還有太多，孤獨不算什麼。譬如歷史上那些在監獄裡的寫作、在大災難、戰爭時期中的寫作、還有血書、遺書、殉情之書、死亡獨白、密碼、情報、懺悔錄、絕命詩、絕交書、死牢手記、匿名信、還有如集權時代寫的檢查、無人會看到的祕密日記、被審查與沒收的書信、因恐懼文字獄而不得不自己燒毀的，寫了多年的手稿與成堆的筆記本……等等。這個世界上有無數種黑色的寫作。相比起來，我們這些還算能相對寧靜地寫作的人，還在生活著的，只需要擔當自己命運的人，都是幸福的。過去讀索忍尼辛的書，我不會忘記書裡那些真實人物。那些在集中營裡，在物質極端匱乏與精神極端痛苦的環境中，都還在寫作的人。

我們有什麼理由不寫呢？

在我看來，有理由不再寫作的人只有三種：即本來不會寫作的、真正意識到自己不能寫得好的、以及對寫作本身已生恐懼與懷疑的人。

中國的歷史太亂了，很多東西都是悖論。歷史是什麼，生活是什麼？誰都說不清楚。而大家又缺乏「偉大的虛構」——即文學，來提供鏡像。最後就導致了普遍的謊言寫作。這也是一種黑色的寫作：即所謂的「回憶錄」。詩人子午說得好：「現在往往回憶錄是小說，而小說才是回憶錄。」因為「回憶錄」大多虛構了當年的情境，只是為了滿足回憶在今天能帶給我們的不恰當的榮耀。還因為很多東西牽扯人與人的情感、關係和痛苦的共振，因此又只能迴避。這樣一來，回憶就不過是對自己的虛構罷了。

因此，在我看來，中國最需要的是小說，而不是回憶。

小說、詩、戲劇與雜文等「純文學寫作」（技術意義上的），是唯一避免將真實的回憶變成黑色寫作的辦法。因文學本來就是「假的」，是納博科夫所謂的「騙子的魔術」。因此，它的人性與事件反而才能最大限度接近真實。

最近整理舊日文稿，見十多年甚至將近二十年前的故紙堆，往事浮上心頭。紙張枯黃，而少年時代的神髓風骨猶在，念之傷感，卻也不甚狂狷。自己看自己過去的東西，有時會很詫異，幾乎不認識自己了。難道這是我寫的？那個時候的「我」似乎已經消磨了，只剩下了一張皮，一堆骨頭。據說，人身的原子每隔七年完全更換一次。今天的我們早就不是當初的我們了，起碼肉身是如此。每個人都只是記憶的人，印象的人，被自己的經驗與生活消滅的人——一句話：剩餘的人。如古漢語中謙稱我作「余」，此之謂耳。

作為寫作者，在電腦普及之前，很多作家都存有大量的手稿，資料或沒有發表過的抽屜文學。我也有很多。過去寫作依靠的是「筆思維」，以至於在換筆的時候，簡直不會寫字了。我適應了很長時間才有了現在這種「鍵盤思維」。但是電子檔和當初的手稿感覺是完全不同的。電子檔可以無限拷貝，永遠都一樣。而手稿，那種過去在陳舊的稿紙上寫下的字，其本身會隨著時間的流逝也充滿記憶。譬如枯黃、水跡、茶漬、霉斑與褶皺，手稿的人性化會與作者的生命閱歷與寫作精神相呼應，成為那消失的肉體原子的一部分。它會在時空中萎縮，但卻依然保持著你的風骨。

看著一堆發黑的手稿，猶如在一場戰爭中失去了手臂的人，多年後又再次意外見到了自己那條胳膊的殘骸。手雖然早已不是你的了，卻似乎依然保留著你當年的神情、血跡與姿勢。如我面對自己用鋼筆寫下的幾十萬字的殘篇斷簡，有時候會發呆。現在，鋼筆——這一古樸的寫作銳器，已經在我們的生活中基本消失。如果沒有具體的字跡作為證據，我自己都難以相信這些會是我寫的。一個人每天從腦子裡經過的念頭簡直太多了，而且成千上萬地重疊、參差或成立方繁殖。光是你經過篩選與靈感記錄下來的，或者能成為作品的，都會逐漸被自己所忘記。每個人都是尤利西斯，一個人在一天裡思想的，難以窮盡。況且，面對舊文稿，你還會追憶起寫這些東西的那些歲月中的人與事，甚至包括送你稿紙的人、讀過的書、那些個夏天、愛人、胡同、酒和笑聲。如今那一切都在生活中消失了，而且完全無法重新整理。相比起從沒有見過世面的幾十萬字手稿來說，命運中那些更難以被恢復的東西，就更顯得有悲劇性。手稿還可以整理、修改、焚燒、甚至像《石頭記》那樣耐心地「批閱十年」，以待日後再出版的一天。生活就不可能了。生活是單行道，甚至是沒有岔路與輔路的單行道，更沒有出口。你走不走，都得對著既定的直線走，被裹挾而去，且須一條道走到黑。一直走直到這個世界完全與你無關，只剩下你行為的痕跡：你寫下的字。

你所經過的一切，都不過是對這些字的誤讀。

因生活與記憶都是會被異化、被修飾、甚至被篡改的。而字不會。你對寫下的字可能每個時期的詮釋不同，但字本身卻不會變。你寫下的字往往才是最核心的你，而你卻未必還是你自己。

記得過去，十九世紀那些文學大家們，曾把寫作稱為「手工業」。我小時候不懂。現在逐漸明白了，寫作不僅是抒情與思考的行為，更多的時候，的確是一種繁雜的活兒。因它伴隨著

很多的副業：如閱讀、考證、查閱、校對、編輯、整理、分類、剪貼、增刪、批註、修改……你寫作涉及的題材越廣，你所要做的非寫作本身的邊緣性事務就越多。這就是為什麼很多偉大作家在完成一本書之前，都要做幾年甚至十幾年筆記的原因。一般的抒情詩，在體力上反而「好寫」。雜文比較耗費精力。寫一兩篇也容易，一旦你需要集腋成裘，形成一種你自己的風格，這就會耗費太多的精力。小說、戲劇、回憶錄或一本更大的書，就更難了。很多人窮其一生也沒寫好。而那些自以為寫好的，出了多少本文集的人，其實都是廢紙。不用等到他們人死，他們的書就會被遺忘。從上世紀中葉以來，中國文學製造了太多的廢紙，霸占著圖書館、書店和一切讀書人的書架，久久不能被趕走。為什麼？因除了世界、國家制度與時代等原因外，更重要的是——的確還沒有一個人或幾個人寫出幾本真正的好書來，好到能去代替這些廢紙。

書籍太多，但我們願意看的太少。正如生活方式太多，而能讓我們真正感到幸福的又太少。在中國當代文學巨大的十八層廢紙地獄裡，寫作（及因寫作而生之絕望）是我們唯一的一種救贖。正如純粹哲學、古琴、繪畫、電影或戲劇等藝術創作一樣。我們每個還沒有變成「文學的屍體」的人，都需要這一絕望式的救贖。

人是因為需要救贖才發現罪，而不是因為發現罪才需要救贖。

不發現，不等於沒有。罪永遠都有，只是在等待人性去發現。而人性又是通過寫作來反觀的。該寫作的人不去寫作，如該愛的人不去愛，該哭泣的人不去哭泣，這就是罪。據說，一切

罪都是黑色的，我的這個寫作的春天也是。每個春天都是。如今是陰曆二月，冬去春來，冰雪消融，也正好潛心伏案，筆走龍蛇。其實我寫了這麼多，還遠不如少年時代第一次讀到巴斯特納克的那幾句詩說得好：

二月，墨水足夠用來痛哭。
大放悲聲抒寫二月，
一直到轟響的泥濘
燃起黑色的春天。

二〇〇八～二〇〇九年

附錄——《單向街》〇〇二期

——楊典繪畫訪談

《單向街》：看你的文章（主要是隨筆）和畫，經常有一種琢磨不透年齡的感覺，除了文章裡涉及到的題材之外，從風格來看，看不出這是多大年紀的人，大概是融合了太多東西，也可能是你本人的風格已經比較完整？或者說，你的作品和潮流的關係不大？這種完整性以及和時代的距離有意識嗎？或者說，你認同不同年齡段、不同年代有不同的風格？比如說青春期寫作，中年寫作，或者七〇年代、八〇年代，有共通性嗎？

楊典：我從十五左右開始寫作，即大約是一九八七年前後。那時候看的書就很雜。八〇年代是中國當代文學、藝術和社會思潮比較激進的時期，很多東西都攪在一起，這也在無形中影

響著每一個人。加上我個人的家庭、環境和嗜好，我就越來越像個「大雜燴」了。我自己寫作時，從未想到「風格」。頂多只是考慮作品形式上的創新，譬如在小說、隨筆或詩中怎樣更多地融合進傳統中沒有的語言方式和思維方式，怎樣更多元，又更有克制等等。只要覺得是可以借用的，無論題材和體裁是什麼，涉及到哪個領域，都會「拿來」。但這種做法其實和時代沒太大關係，所以也無所謂距離。

每一個作家或藝術家，甚至歷史學家，如按照湯恩比的說法，無論你如何懷舊或超前，都是不可能完全脫離時代的。這根本不用擔心。比方說，你就是用駢文寫作，也不會有人真認為你是魏晉人或有著六朝的思維方式。而你用再純熟的外語寫作，也不會有人把你當作外國作家。納博科夫用英語寫了那麼多書，其靈魂的本質還是俄羅斯人。沒有人真把他當美國人。威爾斯寫了那麼多科幻小說，但他的本質依然是立足於二十世紀初期與第一次世界大戰那個時代的英國歷史學家和文學家。沒有人會覺得他是火星人或認為他脫離時代。時代性就像是胎記，每個人都會有。你可以穿衣服遮蔽，但它不會消失。

至於潮流就更次要了。我一直認為，潮流這個詞，並非是一個當下的詞。歷史上很多被稱為潮流的東西，往往是後來人的一種總結。在當時，那個「潮流」往往不過是一些冷門，或者最先鋒的藝術實驗品，或很個人的行為。就像退潮和漲潮，很多偉大的現象總是起伏不定的，而非一開始就被約定俗成的。譬如先秦時代，最符合當時潮流的思想家鄒衍，後來卻沒人再關注。大家後來關注的是當時最保守或不符合所謂潮流的孔孟和老莊哲學，並固執地認為那代表

著當時的「潮流」。晚清以後，似乎最代表當時潮流的應該是康梁思想或君憲制度，結果卻被信奉美國民主與基督教的孫文所代替。他把當時完全不被中國人理解，且連他自己也還遠遠不能懂得的西方價值觀，僅僅通過民族主義和暴力革命，即宣稱為「天下潮流，浩浩蕩蕩，順之者昌，逆之者亡」的宗教性普世政治學。這無疑對當時滿大街還留著辮子的中國是很不合時宜的。而後來，這卻不得不被歷史學家們鎖定為一條潮流的主線。而更多代表這個國家當時的東西卻被遮蔽了。甚至是永遠被遮蔽了。從民國到今天，這一百年來就更是如此。

我說這些的意思，就是想旁證一下：我從不考慮時代和潮流。這是讀者或別人考慮的事。我只寫自己當下想寫的，其內容龐雜不一。唯一的準則是我的精神本身。從這個角度來說，我雖然認同文藝有風格，任何文藝都有風格。但我並不認同這風格跟時代（或歷史時間）有關係。無論是古人、近代人、七〇後或八〇後，也無論是青春期寫作或晚年著述，都不重要。或者說：都不能構成一個作家之作品優劣的理由。譬如蘭波十五歲寫的詩，很多比他生活閱歷豐富，七老八十的大作家也寫不出來。你不能說他就是「青春期寫作」。西方音樂史上有句俏皮話，說：「貝多芬走了一輩子才到達的那個地方，莫札特一生下來就在那兒了。」這聽上去是天才論，但實際情況就是如此。因為，如果說每個「十年代」（本來用這麼段的時間單位來劃分差異，就已經極大地表現了中國人當前的浮躁心理）或年齡階段的作家，都有共通性，那一定只能是人性。其他的性，譬如共同關注的什麼題材、文化種類、政治事件、愛情、叛逆或社會問題等，一旦拿到作品中，就會被每個人固有的人性所詮釋，甚至瓦解。即我過去曾說過的：人性可以詮釋一切歷史與文化，而歷史與文化往往來自謊言和隱喻，故並不能詮釋人性。也正因為如此，我們就會發現中國文學和藝術上的普遍現象，就是很多人，無論老幼，本來擁有第一流的閱歷、知識和素材，卻因為人性的缺失，而永遠只能寫出第三流的作品。這就是我的看法。

《單向街》：你小時候學油畫，西洋樂器，那應該是一九七〇年代末嗎？當時是不是西方美學占據文化思想（尤其是藝術教育）的年代？你對當時的學習還有什麼印象嗎？

楊典：我是一九七二年生的，學音樂是從很小。因為我父親是音樂家，所以我一兩歲就開始學鋼琴和小提琴了。只是我太貪玩，叛逆得要命，小學後又開始喜歡繪畫，後來就放棄了西洋音樂。只是放棄演奏，但是從未放棄聽和學習。這成了我的宿疾。所以到了後來，我才會專研古琴，或許也是想挽回一些音樂演奏上的缺憾，於是就一直走到今天，成為古琴老師。七〇年代是我的童年，那時候，應該談不上什麼西方美學。毛澤東時代的美學就是批判的美學，除此外，大概只有奴性和奉承的文藝，更談不上文化思想。如果有，就都是地下的，譬如那時候的禁書、手抄本、舊畫冊、知青文學、在文革抄家中漏網的古籍、或者剛剛出現的食指、黃翔或北島等人的現代詩等。但這些在七〇年代，還遠遠影響不到我。我當時學美術是跟一個剛平反的老右派畫家，剛從監獄放出來。這個人好像是姓盧？我記得不名字了。是我父母聯繫的私人老師。我記得大約在一九七九（或一九八〇）年左右，我父母帶我去他的私人畫室。在重慶。他那裡當時已經有不少學生，都很大了，我是最小的一個。他的畫室在平房小院子裡，不大，一張床單遮蔽著他睡覺的床。屋子裡彌漫著一股奇怪的氣味，好像是發霉的衣服和蒜味交雜在一起。屋子一半生活，放滿了鍋碗瓢盆，另一半就是教室。很多人圍著幾個石膏和一個骷髏在畫素描。他則蹲在一邊看，手裡端著一碗麵。

在那裡學畫，其實我很壓抑。因為我太小了，沒有人和我說話。值得一提的是，那一年我第一次見到骷髏。那是一個真的人頭骨骷髏，據說是老師從醫學院買來的，上面還貼著一些膠布，大概是怕下顎骨斷裂。那骷髏很舊了，枯黃，牙齒也不全。但他們並沒有讓我畫骷髏。我畫的是石膏。這種素描訓練是對我的一種摧殘，但當時學畫就只能這樣。我往那裡一坐下，就讓我畫幾何體，要不就是水果之類。很沒意思。晦澀的照片式素描技巧在那時被認為是學習西方繪畫的必經之路，就像學音樂要練音階。極端枯燥。那時我七歲左右，在那畫室裡，看著石膏和骷髏，簡直覺得不知要何年何月才能畫油畫。還有一個收穫，就是第一次聽說了一個西方的哲學家的名字。他也是一個石膏頭像，學素描的人大多畫過，他的模樣很像一個尖嘴猴腮的老太太。我記得當時我問：這個老太婆是誰？老師大笑，回答：這哪兒是老太婆呀，這個人叫伏爾泰。

《單向街》：你自發的創作是什麼時候開始？什麼時候？為什麼會選擇詩歌，而不是畫，或者音樂？在一九八〇年代，詩歌的地位是什麼樣的？還記得第一首詩的靈感是怎麼來的嗎？你覺得那個年代在你身上有印記嗎？

楊典：嚴格地說，我十五歲開始寫詩，若更早一些的胡寫，大約從十三歲就開始了。因為那時我記日記。一九八六年到一九八七年，是中國當代詩歌的巔峰期。我寫詩表面看來還是受家庭影響和環境影響。因為我母親是寫小說的，當時到家裡來的很多父母的朋友，有藝術家，也有作家和詩人。但在我自己的閱讀中，我最早接觸的西方書籍，如尼采等，也是詩人。當時很幼稚，覺得寫詩很簡單。語言似乎是最容易的藝術表達工具，寫字就可以了。

八〇年代，詩歌無疑是中國文化的第一主角，就像現在的電影。但是，正因為如此，再加上毛澤東時代其實並未完全過去，所有人在心理上還都帶著激情或集權的影響，吶喊、極端、狂躁和批判的影響，所以詩歌也就被推到了一個它自己根本承載不起的高度。這是一個很虛無，很荒誕的高度。詩人一不小心，竟成了社會話題和文化中心。這在今天幾乎看來有點黑色幽默，但當時就是如此。誰說誰如果是一個詩人，周圍的人似乎都有點高山仰止。詩人身邊還總是尾隨著一些不懂裝懂的美女，就像現在的大款。但其實，大部分詩人之背景，不過就是文學愛好者。後來被稱為「四五一代」的學者，很多人當時都寫詩。只是後來他們都不好意思承認。因為在八〇年代，大家說到底，還沒有真正面對經濟、市場和價值觀崩潰的影響，沒有面對資本化，利益誘惑和人生、乃至傳統文化的反省。理想主義（包括偽裝的理想主義）都被集體無意識地抬高了。詩人像社會心靈的急先鋒一樣，自以為是地在街頭、小飯館、大學院校和胡同裡充當著文化救世主的形象，而且毫無自知之明。而在這個種群中，既有中國古代詩人那種清雅的人物，也有卑賤而黑暗的社會渣滓，良莠不齊。那個時代，讀書人、酒鬼和假裝犬儒主義的混混都在各處現身說法，魚龍混雜。每個人都覺得自己是天才。而等到一九八九年之後，所有這一切才如夢方醒。

我當然記得自己的第一首正經的詩，不過只記得標題叫〈溺水者〉。原文早散失了，一句也想不起來。好像是寫一潭死水和一個沉沒者的意象。並不成熟。我想不起來為什麼寫這個，靈感來自何方。那時應該是一九八七年初。在重慶，在一個朋友家的露臺上。如果時代真的有印記，我毫無疑問是八〇年代的詩人。但當時並不覺得我屬於那個時代，甚至不屬於中國。正如開始我說的，我們在當時都覺得自己屬於過去、西方或未來。

《單向街》：一九八〇年代是文化很熱鬧的時代，一九九〇年代之後，文學藝術不再占據中心位置，出名顯然不再容易了，很多人下海，轉作媒體或者乾脆經商，你有這個階段嗎？之後文化就變成了市場和生意，看起來即使是寫作或者繪畫，也需要經營自己的能力，以及時事造化，你想過這一點嗎？

楊典：我完全沒有經過商。但做過媒體，在報社、電視臺都做過一段時間。尤其是電視，九〇年代相當長的時間我在做紀錄片。去過內地不少地方拍紀錄片，充當編導和撰稿。關於文化市場、經營自己等等，我想當今的每一個作家和藝術家都想過。完全單純的人是沒有的。現在資訊太發達了，以至於資訊的數量已經覆蓋甚至消滅了資訊的本質。

你不得不面對很多考驗，來自生活和創作上的。但是，我並不認為所有的文化都變成了市場和生意。還是有很多人在堅持純粹寫作。譬如很多反體制的小說家、詩人和民刊作者。奥地利經濟學家米塞斯在《反資本主義者的心境》中，專門探討過資本主義文學中的現象。即在資本主義時期，任何創新的好書，都不會有太大的市場。市場需要的是大眾的書，簡單的書。但是，又往往在資本主義時期，會產生大量的創新的好書，以及偉大的作家。譬如普魯斯特、里爾克或者索爾・貝婁等。美國現代作家群更是如此。說到底，是市場需要作家和藝術家，而非相反。譬如具體到我個人，我的創作從不會考慮市場，那樣就寫不出來也畫不出來了。但未來的市場可能會主動去考慮我的創作。這個是靠時事造化，還是靠經營和命運，只是個說法而已。和我的思想無關。

《單向街》：回到你的作品，你的畫一般都是什麼狀態下創作出來的？我指的是，什麼啟發了你的畫？有人說你是用中國畫的方法和美學，來表達超現實主義，你認同嗎？

楊典：安靜。我只在最心裡安靜的時候畫畫。我從不把繪畫當做是對眼前煩躁的發洩。煩躁時，還不如去喝酒打架。創作則是安靜的。

啟發我繪畫的也太多了。來自歷史、文學、醫學、玄學和宗教等，也來自個人的嗜好或前人的作品。我在歷史上的藝術家裡崇尚的人物很多，但最主要的是一些雜家。譬如王維、達文西、徐渭、傅山、八大、艾雪、博伊斯、大衛·霍克尼、克萊因等等。但更多影響我繪畫的東西，恰恰不是職業的畫家或藝術家，而是一切偏僻的文化圖像。譬如醫學書籍、地理書籍。譬如中醫針灸圖、人體解剖圖、道家典籍的插圖、古籍小說的繡像、古代的拳譜、園林譜、宗教符號學、唐卡、小人書、照片、日本成人漫畫、色情浮世繪、西醫版畫或者植物學圖譜等等。平面圖像的世界是一個很大的領域，我們一般只關注屬於所謂美術的那一部分。而在人類文化的遺產中，更多的圖像遺產，卻是來自自然科學，而非藝術。藝術是狹隘的。

我的畫也並非超現實主義。如果用一個主義來談我的作品，也未免太畫地為牢了。如果有人注意到我的繪畫中，似乎有某些夢幻的因素，那大約是來自意象本身，而不是任何主義。因為超現實主義是達達主義的一個支流，就像納粹主義或法西斯運動，也都和達達主義關係密切一樣。在西方，超現實主義這種東西隨著佛洛伊德哲學的普及而變成惡俗。從本質上來說，那個時代已過期，再去做就是無厘頭、或者說具有自我破壞性的。我更多的東西，如果說影響，也只能、必然地來自中國古代藝術。譬如中國古代繪畫的特徵往往是線性的（並非全部）。即以點與線，來表達意境。點也不是幾何學的點，線更不是實線、射線或虛線。但是，點和線又都在。晚明潑墨大寫意就不用說了，中國書法是最典型的，有所謂「點線見性情」之說。面和立體感，光影等美學都是西方的。

中國美術壓根就不考慮這個問題。甚至不考慮最近基本的比例問題。

在中國藝術中，不僅書法，大寫意、圍棋、古琴、詩、篆刻、園林、戲曲甚至風箏與垂釣等等，莫不是以「點線見性情」。這是極少主義最古典的體現，又恰恰像是最「後現代」的一種藝術思想。是最難得的、最清高的、最微妙而不可思議的中國精神。

西方藝術中也有點與線，譬如秀拉、康丁斯基、米羅、克利或波洛克……或者也算是吧。不過差異卻也很大。書法潑墨之點線，是即時的，瞬間的，在一剎那中甩手造型，成毀不驚。油畫則不然，中間有許多給作者遊移修改的時間。在這段時間裡，性情是否在變化？這是只有畫家自己才能知道的事情，不可言說。西學或曰：面、體、光、影也都是放大的點與線。當然這是從幾何學的角度來說。如達文西云：「點沒有大小。」如歐幾里德說：「線沒有寬度。」但是幾何是以上帝的數學、對稱設計和大自然為座標的，而藝術則是以人為座標的。人類眼中的點與線，必須是肉眼無法判斷的那些顆粒與線條，一旦超過了肉眼的瞬間感知，那就是立體了。

我從不做裝置、行為或超越於架上繪畫之外的當代藝術作品。在我看來，有繪畫就足以表達我的藝術了。很多人認為架上繪畫不足以表達自己或這個世界，這是因為他們還不認識「圖像」的廣度和深度。

《單向街》：你博客裡一皿繪畫裡的那些，和骨骼的關係，是你創作的初衷嗎？你好像很喜歡鬼之類的意象，是嗎？有幅鬼對著一個水母的，能講講那個創作的過程嗎？

楊典：我創作時，也談不到什麼初衷。藝術很難解釋。按理說，一千個人心裡有一千個哈姆雷特，如何解釋我喜歡骨骸之美，我不能說清楚。不過，我曾寫過一篇文章叫〈反差美〉，大意是談這個問題的。在我的美學記憶裡，倒是一直傾向於後期象徵主義的一些東西。就像我把過去一本詩集定名為《花與反骨》一樣，在我看來，有反差的東西，就有美感。墳墓與搖籃、骷髏與美人、血與菊花或者晚霞與瘦子……只要能形成質感的大差異，就有矛盾的美學在其中。

你所謂的「鬼」不就是個解剖人體嗎，雖然我絕對不會按照醫用人體解剖圖來畫。但似乎人們很怕面對最本質的東西。

至於水母，完全是因為它具有飄逸和毒性這兩個巨大的反差。水母，又名海蜇，還有個外號叫「降落傘魚」，也像是少女的連衣裙，其根鬚也很容易讓人聯想到性、陰戶、男根等等。而她的觸鬚是有毒的。

越美的東西，越容易有毒：譬如蘑菇、女妖或水母。

我之所以要畫某些畫，大約是試圖表達藝術中美與毒的雙重象徵。包括水母還有著極強的攻擊性。水母之圖很寫意，彷彿一群飛翔的泡影，一群飄浮在空中的乳房……亞里斯多德在

《動物志》中闡述過水母的特性，說「牠具有觸覺，你用手碰牠，牠就會碰你，猶如章魚一樣抓住你。你的手會由於水母的緊握而中毒腫脹……水母捕食的是任何出現在牠面前的東西。」一我畫的水母一般即傘狀的浮游水母（Urtica fixa），狀如幽雅的蘑菇雲。據說，這種水母曾被命名為美杜莎（Medusa）——即希臘神話中，那個人人見之即變為石頭的蛇髮女妖，海神波賽頓的情人。水母的意象一直都有，如在電影〈駭客任務〉裡，那些象徵電腦病毒的密密麻麻「機器水母戰士」，不也是如此嗎？而我那幅畫裡要表達的東西，正好與某些憤怒的情感有關係。更直截了當地說，我潛意識裡認為：在中國傳統文化中，總是會孕育出一些具有雙重性格的東西。即那些最傳統的東西裡，往往又最具有叛逆性。這就像《資治通鑑》本是一本語言偉大的好書，但其中卻充滿了爾虞我詐、專門教人整人的醜陋哲學一樣。在中華文明這隻「大水母」的籠罩下，過去最美的東西一直被認為是權力（或對權力的成功逃避，獨善其身）。封建之美本身就有著最迷人身段和最恐怖的毒性。

當然，這麼去解釋一幅長寬一公尺左右的畫，其實說得太遠了點。我說的這些也並不是什麼創作過程，實在是勉強在解釋。

因為藝術根本無法解釋。藝術就是自然，是晶體，無法解析。你能解釋為什麼大地要產生鐵、水和樹嗎？它們本來就這樣，一直都存在。只是人們需要它們，所以才被賦予了一些主觀的解釋。

我之所以畫這些，僅僅就是因為當時我想畫而已。

《單向街》：當代藝術當中，通常都會表達某種意義，很多時候這個意義和現實、或者意識型態有關，你的作品是否不在此列？這是不同的美學思想嗎？

楊典：首先，我一直反對「當代藝術」這個偽名詞。好像藝術又被時代所宰割了。古代、近代、現代、當代……這些本來都是意識型態。而且，最近中國藝術家們都跟吃了藥似的，以為只要抓住了「當代藝術」或者「後現代」這麼一些名詞，就有了全球通的綠卡，可以在藝術上暢通無阻了。這很荒謬。

沒有一種藝術不在其當代，這和前面說的文學問題一樣。克利或杜象，其思維再怪異，也是他們那個時代的東西。但目前中國人似乎全被「當代藝術」這個時髦的詞搞暈了。有好幾次，與一些策展人談到我的繪畫，他們都會說，你的繪畫似乎不屬於「當代藝術」。我不知道我的繪畫屬於哪一代？難道是古代？這很尷尬。我毫無疑問是當代的人，我的藝術只能是當代藝術。好像當代藝術就是目前那種千篇一律的大腦袋、死魚眼、胖嬰兒和政治波普畫的藝術，就是那些裝置死人屍體、假裝關注文革、妓女和黑煤窯現實慘案的藝術。不是在衣服上畫，就是在地上、牆上、瓶子裡或者畫照片。要不就學利希特，要不就重複毛澤東時代的符號。其實大家都把圖像的本質忘了。如果這就是當代藝術，那這個當代藝術就太單一了，已經到了氾濫成災的地步。而觀眾眼裡看不到新的圖像。中國當代藝術家大多資訊極端豐富，但知識極端匱乏，手段非常多樣，但思想非常單薄。這一點就是栗憲庭、艾未未和陳丹青他們，也都似乎沒有進行過多少認真的批評。

藝術家不讀書或者無思想，導致想像力非常稀薄或者說膚淺。目前階段靠一些符號、時髦手段、中國特有的文化等，暫時蒙混一下西方的畫商是可以的，但再過些年，馬上就會捉襟見肘。事實上最近兩年來藝術品市場的低迷，就已經是這個問題在初露端倪了。

至於意識型態，我看倒是覺得有點關係。

在目前中國市場這個準資本主義時期，意識型態其實已經被冷凍了，屬於過期產品。可是飯又沒有餿。似乎還有不少人，尤其是自詡為知識分子的學者和作家們，往往還想從雪藏的意識型態僵屍中，挖掘出新的東西，吃點罐頭食品。但是這很快也會過去。在冷戰時期，東西方藝術的差異集中在意識型態的表現上。八〇年代以後，冷戰逐漸式微，剩下的意識型態是資本主義與傳統之間，或者中國傳統與西方之間的衝突。這時，文化基因成了第一元素。勝負已經不重要了。用毛筆、油彩還是綜合材料還重要嗎？

我的作品中如果有意識型態，也是屬於文化意識型態，而非政治意識型態。政治都是臨時的，甚至文化都是臨時的。只有心和性情是長遠的。而且，不是只有靜物畫或者風景畫才是現實主義。神祕主義也是一種現實主義。我覺得我畫的恰恰就是現實：即我心靈的現實。

我幾乎沒有來自書本意義上的「美學思想」。美學這個詞本來就是西方的，而且我們還在不斷誤讀它。柏拉圖曾說：「美就是敏捷。」我的創作速度很快，無論文學還是繪畫。我腹稿時間長，走路睡覺都可以打腹稿嘛。但一旦落筆，則往往是很快的。如果我個人也有一個美學思想，我相信它是由我的速度、憤怒、愛恨、性情和寧靜等情緒組成的，而不是靠一種什麼知識。

《單向街》：能否描述一下你的文和畫、音樂之間的關係？

楊典：這個話題太大了。我過去以古琴為主題的書《琴殉》中，就有一些都是寫這個問題的。不過總結起來就一句話：我的創作無論文學、繪畫和音樂，都屬於散點千面，密集而又龐雜——如所有的樹葉、枝條、花朵等都朝向不同的方向，但又都被一棵樹的主桿所抓住。即我的思想本身。但是也和樹一樣，別人可以看，或遠或近，任何角度……而我自己無法解釋我自己。

二〇一〇年

Great_經典 03

《十七歲的獠牙》
——我的少年心史、人物誌與新浮生六記

作　　者：楊典
主　　編：林慧美
校　　稿：尹文琦
封面設計：倪旻鋒
美術設計：邱介惠

發行人兼總編輯：林慧美
法律顧問：葉宏基律師事務所
出　　版：木果文創有限公司
地　　址：苗栗縣竹南鎮福德路124-1號1樓
電話／傳真：(037) 476-621
客服信箱：movego.service@gmail.com
官　　網：www.move-go-tw.com

總 經 銷：聯合發行股份有限公司
電　　話：(02) 2917-8022　　傳真：(02) 2915-7212
製版印刷：禾耕彩色印刷事業股份有限公司
初　　版：2021年10月
定　　價：580元
I S B N：978-986-99576-3-2

國家圖書館出版品預行編目(CIP)資料

十七歲的獠牙：我的少年心史、人物誌與新浮生六記／楊典著 .-- 初版 .
-- 苗栗縣竹南鎮：木果文創有限公司, 2021.10
544 面；14.7×21 公分 .--(Great_ 經典；03)

ISBN 978-986-99576-3-2（精裝）

1. 楊典 2. 自傳 3. 中國

782.887　　110007400

【編按】全書譯名、作品名於轉為繁體後，以臺灣讀者普遍熟悉者作為取代前提，因而於語境體會上容或有些許落差，以此說明。